Studienreihe

Psychologische Forschungsergebnisse

Band 165

ISSN 1435-666X

Verlag Dr. Kovač

Guido Breidebach

Bildungsbenachteiligung

Warum die einen nicht können
und die anderen nicht wollen

Verlag Dr. Kovač

Hamburg
2012

VERLAG DR. KOVAČ GMBH
FACHVERLAG FÜR WISSENSCHAFTLICHE LITERATUR

Leverkusenstr. 13 · 22761 Hamburg · Tel. 040 - 39 88 80-0 · Fax 040 - 39 88 80-55

E-Mail info@verlagdrkovac.de · Internet www.verlagdrkovac.de

Bibliografische Information der Deutschen Nationalbibliothek
Die Deutsche Nationalbibliothek verzeichnet diese Publikation
in der Deutschen Nationalbibliografie;
detaillierte bibliografische Daten sind im Internet
über http://dnb.d-nb.de abrufbar.

ISSN: 1435-666X

ISBN: 978-3-8300-6597-5

Zugl.: Dissertation, Fakultät Humanwissenschaften und Theologie,Technische Universität Dortmund, 2012

Umschlagillustration: Guido Breidebach

Printed in Germany

Gedruckt auf holz-, chlor- und säurefreiem, alterungsbeständigem Papier. Archivbeständig nach ANSI 3948 und ISO 9706.

Inhaltsverzeichnis

Danksagung....7
Erkenntnisinteresse und -generierung....8

I Theorie

1 Benachteiligung – Ein subjektbezogener Standpunkt....11

1.1 Benachteiligung: Zur allgemeinen Auffassung....13
1.1.1 Der Begriff der Benachteiligung in der öffentlichen Publizistik....14
1.1.2 Benachteiligung als Gegenstand wissenschaftlicher Fachpublizistik....18

1.2 Zur theoretischen Konzeptionierung und Diagnostik von Benachteiligung....23

1.3 Verortung der Benachteiligung an den Übergangsschwellen des beruflichen Bildungswesens in der beruflichen Grundbildung....30
1.3.1 Benachteiligung: Ein Befragungsergebnis pädagogischer Akteure....40
1.3.2 Benachteiligung im Verständnis bildungspolitischer Dokumente....43
1.3.3 Zum Versuch der Benachteiligtenförderung....47

1.4 Benachteiligung auf der Ebene von theoretischen Aussagesystemen....52
1.4.1 Die Zuschreibung von Benachteiligung in Attribuierungsprozessen....53
1.4.2 Stereotypengenerierung und Stereotypisierung als Benachteiligter....58
1.4.3 Das Benachteiligtenstereotyp als Vorurteil – Ursachen und Folgen....64
1.4.4 Benachteiligung – Ein sprachabhängiges Phänomen....69

1.5 Ausgewählte Kapitel der Leistungsmotivation....75
1.5.1 Leistungsmotiv und Leistungsmotivation....76
1.5.2 Zur Diagnostik von Leistungsmotivation....86
1.5.3 Implizite und explizite Dimension der Leistungsmotivation....90
1.5.4 Leistungsmotivation: Ein interdependentes Wirkgefüge....94
1.5.4.1 Emotionale Bewertungsprozesse in der Leistungsmotivation....95
1.5.4.2 Kognitive Entscheidungsprozesse in der Leistungsmotivation....97
1.5.5 Leistungsmotivation und Selbstkonzept....99

1.6 Bildungstheoretische Legitimation von Präventions- und Interventionsmöglichkeiten im Rahmen der Leistungsmotivation....103

1.7 Zum Zusammenwirken von Benachteiligung und Leistungsmotivation: Die Stereotype-Threat-Theorie....107

1.8 Gegenreflexion des Benachteiligtenphänomens mittels Sprache bzw. sprachlicher Priming-Prozesse....110

1.9 Prozessmodell einer ganzheitlich betrachteten Leistungsmotivation....116

2 Fragestellungen und Erkenntnisinteresse....119

2.1 Benachteiligende Determinanten der Leistungsmotivation....121
2.2 Die Wirkung eines Motivations-Primings....127
2.3 Diagnostische Aspekte der Leistungsmotivation....134

II Empirie

3 Forschungsvorhaben, Ablauforganisation und Rekrutierung von Schule und Schülern 138

4 Studie 1: Ausgewählte Leistungsmotivparameter und ihre benachteiligenden Determinanten 142
4.1 Stichprobe 143
4.2 Methode und Material 145
4.2.1 Das Multi-Motiv-Gitter (MMG) 145
4.2.2 Die Skalen zur Erfassung der Lern- und Leistungsmotivation (SELLMO) 149
4.3 Durchführung der 1. Studie 152
4.4 Befunddarstellung der 1. Studie 153
4.4.1 Benachteiligung und implizite Leistungsmotivation 154
4.4.2 Benachteiligung und explizite Leistungsmotivation 160
4.5 Diskussion der 1. Studie 168

5 Studie 2: Die Wirkung eines Motivations-Primings 180
5.1 Voruntersuchungen 181
5.1.1 Konzeption eines Kurzfragebogens zur Versuchsleiterauswahl 181
5.1.2 Primingkonzeption und -testung 187
5.2 Stichprobe 192
5.3 Methode und Material 197
5.3.1 Das Regensburger Leistungs-Motiv-Inventar für Erwachsene (RLMI-E) 197
5.3.2 Der Thematischer Apperzeptionstest (TAT) 202
5.4 Experimentelles Design und Durchführung der 2. Studie 208
5.5 Befunddarstellung der Studie 2 212
5.5.1 Motivations-Priming und implizite Leistungsmotivation 212
5.5.2 Motivations-Priming und explizite Leistungsmotivation 220
5.5.3 Motivations-Priming, Leistungsmotivation und Benachteiligung 229
5.6 Diskussion der 2. Studie 242

6 Studie 3: Ausgewählte diagnostische Aspekte der Leistungsmotivation 259
6.1 Erfolgssicherheit und -gewissheit (ESG) 260
6.1.1 Konstitution der Erfolgshoffnungskategorie ESG 261
6.1.2 Psychometrische Analyse der neuen Kategorie ESG 262
6.1.3 Determinanten der Erfolgssicherheit und -gewissheit 264
6.1.4 Benachteiligung und Erfolgssicherheit und -gewissheit 271
6.2 Faktorenstruktur der Leistungsmotivationsmaße 273
6.2.1 Dimensionsreduzierung der einzelnen Motivmaße 273
6.2.2 Analyse des Prozessmodells einer ganzheitlichen Leistungsmotivation 276
6.3 Clusteranalyse der Leistungsmotivationsmaße 281
6.4 Diskussion der 3. Studie 288

7 Zusammenfassende Diskussion 299
7.1 Forschungsdesiderate 304
7.2 Praxisimplikationen 306

Literaturverzeichnis 309

Danksagung

An dieser Stelle möchte ich mich bei all denen bedanken, die mich während der Erstellung dieser Arbeit beraten, betreut und begleitet haben!

Erstens bei meinen Gutachtern und Betreuern:
Herrn Professor Dr. Hellmuth Metz-Göckel und Herrn Professor Dr. Klaus Stiller, an die ich mich zu jeder Zeit persönlich wenden konnte und die mich beide zwei Jahre lang emotional, motivational und kognitiv unterstützten. Dabei erhielt ich anregende, kritische sowie konstruktive Rückmeldungen, das intensive Gefühl, etwas wertvolles zu schaffen, und die notwendigen und überdauernden Bekräftigungen, um das vorliegende Projekt in dieser Art und Weise auch abschließen zu können. Meinen herzlichsten und aufrichtigsten Dank dafür!

Zweitens möchte ich dem Berufskolleg für die Realisierung meiner Experimente und Untersuchung danken: seiner Schulleitung, die mir die notwendige Genehmigung erteilte, meinen Kolleginnen und Kollegen, die mich organisatorisch und teilweise sogar zwischenmenschlich wohlwollend bestärkten und begleiteten sowie den Schülerinnen und Schülern[1], die zu jeder Zeit an einer intensiven und erkenntnisreichen Mitarbeit interessiert waren.

Drittens, liebe Birgit und Claudia, danke ich euch dafür, dass ihr es wirklich geschafft habt, die folgenden Seiten in intensivster und kritischster Ausdauer und Genauigkeit zu korrigieren!

Viertens gilt ein besonderer Dank meinen Freunden. Denen, die mich zum Denken anregten. Denen, die zu meinem Wohlbefinden beitrugen, wenn die Umstände schwierig erschienen, und denen, die mich derart unterstützten, dass ich immerzu motiviert war und vor allem wurde, um diese Arbeit schließlich auch zu beenden.

An fünfter und letzter Stelle danke ich Dir! Für deine fleißige und helfende Hand, für deine beruhigenden und aufbauenden Worte sowie für deine wohltuenden Impulse. Vor allem danke ich Dir wegen deines Glaubens an mich!

[1] Lediglich zu Gunsten der flüssigeren Lesbarkeit dieser Arbeit wird sowohl für die männliche als auch die weibliche Form das generische Maskulinum verwendet. Muss von dieser Art der fomalen bzw. sprachlichen Darstellung aus inhaltlichen Gründen abgewichen werden, so wird dies an den entsprechenden Stellen deutlich gemacht.

Erkenntnisinteresse und -generierung

Die vorliegende Arbeit widmet sich dem Phänomen der Benachteiligung, explizit der Bildungsbenachteiligung als unmotiviert Geglaubter und Bezeichneter. Im theoretischen Teil wird dargestellt, was Benachteiligung meint, wie der Begriff in der gesellschaftlichen Diskussion gebraucht wird und welche Verwendung er in der fachwissenschaftlichen Publizistik findet. Folgend wird das berufliche Bildungswesen, insbesondere die Übergangsschwelle von Schule und Ausbildung sowie Beruf fokussiert, weil sich Benachteiligung dort mutmaßlich am stärksten zeigt. In diesem Zusammenhang wird nachgewiesen, welche Bedeutung pädagogische und bildungspolitische Akteure in Bezug auf jene gesellschaftliche Problemlage generieren und dass es bisher an geeigneten diagnostischen Instrumentarien fehlt, was Benachteiligung zusätzlich begünstigt. Darauf aufbauend wird gezeigt, dass Benachteiligung kein von Natur aus gegebenes Phänomen darstellt, weil es an individuellen Merkmalen abgelesen, bestimmten Personen zugeschrieben und damit sogar perpetuiert wird. Die entwickelten und etablierten Benachteiligtenförderprogramme und -maßnahmen führen zu einer weiteren Verschärfung jener Problemlage, obgleich sie dieser eigentlich entgegenwirken sollten. Dies mündet in der Überlegung, dass die Betroffenen nicht – wie von den meisten geglaubt – unmotiviert sind, sondern dadurch erst demotiviert werden und sich auch dementsprechend verhalten.

Damit jene Prozesse handhabbar werden, wird der Blick in der Folge auf psychologische Aussagesysteme gerichtet, die das Wirkgefüge als solches insgesamt genauer verstehbar werden lassen. Demnach schreibt man den schillernden Begriff der Benachteiligung vor allem Schülerinnen und Schülern der beruflichen Grundbildung bzw. der Arbeitsvorbereitung im Rahmen von Attributionsprozessen zu. Auf jener Grundlage wird ein Stereotyp entwickelt, das seine Trägerschicht zu einem Vorurteil ausbaut, bevor es in der schulischen und gesellschaftlichen Praxis sein diskriminierendes Potenzial entfaltet. Dies rührt daher, dass dieser originär unreflektierte Mechanismus für die nicht Stigmatisierten vielfältige Funktionen erfüllt, während er seitens der Betroffenen deren motivationales Potenzial negativ limitiert. In diesem Zusammenhang gilt es nicht nur die zur Erhellung jenen Phänomens bedeutsamen Theorien der Leistungsmotivation zu referieren und in einem eigenkonzipierten Prozessmodell zu integrieren. Zusätzlich ist es vonnöten, einen ganzheitlichen Blick auf das Individuum zu richten, damit seinem Humanpotenzial, dem interdependenten Wirkgefüge des Denkens, Fühlens und Wollens entsprochen werden kann.

Hierfür bedarf es zwingend der erziehungswissenschaftlichen Rückanbindung und bildungstheoretischen Legitimation, damit dem gesellschaftlich initiierten Phänomen der Benachteiligung wirksam gegenreflektiert werden kann. Dies sollte dazu führen, dass das Individuum nicht mehr automatisch stigmatisiert wird und deshalb in Leistungssituationen auch sein gesamtes Potenzial einbringen kann, ohne Prozessverluste in Kauf nehmen zu müssen, wie sie seitens der Stereotype-Threat-Theorien postuliert werden. Weil sich jene Aspekte primär über Sprache ereignen, will eruiert werden, inwieweit sprachliche Interventionen – im Sinne eines Motivations-Primings – geeignet sind, um den negativen Konsequenzen der Stereotypisierung zu begegnen und das Selbst des Einzelnen motivational zu fordern und zu fördern.

In einer ersten Studie werden die explizite Leistungsmotivation des Individuums mittels der Skalen zur Erfassung der Lern- und Leistungsorientierung (SELLMO) und die implizite über das Multi-Motiv-Gitter (MMG) erfasst. Korrelationsstatistisch gilt es dann zu bestimmen, welche der als benachteiligend postulierten sozio-demografischen Determinanten einen nachweisbaren Einfluss auf die Hoffnungs- und Furchtdimensionen der Leistungsmotivation nehmen. Die erhobene Lernzielorientierung dient zudem der Parallelisierung der Jugendlichen, damit in der Folge ein standardisiertes Experiment unter äquivalenten Bedingungen durchgeführt werden kann. Dafür gilt es vorbereitend noch entsprechend der theoretischen Abhandlung einen Kurzfragebogen zu konzipieren, durch den die Versuchsleiter gemäß ihrer motivationsinduzierenden Personenwirkung ausgewählt werden. Parallel erfolgt die Testung verschiedener Priming-Typen, um den geeignetesten auswählen zu können.

In der zweiten Studie dienen der Thematische Apperzeptionstest (TAT) und das Regensburger Leistungs-Motiv-Inventar für Erwachsene (RLMI-E) erneut zur Erhebung der impliziten und expliziten Leistungsmotivationskennwerte. Hierfür stehen zwei Gruppen zur Verfügung, einerseits Lernende der gymnasialen Oberstufe, andererseits die Jugendlichen der beruflichen Grundbildung und Arbeitsvorbereitung, die klassischer Weise als Benachteiligte bezeichnet werden. Dies ereignet sich experimentell im berufsschulischen Kontext, wobei zwei Bedingungen gegeben sind. Zum einen ist eine Gruppe immer einem Motivations-Priming ausgesetzt, während dies bei den Kontrollgruppen nicht der Fall ist. Zum anderen wird auch die Bearbeitungsreihenfolge der eingesetzten Verfahren variiert, um diesbezügliche Effekte feststellen zu können. Varianz- und regressionsanalytisch wird dann ermittelt, welche Wirkzusammenhänge zwischen der Gruppenzugehörigkeit sowie den benachteiligenden individuellen Determinanten und den experimentellen Bedingungen gegeben sind.

Die dritte Studie widmet sich auf Grundlage der Daten der ersten beiden vordergründig diagnostischen Fragestellungen. In diesem Zusammenhang kommt es erstens zu einer Erweiterung des Signierungsschlüssels zur TAT-Auswertung mit der Kategorie Erfolgssicherheit und -gewissheit (ESG). Deren theoretische Konzeption und die sich daran anschließenden gesonderten statistischen Analysen ergaben sich aus den in den ersten beiden Studien gewonnenen Erkenntnissen. Zweitens wird mittels explorativer Faktorenanalyse die Struktur der zwölf eingesetzten und erhobenen Motivationsskalen ermittelt, bevor drittens das eigenkonzipierte Prozessmodell einer ganzheitlich betrachteten Leistungsmotivation im Rahmen einer konfirmatorischen Faktorenanalyse bezüglich seiner Gültigkeit überprüft wird. Den diagnostischen Teil schließt die Bildung von Schüler-Typen ab, die mit einer Clusteranalyse ermittelt werden und jeweils unterschiedliche Leistungsmotivationskennwerte aufweisen und sich dadurch voneinander abgrenzen.

Eine kurze Zusammenfassung und die Fortführung der Diskussionen der drei Studien bilden den Abschluss dieser Arbeit. Dabei sollen derartige weitere Anregungen skizziert und gegeben werden, welche Forschungsbemühungen infolge der Erkenntnisse der theoretischen Reflexion sowie der Experimente und Untersuchungen künftig notwendig bzw. sinnvoll wären und welche Implikationen sich aus dem Forschungsvorhaben insgesamt für die pädagogische Praxis ergeben.

I Theorie

1 Benachteiligung – Ein subjektbezogener Standpunkt

Seitdem ich denken kann, möchte ich Lehrer werden, um mit Kindern und Jugendlichen zu arbeiten, damit ich ihnen das vermitteln kann, was zum Leben und zur Entwicklung notwendig ist: Wissen, Wollen und Wohlfühlen. Dabei wird es mir immer ein Anliegen sein, das Individuum vor Augen zu haben, um seine verborgenen Fähigkeiten entdecken zu können.

Neben der hierzu notwendigen wissenschaftlichen Ausrichtung im Studium boten sich gerade dort auch facettenreiche Möglichkeiten, um erste Einblicke in die sich anschließenden praktischen Handlungsfelder zu erlangen, die es theoretisch zu durchdringen und reflektiert aufzuarbeiten galt. In diesem Zusammenhang wurden vielfältige Praktika absolviert, die der Orientierung, der Unterrichtserprobung sowie der (fach-) didaktischen Reflexionen dienten und mich zumeist an verschiedene Berufskollegs führten. An diesen war die Gelegenheit geboten, nicht nur das Bildungssystem selbst intensiver kennen zu lernen, man trat auch in Diskurs mit erfahrenen Lehrern und konnte nach anfänglichen Hospitationsstunden dialogisch und vertieft seinen eigenständigen Unterricht planen, durchführen und reflektieren.

Mit der Anzahl der Stunden, die ich in diversen Klassen verbrachte, wuchsen auch die mannigfaltigen Eindrücke, die mich prägten. Es gab nämlich nicht nur extreme meinungsbezogene Polaritäten in der Sicht der Lehrer auf Schüler, diese schienen sich auf den ersten Blick auch tatsächlich in der Unterrichtspraxis vorzufinden. Den Gesprächen konnte ich entnehmen, dass auf der einen Seite die Rede von hoch motivierten und begabten sowie wissbegierigen Schülern war, zum anderen aber auch von benachteiligten Problemschülern, die sich infolge ihrer extremen Unmotiviertheit und Verhaltensauffälligkeiten auszeichneten. Bemerkenswert ist diesbezüglich gewesen, dass man mich gerade in jenen „Problemklassen“ von der ersten Stunde an selbstständig unterrichten ließ. Man erzählte mir, dass diese Jugendlichen eigentlich keine Perspektiven auf dem Arbeitsmarkt hätten und schon gar nicht zu erziehen oder bilden wären bzw. sich durch Bildungsresistenz auszeichneten. Ein Klassenbucheintrag, der vor meiner Zeit vorgenommen wurde, lautete: „Aufs Mobiliar aufgepasst“.

Jene Meinungen und die diesbezüglichen Diskussionen bündelten sich insgesamt im Begriff bzw. unter dem Lable *Bildungsbenachteiligung*.

Benachteiligung: Gegenstand der öffentlichen und (bildungs-) politischen Diskussion, zentraler Aspekt in der publizistischen Präsenz, Forschungsgegenstand und Problem pädagogischer Praxis. Oder doch nur die sprachliche Zuschreibung eines Phänomens? Sah man sich auf universitärer Ebene zwar bereits theoretisch der Reflexion des Benachteiligtenphänomens – konkreter der (schulischen) Bildungsbenachteiligung – ausgesetzt, zeigte sich dies vor allem im praktischen Handlungsfeld in seiner gesamten Tragweite.

Die „Benachteiligten", wie man sie grundsätzlich nannte, welche oftmals als „Problemfälle" beschrieben wurden, die sich durch ihren Mangel an Interesse und Motivation auszeichneten, galt es angeblich „besonders zu fördern". Seither stellen neben dem Phänomen der Benachteiligung insbesondere die Begriffe und damit verbundenen weiteren komplexen Gegenstände wie Motivation und Förderung den archimedischen Punkt meines Studiums und gegenwärtig auch meiner unterrichtlichen Praxis dar. Beide Aspekte allein führten mich allerdings noch zu keiner zufriedenstellenden Lösung einer pädagogisch, schulpolitisch und gesellschaftlich problematischen Praxis. Deshalb wird ein weiterer Schritt in jene Richtung im Rahmen dieser Forschungsarbeit unternommen, um Ursachen, Interdependenzen und Wirkungen einerseits theoretisch zu ergründen, andererseits empirisch zu erforschen und daran anschließend zu diskutieren. Dadurch lassen sich Verhaltensweisen transparenter machen, um Möglichkeiten der Prävention und Intervention entwickeln zu können, damit solche und ähnliche Phänomene und Problemlagen verstehbar, sinnhaft und handhabbar werden.

Mein Anliegen ist es, Jugendlichen und insbesondere den „Benachteiligten" einen Weg zu eröffnen, der ihnen ein Ankommen ermöglichen soll.

Denn auch wenn gern Konfuzius zitiert wird, bei dem schon der Weg allein das Ziel sein soll, darf dies in der Schule keine Entschuldigung sein, um unbeholfen und unprofessionell mit als benachteiligt bezeichneten Kindern und Jugendlichen umzugehen. Die immerwährende Aktualität des Themas Bildungsbenachteiligung wurde auch kurz vor Fertigstellung dieser Dissertation noch vom neuen Bundespräsidenten in seiner Antrittsrede verdeutlicht, als er „unser Land" ansprach, das „soziale Gerechtigkeit, Teilhabe und Aufstiegschancen verbindet" und in dem wir es nicht dulden dürften, „dass Kinder ihre Talente nicht entfalten können, weil keine Chancengleichheit existiert" und „dass Menschen den Eindruck haben, Leistung lohne sich für sie nicht mehr und der Aufstieg sei ihnen selbst dann verwehrt, wenn sie sich nach Kräften bemühen" (Gauck, 2012, S. 3).

Was noch zu zeigen bleibt!

1.1 Benachteiligung: Zur allgemeinen Auffassung

Bereits Wittgenstein führte aus, dass die Bedeutung eines Wortes sein Gebrauch in der Sprache ist. Deshalb wird in einem ersten Schritt bezüglich des Problemfeldaufrisses der *Benachteiligung* seine allgemeine Bedeutung, wie sie der Duden nahe legt, eruiert, bevor in einem zweiten Schritt die Annäherung an und Aufbereitung davon erfolgt, welchen Eindruck die wesentlichen Meinungsmultiplikatoren der breiten bzw. publizistischen Öffentlichkeit von diesem Phänomen suggerieren, bevor drittens dieses Verständnis auf den erziehungswissenschaftlichen Fachdiskurs und abschließend im Rahmen des berufschulischen Kontext eingegrenzt wird. Dadurch wird verdeutlicht und teilweise geklärt, welche Ansätze der Gebrauchsgeschichte, Verwendungspraxis und Bedeutungsgenerierung existieren, um im Anschluss die konkrete Auffassung der Akteure eines pädagogischen und berufsschulischen Handlungsfelds zu erheben. Dann lassen sich die daraus ergebenden Konsequenzen diskutieren und reflektieren, um *Benachteiligung* diagnostisch präziser erfassbar zu machen. Anschließend wird gezeigt, dass die kommunikativen Praktiken im Sinne verurteilender Zuschreibungen nicht nur bestimmte soziale und gesellschaftliche Funktionen erfüllen, sondern selbst eine Form der Übervorteilung erschaffen, festschreiben und dadurch benachteiligende Folgen für das Humanpotenzial des stigmatisierten Subjektes evozieren.

Im Duden (2011) ist der Begriff *Benachteiligung* mit den beiden zusätzlichen Wortbedeutungen „das Benachteiligen“ sowie „das Benachteiligtwerden“ enthalten und mit den Synonymen „Übervorteilung“, „Zurücksetzung“, „Diskriminierung“ sowie „(bildungssprachlich) Diskrimination“ ausgewiesen und näher bestimmt. Zusätzlich erfolgt ein Verweis zum Begriff „Benachteiligter“, für den wiederum „Leidtragende“ bzw. „Leidtragender“ synonyme Verwendung finden. Die jeweilige Bedeutung wird mittels des Beispieles, dass es sich dabei um eine „Person [handelt], die benachteiligt wird“, illustriert.

Etymologisch betrachtet ist der Wortstamm auf das Substantiv „Nach/teil“ zurückzuführen, das wiederum „etwas (Umstand, Lage, Eigenschaft), was sich für jemanden gegenüber anderen negativ auswirkt, ihn beeinträchtigt, ihm schadet“ bedeutet und synonym neben den Substantiven „Beeinträchtigung“, „Behinderung“, „Schaden“ sowie „Schwäche“ aufgelistet wird. Die Wortverwendung selbst ist mittels der Beispiele illustriert: „daraus erwachsen, entstehen [uns] einige Nachteile“; „sie ist, befindet sich [den anderen gegenüber] im Nachteil (ist benachteiligt)“ und „jemanden in [den] Nachteil setzen (jemanden benachteiligen)“.

Bereits aus der ersten Annährung an die Begriffsherkunft, seine Verwendung und Bedeutung samt der in diesem Zusammenhang ausgeführten und ihn illustrierenden Beispielsätze wird ersichtlich, dass nicht nur seine Konnotation selbst, sondern auch der Gebrauch bzw. die Verwendung jenes Substantivs in jedem Fall grundsätzlich etwas Negatives für eine Person oder einen Personenkreis impliziert. Benachteiligung selbst stellt einen relationalen Begriff dar, der ob der Fülle möglicher Verwendungskontexte nominativ hochgradig variabel ist, aber auch unklar bleibt. Der relationale Wortcharakter führt dazu, dass der Begriff mindestens zweier Bedeutungsfundamente bedarf, weil einer erst den anderen in den Zustand der *Benachteiligung* versetzt bzw. einer gegenüber einem anderen benachteiligt wird. Dem Akteur wird *Benachteiligung* damit aktiv zugeschrieben, während er sich dieser Zuschreibung weitestgehend passiv erlegen sehen muss und etwas mit ihm getan wird.

Zusätzlich will Erwähnung finden, dass zu dem Kompositum *Bildungsbenachteiligung* kein Eintrag in der Online-Version des Dudens enthalten ist, allerdings erzielte seine Eingabe in die Suchmaschine *google* mehr als 120.000 Einträge, während eine wortgetrennte Recherche sogar über 600.000 Ergebnisse mit sich brachte.

Es kann im Rahmen dieser Arbeit nicht geleistet werden, eine linguistische Wortanalyse oder sogar eine allgemeine Diskursanalyse im klassischen Sinne vorzunehmen. Dennoch soll die exemplarisch durchgeführte und zunehmend konkreter werdende Recherche und damit verbundene Darstellung des Gebrauchs und der Verwendung des Begriffs *Benachteiligung* in der allgemeinen und publizistischen Öffentlichkeit sowie in der fachwissenschaftlichen Publizistik eine Annäherung an seine Bedeutung und damit den Untersuchungsgegenstand selbst ermöglichen.

1.1.1 Der Begriff der Benachteiligung in der öffentlichen Publizistik

Das auffällige an diesem Begriff ist nicht nur seine aktuelle Verwendungs- und Gebrauchsfrequenz, sondern vor allem die Tatsache, dass er relationalen Charakter besitzt und eine negative Zuschreibung von etwas impliziert, ohne dass es explizit und dadurch bewusst geschehen muss bzw. gemacht wird. Bei *Benachteiligung* handelt es sich allerdings nicht nur um einen im Alltag stark genutzten Begriff. In die Gesellschaft findet dieser vor allem verstärkten Eingang und damit facettenreiches Diskussionspotenzial auf Grundlage kommunikativer Medien der publizistischen Öffentlichkeit. Um diesbezüglich einen Eindruck erhalten zu können, wurde der Begriff Benachteiligung – insbesondere sein Gebrauch und seine Verwendung in ausgewählten Medien, die in ihrer Präsenz auch online vertreten sind – recherchiert und in der Folge pointiert referiert, um zu zeigen, welchen Eindruck die Printmedien von diesem Phänomen suggerieren.

In den Online-Versionen und Archiven der *Frankfurter Allgemeinen Zeitung (FAZ)*, der *Welt*, des *Focus'* und *Spiegels* sowie *Der Zeit* existiert in den letzten 10 Jahren kaum eine Auflage, in welcher der Begriff *Benachteiligung* nicht bereits im Head oder dem darauffolgenden Lead verwendet wird, was in einem ersten Schritt seine große und vielfältige publizistische Präsenz dokumentiert. *Benachteiligung* wird demgemäß auf unterschiedlichem Abstraktionsniveau und einerseits auf einer allgemeinen Makroebene, andererseits auch auf unterschiedlichen Mikroebenen gebraucht sowie mit mannigfachen Aspekten in Verbindung gebracht und damit auf folgende Art und Weise verwendet.

Auf globalster Ebene wird beispielsweise von der Benachteiligung eines Landes bzw. einer Gesellschaft gegenüber einer anderen berichtet, wenn von einem „Proteststurm der Muslime in den USA" (Spiegel, 03.05.2004) die Rede ist und mittels Studien nachgewiesen wird, dass Muslime in Amerika zunehmender Gewalt, Belästigung und rassistischer Benachteiligung ausgesetzt sind, oder Frankreich generell als „Land der Ungleichheit" (Spiegel, 30.12. 2006) bezeichnet wird, das der Benachteiligung bestimmter Bevölkerungsgruppen und -schichten nicht nur Innerlandes, sondern auch auf europäischer Ebene angeklagt wird. Darüber hinaus ist von „Kinderarmut in Großbritannien" (FAZ: 13.10.2011) die Rede, wodurch explizit auf die soziale Benachteiligung der Heranwachsenden durch die Jugendarbeitslosigkeit verwiesen wird, während andere Staaten wie „Deutschland und China [...] neues Vertrauen auf[bauen]" (Focus, 16.07.2010), um einer Wettbewerbsbenachteiligung gemeinsam entgegen zu wirken.

Ebenfalls scheint nahezu jeder gesellschaftliche Bereich durch verschiedenartige finanzielle Benachteiligung betroffen zu sein, wenn z. B. die „Euro-Zone [...] Griechenland vorerst vor [einer] Pleite [bewahrt]" (Welt, 03.07.2011), in Deutschland zum einen allgemein den Kleinanlegern „Das Ende der Benachteiligung" (Spiegel, 19.05.1999) gegenüber den Großkapitalisten versprochen wird und zum anderen bestimmte Gruppierungen von dieser Übervorteilung betroffen sind, so dass die „SPD [... beispielsweise die] Benachteiligung von Kassenpatienten bestrafen [will]" (Focus, 07.02.2011), wenn diese durch Ärzte gegenüber Privatpatienten zurückgesetzt werden bzw. die ökonomische Benachteiligung bis hin zu den Kleinsten der Gesellschaft reicht, wenn es heißt „Kinder: Beim Taschengeld fängt die Benachteiligung an“ (Focus, 04.12.2009).

Darüber hinaus ist das Phänomen der Benachteiligung in facettenreicher Art und Weise auf dem Arbeitsmarkt präsent. Dort sind von ihr u. a. Ein-Euro-Jobber betroffen, deren Qualifikation, die sie durch ihren Job erwerben, an den Erfordernissen des Marktes vorbeigeht und man ihnen zuschreibt, sie blieben „Für immer Ein-Euro-Jobber“ (Welt, 05.11.2010). Ähnliches beklagen junge Menschen, weil sie sich durch den Wehr- und Zivildienst benachteiligt sehen. Ökonomen fordern deshalb: „Schafft den Wehrdienst und den Zivildienst ab!“ (Welt, 22.08.2010). Des Weiteren demonstriert und protestiert die Berufsgruppe der Angestellten im Rahmen von „Lehrer-Protesten für gerechte Bezahlung“ (Focus, 04.05.2010), da sie sich gegenüber Verbeamteten benachteiligt fühlt.

Auf politischer und gesellschaftlicher Ebene versucht man der Diskriminierung mittels juristischer Maßnahmen entgegen zu wirken. Die „SPD ist [demgemäß] für gleiche Bezahlung in Ost- und Westdeutschland“ (Welt, 22.12.2011), um unterschiedlichen und benachteiligenden Tarifbestimmungen entgegenzuwirken, während „Bundesrichter [die] Benachteiligung nichtehelicher Kinder [bestätigen]“ (Spiegel, 26.10.2011) und sich zu Handlungen gezwungen sehen, weil jene Kinder beispielsweise nicht als mit ihrem Vater verwandt gelten und für sie übervorteilende Folgen, zum Beispiel im Erbschaftsfall, mit sich bringt.

Des Weiteren wird Benachteiligung auch infolge diverser personenspezifischer Merkmale festgestellt und beklagt. Negative Schlagzeilen postulieren in diesem Zusammenhang, dass die „Gleichstellungspolitik gescheitert“ (Welt, 13.10.2010) sei, wenn Studien belegen, dass z. B. die Benachteiligung von Frauen in der Politik und dem Beruf zunimmt und sich bereits auf schulischer Ebene zeigt, wenn Forscher spezielle Angebote diskutieren, die der Beseitigung der Benachteiligung von Mädchen dienen und derweilen sogar feststellen: „Jungs aus der Unterschicht haben es am schwersten“ (Welt, 20.09.2010) und infolge der Emanzipierungsbewegungen insgesamt aktuell die „Diskriminierung von Männern beklagt“ (FAZ ,18.02.2011) wird. Darüber hinaus füllen vielfältige Artikel unter dem Label der Altersbenachteiligung diverse Zeitschriften, z. B. wenn Studien bezüglich jenes Aspektes anführen, dass „Jeder Fünfte [...] über Altersdiskriminierung [klagt]“ (Spiegel, 23.01. 2012). Selbst innerhalb einer bestimmten Population manifestieren sich unterschiedliche benachteiligende Aspekte, wenn im Zusammenhang mit der Schlagzeile „Schwulenzentrum feiert 25. Geburtstag mit Umzug“ (Welt, 20.10. 2011) eine aktuelle Studie referiert wird, die verdeutlicht, dass homosexuelle

Jugendliche in München mit Vorurteilen, Diskriminierung, Gewalt und Benachteiligung zu kämpfen haben. Diesbezüglich stellt das Bundesverfassungsgericht fest, dass die „Benachteiligung Homosexueller bei Erbschaften verfassungswidrig“ (FAZ, 17.08.2010) ist, weil sie gegenüber heterosexueller Paare übervorteilt sind.

Besonders häufig rücken auch Menschen mit Migrationshintergrund und Angehörige anderer Ethnie in den Fokus der Benachteiligtendiskussion. Dies zeigt sich beispielsweise in schulischen Bereichen, wenn dort der „Bildungsbericht [...] bei [ihrer mangelnden] Sprachkompetenz Alarm [schlägt]“ (Welt, 03.08.2011) oder im Anschluss an den Head „Gleichbehandlung Ehrensache“ (Die Zeit, 25.03.2010) darauf verwiesen wird, dass jeder zweite Einwanderer in Deutschland schon einmal übervorteilt wurde bzw. allein der Name *Ali* oder *Murat* ausreicht, damit „Migrantenkinder wegen [ihrem] Vornamen benachteiligt“ (Welt, 06.08.2010) werden, da diese laut Schulforschung im deutschen Bildungssystem negativ besetzt sind.

Schichtspezifische Benachteiligungsphänomene – vor allem im schulischen und bildungspolitischen Kontext – lassen sich u. a. aus Schlagzeilen wie „Arbeiterkinder klar benachteiligt“ (FAZ, 15.12.2011) und „Ministerin ebnet den Weg für die Gesamtschule“ (Welt, 19.09.2011) ablesen. Inhaltlich wird vor allem ausgeführt, dass Benachteiligung abgebaut werden muss, damit auch Kinder aus bildungsfernen Elternhäusern künftig eine Chance auf höherwertige Abschlüsse erhalten, was unter Umständen durch Gesamtschulen gefördert werden könne. Darüber hinaus glaubt man insgesamt festgestellt zu haben, dass „Die Sprache [...] der Schlüssel [ist]“ (Die Zeit, 26.04.2008), und mittels Studien wird belegt, dass sozial Schwache und Ausländerkinder der Diskriminierung unterliegen, weil sie schlechtere Noten bei gleicher Leistung erhalten und man von den Betroffenen selbst zur Beseitigung dieser Benachteiligungsform fordert: „Lernt Deutsch!“ (Welt, 04.10.2011). Stellt man seit jeher das dreigliedrige Schulsystem an den Pranger, führt man gegenwärtig zusätzlich vor allem die Chancenlosigkeit der Hauptschüler auf dem Arbeitsmarkt an, da diese „Vielfach bestraft“ (Fokus, 23.07.2007) und benachteiligt werden. Gehören sie zusätzlich noch der Unterschicht an oder verfügen sie über einen Migrationshintergrund, muss man insgesamt feststellen: „Unsere Schule ist nicht gerecht“ (Die Zeit, 13.06.2008). Weder gemeinsames Lernen noch individuelle Förderung konnte zur Chancengleichheit und zum Abbau von Benachteiligung führen. Im Rahmen „Eine[r] Pisa-Bilanz“ (Die Zeit, 14.11.2008) wird die empirische Untermauerung geliefert, dass Lern- und Leistungsmotivation in großstädtischen Hauptschulen katastrophal sind.

Bereits an diesem exemplarischen Auszug der Frequentierung von *Benachteiligung* zeigt sich neben der Aktualität der Thematik, dass der Begriff auf jeder Abstraktionsebene und in jedem Bereich – ganz gleich ob im gesellschaftlichen, (bildungs-) politischen, wirtschaftlichen, kulturellen oder sozialen – wirksam wird und dieses Phänomen damit jedem und insbesondere allem Unliebsamen mittels willkürlich scheinender inhaltlicher Akzentuierung und Ausgestaltung zugeschrieben werden kann. Der schlagwortartige Gebrauch des Begriffs hat sich in der breiten Öffentlichkeit durchgesetzt, wo er durch die Vielzahl an Meinungsmultiplikatoren einen starken publizistischen Rückhalt erfährt. Damit etabliert sich der Benachteiligtenbegriff als zentrales gesellschaftliches Thema in jeder öffentlichen Debatte und schlägt eine semantische Brücke zu jedem beliebigen Begriff, mit dem ein Missverhältnis aufgezeigt werden soll.

1.1.2 Benachteiligung als Gegenstand wissenschaftlicher Fachpublizistik

Explizit im bildungspolitischen Diskurs verzahnen sich diese Aspekte vor allem an der Überschneiung von praktischer Betätigung und wissenschaftlicher Forschung, weshalb in einem weiteren Schritt die Thematisierung der (Bildungs-) Benachteiligung in einschlägigen erziehungswissenschaftlichen Fachpublikationen, einerseits der *Zeitschrift für Erziehungswissenschaften* und andererseits der für *Berufs- und Wirtschaftspädagogik* mit der Absicht gesichtet wird, eine professionellere, theoriegestützte und empirisch fundierte Ein- und Abgrenzung des Benachteiligtenphänomens samt seiner Determinanten und des Implikationszusammenhangs zwischen den einzelnen Bedingungsfeldern zu erhalten.

In der Erziehungswissenschaft existiert seit jüngster Zeit eine Fülle von Fachpublikationen und -zeitschriften, die sich originär dem Benachteiligtenphänomen widmen, wie z. B. auch die Sonderausgabe „Förderung benachteiligter und behinderter Jugendlicher“ von Kipp und Seyd (2004). In dieser werden verschiedene Benachteiligungsaspekte fokussiert, beispielsweise die Erforschung und Entwicklung innerhalb der Benachteiligtenförderung, die notwendige Professionalisierung der mit Benachteiligten handelnden Akteure, bestimmte stark benachteiligte Zielgruppen sowie die institutionelle und strukturelle Benachteiligung im Übergangssystem von der Schule in das Ausbildungs- und Beschäftigungssystem.

Innerhalb der (berufs-) schulpädagogischen Forschung wird vor allem der Migrationshintergrund eines Schülers als bedeutsamer Benachteiligungsfaktor erachtet und unterschiedlich interdependent akzentuiert fokussiert. Schmidt (2011) eruiert in seinem Aufsatz „Jugendliche mit Migrationshintergrund: von der Risiko- zur Zielgruppe?“ die Integrationsmöglichkeiten im Sinne von Grenzen und Chancen heranwachsender Migrantenkinder, explizit vor dem Hintergrund des demografischen Wandels, während Westphal (2011) diesen Aspekt auf den „Bildungserfolg von Migrantinnen in Deutschland“ eingrenzt und Stomporowski (2004) „Die misslungene berufliche Integration Jugendlicher mit Migrationshintergrund“ im Allgemeinen reflektiert. Eine diesbezügliche Benachteiligung findet nach Gogolin (2008) bereits zur Zeit der „Förderung von Kindern mit Migrationshintergrund im Elementarbereich“ statt, parallel konnte Schneider (2011) mit „Die Bedeutung der sozialen Herkunft und des Migrationshintergrundes für Lehrerurteile am Beispiel der Grundschulempfehlung“ aufzeigen, dass in der Primarstufe neben dem sozio-ökonomischen Status der Eltern vor allem der Migrationsstatus einen negativen Einfluss auf die Laufbahnempfehlung im Rahmen der Selektionsentscheidungen hat. Diese Form der Benachteiligung findet zudem bei Maaz und Nagy (2009) in „Der Übergang von der Grundschule in die weiterführenden Schulen des Sekundarschulsystems (...)“ Bekräftigung. Sie können nachweisen, dass primäre und sekundäre Herkunftseffekte im Zusammenwirken mit der sozialen Herkunft auf zu bewertende Schülerleistungen und die Schullaufbahnempfehlung insgesamt benachteiligend wirken, während Kristen und Dollmann (2009) darauf aufbauend jene übervorteilenden Aspekte in Bezug auf „Sekundäre Effekte der ethnischen Herkunft: Kinder aus türkischen Familien am ersten Bildungsübergang“ noch detaillierter ausarbeiten und belegen. Den empirischen Nachweis benachteiligender Effekte bis hin in die „Naturwissenschaftsbezogene[n] Motivationen und Kompetenzen von Schülerinnen und Schülern mit Migrationshintergrund in Deutschland“ verdeutlichen Walter und Tsakine (2008) durch die Abhängigkeit bzw. Limitierung der intrinsischen und extrinsischen Motivation vom Migrationsstatus.

Allmendinger und Dietrich (2004) richten ihren Blick demgegenüber auf den Übergang zwischen Bildungs- und Beschäftigungsmarkt und eruieren in ihrem Beitrag „PISA und die soziologische Bildungsforschung“ vor allem den Zusammenhang von und die Benachteiligung durch Faktoren der sozialen Herkunft, der zuletzt besuchten Schulform sowie des Kompetenzerwerbs im Allgemeinen. Darüber hinaus konnte Walter (2008) in „Herkunftsassoziierte Disparitäten im Lesen, der Mathematik und den Naturwissenschaften: ein Vergleich zwischen PISA 2000, PISA 2003 und PISA 2006“ im Rahmen seiner abschließenden Reflexion verdeutlichen, dass jene Disparitäten nicht nur auf die soziale Herkunft, sondern originär den Sprachgebrauch in der Familie statistisch zurückführbar sind. Des Weiteren wurden explizit an der Übergangsschwelle durch Fasching und Niehaus (2004) im Rahmen der „Berufliche[n] Integration von Jugendlichen mit Behinderungen: Synopse zur Ausgangslage an der Schnittstelle von Schule und Beruf" weitere benachteiligende Effekt durch das Sozialisationsfeld Familie, explizit den sozio-ökonomischen Status der Eltern, emotionale und soziale Beeinträchtigungen sowie durch mangelnde persönliche Kompetenzen des Individuums verdeutlicht. Zusätzlich konnten sie eine Übervorteilung durch soziale Einstellungen und Vorurteile seitens der Betriebe offenbaren. Ulrich (2008) hat in seiner empirischen Abhandlung „Jugendliche im Übergangssystem – eine Bestandsaufnahme" gezeigt, dass verstärkt Heranwachsende ohne Abschluss bzw. mit maximal einem Hauptschulabschluss, mit Migrationshintergrund, schlechten Schulnoten und ungünstigerem sozio-ökonomischen Hintergrund am stärksten benachteiligt sind. Verschärfend kommt hinzu, dass Verzögerungen im eigentlichen Übergangsprozess von der Schule in den Beruf bestehen, da ein Hauptschulabschluss und Migrationsstatus von potenziellen Arbeitgebern als negative Signale gewertet werden. Darauf aufbauend führt Ulrich (2010) in seiner Schrift „Übergangsverläufe von Jugendlichen aus Risikogruppen [...]" aus, dass ebenfalls regionale Aspekte und explizit das betriebliche Bildungsangebot bzw. die Ausbildungsmarktlage einen weiteren Benachteiligungsfaktor darstellen. Buch, Hell und Wydra-Somaggio (2011) zeigen eine weitere Übervorteilung am Ende der Ausbildungszeit auf, wenn sich die Jugendlichen dem Erwerbsmarkt nähern. In ihrem Artikel „Stigma Hauptschulabschluss? Der Einfluss der Schulbildung auf das Arbeitslosigkeitsrisiko an der zweiten Schwelle" führen sie aus, dass kein bzw. ein schlechter Hauptschulabschluss nicht nur zu einer schlechteren Berufabschlussprüfung führen, sondern dieser Aspekt sogar noch durch das stigmatisierende Signal des schlechten Abschlusses negativ verschärft wird und es zu einer additiven Verschlechterung der Chancen an der zweiten Schwelle kommt. Lex und Zimmermann (2012) betonen in „Wege in Ausbildung. Befunde aus einer schrittweisen Betrachtung des Übergangsprozesses" neben den zuvor genannten Benachteiligungsaspekten vor allem ihre multiplikative Wirkung durch ihr Zusammenspiel. Förster und Skrobanek (2004) weisen in ihrer Abhandlung „Leben am Rande? Dimensionen der Benachteilung von Jugendlichen" auf die relativ hohe interpersonelle Variabilität jenen Phänomens innerhalb der Gruppe der Benachteiligten hin.

Leeker (2008) fragt sich im Zusammenhang mit der „Konzeption und Wirksamkeit von Maßnahmen zur Verbesserung des Übergangs von benachteiligten Jugendlichen von der Schule in den Beruf […]" inwieweit diese selbst – also die Bildungsstrukturen im Segment der Berufsvorbereitung – eine Mitverantwortung an den zahlreichen beruflichen Integrationsmisserfolgen übervorteilter Jugendlicher haben und Benachteiligung schlussendlich sogar manifestieren, während Heisler (2008) in seinem Aufsatz „Reformen am Arbeitsmarkt: Die berufliche Integrationsförderung zwischen Anspruch und Realität" einerseits das hochkomplexe Unterstützungs- und Übergangssystem und damit das Fördersystem insgesamt, andererseits aber auch das Individuum, u. a. durch abweichende Verhaltensformen, für Benachteiligung verantwortlich sieht. Wirth (2011) postuliert in ihrem Aufsatz „Durchlässigkeit des Bildungssystems durch Dreifachqualifizierung – Chancen für marktbenachteiligte Jugendliche?", dass Zusatz- und Mehrfachqualifikationen parallel zur und nach der Ausbildung geeignete Maßnahmen sind, um der Benachteiligung der Betroffenen an jener Schwelle entgegenzuwirken. Christe (2004) zeigte bereits im Rahmen der Erhebung zur „Berufliche[n] und soziale[n] Integration junger Sozialhilfeempfänger und Sozialhilfeempfängerinnen durch die Einrichtung von Jugendbüros […]", dass nicht nur das eigene, sondern explizit auch das Selbstverständnis der externen Institutionen einen benachteiligenden bzw. förderlichen Einfluss auf den Integrationserfolg hat.

Oswald und Krappmann (2004) untersuchten demgegenüber individuelle Determinanten und belegen den Aspekt der Benachteiligung beispielsweise nicht nur durch „Soziale Ungleichheit in der Schulklasse […]", sondern konnten nachweisen, dass selbst der Erziehungsstil der Eltern sowie die Kommunikation und Interaktionen der Jugendlichen untereinander zur Ungleichheit führen und sich negativ auf den Schulerfolg auswirken. Koch (2008) kommt in seinem Beitrag „Gelingen Habitustransformationen in der ‚Unterschicht'?" zu der Erkenntnis, dass Benachteiligung zum einem aus dem eigenen Habitus – explizit der Selbstwahrnehmung und dem Reflexionsvermögen bezüglich gesellschaftlicher Klassifizierungen – entsteht, zum anderen aber auch vor dem Hintergrund der Unterschichtstigmatisierung noch zusätzlich verstärkt wird.

Niemeyer (2003) stellte sich bereits früh die Frage, ob „Benachteiligtenförderung – Innovationsmotor oder Sparpotential regionaler Berufsbildungszentren?" ist, während Erban (2011) in einer Längsschnittuntersuchung zur Überprüfung der Wirksamkeit des Berufsvorbereitungsjahres in ihrer Arbeit „Das Berufsvorbereitungsjahr als Übergang von der Schule zum Beruf" dessen benachteiligenden Einfluss nachweisen konnte und Thielen (2011) sich fragt, ob es sich beim gestreckten Berufsvorbereitungsjahr eigentlich um eine „Kurzfristige (Re-) Integration [oder Maßnahme mit] Nachhaltige[r] Wirkung?“ handelt.

Bereits im Rahmen dieser noch oberflächlichen, allerdings fachsystematischen Recherche wird nicht nur die Bedeutung der Thematik deutlich, darüber hinaus zeigt sich auch, dass das Gemeinsame an dem kunterbunten Gebrauch des Benachteiligtenbegriffs vor allem seine Dehnbarkeit und Beliebigkeit ist. Erschwerend kommt hinzu, dass eine konkrete Definition in diesem Zusammenhang nur bedingt geliefert wird bzw. von Untersuchungs- zu Untersuchungsschwerpunkt stark variiert. Darüber hinaus wird erkennbar, dass Benachteiligung scheinbar von beliebigen Personen nahezu jeder Gruppe – die andersartige Merkmale impliziert – zugeschrieben werden kann, obgleich sich ein derartiger Trend erkennen lässt, dass vordergründig zwei Gruppen mit dem Begriff in Verbindung stehen, eine, primär bildungsbürgerliche, die ihn aktiv gebraucht sowie eine bildungsfernere und -entfremdetere, der das Benachteiligtenphänomen im Forschungsdiskurs mittels Zuschreibungsmechanismen auferlegt wird. Aus dem bisherigen Vorgehen resultiert die Erkenntnis, dass es sich bei Benachteiligung weder um ein singuläres noch ein monokausales Phänomen handelt, da sie einerseits durch mehrere Faktoren evoziert und verstärkt wird, während sie andererseits in einem komplexen Bedingungsgefüge, das interdependent miteinander verbunden ist, betrachtet werden muss. Jene forschungsbezogene Sondierung legt nahe, dass auf einer Makroebene zum einen die Arbeitsmarktsituation und zum anderen die Struktur von Bildungswesen und Schulpraxis samt ihrer intern und extern angeschlossenen Institutionen benachteiligendes Potenzial implizieren. Auf einer Mikroebene sind es vor allem das Geschlecht, ein möglicher Migrationshintergrund, das kulturelle und ökonomische Kapital der Eltern sowie die individuelle Bildungsbiografie neben physischer und psychischer Beeinträchtigungen, die ursächlich seitens des Individuums eine übervorteilende Wirkung zu evozieren scheinen. Damit wird im erziehungswissenschaftlichen Forschungsbereich eine das Subjekt pathologisierende Sicht nicht nur geschaffen, sondern auch aktiv verwendet und dadurch verfestigt.

1.2 Zur theoretischen Konzeptionierung und Diagnose von Benachteiligung

Eine konkrete Arbeitsdefinition lässt sich, wie gezeigt wurde, aus jenem Kunterbunt der Annahmen von Benachteiligungsfaktoren noch nicht konstituieren, weshalb ein vertieftes Studium der bereits existierenden Definitionen und Theorien im Sinne von Erklärungsmodellen bezüglich der (Bildungs-) Benachteiligung vorgenommen wurde. Dabei ist feststellbar, dass es sich bei der Benachteiligtenforschung und -förderung um eine relativ junge Forschungsausrichtung handelt und bereits darauf verwiesen wurde, dass die „Forschung in der Benachteiligtenförderung [einer] Sondierungen in einer unübersichtlichen Landschaft" (vgl. Bojanowski, Eckardt & Ratschinski; 2004) gleichkommt. Dies begründen die Autoren aufgrund ihrer umfassenden Bibliografie- und Bibliotheksrecherchen sowie der Sichtung elektronischer Datenquellen. Sie konstatieren den Beginn der Begriffsgeschichte Anfang der 1970-er Jahre, explizit mit der Verabschiedung des Berufsbildungsgesetzes und der ausdrücklichen Manifestation des Benachteiligtenbegriffs im SGB III und dem Beginn der Benachteiligtenförderprogramme, u.a. durch schulische, betriebliche oder externe berufsvorbereitende Maßnahmen der verschiedensten Akteure und Institutionen (vgl. ebd., S. 1). Der Benachteiligtenbegriff löste seither in der fachwissenschaftlichen Diskussion sprachliche Verwendungen wie „Ungelernte" oder „Jungarbeiter" ab und bezeichnete ursprünglich in erster Linie „Jugendliche ohne Berufsausbildungsverhältnis". Seine Historie und damit Verwendungsgeschichte zeigt, dass der Begriff bereits in der Vergangenheit stark wegen seines diskriminierenden Potenzials umstritten war (Biermann & Rützel, 1999; Bojanowski et al., 2004) und die Sichtung der mannigfachen Förderversuche und -maßnahmen infolge des (bildungs-) politischen Handlungsbedarfes und -druckes seit jeher einer Orientierung in einer unübersichtlichen Landschaft gleicht. Die Fördermaßnahmen selbst implizieren seit ihrem Bestehen primär „ein Angebot individueller, sozialer und beruflicher Eingliederungs- und Integrationshilfen" (Bojanowski, Eckardt & Ratschinski, 2005, S. 11), zumeist für eine heterogene Gruppe junger Erwachsener (Mollenhauer & Uhlendorff 1992), denen, wie noch gezeigt wird, darüber hinaus erhebliche und mannigfache Defizite zugeschrieben werden.

Der Adressatenkreis der Benachteiligtenförderprogramme sind Jugendliche, bei denen Einschränkungen im Sinne von „erhebliche[n] Defizite[n] in den Lernvoraussetzungen und in der Bildungsbiografie" (Bojanowski et al., 2005, S. 12) qua Definition vorausgesetzt werden und sich vor allem auf einem Migrationsstatus, der individuellen Schulbildung oder im Allgemeinen auf dem Vorhandensein von Sozialisationsdefiziten begründen (vgl. ebd.).

Problematisch ist seit jeher auch die Zuständigkeitsfrage bezüglich der Benachteiligtenforschung, da diese „in verschiedenen erziehungswissenschaftlichen Disziplinen, an unterschiedlichen Orten und mit differenzierten Methoden betrieben“ (Bojanowski et al., 2005, S. 13f) wird. Bojanowski et al. (vgl. 2004; 2005) gliedern die Benachteiligtenforschung in Anlehnung an Fülbier (2002) in vier für sie originär verantwortliche erziehungswissenschaftliche Bezugsdisziplinen. Erstens die Sozialpädagogik, die allerdings vorrangig das Feld der Jugendsozialarbeit und die damit verbundene individuelle Beratung und Betreuung fokussiert (vgl. Biermann & Rützel, 1999). Zweitens die Sonderpädagogik, die sich allerdings vornehmlich für behinderte und lernbeeinträchtigte Jugendliche zuständig sieht und demgemäß eher den Übergang innerhalb des Schulsystems und den anschließenden von der Sonderschule bzw. Förderschule in Ausbildung und Erwerbsarbeit betrachtet (vgl. Brandt, 1996; Hiller, 1994). Drittens wird die Schulpädagogik selbst genannt, die jenen Bereich allerdings eher stiefmütterlich behandelt und vorhandene Theorien, Modelle und Methoden lediglich für diesen Bereich zu adaptieren versucht und das primär im schulischen Bereich der Berufsvorbereitung. Den vierten und gegenwärtig bedeutsamsten Bereich stellt die Berufs- und Wirtschaftspädagogik dar. Beschäftigte sie sich in ihrer älteren Diskussion originär mit Jungarbeitern und der Jugendarbeitslosigkeit (Blankertz, 1960; Eckert, Rost, Böttcher, Geißler & Malling, 2000; Seubert, 1984), erforscht sie zunehmend auch weitere relevante individuelle und gesellschaftliche Aspekte von Bildung im Fokus der Arbeit. Der aktuelle Blick an die Hochschulen selbst verdeutlicht den gegenwärtigen Stellenwert jener Forschungsausrichtung, spalten sich explizit seit dem letzten Jahrzehnt bzw. den letzten beiden Jahrzehnten zunehmend berufs- und wirtschaftspädagogische Institutionen von einer allgemeinen Erziehungswissenschaft ab und eruieren, entwickeln und etablieren ihre eigenen Forschungsfragen und -theorien. Exemplarisch will hier der Arbeitsbereich Berufs- und Wirtschaftspädagogik der Universität Siegen genannt werden, dessen bildungstheoretische Arbeiten derweilen dort sogar integraler Bestandteil der Lehrerausbildung sind und auf die noch detaillierter und differenzierter eingegangen werden wird.

Neben dem Bundesinstitut für Berufsbildung und dem Forschungsinstitut für betriebliche Bildung sowie dem Deutschen Jugendinstitut und dem Institut für Arbeitsmarkt- und Berufsforschung kommen unzählige weitere privatwirtschaftliche und öffentliche Forschungsinstitutionen hinzu, z. B. das europäische Berufsbildungsforschungsinstitut, das Max-Planck-Institut, BBJ Consult,

HIBA und INBAS (vgl. Bojanowski et al., 2005, S16ff), die ein derart vielfältiges Angebot zur Förderung der betroffenen Klientel zur Verfügung stellen, dass man gegenwärtig auch von einem Maßnahmenangebotsdschungel sprechen kann.

Über die vier zuvor genannten erziehungswissenschaftlichen Teildisziplinen hinaus werden bestimmte Aspekte auch von weiteren sozial- und humanwissenschaftlichen Disziplinen fokussiert. Demgemäß vielfältig, obgleich fruchtbar, allerdings teilweise auch unsystematisch und unstrukturiert sind die Theoriefragmente, Entwicklungen theoretischer Konzepte sowie Forschungsergebnisse und -erkenntnisse jener Bereiche, die ihrerseits von einer mikroperspektivischen Ausrichtung bis hin zu einer Betrachtung des Benachteiligtenphänomens auf einer generellen Makroebene reichen (vgl. Bojanowski et al.; 2005). Einige Forschungsbemühungen setzen am Subjekt an, während das theoretische Spektrum darüber hinaus bis zu bildungssoziologisch und sozialwissenschaftlich geprägten Theorien und schlussendlich einer diskurspolitischen Sichtweise und Reflexion reicht (Bojanowski et al., 2005, S. 20ff). Demnach werden der öffentliche Diskurs, rechtliche, strukturelle und institutionelle Aspekte, die Förderstruktur, aber auch der Stellenwert von Erwerbsarbeit und Arbeitslosigkeit neben sozio-ökonomischen Elementen in den meisten Orientierungsparadigmen als ursächlich für Benachteiligung erachtet (Haunert & Lang, 1994; Galuske, 1998; Fülbier & Schäfer 2002; Biermann, Bonz & Rützel, 1999; Popp, 1993). Dadurch reicht das Spektrum der Methoden empirischer Forschung von der biografischen Einzelfallanalyse bis hin zu empirischen und repräsentativen Längs- und Querschnittuntersuchungen. Im Rahmen dieser Arbeit wird explizit das Feld der „Übergangsforschung“ noch fokussierter betrachtet (Braun, 1999; Lex, 1997), in dem vor allem „die Übergänge an den wichtigen Schwellen des Bildungswesens (von der allgemeinen Schule in die Berufsvorbereitung: 1. Schwelle, sodann Übergang ins Erwerbsleben: 2. Schwelle)" (Bojanowski et al., S.24ff) untersucht werden, weil sich an jenen Stellen die Benachteiligtenproblematik am deutlichsten zeigt.

Ebenso vielförmig sind auch die Definitionsangebote, die in den verschiedenen Forschungsausrichtungen mit unterschiedlicher Akzentuierung formuliert worden sind. Auf gesetzlicher Grundlage (SGB III) gelten die als benachteiligt, die Leistungen der Bundesagentur für Arbeit beziehen (BMJ 2008, SGB III, § 242). Ihnen wird zugeschrieben, dass „Förderbedürftige [...] lernbeeinträchtigte und sozial benachteiligte Auszubildende [sind], die wegen der in ihrer Person liegenden Gründe ohne die Förderung“ weder eine Ausbildung beginnen oder abschließen bzw. ein Arbeitsverhältnis weder aufnehmen noch festigen können. Weniger pathologisierend sowie stigmatisierend und damit ertragreicher definiert Fülbier (2005) als benachteiligt, wer ohne besondere bzw. fremde Hilfe keinen Zugang zu Ausbildung und Arbeit findet und darüber hinaus die soziale, berufliche und persönliche Integration in die ihn umgebende Gesellschaft selbstständig nicht leisten kann. Darauf aufbauend rücken Enggruber et al. (2003) etwas differenzierter den Übergangsbereich von Schule und Ausbildung in den Blick. Ihnen nach wird der Einzelne benachteiligt, wenn er keinen allgemeinbildenden Abschluss erreichen, keine berufsvorbereitenden Maßnahmen wahrnehmen oder an keinem Ausbildungsverhältnis teilhaben kann und mittels ungelernter Tätigkeiten seine Beschäftigung sichern muss sowie ausbildungsbegleitende Hilfen absolviert und eine Integration in den Erwerbsmarkt, trotz Berufsausbildung, nur mäßig bis gar nicht gelingt.

Eine zusätzliche Verzahnung mit Aspekten sonderpädagogischer Ansätze samt der in ihnen intendierten Förderbedarfssicht ist notwendig, will man eine subjekt- und ressourcenorientierte sowie zunehmend ganzheitlichere Sicht auf das Individuum zu Grunde legen. Bezüglich der Förderung benachteiligter Kinder und Jugendlicher kommen nach Vernooij (2005, S. 38) alle „helfende und unterstützende Maßnahmen [in Betracht], die nicht nur bei den Defiziten beginnen sondern auch an den Ressourcen anzusetzen und sich systematisch und institutionalisiert im schulischen Bereich vollzieh[en] und aufgrund von Beeinträchtigungen zur Initiierung weiterer Entwicklungsschritte vonnöten“ sind. Dieser Ansatz impliziert facettenreiche Bedingungsmomente und macht damit zudem die Betrachtung physischer und psychischer Beeinträchtigungen, die Interessen- und Fähigkeitsentwicklung samt schulischer Motivation sowie die geistige Entfaltung, aber auch kritische Lebensbedingungen und sozio-emotionale, -kulturelle sowie -ökonomische Determinanten neben der allgemeinen biografischen Entwicklung und familiär-en Sozialisation anschlussfähig.

Benachteiligung stellt damit einen relationalen Begriff dar, der einerseits semantische, andererseits aber auch normative Aspekte impliziert (vgl. Schroeder 2006, S. 207). „Auf der semantischen Ebene verweist er auf Hindernisse in der individuellen Selbstgestaltung sowie auf Kontexte, Situationen und Erfahrungen der Ungleichheit. Auf der normativen Ebene bezieht er sich auf Ansprüche der Gerechtigkeit sowie die Erhöhung von Chancen gesellschaftlicher Teilhabe“ (Wolf, 2009; S. 68). Darüber hinaus ist Benachteiligung zusätzlich als prozesshaftes Merkmal sozialer Interaktion und der mit ihr verbundenen Muster zu denken, in denen einander differierende Motivstrukturen, Machtverhältnisse und mit diesen auch unterschiedliche Zielvorstellungen sowie Normen für prekäre Interaktionsstrukturen sorgen (vgl. ebd.).

Damit wirkt Benachteiligung auf einer individuellen Ebene im Sinne einer eingeschränkten Möglichkeit der Selbstentfaltung sowie der Partizipation an gesellschaftlichen Prozessen, auf einer globalen Ebene führt sie zur „eingeschränkte[n] Teilhabe am ökonomischen, kulturellen und politischen Gesellschaftsleben" (ebd., S. 68). Für das Phänomen der Benachteiligung sind demnach verschiedene Determinanten und Dimensionen verantwortlich und konstituierend. Nicht zuletzt deshalb bedarf es verstärkt der Analyse der vom Individuum abhängigen, aber vor allem auch unabhängigen Faktoren sowie deren Relationen innerhalb der gesellschaftlichen Rahmung, um Benachteiligung diagnostizieren zu können. Denn mit dem Versuch, Benachteiligung an bestimmten Merkmalen abzulesen, wird dem Individuum ein sprachabhängiges Phänomen lediglich zugeschrieben. Bedeutsam ist, nicht nur unter dem verrechtlichten Anspruch auf „Individuelle Förderung", die Fokussierung des Einzelnen, denn „die geforderte individuelle Förderung geht davon aus, dass unterschiedliche Menschen unterschiedlicher Förderung bedürfen, um sich [...] positiv zu entwickeln [..., denn jeder] bringt eine ganz persönliche Lebensgeschichte, individuelle Neigungen und Begabungen, aber auch entwicklungshemmende Erfahrungen mit" (Lippegau, 2003, S. 2). Des Weiteren führt Lippegau aus, dass diese Voraussetzungen untersucht und erkannt werden müssen, damit daran anschießend eine grundsätzlich immer anders geartete Förderung aufbauen kann, die nur dann auch den individuellen Bedürfnissen entspricht.

Der öffentliche Diskurs, die erziehungswissenschaftliche Fachpublizistik sowie die wissenschaftstheoretische Reflexion legen insgesamt eine Differenzierung der Betrachtung von *Benachteiligung* in die folgenden drei Ebenen mit jeweils zwei Dimensionen nahe, damit Benachteiligung operationalisiert werden kann (vgl. Brüning 2002; Geffert, 2006; Wolf, 2009):

Erstens in eine individuelle Ebene, innerhalb derer eine inter- von einer intraindividuellen Dimension zu unterscheiden ist und für die demnach nicht nur das Alter, Geschlecht und die Lern- sowie Bildungsbiografie neben physischen und psychischen Lernbeeinträchtigungen bedeutsam sind, sondern auch persönliche Einstellungen, individuelle Zielbildung und -realisierung sowie die soziale Wahrnehmung anderer neben allgemeinen psychologischen Konstituenten im Sinne des Humanpotenziales, wie z. B. Emotionen (emotionale Entwicklung und Regulation), Kognitionen (kognitive Verarbeitungskapazität) und Motivation in den Blickfokus rücken. Darüber hinaus sind sämtliche Kompetenzaspekte mitzudenken, insbesondere Sprach- und Kommunikationskompetenz.

Zweitens in eine sozio-ökonomische Ebene, die auf einer Dimension soziale und auf einer weiteren ökonomische Aspekte impliziert und damit neben dem individuellen sozialen Status auch den der Herkunftsfamilie und der Peer- sowie In-Group in den Blick nimmt und neben der Familienkonstitution zudem das vorhandene soziale Unterstützungssystem, geistige Anregungspotential, Kulturaustauschmöglichkeiten, Wohnlage und Ghettoisierung einschließt. Bezüglich der ökonomischen Dimension sind die bisher erworbenen formalen Qualifikationen sowie der Beruf und das Einkommen der Familie und damit das allgemeine Auskommen in den Blick zu nehmen. Selbst die regionale Arbeitsmarktstruktur und Arbeitslosigkeit sowie die Ausstattung der Bildungslandschaft und Fördermaßnahmen währen hier hinzuzurechnen. Beide Ebenen konstituieren sich derart, dass sie sich in sozialen und ökonomischen Beziehungen, Interaktionen und Kontexten über materielle und immaterielle Ressourcen widerspiegeln und äußern.

Drittens in eine global-gesellschaftliche Ebene, die eine bildungs- und arbeitsmarktpolitische Dimension und eine, die allgemeine gesetzliche Grundlagen und damit die rechtliche Referenzrahmung insgesamt beinhaltet. Die erste Ebene umfasst neben der Heterogenität des Bildungswesens und seiner Organisation die Qualität des pädagogischen Personals, Weiterbildungschancen und -möglichkeiten, Lehr- und Lernformen, institutionelle Barrieren sowie das Angebote an Bildungsmaßnahmen nebst Ausbildungs- und Arbeitsmarktsystem. Selbst die Konjunktur des Landes und seine Stellung im Globalisierungsprozess samt gesellschaftspolitischer Zielsetzungen währen hier intendiert. Die zweite Ebene beinhaltet das politische Ordnungssystem und damit vor allem gesetzliche Regularien, beispielsweise die generelle Entfaltungsmöglichkeit (Persönlichkeitsrechte des Grundgesetztes) als auch das Ausmaß der Betroffenheit und die Verwirklichung der Inanspruchnahme dieses und der diversen weiterhin vorhandenen Einzelgesetzte (u. a. § 1 KJHG, 40c (2) AFG, SGB III).

Die sechs Dimensionen des Modells beinhalten dann die zuvor referierten Merkmale, deren Ausprägungen individuell festgestellt werden müssen und damit erst den Grad der Benachteiligung eines Individuums ausmachen und neben allgemeinen Phänomenen solche umfassen, die der vertieften wissenschaftlichen Analyse bedürfen (siehe Abbildung 1). Dadurch wird es möglich, dass z. B. selbst die Wirksamkeit aber auch Limitierung von Motivation, Emotionen, Kognitionen und des individuellen Selbstkonzepts neben der gesellschaftlichen Partizipationsmöglichkeit explizit mitberücksichtigt werden. Jene Sicht fordert zwingend eine ganzheitliche Betrachtung des Individuums, weshalb nicht nur dieser Arbeit, sondern jedem professionellen Handeln in pädagogischen Kontexten eine Bildungstheorie zu Grunde gelegt werden sollte.

Eine solche kriteriengestützte Diagnose würde die wesentlichen Determinanten des menschlichen Lebens erfassen, die für Benachteiligung als ursächlich erachtet werden, und in ihrem individuellen Ausprägungsgrad erfassen, so dass Benachteiligung kein Generalkonstrukt mehr darstellt. Weil sich die zuvor ausgeführten Aspekte der Benachteiligung allerdings überlagern, konstituiert sich diese aus dem Zusammenspiel jener subjektiven und objektiven sowie multiplen Bedingungen, wodurch es zu einer Mehrfachbenachteiligung kommen (vgl. Pütz, 1993; Riess 1997; Prüß, Binder & Helbig, 2004; Fischer, 2008) und was insgesamt zu einer problematischen Persönlichkeitskonstitution führen kann.

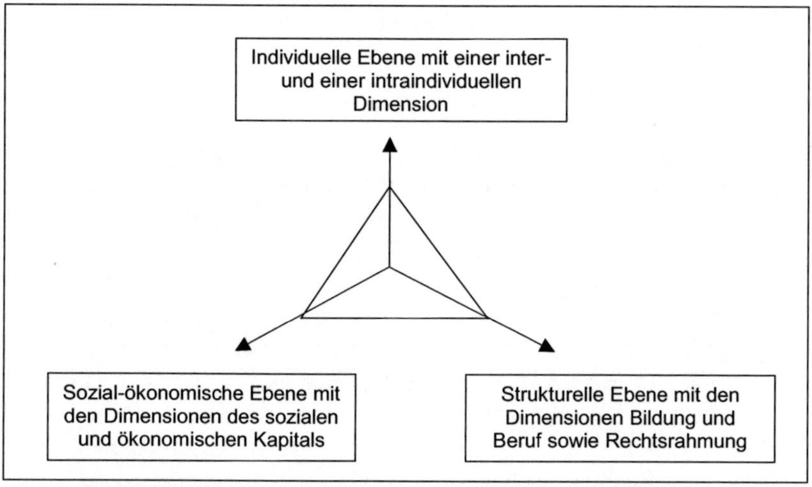

Abb. 1: Grafische Darstellung einer merkmalsbezogenen und multifaktoriellen Diagnose benachteiligender Einzelaspekte innerhalb einer Gesamtreferenzrahmung

Infolge der Verzahnung der einzelnen Ebenen und Dimensionen ist die Annahme begründet, dass lediglich die Ausprägung eines Faktors (z. B. Migrationsstatus, sozio-ökonomischer Status oder der Besuch der beruflichen Vorbereitung) allein nicht ausreicht, um als Benachteiligter zu gelten. Darüber hinaus hat die Erfassung dieser Einzelaspekte bzw. -kategorien und Relationen den Vorteil, Benachteiligung einem Individuum nicht infolge seiner Eigenschaften zuzuschreiben, sondern wertneutraler zu diagnostizieren und von dieser Grundlage ausgehend Fördermaßnahmen zu planen. Damit lassen sich unzählige Faktoren individuell erfassen, die zu einer Benachteiligung führen können. Dass eine mögliche Diagnose, die hier nur skizziert wurde, in der pädagogischen Praxis und vor allem im Handbuch zur Benachteiligtenförderung des Bundesministeriums für Bildung und Forschung (BMBF) grundsätzlich nicht derart erfolgt, wird im Folgenden gezeigt. Diese initiieren Benachteiligung über Zuschreibungen und diagnostizieren jenes Phänomen auf Grundlage von Verallgemeinerungen. Damit wird Benachteiligung nicht nur in ungerechtfertigter Weise gefördert, sondern verfestigt sich infolge einer zumeist fehlenden kritischen Reflexion. Ein Prozess, der exemplarisch noch anhand der Einstellungen professioneller Akteure der beruflichen Bildung sowie der Förderkonzeption des BMBF verdeutlicht werden wird. Davor muss allerdings der von diesen Zuschreibungsprozessen am stärksten betroffene Sektor, der Übergangsbereich des beruflichen Bildungswesens, vorgestellt werden, denn genau an dieser Stelle sollen pädagogische Interventionen, u. a. auf Grundlage der zuvor genannten Förderkonzeption, greifen.

1.3 Verortung der Benachteiligung an den Übergangsschwellen des beruflichen Bildungswesens in der beruflichen Grundbildung

„Die staatlichen Aufgaben sind in Deutschland zwischen dem Bund und den 16 Ländern aufgeteilt [... und] die Länder sind auch für das öffentliche Schul- und Bildungswesen und somit für die berufsbildenden Schulen zuständig“ (Hippach-Schneider, Krause & Woll, 2006, S.19). Die ständige Konferenz der Kultusminister (KMK) stellt hierfür eine wesentliche Harmonisierungsinstanz der Bildungspolitiken der 16 Länder dar. Die Zuständigkeit für die betriebliche und außerschulische Berufsausbildung obliegt allerdings dem Bund bzw. dem Bundesministerium für Bildung und Forschung (BMBF), das eine allgemeine und koordinierende Kompetenz hat und den rechtlichen Rahmen durch das Berufsbildungsgesetzt (BBiG) regelt. Aus diesem leitet die KMK die Rahmenlehrpläne ab (vgl. ebd. S. 19f), so dass die Lehrpläne für den Unterricht der Berufsschule von den Ländern selbst entwickelt werden (vgl. ebd., S. 21). Die Bundesagentur für Arbeit (BA) hat in diesem Zusammenhang auf Grundlage des SGB III eine Beratungs-, Vermittlungs- und Förderungsfunktion für Jugendliche und Betriebe (vgl. ebd., S. 21).

Das Bildungswesen in Deutschland gliedert sich strukturell betrachtet in fünf grundsätzlich aufeinander aufbauenden Bereichen (siehe Abbildung 2).

Der Elementarbereich stellt den ersten dar und umfasst Kindergärten sowie Institutionen (z. B. Schulkindergärten, Vorklassen) für „Kinder im Alter von wenigen Monaten bis zum Schuleintritt mit in der Regel sechs Jahren" (KMK, 2011, S. 26). Mit der Schulpflicht beginnt der Besuch einer Grundschule, im zweiten, dem Primarbereich. Dieser sieht entsprechend der unterschiedlichen Regelungen der Länder mindestens vier und maximal sechs Schuljahre vor. Liegt bei Kindern ein sonderpädagogischer Förderbedarf vor, der an allgemeinen Schulen nicht qualifiziert gedeckt werden kann, besteht die Alternative des Besuchs bestimmter Förder- bzw. Sonderschulen (vgl. ebd., S. 26). Der Übergang in den dritten Bereich wird generell von Empfehlungen unterschiedlicher Instanzen (u. a. Eltern, Lehrer, Schulaufsicht) geregelt und begleitet. Die Struktur dieses Sekundarbereichs I ist dadurch gekennzeichnet, „dass [...] die weiteren Bildungsgänge mit ihren Abschlüssen und Berechtigungen in unterschiedlichen Schularten organisiert sind, und zwar als Hauptschule, Realschule, Gymnasium [und] Gesamtschule" (ebd., S. 27). Jugendlichen mit besonderem Förderbedarf stehen erneut Institutionen mit einem adäquaten Förderangebot zur Verfügung. Die Sekundarstufe II stellt den vierten schulischen Bereich dar, der noch von allen Jugendlichen verpflichtend und entsprechend ihrer Abschlüsse und Berechtigungen zu besuchen ist. „Das Angebot umfasst allgemeinbildende und berufliche Vollzeitschulen und die Berufsausbildung im dualen System" (ebd., S. 27f) und damit primär Gymnasien und Berufskollegs. Der fünfte, tertiäre Bereich „umfasst die Hochschulen sowie sonstigen Einrichtungen, die berufsqualifizierende Studiengänge für Absolventen des Sekundarbereichs II mit Hochschulzugangsberechtigung anbieten" (ebd., S. 28). Darüber hinaus ermöglichen einige Bundesländer den Besuch von Berufs- und Studienakademien. Der Weiterbildungsbereich umfasst schlussendlich ein vielfältiges und unterschiedlich stark miteinander verwobenes Angebot an Weiterbildung und wird „als Fortsetzung oder Wiederaufnahme organisierten Lernens nach Abschluss einer unterschiedlich ausgedehnten ersten Ausbildungsphase [...beschrieben]. Die Weiterbildung [baut] auf bereits erworbenen Kenntnissen und Fähigkeiten sowie gesammelten Erfahrungen auf [... und] umfasst gleichrangig die Bereiche der allgemeinen, beruflichen und gesellschaftspolitischen Weiterbildung" (ebd., S. 28f). Zusätzlich ist durch das Grundgesetz sowie die verschiedenartigen Landesgesetze in jedem Bereich das Recht zur Errichtung von Schulen und sonstigen Institutionen in freier Trägerschaft, die der staatlichen Genehmigung bedürfen, gegeben (z. B. Privat- und Ergänzungsschulen).

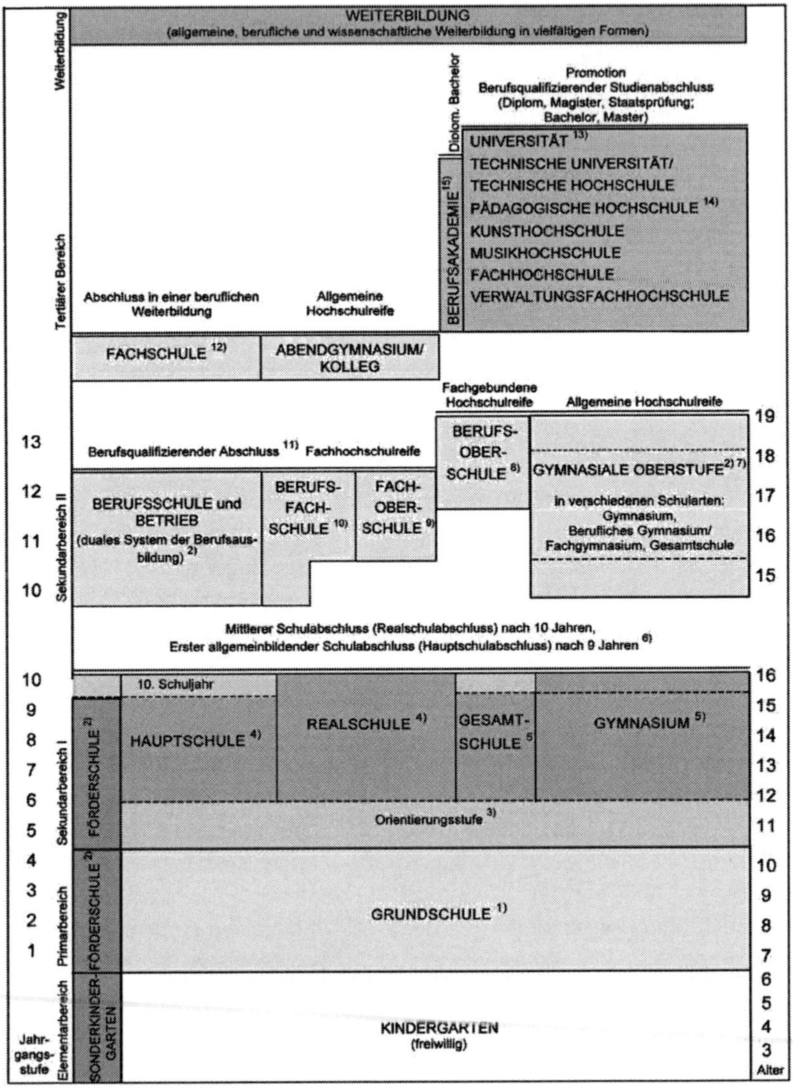

Abb. 2: Grundstruktur des Bildungswesens in der BRD. Bildquelle: KMK (2011)

Eine detaillierte Übersicht bezüglich schulstatistischer Daten der Bundesrepublik Deutschland kann zu jeder Zeit dem Statistischen Bundesamt entnommen werden.

Aktuelle Angaben liegen dort für das Jahr 2009 vor, wonach es 16.305 Grundschulen (weitere 723 in freier Trägerschaft), 4.042 Hauptschulen, 2.509 Realschulen, 3.094 Gymnasien, 193 Gesamtschulen, 1.063 schulartunabhängige Orientierungsstufen und weitere 2.244 sonstige Schulen (z. B. freie Waldorfschulen) gab. Hinzu kommen insgesamt 7.610 unterschiedliche berufliche Schulen, von denen 1.438 der Schulart Berufsgrundbildungsjahr einschließlich Berufsvorbereitungsjahr entsprechen. Die Schüler-Lehrer-Relationen in Abhängigkeit von der Schulart in Bezug auf die beruflichen Schulen kann der nachstehenden Tabelle 1 entnommen werden, die den besonderen Wert der berufsvorbereitenden und -grundbildenden Stufen verdeutlicht.

Tab. 1: Schulstatistische Daten der BRD bezüglich der Anzahl an Schularten, Schülern und Lehrern

Schulart		Schüler	Lehrer
Berufsschulen im dualen System (insgesamt)	1.640		
Berufsgrundbildungsjahr/ Berufsvorbereitungsjahr (insgesamt)	1.438		
davon Berufsschulen [Teilzeit]		1.693.578	44.768
davon: Berufschulen im dualen System		1.684.762	44.445
davon: Berufsvorbereitungsjahr		8.816	323
Berufsschulen [Vollzeit]		75.503	7.294
davon: Berufsvorbereitungsjahr		45.900	4.837
davon: Berufsgrundbildungsjahr		29.603	2.457
Berufsfachschulen	2.523	499.493	35.512
Fachoberschulen	861	140.291	7.069
Berufliche Gymnasien/ Fachgymnasien	796	158.876	11.745
Berufsoberschulen/ Technische Oberschulen	244	23.662	1.509
Sonstige	108	8.242	954
Insgesamt	7.610	2.599.645	108.851

Quelle: Statistisches Bundesamt, Fachserie II, Reihen 1, 1.1 und 2, 2010 und Statistische Veröffentlichung der Kultusministerkonferenz, Nr. 190, 2011

Insbesondere in der Berufsschule zeigt sich eine deutlich heterogene Schülerlandschaft, weil im Rahmen des dualen Systems die Jugendlichen, ganz gleich welche Schulform sie zuvor besucht hatten, wieder aufeinander treffen. Das duale System ist der größte Bildungsbereich, weil rund 50 % der

Heranwachsenden einen anerkannten Ausbildungsberuf erlernen (KMK, 2011, S. 23). Die Berufsschule lässt sich in drei Großbereiche gliedern, zum einen in das duale System, zum anderen in den vollzeitschulischen Bereich sowie drittens in das Übergangssystem. Die Nutzungsfrequenz jener drei Bereiche in den letzten Jahren kann der Abbildung 3 entnommen werden, die explizit den stark ansteigenden Zuwachs des Übergangssystems verdeutlicht:

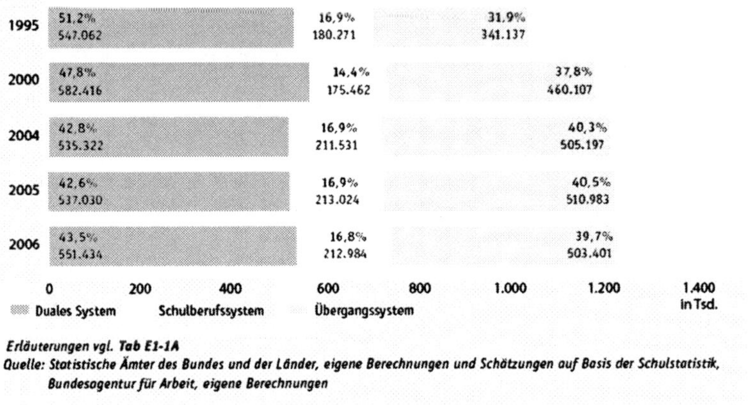

Abb. 3: Verteilung der Neuzugänge auf die drei Sektoren des beruflichen Ausbildungssystems 1995, 2000 und 2004 bis 2006.

Das duale System erhält seine Bezeichnung auf Grundlage der Teilung der Zuständigkeiten in der Ausbildung bzw. infolge der Lernortkooperation von Schulen und Betrieben. „Die Berufsschule entscheidet [u. a.] in Absprache mit den ausbildenden Betrieben [...] über die Verteilung des Unterrichts [... mit dem] Ziel, eine möglichst hohe Anwesenheit der Auszubildenden im Betrieb zu gewährleisten und gleichzeitig den Unterricht pädagogisch und lernpsychologisch vertretbar zu machen" (KMK, 2011, S 27). Zu den beruflichen Vollzeitschulen gehören generell die Berufsfachschulen, die Fachoberschulen sowie die beruflichen Gymnasien, neben weiteren Schularten, die teilweise von Land zu Land variieren (vgl. ebd., S. 28). Das Bildungsangebot ist derart breit gefächert, dass man von der Einführung in vielfältige Berufs- und Tätigkeitsfelder bzw. -bereiche bis hin zum Erwerb höherer allgemeinbildender Schulabschlüsse nahezu jede Möglichkeit realisieren kann. Teilweise wird der Schulunterricht durch Praktika bzw. fachpraktische Elemente in Betrieben begleitet (ebd., S. 28f). Besondere Bedeutung im Rahmen dieser Arbeit wird dem sogenannten Übergangsystem beigemessen, das insgesamt die Bildungsbereiche der Berufsausbildungsvorbereitung und damit das Berufsgrundschuljahr (BGJ), das Berufsvorbereitungsjahr (BVJ) sowie die betriebliche Einstiegsqualifizierung (EQJ) und weitere Qualifizierungsmaßnahmen der Arbeitsvorbereitung (AV) umfasst.

Das BGJ stellt eine Form der beruflichen Grundbildung dar, ist Berufsfeldern zugeordnet und kann beim erfolgreichen Besuch sogar auf eine äquivalente nachgeschaltete Ausbildung angerechnet werden. Das BVJ wird grundsätzlich wie das BGJ als einjähriger und vollzeitschulischer Ausbildungsgang angeboten. Es erfüllt einerseits den Zweck, Jugendliche auf die Anforderungen einer beruflichen Ausbildung vorzubereiten, andererseits kann nach erfolgreicher Absolvierung der Schulzeit der Hauptschulabschluss nachgeholt werden. Beim EQJ handelt es sich um eine Form von ausbildungsvorbereitender Praktika in Betrieben, mit maximaler Dauer von einem Jahr. Dieses richtet sich an „Jugendliche mit eingeschränkter Vermittlungsperspektiven" (ebd., S. 30). Die einzelnen Qualifizierungsmaßnahmen sind demgegenüber vor allem für „lernbeeinträchtigte oder sozial benachteiligte Personen, deren Entwicklungsstand eine erfolgreiche Ausbildung [...] noch nicht erwarten lässt" (ebd., S. 30), gedacht. „Dies gilt insbesondere für (noch) nicht ausbildungsreife Jugendliche, junge Menschen mit Lernbeeinträchtigung, junge Menschen mit Behinderung, Un- und Angelernte, sozial Benachteiligte und junge Menschen mit Migrationshintergrund[, um] auch diesen Personen den Zugang zu einer Ausbildung oder Arbeit zu ermöglichen" (ebd., S. 31). Hierbei handelt es sich um schulische und betriebliche Vorbereitungsangebote, sowie um berufsvorbereitende Bildungsmaßnahmen im Sinne des SGB III, die von der Bundesagentur für Arbeit gefördert werden und sich primär an Jugendliche richten, die das 25. Lebensjahr noch nicht vollendet haben und bisher nicht in Arbeit oder Ausbildung vermittelt werden konnten. „Darüber hinaus fördert die Bundesagentur die Berufsausbildung von benachteiligten Jugendlichen" (ebd., S. 31) mittels ausbildungsbegleitender Hilfen, sozialpädagogischer Begleitung, Übergangs- und Eingliederungshilfen. Dass es sich hierbei um einen berufsschulischen Bereich handelt, der immer stärker expandiert und an Bedeutung gewinnt, konnte Ulrich (2008) auf Grundlage der Daten der Bundesagentur für Arbeit, des Statistischen Bundesamtes sowie des BIBB zeigen, nach denen sich die Eintritte in Bildungsgänge des Übergangssystems mehr als verdoppelt haben, während die ins Duale System rückläufig sind. Dieser Trend ist auch in Abbildung 4 enthalten, die die Neuzugänge im Übergangssystem wiedergibt und damit die wachsende Bedeutung jenes Bereichs und der damit verbundenen Benachteiligtenproblematik visualisiert.

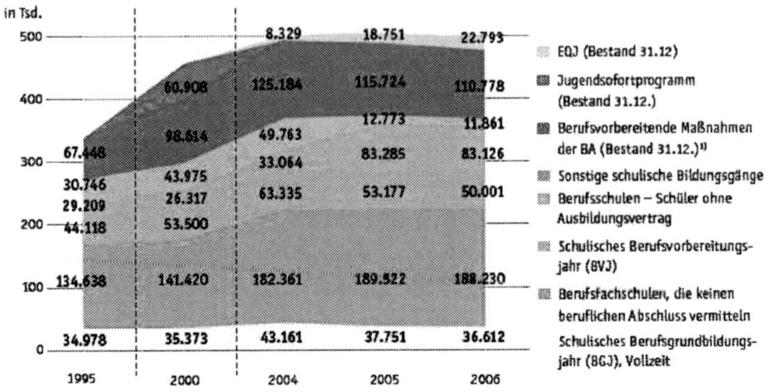

Erläuterungen vgl. ***Tab E1-1A***
1) Wert für 1995 wurde auf Grundlage der Einmündungszahlen geschätzt.
Quelle: Statistische Ämter des Bundes und der Länder, eigene Berechnungen und Schätzungen auf Basis der Schulstatistik, Bundesagentur für Arbeit, eigene Berechnungen

Abb. 4: Verteilung der Neuzugänge auf die Bereiche des Übergangssystems 1995 bis 2006

Aktuell zeigt sich, „dass sich der Übergang in Ausbildung für eine hohe Zahl an Jugendlichen nach wie vor als schwierig gestaltet“ (BMBF, 2010, S. 23). Gleichermaßen unbefriedigend ist auch die hohe Anzahl derjenigen, die nicht einmal mehr eine aktive Hilfe bei der Ausbildungssuche nachfragen. Innerhalb dieses Segmentes ist ein besonders hoher Arbeitslosenanteil gegeben, zusätzlich besteht das Risiko, „quasi unbemerkt aus dem Bildungssystem heraus[zu]fallen“ (ebd., S. 23), womit die bekannten negativen Folgen auf die individuelle Beschäftigungsfähigkeit und bezüglich der gesellschaftlichen Teilhabechancen einhergehen. Benachteiligte Jugendliche im Übergangsbereich gelten generell als noch nicht ausbildungsreife Jugendliche, für die besondere Fördermöglichkeiten im Rahmen der Benachteiligtenförderung zur Verfügung stehen, die auf eine künftige Berufsausbildung vorbereiten sollen (vgl. ebd.). Gemäß des Berufsbildungsberichtes (2010, S. 23) ist „zwischen 1992 und 2005 […] der Anteil der Jugendlichen in Bildungsgängen, die eine berufliche Grundbildung vermitteln, von 32.8 % auf 55.0 % angestiegen“, während sich „die Zahl der Eintritte in berufsvorbereitende Maßnahmen […] zwischen 1992 und 2007 mehr als verdoppelt“ hat.

Der Ursprung dieser Bildungsgänge, explizit des Berufsgrundbildungsjahres, ist in den 1970er Jahren zu verorten, als man es u. a. zur Eindämmung der Jugendarbeitslosigkeit einrichtete. Das BGJ war an lernschwache oder lernungewohnte Schulabgänger der Sekundarstufe I adressiert (vgl. Berg 1991, S. 462), „dessen Schülerzahl rasch von 13.000 im Jahre 1975 auf

47.000 im Jahre 1980 stieg“, die in unterschiedlichen Berufsfeldern mindestens für die Dauer von einem Jahr weiterhin beschult wurden. Das Berufsvorbereitungsjahr entstand auf jener Grundlage und stellt damit eine Sonderform für solche Schüler dar, die im Berufsgrundbildungsjahr nicht ausreichend gefördert werden konnten. Seine Einführung wurde u. a. mit einer unzureichenden körperlichen bzw. geistigen Entwicklung junger Heranwachsender begründet, damit auch diese innerhalb eines überschaubaren Zeitraums eine gewisse Ausbildungsreife erlangen. Neben weiteren arbeitsvorbereitenden Maßnahmenklassen entstanden damit systematisch Fördermaßnahmen und -unternehmungen, die folgend in Kooperation mit der damaligen Bundesanstalt für Arbeit stattfanden. Der ursprünglich freiwillige Besuch wurde somit in Zeiten der zunehmenden Jugendarbeitslosigkeit verpflichtend und verstärkt ausgebaut (vgl. Müller, 1983). Weiter verschärfte sich die Situation jener Maßnahmen, als seit den 1980-er Jahren die Anzahl an Aussiedlern und Asylbewerbern stieg, die Europäisierung in allen Lebensbereichen zunahm und Rationalisierungsprozesse sowie neue Formen der Arbeitsorganisation entstanden und einen strukturellen Wandel im beruflichen Bildungswesen nach sich zogen und forderten (vgl. Rützel, 1995).

Bereits im Rahmen dieser historischen Entwicklung stellte Rützel veränderte Wahrnehmungs- und Zuschreibungsmechanismen bezüglich „Ungelernter“ fest. Seit dieser Zeit wurde nicht mehr von der Vererbung der sozialen Herkunft gesprochen, sondern sind „fehlende Lern- und Leistungsbereitschaft, fehlende Persönlichkeitsstärke bzw. Belastbarkeit und psycho-soziale Probleme als Hauptursache des Scheiterns“ (Rützel, 1995, S. 116) genannt worden, so dass eine Fokussierung auf die Defizite des Individuums stattfand, so dass jene diesem nunmehr als alleinig verschuldet zugeschrieben wurden. Des Weiteren erachtete man bald auch Bezeichnungen wie „Jungarbeiter“ oder „Ungelernte“ als diffamierend, da diese den Einzelnen als außerhalb des beruflichen Raumes stehend charakterisierten (Abel, 1960, S. 220). Folgend etablierte sich der Terminus „Jugendliche ohne Lehrverhältnis“, der dann auch auf staatlicher Ebene aufgegriffen und fortgeführt wurde (BBiG von 1969). Gleichgesetzt wurden jene Jugendlichen mit Lernbehinderten gleichgestellt. Ein Missstand, auf den bereits Bach hinwies, der zumindest eine dreigliedrige Differenzierung, in Schüler mit oder Schüler ohne Hauptschulabschluss sowie ehemalige Schüler einer Sonderschule, vornahm (vgl. Bach, 1972, S. 202ff). Hinzu kam eine enorme Population, die ihre Ausbildung noch vor der Beendigung abbrach (Grieger, 1975), sowie zahlreiche ausländische Jugendliche, von denen man schätze, dass weniger als 20 % überhaupt nur die

Berufsschule besuchten und bei denen primär die mangelnde Vorbildung und Sprachkompetenz moniert wurde (Kluge & Majoli, 1978).

Problematisch war, dass sich die Berufsschulen samt ihrer Lehrerschaft selbst nur bedingt für jene Jugendlichen zuständig sahen, da sie sich ihrem Selbstverständnis nach der Berufsausbildungsbegleitung verschrieben hatten, weil ihnen gerade das Prinzip des Berufes bzw. einer geordneten Ausbildung bei den Betroffenen fehlte (Kluge, 1978, S. 11), und es etablierte sich zunehmend eine Form von „Kompensationspädagogik" in jenem Bereich (Nolte, 1973). Daher verwundert es nicht, wenn die Ausrichtung der Beschulung der Betroffenen seither als unbefriedigend beschrieben wird und diese selbst als „Stiefkinder" des beruflichen Bildungswesens bezeichnet werden (Abel, 1960; Blankertz, 1960). Die Jugendlichen wurden eher technisch grundausgebildet, konnten weder eine Prüfung ablegen noch einen höherwertigen Abschluss erlangen, fanden schlechter Arbeitsstellen und erhielten zudem kein Entgelt und mussten dem zur Folge um ihren Berufschulbesuch „kämpfen", der für sie ein „unvermeidliches, gleichwohl sinnloses Übel" (vgl. Abel, 1960, S. 225; Liede, 1973; Kluge & Majoli, 1978) war. Sie galten als problematischer und verhaltensauffälliger gegenüber „normalen" Lernenden und insgesamt als schwerer zu beschulen (Kluge, Drost & Farwick, 1975).

Ursprünglich belegen empirische Arbeiten (vgl. Bach, 1972; Schweikert, 1974, S. 53), dass in der Vergangenheit noch das Schulsystem, die Familie, die mangelnde Möglichkeit beruflicher Beratung sowie das fehlende Ausbildungsstellenangebot als ursächlich für den wahrgenommenen Missstand erachtet wurden. Mit der endgültigen Einführung der Berufsvorbereitungsmaßnahmen wurde auch die damalige Bundesanstalt für Arbeit durch das Arbeitsförderungsgesetz von 1973 in die Pflicht genommen, zusätzliche Maßnahmen für Jugendliche und Schulentlassene zu entwickeln und anzubieten, die infolge der steigenden Jugendarbeitslosigkeit bald einen raschen Ausbau erfuhren (BA 1975; Laturner, 1975). Bereits während der Zeit ihrer Etablierung wurde kritisch angemerkt, dass die Maßnahmen der Bundesagentur für Arbeit über „kurzfristige Hilfen" nicht hinausgingen und lediglich dazu dienten, die betroffenen Jugendlichen „von der Straße zu holen" (La Turner, 1975). Aus dieser Zeit stammen zudem die ersten empirischen Belege, dass neben der traditionellen Rolle der Frau (Borris, 1972), sozioökonomische sowie systemimmanente Aspekte und die Zuschreibung und Feststellung der „Nichteignung" bestimmter Jugendlicher, zu einer Benachteiligung führen. Zusammenfassend ist festgestellt worden, dass sich gerade solche Jugendliche gegenüber denen, welche die allgemeinbildende Schule besuchen oder aber ein Ausbildungsverhältnis bekleiden, vor allem negativ in ihrer „motivationalen Lage“ unterscheiden (Kluge, 1978, S. 27) und man erkannte, dass die Lernmotivation im Unterricht eng mit der Berufsreife verbunden zu sein schien (Kluge & Majoli, 1978).

Diese Aspekte, mangelnde Motivation und zunehmende Benachteiligung bei gleichzeitiger Abnahme des Lehrstellenangebotes, scheinen gegenwärtig erneut zu einer der bedeutsamsten bildungspolitischen Problemlagen zu werden. Dies rührt daher, dass die duale Berufsausbildung unter quantitativen Gesichtspunkten die wichtigste Säule der beruflichen Bildung darstellt, aber „in den letzten Jahren das so genannte Übergangssystem als dritte Säule des Berufsbildungssystems [...] immer weiter ausgebaut worden ist“ (Christe 2011; S. 9), auf das nun gut ein Drittel der Neuzugänge entfällt. Auch die Jugendlichen, die gegenwärtig diesen Bereich besuchen, weisen ähnliche Merkmale auf, wie es die „Ungelernten“ der 70-er und 80-er Jahre taten. Unter ihnen befinden sich vor allem solche, die entweder keinen oder nur einen schlechten Hauptschulabschluss erworben haben sowie „überproportional viele Jugendliche mit Migrationshintergrund“ (ebd.), marktbenachteiligte, die noch nicht über die erforderliche Ausbildungsreife verfügen und für die jene Umstände eine weitere Benachteiligung in ihrer Berufsbiografie bedeuten. Die Benachteiligungsfaktoren werden erneut weniger externen, sondern vornehmlich in der Einzelperson liegenden Merkmalen zugeschrieben.

Der Gesprächskreis „Arbeit und Qualifizierung“ der Friedrich-Ebert-Stiftung (2005) hat gemeinsam mit dem Institut für Arbeitsmarkt und Berufsforschung untersucht, inwieweit gerade dieses Übergangssystem zwischen Schule und Beruf verbessert werden kann, und ob Hilfestellungen entwickelt und etabliert werden können, damit „Brüche[n] und unnötige[n] Warteschleifen, die Jugendliche frustrieren und demotivieren“ (FES, 2006, S. 5), entgegengewirkt werden kann. Unter anderem wurden auch die von der Bundesagentur für Arbeit angebotenen Maßnahmen fokussiert, deren Ziel es implizit und explizit ist, die Jugendlichen lediglich wieder marktfähig zu machen (vgl. Christe, 2011, S. 10), so dass die Maßnahmen im Übergangssystem zunehmend in den Fokus kritischer Diskussionen rückten. Aus diesem Grund werden jene auch noch im Rahmen dieser Arbeit näher betrachtet werden.

Zuvor soll allerdings eruiert werden, welche praktischen Konsequenzen sich aus dem ergeben, was als Benachteiligung erachtet und für dieses Phänomen als ursächlich geglaubt bzw. postuliert wird. Konkret manifestiert sich dies am stärksten an der Übergangsschwelle des beruflichen Bildungswesens, wo das bisherige Verständnis von Benachteiligung durch die Einstellungen und Handlungsweisen der dort pädagogisch Agierenden wirksam wird.

1.3.1 Benachteiligung: Ein Befragungsergebnis pädagogischer Akteure

Eine konkrete Beschreibung was Berufsschullehrer aus ihrer pädagogisch-diagnostischen Sicht als Ursachen für Benachteiligung erachten und welche Folgen aus diesem Phänomen resultieren, wurde im Rahmen einer anonymen Befragung zum Forschungsvorhaben an einem Berufskolleg erhoben. Aus dieser wird ersichtlich, dass ebenfalls in der schulischen Praxis oftmals nur der bildungspolitische Diskurs unreflektiert repetiert wird. Dies konnte in Erfahrung gebracht werden, als im Rahmen einer Untersuchung zur Bildungsbenachteiligung die Ansichten und Auffassungen von Berufsschullehrern bezüglich des Benachteiligtenphänomens über einen Kurzfragebogen erhoben wurden. Die Antworten sind teilweise wörtlich zitiert und dementsprechend kenntlich gemacht, z. B. wenn es sich dabei um Vielfachnennungen oder außerordentliche Formulierungen handelt. Originär werden im Folgenden inhaltsthematisch geclusterte Antworten berichtet (unter Angabe der Anzahl der Nennungen), wobei es auch zu Mehrfachnennungen kam, weil das Antwortenspektrum von Schlagworten über stichwortartige Aufzählungen bis hin zu romanartigen Abhandlungen reichte. Die subjektiven Erklärungen, was in Lehr- und Lernprozessen motivationsdefizitär und insgesamt verhaltensproblematisch wirkt, fußen generell auf dem zuvor dargelegten Verständnis von Übervorteilung und wurden mittels der nachfolgenden vier Fragen erhoben:

- *Was ist Benachteiligung?*
- *Was sind die wesentlichen Ursachen für Benachteiligung?*
- *Wie äußert sich Benachteiligung im alltäglichen bzw. schulischen Leben?*
- *Welche Interventionsmöglichkeiten gibt es, um Benachteiligung entgegen zu wirken bzw. welche Maßnahmen wären sinnvoll?*

Der Inhalt des Antwortenrücklaufs (N=89) deckt sich mit dem Verständnis von Benachteiligung, das auch in der gesellschaftlichen Öffentlichkeit und vor allem im bildungspolitischen Diskurs vorherrscht. Demnach wird Benachteiligung im pädagogischen Handlungsfeld als die *teilweise bewusste und/oder unbewusste Schlechtergewichtung, -einstufung und -behandlung von bestimmten Gruppen oder auch Einzelpersonen* definiert.

Diese Beschreibung wird primär auf Menschen eingegrenzt, denen wegen ihrer finanziellen Situation [14 Nennungen] weder eine adäquate Partizipation im beruflichen Bildungssystem noch am allgemeinen beruflichen, kulturellen und/oder gesellschaftlichen Leben möglich ist. Die Ursachen für Benachteiligung werden fast einheitlich im Elternhaus [58 Nennungen] gesehen. Grundsätzlich gilt als besonders benachteiligt, wer einem „bildungsfernen Haushalt" [45 Nennungen] entspringt oder einen „Migrationshintergrund" [62 Nennungen] hat. Diese Individuen zeichnen sich gemäß der Lehrerumfrage dadurch aus, dass sie eine „defizitäre Erziehung" [41 Nennungen] erfahren, nur „mangelhaft in gesellschaftliche Grundtechniken (Lesen, Schreiben und Rechnen) eingeführt werden" [27 Nennungen], während ihnen „Sekundärtugenden" [19 Nennungen] sowie „Normen- und Werteverständnis" fast gänzlich zu fehlen scheinen. Bei Eingewanderten wird die „defizitäre sprachliche Sozialisation" [41 Nennungen] als zusätzliches Problem und „Hindernis der Integration und Entfaltung" angeführt. Der Begriff und Prozess des Lernens ist dementsprechend negativ konnotiert, weil grundsätzlich von „lernunwilligen" oder „lernunmotivierten" Schülern [64 Nennungen] sowie „Lernbegrenztheit" [26 Nennungen] und sogar vom „Erlernen sozialer Verwahrlosung" [19 Nennungen] gesprochen wird. Die „schlechte Arbeitsmarktlage" [34 Nennungen] verstärkt diese Problematik nach Meinung der Berufspädagogen zusätzlich. Durchgängig werden das individuelle „Wollen" bzw. die „Motivation" [43 Nennungen] als wesentliche Determinanten angeführt, weil beides nur in einem nicht mehr ausreichenden Maß – oder zum Teil gar nicht mehr – bei den entsprechenden Schülern ausgeprägt seien. Die o. g. Ursachen scheinen immer auch mit einer beruflichen Perspektivlosigkeit einherzugehen und automatisch ein Motivationsdefizit zu initiieren.

Explizit die Lehrkräfte der Abteilung Wirtschaft und Verwaltung benennen nicht selten den „Staat und dessen bildungs- und wirtschaftspolitische Maßnahmen" [38 Nennungen] als primären „Verantwortlichen" für diese gesellschaftliche Problemlage, weil jener diesen „Mangel", der erst „in den letzten Jahren im öffentlichen Diskurs zur Sprache kommen durfte", „verwaltet". Lehrkräfte der Abteilung Sozialpädagogik führen fast einheitlich an, dass „mangelnde Sprachkenntnisse" [27 Nennungen], „fehlender Integrationswille" [23 Nennungen] und das „nicht Vorhandensein ausreichender Lehrstellen" [17 Nennungen] ursächlich für Benachteiligung sind.

Bei der Benennung und Beschreibung möglicher Interventionen fallen die Angaben allerdings mäßig aus. Es konnten weder Förderkonzepte – mit Ausnahme des Berufsvorbereitungs- und Berufsgrundschuljahres – benannt, noch Maßnahmen inhaltlich ausgeführt werden. Bei den Lehrkräften herrscht allerdings Konsens darüber, dass Benachteiligung unmittelbar „im frühen Kindesalter in Erscheinung tritt" und fortan die „Entwicklung beeinträchtigt" [12 Nennungen], weshalb mögliche Interventionen diesen Lebensabschnitt fokussieren sollten. Dementsprechend erachtet man die „Reformierung der Erzieher- und Lehrerausbildung" [34 Nennungen] als sinnvoll, damit die aufgeführten Defizite frühzeitig erkannt und anschließend behoben werden können.

Im gymnasialen Sekundarbereich der Berufsschule wird primär die „unglücklichen Lehrer-Schüler-Relation“ [13 Nennungen] als problematisch gesehen, weil man infolge dieser einer „individuellen Förderung nicht gerecht werden kann“. Zudem flammen Forderungen nach zusätzlichen Ausbildungsplätzen auf. Jene, die Benachteiligung eher als „volkswirtschaftliches Problem“ erachten, das „finanziert werden muss“ [6 Nennungen], führen teilweise aus, dass Maßnahmen wie „Krippenplätze, Kindertagesstätten und Ganztagsschulen bereits einen Nachteilsausgleich darstellen“ [5 Nennungen], weil dadurch bewirkt werde, dass Kinder „weniger Zeit mit ihren erziehungsunfähigen“, „emotional verarmten“ und „sozial schwachen Familien“ [16 Nennungen] verbringen müssten. Grundsätzlich sehen sich alle befragten Lehrer „überfordert“ [18 Nennungen] oder als nur „unzureichend ausgebildet“ [25 Nennungen], um der Benachteiligtenproblematik gerecht werden zu können.

Ein bedeutender Teil der Befragten findet die „Sonderschule“ und „Sonderpädagogen“ als für diese „zuständig“ und „verantwortlich“ [11 Nennungen]. Besonders hervorheben werden soll die Ausführung eines Lehrers, der sich nicht sicher war, ob er den Begriff „Benachteiligung“ überhaupt schon einmal gebraucht hat, weil er „eine solche Zuschreibung als unangemessen“ [1 Nennung] erachtet und wenn, dann lediglich jemanden als benachteiligt bezeichnen würde, der „infolge seiner (körperlichen) Behinderung an der gesellschaftlichen und kulturellen Teilhabe beeinträchtigt“ werde.

Die Auswertung zeigt, dass professionell agierende Praktiker ihre Wahrnehmung einer schulischen Problemlage mehr am öffentlichen Diskurs orientieren, als sie auf einem theoretisch fundierten diagnostischen Urteil zu begründen. Wenngleich es sich bei dem Phänomen der Benachteiligung um eine facettenreiche gesellschaftliche Problemlage handelt, die Implikationscharakter aufweist, gilt es im Rahmen dieser Arbeit den Betrachtungsfokus nun auf den bildungspolitischen Diskurs und die sich daraus ergebenden Konsequenzen für das schulische Handlungsfeld zu richten. Dies rührt daher, dass Politik im Allgemeinen das Recht der Gleichheit durchzusetzen hat und Bildungspolitik im Speziellen die hierfür notwendigen Rahmenbedingungen für den schulischen Kontext erlässt, welche die Wahrnehmung und Handlungen der pädagogisch Agierenden maßgeblich leiten und bestimmen.

1.3.2 Benachteiligung im Verständnis bildungspolitischer Dokumente

Gegenwärtig, so zeigte die Sichtung der öffentlichen und fachtheoretischen Publizistik wie auch die Befragung von Berufsschullehrern, ist auf einer strukturell-gesellschaftlichen Ebene grundsätzlich die berufliche Ausgrenzung infolge mangelnder Ausbildungsstellen und fehlender Arbeitsplätze als Ursache der Benachteiligung verantwortlich. Davon sind verstärkt Jugendliche betroffen bzw. werden als dafür verantwortlich gesehen, wenn sie bestimmte Merkmale haben – z. B. Migrationshintergrund, mangelhafte Sozialisation und familiäre Unterstützung, fehlender oder schlechter Schulabschluss – anhand derer der Motivationsmangel erklärt wird. Hierbei handelt es sich um einen Defizitansatz, der das Individuum pathologisiert. An dieser Stelle verdichten sich nun die Erkenntnisse bezüglich des Benachteiligtenphänomens und leiten den Blickfokus zur Bildungspolitik und damit in bildungspolitische Dokumente, weil beiden Bereichen eine bedeutsame Funktion als zentrale Schaltstelle der Verzahnung von gesellschaftlichen Problemlagen und Missständen, schulpolitischen Vorgaben und Maßnahmen sowie der daraus resultierenden konkreten pädagogischen Umsetzung zukommt. Auf dieser Grundlage soll die Benachteiligtenproblematik konkreter wahrnehmbar, genauer zuzuordnen und präziser beschreibbar werden, damit das Bedingungsgefüge verstehbar, handhabbar und gestaltbar wird.

Bildungspolitik verfolgt das Ziel, allen den Einstieg in die Berufsausbildung sowie den Zugang zum Arbeitsmarkt zu ermöglichen, soweit das Individuum „ausbildungswillig und ausbildungsfähig" (BA 2005, S. 6) ist, was ihnen die damit verbundene kulturelle Teilhabe gewähren könnte und die Benachteiligtenproblematik damit zunehmend in den Zuständigkeitsbereich der Berufs- und Wirtschaftspädagogik verlagert. Charakterisiert man allerdings benachteiligte Jugendliche als solche, die im Lernbereich beeinträchtigt sind und Verhaltensauffälligkeiten aufweisen (vgl. BMBF, 2005, S. 17), dann wird fraglich, ob in der Zielsetzung des Paktes auch jene Individuen mitbedacht werden. Benachteiligung entsteht nämlich nicht erst infolge der wachsenden beruflichen Ausgrenzung Jugendlicher, weshalb sie bereits seit Jahrzehnten ein zentrales Thema innerhalb der Sonder- und Sozialpädagogik sowie Erwachsenenbildung darstellt und damit kein Randphänomen mehr ist (vgl. Biermann & Rützel, 1991; Rützel, 1999). Aus den fast unzähligen und zumeist schwammigen Definitionen dessen, was Benachteiligung verursacht, erwachsen weitere Probleme, weil jene nominativen Unklarheiten einerseits in bildungspolitischen Dokumenten aufgenommen und fixiert werden und andererseits dadurch Entwickeln und Ableiten geeigneter Fördermaßnahmen und

-strategien zusätzlich erschwert wird (vgl. Winkel, 1991; Lex, 1997; Bylinski 2002).

Im Rahmen dieser Arbeit ist es nicht möglich, sämtliche Ursachen in ihrem Wirkgefüge darzulegen, die die Akteure der Bildungspolitik für Benachteiligung verantwortlich machen. Dennoch soll das Verständnis dessen, was Bildungspolitiker unter diesem Phänomen verstehen, skizziert werden, wobei sich primär auf das Handbuch des Bundesministeriums für Bildung und Forschung (BMBF) bezogen wird, das den Titel „Berufliche Qualifizierung Jugendlicher mit besonderem Förderbedarf – Benachteiligtenförderung" (vgl. BMBF, 2005) trägt, da es bereits sprachlich ein bedeutsames Moment dieses Phänomens markiert. Allein der Titel des Handbuchs verstärkt die Pathologisierung der betroffenen Zielgruppe, wenn darauf hingewiesen wird, dass die Beschäftigung mit Übervorteilten angestrebt ist, die sich an der Übergangsschwelle von der allgemeinen schulischen Bildung in die bevorstehende Berufsausbildung und daran anschließende Arbeitswelt befinden, wobei sie zu unterstützen sind. Dabei orientiert sich das BMBF an den Defiziten des gemeinten Personenkreises, die durch Förderung behoben werden sollen. Zwei Übergangsschwellen, an denen infolge der Jugendarbeitslosigkeit und vor allem dem mangelnden Vorhandensein von Ausbildungsplätzen bildungspolitische Steuerungsmaßnahmen als unabdingbar erachtet werden, damit der Unzufriedenheit und hieraus erwachsenden Perspektivlosigkeit eines relativ breiten Bevölkerungsteils entgegengewirkt werden kann. Ob der verfolgte Ansatz eine problemorientierte Lösung bietet oder aber die Manifestation der gesellschaftlichen Problemlage vornimmt, bleibt zu zeigen.

Die Arbeitsmarktsituation führt dazu, dass viele Jugendliche zunehmend ein starkes Bewusstsein um die eigene Chancenlosigkeit entwickeln, weshalb sich Schulabgänger teilweise weder aktuell noch in der Vergangenheit um eine Ausbildungsplatzsuche bemühen bzw. bemüht haben (vgl. BMBF, 2004, S. 78), was die Problematik zudem verschärft. Soziale, wirtschaftliche und gesellschaftliche Ausgrenzungen sind die Folgen, die wiederum negative Auswirkungen auf die Entwicklung des Selbstkonzeptes und das Finden der Identität des Subjektes haben – psychosoziale Resultate, mit denen Pessimismus und Unmotiviertheit einhergehen.

Das BMBF glaubt die wachsende Kluft, die zwischen Jugendlichen mit einem Ausbildungsverhältnis gegenüber denen ohne ein solches besteht, hierfür als maßgeblich, weshalb es sich zur originären Aufgabe macht, zusätzliche Ausbildungsplätze zu schaffen und ein umfassendes Kompensationsangebot zu gestalten. Dabei wird das Ziel des Aufbaus „eines wirksamen, flexiblen, zeitgemäßen und dauerhaften Angebotes zur sozialen und beruflichen Integration jener Personengruppen, die aus unterschiedlichen Gründen ohne besondere Förderung im Übergang zwischen Schule und Beruf von Scheitern und beruflicher Ausgrenzung bedroht wären" (BMBF, 2005, S. 8), verfolgt. Explizit an berufsbildenden Schulen etablierte das BMBF Kompensationsangebote, weil man zunehmend dem Passungsproblem zwischen Schule und Arbeitswelt erlegen war, bedenkt man beispielsweise, dass die Zahl der Schüler des Berufsgrundbildungsjahres von 1992 bis 2004 um mehr als die Hälfte, die der Teilnehmer des Berufsvorbereitungsjahres im selben Zeitraum um mehr als das Doppelte und die der Berufsfachschüler, „die sich im ersten Schuljahr in Bildungsgängen [befinden,] die zu keinem voll qualifizierenden Abschluss führen" (BMBF, 2006, S. 19) um über 75 % anstieg. Ein ähnlicher Trend zeigt sich auch bei der Bundesagentur für Arbeit, weil „die Zahl der Teilnehmer [...] an berufsvorbereitenden Bildungsmaßnahmen" (ebd., S. 3) innerhalb des gleichen Zeitfensters sogar um mehr als 140 % zunahm. Des Weiteren wird diese Situation durch das Spannungsverhältnis verschärft, das zwischen der steigenden Zahl der Abgänger aus den allgemeinbildenden Schulen (2005 waren es 948.200) und der sinkenden Zahl des Ausbildungsstellenangebotes (im selben Jahr 562.800) besteht (vgl. ebd., S. 57), während jeder fünfte Jugendliche sein Ausbildungsverhältnis abbricht (vgl. ebd., S. 123). Wenn demgegenüber die Anzahl der Studienanfänger um mehr als ein Fünftel zugenommen hat (vgl. ebd., S. 115), verdeutlicht dies das stetige Auseinanderklaffen sozialer Milieus. Von dieser Entwicklung sind besonders „männliche Jugendliche mit Migrationshintergrund" betroffen, deren Teilnehmerzahl an der dualen Berufsausbildung um fast 15 % zurück ging (vgl. ebd., S. 91), womit ihre Chancengleichheit auch in jenem Sektor quasi aufgehoben ist.

Insgesamt haben rund 1,3 Millionen Jugendliche in der BRD im Alter von 20 bis 29 Jahren keine abgeschlossene Ausbildung (vgl. BA, 2005). Auf diese Alterskohorte wurde zurückgegriffen, da sich jene Situation bei jüngeren Schülern grundsätzlich noch nicht in der Tragweite ergibt, u. a. weil sie sich noch nicht im Wettbewerb um Ausbildungsplätze und -maßnahmen befinden. Dennoch weisen auch TIMMS und vor allem PISA darauf hin, dass rund 1/4 dieser Schüler als Risikogruppe bezüglich ihrer beruflichen Erfolgsaussichten zu bezeichnen ist und etwa 1/10 der Jugendlichen die Schule ohne Abschluss verlassen werden (vgl. Baumert, Klieme, Neubrand, Prenzel, Schiefee, Schneider, Stanat, Tillmann & Weiß, 2001). Als Begründung führt man an, dass die Sozialschichtzugehörigkeit ein Hindernis der Bildungsbeteiligung darstellt, die soziale Herkunft wesentlich über das Maß des Erwerbs von Kompetenzen entscheidet und Jugendliche aus Migrationsfamilien durchgängig benachteiligt sind, wofür explizit die mangelnde deutsche Sprachkompetenz (vgl. ebd.) verantwortlich erscheint.

Charakterisieren diese und ähnliche Studien sowie das Handbuch der Benachteiligtenförderung des BMBF die Betroffenen, dann bemächtigen sie sich durchgängig bestimmter Merkmalszuschreibungen und Deutungsmuster, mittels derer ausgewählte Gruppen als Benachteiligte bezeichnet werden. Hierbei handelt es sich dann nicht selten um männliche Migranten, die in einem bildungsfernen Haushalt aufwachsen und die Schule – wenn überhaupt – mit einem Hauptschulabschluss verlassen (vgl. BMBF, 2006, S. 3, 118ff). Die inhaltliche Fassung dessen, was ursächlich für Benachteiligung und für das Ausbleiben der Motivation junger Menschen verantwortlich ist, bleibt allerdings ernüchternd.

Im Handbuch des BMBF werden „Jugendliche ohne abgeschlossene Berufsausbildung", „zugewanderte Jugendliche" (BMBF, 2005, S. 9), „Menschen ohne Hauptschulabschluss" mit „Migrationshintergrund" oder „Patchworkbiografie" (ebd., S. 10) sowie „Lernbehinderte" und „Verhaltensauffällige" (ebd., S. 17) als Zielgruppen der Benachteiligtenförderung genannt. Damit ist von einer oberflächlichen Ebene aus betrachtet klar, welche Indikatoren das BMBF für Benachteiligung als bedeutend erachtet:

Erstens das Geschlecht, weil infolge traditioneller Rollenzuweisungen Mädchen (vgl. ebd., S. 15), auch wenn sie im Durchschnitt eine bessere Schulbildung erzielen, unattraktiver für einige Arbeitgeber erscheinen. Zweitens die schulische Vorbildung, da die gestiegenen Bildungswünsche und Ausbildungsanforderungen explizit zu einem „Bedeutungsverlust der Hauptschulbildung" (ebd., S. 15) geführt haben – ein Problem, von dem besonders Migranten betroffen sind. Drittens die Nationalität, denn Nicht-Deutsche scheinen besonders gefährdet zu sein. Diesbezüglich wird auf die PISA-Studie zurückgegriffen, die postuliert, dass „junge Menschen mit Migrationshintergrund in weit überdurchschnittlichem Maße zur Zielgruppe der beruflichen Integrationsförderung gehören[, was] u. a. mit dem sozialen und beruflichen Status der Elterngeneration" (ebd., S.15) zusammenhängen soll. Viertens die soziale Herkunft, weil die Betroffenen „überdurchschnittlich oft aus Familien mit einer unterdurchschnittlichen beruflichen Stellung der Eltern" stammen, weshalb nicht selten von der „Vererbung" des Status des „Ungelernt-Seins" (ebd., S. 11) die Rede ist, so dass die Position der Haushalte „maßgeblich für die unterschiedliche Partizipation an den verschiedenen Schultypen" (ebd., S. 15) verantwortlich ist. Explizit der zuletzt genannte Aspekt der sozialen Abstammung, drückt sich demnach in „Sprache, Normen und Verhaltensweisen, Lebensstil, Wohnort sowie Bildungsverlauf aus und beeinflusst die

Berufsorientierung und die Herangehensweise bei der Ausbildungsplatzsuche" (ebd., S. 15). Diese Merkmale haben wiederum Auswirkungen auf den Lern- und Verhaltensbereich der Benachteiligten, die erneut mit Lernbeeinträchtigten und Verhaltensauffälligen gleichgesetzt werden (vgl. ebd., S. 16ff).

An dieser Stelle wird deutlich, was Benachteiligung als gesellschaftlich bewirktes Phänomen meint, obgleich Entstehungs- und Zuschreibungsprozess sowie Wirkungsmechanismen bisher noch nicht einmal reflektiert wurden. Die originären Ursachen der Benachteiligung werden vielfach übersehen, weil man infolge bestimmter augenscheinlich gegebener Korrelationswahrscheinlichkeiten Stigmatisierungen vornimmt, die den eigentlichen Ursprung für die berufliche Ausgrenzung und damit verbundene Benachteiligung darstellen. Die Relationen des Individuums innerhalb der gesellschaftlichen Rahmung sowie Fokussierung seiner individuellen Determinanten, vor allem die des konkreten psychischen Erlebens und Verhaltens im Sinne seiner Wesenskräfte, werden weder im öffentlichen Diskurs noch in den meisten theoretischen Konzeptionen und Förderkonzepten mitgedacht und bleiben damit unberücksichtigt.

1.3.3 Zum Versuch der Benachteiligtenförderung

Gegenwärtig versucht man, dieser gesellschaftlichen und individuellen sowie primär motivationalen Problemlage durch ein immenses Angebot an Förderkonzepten zu begegnen. Der Sinn dieser Arbeit kann allerdings nicht darin bestehen, sämtliche Förderkonzepte darzustellen und von verschiedenen Seiten aus zu beleuchten – nicht zuletzt deshalb, weil infolge des umfangreichen und unüberschaubaren Angebotes innerhalb dieses Sektors bereits von einem „Maßnahmendschungel" (BMBF, 2005, S. 34) die Rede ist. Demgegenüber ist es allerdings von Belang, die allgemeine Intention der Förderkonzeptionen in ihren Kernaussagen zu fassen, um überprüfen zu können, wie geeignet sie der Unterstützung junger übervorteilter Menschen und der Behebung ihrer Motivationsdefizite sind.

Erneut wird sich auf das Handbuch des BMBF (2005) „Berufliche Qualifizierung Jugendlicher mit besonderem Förderbedarf" bezogen, weil es diesbezüglich einen umfangreichen Einblick in vorhandene Maßnahmenprogramme und deren Inhalte gibt. Die Benachteiligtenförderung ist als „sozialpädagogisch orientierte Berufsausbildung" (ebd., S. 7) ausgewiesen, die ihre Wurzeln in den 1980-er Jahren hat. Seither wächst die Kluft, die zwischen Jugendlichen mit einem Ausbildungsverhältnis und denen ohne dieses besteht, weshalb es sich das BMBF zur originären Aufgabe machte, zusätzliche Ausbildungsplätze zu schaffen. Diese und ähnliche Maßnahmen erfuhren 1988 ihre gesetzliche Verankerung im Arbeitsförderungsgesetz (AFG § 40c) und sind damit über die berufsbildenden Schulen hinaus in den Zuständigkeitsbereich der Bundesagentur für Arbeit (BA) verlagert worden. Zehn Jahre später erfuhr die Benachteiligtenförderung pointiert ihre gesellschaftliche Verankerung im Sozialgesetzbuch (SGB III, §§ 235, 240-246, SGB VII und VIII). Durch die Fixierung dieser mentalen Tatbestände erfahren die stereotypen Etikettierungen des betroffenen Personenkreises der Benachteiligten sowie der Defizitansatz des BMBF ihre juristische Manifestation und Legitimation, obgleich man sie eigentlich beheben will.

An der inhaltlichen Gestaltung der Fördermaßnahmen für einen stetig wachsenden benachteiligten gesellschaftlichen Bereich sind seither das BMBF und die BA interessiert, die allerdings über die damit verbundene Verrechtlichung der gesellschaftlich konstituierten Stereotypen – die gefällige Selbstbilder und abwertende Fremdbilder enthalten – nicht nachdenken und diese ebenso wenig hinterfragen. Genau an dieser Stelle liegt die Ambivalenz des notwendigen Handlungsbedarfes, weil durch die Reaktion auf diese gesellschaftliche Problemlage und die damit verbundenen Zuschreibungsmechanismen, die zur Handhabung notwendig sind, es gleichzeitig auch zur Perpetuierung jener Stereotypisierung kommt, während noch nichts über deren Behebung ausgesagt wird. Über die Gefahr der juristischen Verfestigung jener Etikettierungen und Vorurteile hinaus, wirken diese damit zudem in den möglichen und angedachten Lösung mit. Die Benachteiligtenförderung stellt in diesem Zusammenhang die konkrete Art und Weise der Analyse und Behandlung jenes gesellschaftlichen Phänomens dar und macht sich zudem an dessen Perpetuierung schuldig.

Erschwerend kommt hinzu, dass mit der gesetzlichen Verankerung und den auf ihr aufbauenden Maßnahmen die Sprachhandlungen überdauern können, weil sie von Institutionen verkörpert werden und sich durch die einzelnen Maßnahmen in Tathandlungen umsetzen lassen. Die schwammige Sachdimension des Begriffes Benachteiligtenförderung gewinnt dadurch zunehmend an einer Sozialdimension, weil sein Inhalt mit einem emphatischen Förderbegriff nicht nur politisch, sondern vor allem auch pädagogisch aufgeladen wird. Dadurch avanciert er zu einem Aktivposten, der implizit Bildung zu einem Besitz trivialisiert und damit vom traditionellen Humanismusdiskurs abkoppelt, während das Kompositum durch seine soziale Verwendungsgeschichte Elemente der Gesellschaftsdeutung beinhaltet und zur Reputation der bildungspolitischen Hegemonie beitragen soll. Weil durch die

o. a. juristische Fixierung die Handlungen des Einzelnen anschlussfähig an das gesellschaftliche Ganze werden, gilt es das konkrete Instrumentarium der Benachteiligtenförderung zu beurteilen.

Die etablierten Interventionen der Benachteiligtenförderung greifen jedoch zu kurz, wenn das primäre Ziel die kognitive Förderung junger Menschen ist, um ihnen den Übergang in die Beschäftigung mit Qualifizierungsmaßnahmen zu erleichtern (vgl. BMBF, 2005, S. 7). In Bezug auf Fördermaßnahmen wird besonders beachtet, dass „geeignete Berufsfelder und Berufe" zur Verfügung stehen und ihre „Verknüpfung mit anderen vorhandenen Elementen des Förder- und Qualifizierungsbedarfssystems sowie deren Einbettung in regionale Strukturen" (ebd., S. 33) gegeben sind. Seitens der BA wurden innerhalb der letzten zehn Jahre vielfältige Maßnahmenprojekte, wie zum Beispiel „Qualifizierung und Arbeit für Schulabgänger (QUAS)", „Arbeit und Qualifizierung für noch nicht ausbildungsreife Jugendliche (AQJ)" und „move" (vgl. ebd., S. 35ff) initiiert. Im zuletzt genannten Projekt galt es Benachteiligte zu integrieren und ihnen diverse Kompetenzen der Berufsvorbereitung zu vermitteln, während sie allgemein bildende Anteile zu erwerben haben und vielfältige Trainingsmaßnahmen und Praxisphasen durchlaufen müssen.

Grundsätzlich beginnen die Projekte immer im Anschluss an eine Eingangsvoraussetzungsanalyse, die suggeriert, „fachliche, methodische, soziale und persönliche Fähigkeiten und Fertigkeiten sowie die individuelle Motivation" (ebd., S. 46) zu erfassen, so dass darauf aufbauend ein individueller Qualifizierungsplan entwickelt wird, um den Defiziten durch den Erwerb von passenden Bausteinen innerhalb vielfältiger Qualifizierungsebenen entgegenwirken zu können.

Auch die Weiterentwicklung schulischer Konzepte der Berufsausbildungsvorbereitung wirkt bei den stereotypen Zuschreibungen mit und bestätigt den Eindruck, dass nicht das Humanpotenzial des Subjektes und dessen Entfaltung fokussiert wird. In diesen wird nämlich ebenfalls nur die notdürftige Ausstattung des Einzelnen angestrebt, wenn es in diesen heißt, dass es das „Ziel der Schule ist, alle Jugendlichen zu Schulabschlüssen und damit notwendigen Qualifikationen für die Aufnahme einer Ausbildung, eines Studiums oder einer Arbeit zu führen. [...] Die Schule vermittelt grundlegende Kenntnisse über die Wirtschafts- und Arbeitswelt und informiert in unterschiedlichen Fächern und fächerübergreifend über die Grundlagen der Berufsentscheidungswahl" (BA & KMK, 2004, S. 4ff). In diesem Zusammenhang werden Schüler, die beispielsweise das BGJ oder BVJ besuchen, Sonderschülern (vgl. BMBF, 2005, S. 52) – bei denen eine Lernbehinderung diagnostiziert wurde – gleichgestellt und gelten oftmals als Jugendliche, die zu „verwahren" oder „beschulen" sind. Das Ziel dieser Maßnahmenklassen ist es, dass die Schüler ihre „Ausbildungsreife" erlangen indem sie ihre „Allgemeinbildung vertiefen" und „berufliches Grundwissen" (ebd., S. 53) erhalten.

Dies muss angesichts der Fixierungsargumentation fragwürdig sein, weil eine genau umrissene Definition dessen, was unter Benachteiligung zu verstehen ist, um darauf aufbauende problemorientierte Ansätze und Interventionsmöglichkeiten zu entwickeln, die den originären Ursachen entgegenwirken, in den meisten Maßnahmen nicht gegeben ist. Die Art der Behebung verschärft damit das Problem und es werden soziale Institutionen geschaffen, welche die Benachteiligtenproblematik als Legitimation ihres Bestandes nutzen. Darüber hinaus ist besonders tragisch, dass man an der Zuschreibungsdimensionierung festhält, weil nicht der Jugendliche um seiner selbst willen zu fordern und zu fördern ist, sondern als Ziel der „Aufbau eines wirksamen, flexiblen, zeitgemäßen und dauerhaften Angebotes zur sozialen und beruflichen Integration jener Personengruppen, die aus unterschiedlichen Gründen ohne besondere Förderung im Übergang zwischen Schule und Beruf von Scheitern und beruflicher Ausgrenzung bedroht wären" (ebd., S. 8), verfolgt wird. Hierdurch erhält ebenfalls die Zuschreibungsdimensionierung ihre institutionelle Perpetuierung und konkrete Handlungsanbindung.

Über diesen Wirkungsmechanismus hinaus zeigt sich eine ernüchternde inhaltliche Gestaltung der Förderkonzepte. Schlagworte wie Individualisierung, Handlungsorientierung, Qualifizierung, Kompetenzansatz, Lernortkooperation und Ganzheitlichkeit sowie Lebensweltbezug (vgl. ebd., S. 85ff), die innerhalb des pädagogischen Diskurses als modern und geachtet gelten, werden adaptiert, allerdings inhaltlich nur mäßig gefüllt, weil sie kaum auf eine verbindliche erziehungswissenschaftliche und bildungstheoretische Legitimierung bezogen wurden und dementsprechend realisiert werden. Wird im Rahmen der Fördermaßnahmen allerdings doch an der einen oder anderen Stelle auf einen erziehungswissenschaftlichen Ansatz zur Berechtigung zurückgegriffen, dann führt man dort z. B. den Kompetenzansatz von Erpenbeck an, der Kompetenz als innere Voraussetzung versteht, die jemand mitbringt, um in einer Situation selbstorganisiert zu handeln, was stark von „Emotionen, Einstellungen, Antrieben sowie Normen und Werten" (ebd., S. 88) beeinflusst ist, während über die Performanz nichts ausgesagt wird. Damit geht ein dem Individuum Rechnung tragendes Verständnis bereits während des theoretischen Planungsprozesses verloren. Dies rührt daher, dass es sich bei diesem Ansatz nicht um einen bildungstheoretischen, sondern einem auf Luhmann fußenden technokratischen handelt, der das Subjekt nicht erreicht und mittels instrumenteller Maßnahmen, die sich an den Anforderungen des Wirtschaftens orientieren, vollzogen wird, weil man lediglich „die berufliche Qualifizierung“ (ebd., S. 11) benachteiligter Gruppen vorsieht.

Gleiches gilt auch für die Förderphilosophie fast aller Konzepte, die das Ziel verfolgt, allen jungen Erwachsenen einen Zugang zu einer „abgeschlossenen anerkannten Berufsausbildung“ zu ermöglichen und dies im Rahmen einer „zielgruppenorientierten, individuellen Förderung und Qualifizierung“ (ebd., S. 23) zu erreichen versucht. Klingt in jenem Zusammenhang die „sozialpädagogisch orientierte Berufsausbildung“ (ebd., S. 7) noch positiv, so bleibt auch diese Intention weit hinter dem Schatten ihrer beabsichtigten Wirkungen, weil es ebenfalls hier an einer sauberen erziehungswissenschaftlichen und bildungstheoretischen Rückanbindung fehlt, denn „auch wenn Jugendhilfe, Bildungspolitik und Arbeitsmarktförderung die Notwendigkeit eines ganzheitlichen Blicks auf die Lebenssituation und eine umfassende Förderung junger Menschen fordern, werden Förderprogramme oftmals in einer Engführung der Ziele und Zielgruppen, in Abgrenzung und im Widerspruch zu anderen Förderlogiken und Verantwortlichkeiten formuliert“ (Müller et al., 2010, S. 10).

Dem System der Perpetuierung sowie dem unendlich starken Mechanismus der Stigmatisierung kann nur mittels psychologischer, erziehungswissenschaftlicher und bildungstheoretischer Gegenreflexionen wirksam begegnet werden, was im folgenden Theorieteil vollzogen werden wird. Damit nicht nur eine dem Individuum Rechnung tragende Diagnose sondern vor allem darauf aufbauende Förderung erfolgen kann, bedarf es zunächst in diesem Zusammenhang einer Analyse und Reflexion der sprachlich zugeschriebenen Stigmatisierungen, Stereotypisierungen und damit vorverurteilenden Diskriminierungen. Anschließend gilt es auf jene originär humanwissenschaftlichen und psychologischen Bezugswissenschaften zu fokussieren, die der Beschreibung samt Diagnose und Förderung der Facetten des individuellen Humanpotenzials fähig sind, bevor diese Aspekte in einem ganzheitlichen Modell der Leistungsmotivation integriert werden, das darüber hinaus einer bildungstheoretisch Rückanbindung und dadurch Handlungslegitimation unterzogen wird, bevor dieses für konkretes wissenschaftliches und pädagogisches Handeln wirksam werden kann. Dies soll nun unter expliziter Fokussierung der Leistungsmotivation erfolgen, weil jene innerhalb der Benachteiligtendebatte als das am geringsten ausgeprägte Humanpotenzial beschrieben wird, obgleich sie zur Überwindung der Benachteiligtensituation selbst als am bedeutsamsten postuliert wird.

1.4 Benachteiligung auf der Ebene von theoretischen Aussagesystemen

Der Prozess der ungerechtfertigten Zuschreibung und dessen Verfestigung wurde bereits in ähnlicher Art und Weise in Etikettierungsansätzen angedacht, die ihren gemeinsamen Nenner darin finden, dass Andersartigkeiten und damit verbundenes Abweichen von der Norm Stigmatisierungen zur Folge haben und dadurch zu Diskriminierung führen (vgl. Tannenbaum, 1938; Becker, 1963). Darauf aufbauend kann begründet von der Annahme ausgegangen werden, dass nicht erst mit der Etikettierung als Benachteiligter oder mit der Teilnahme an Benachteiligtenfördermaßnahmen weitere Zuschreibungen wie z. B. „Unmotivierter“, „Perspektivenloser“ oder „Arbeitsmarktversager“ vorgenommen werden und zu negativen Konsequenzen im Erleben und Verhalten der betroffenen Individuen führen, wenn dies bereits im Vorfeld auf ähnliche Art und Weise durch den Einzelnen selbst vollzogen wird und sich das Subjekt mit jenen Zuschreibungen identifiziert (vgl. Goffman, 1988).

Dies begünstigt nicht nur die Initiierung negativer Gefühle und Gedanken, sondern beeinflusst und limitiert auch die Motivation zur Teilhabe an Arbeits- und Bildungsprozessen. Um diese Prozesse verstehbar und handhabbar zu machen, bedarf es vornehmlich der Analyse dieser Wirkmechanismen im Rahmen psychologischer Theorien und Aussagesysteme.

Dem zur Folge wird in einem ersten Schritt dargestellt, wie mehr oder weniger automatische und unbewusste sowie damit oftmals unreflektierte Attributionen, die dem Individuum wegen der zuvor genannten Merkmale zugeschrieben wurden, bald in Form von Selbstattribuierungen übernommen, internalisiert und selbst fortgeführt werden. Diese (Fehl-) Attributionen führen u. a. durch ihre hohe Gebrauchs- und Verwendungsfrequenz auf individueller und gesellschaftlicher Ebene zur Ausbildung eines Benachteiligten-Stereotypes, das wiederum bei entsprechender Konnotation zu einem Vorurteil avanciert und die Diskriminierung der Betroffenen zur Folge hat und sie in der Entwicklung und Entfaltung ihres Humanpotenzials gehemmt werden.

Dann wird ergründet, warum jene übervorteilenden Zuschreibungs- und Wirkmechanismen schon allein wegen ihrer positiven Folgen für nicht betroffene Individuen und die Gesellschaft aufrechterhalten werden und derart beständig sind. In einem weiteren Kapitel werden anschließend bedeutsame Leistungsmotivationstheorien referiert und reflektiert, um die motivationalen Konsequenzen jener Stigmatisierungspraxis zu verdeutlichen. Abschließend gilt es beide Themenkapitel im Stereotype-Threat-Ansatz zu vereinigen, damit die entsprechenden psychologischen Wirkmechanismen verstehbar werden.

Auf dieser theoretischen Grundlage wird dann ein Modell konzipiert, dass eine ganzheitliche Sicht auf das Humanpotenzial des Individuums postuliert, damit konkrete Maßnahmen der Prävention und Intervention planbar werden, die in Bezug auf das Leistungsmotiv im Rahmen der empirischen und experimentalpsychologischen Untersuchungen dieser Arbeit in ihrer Wirksamkeit und Bedeutung reflektiert werden.

1.4.1 Die Zuschreibung von Benachteiligung in Attribuierungsprozessen

Der bereits des Öfteren genutzte Begriff *Attribution* ist aus dem Englischen entlehnt und bezeichnet den Prozess der Ursachenzuschreibung. In der Psychologie versteht und subsumiert man unter *Attributionstheorien* die Ansätze, die erklären, wie man sich und seine Umwelt wahrnimmt und in diesem Zusammenhang Kausalzuteilungen vornimmt, die selbst durch individuelle affektive und kognitive Prozesse sowie die Umweltgegebenheiten und sozialen Interaktionspartner stark determiniert sind. Demgegenüber ist von attributionalen Theorien die Rede, wenn sich mit den Auswirkungen der Ursachenzuschreibungen auf das Erleben und Verhalten beschäftigt wird. Attributionen stellen insgesamt primär Bedingungen dar, die verschiedene von ihnen abhängigen Variablen, u. a. Emotionen, Kognitionen und im Allgemeinen Erleben und Verhalten sowie im Speziellen leistungsbezogene Handlungen und damit die Leistungsmotivation, determinieren (vgl. Kelley & Michela, 1980). Attributionstheorien helfen dem Menschen nicht nur dabei, seine Umwelt zu verstehen, sondern auch zu kontrollieren und vorherzusagen, so dass z. B. Ursachen, die für das Scheitern einer Handlung als verantwortlich erachtet wurden, abgestellt werden können bzw. diejenigen aufrecht erhalten und ausgebaut werden, die erfolgreich waren.

Weil jeder Mensch dazu neigt, die in seinem alltäglichen Leben auftretenden Ereignisse durch verschiedene Ursachen zu erklären, wurde der Mensch bereits früh in der Psychologie als *naiver Wissenschaftler* bezeichnet (vgl. Heider, 1958). Demgemäß hat der Mensch das „Bedürfnis, [...beobachtbare Tatsachen] so weit als möglich mit den Konstanten seiner Umgebung in Verbindung zu bringen [...]. Die zugrundeliegenden Ursachen von Ereignissen, insbesondere die Motive anderer Personen, stellen diese für uns relevanten Konstanten der Umwelt dar; sie [...verleihen] Erfahrungen Bedeutungen [...], die wir als die Wirklichkeit unseres Lebensraums registrieren und abspeichern, und gemäß denen wir dann handeln“ (Heider, 1958, S. 80f). Die

Überzeugungen eines Menschen sowie die Bewertung seiner Fähigkeiten wirken, egal ob sie rational und wahr oder irrational und unwahr sind, in der Folge handlungsleitend (vgl. Festinger, 1954). Das Individuum wird dabei also weniger von der tatsächlich gegebenen und objektiven Realität als von seiner subjektiven Wahrnehmung beeinflusst. Die individuelle Wahrnehmung führt dazu, dass Ursachen vor dem Hintergrund der eigenen Biografie, den gesammelten Erfahrungen sowie infolge sozialer Interaktion interpretiert werden und auf jener Grundlage dann Wirkungen zugeteilt und zugeschrieben werden. Der Mensch fragt sich also „warum" etwas geschehen ist, obgleich nicht in allen Situationen eine solche Suche nach Gründen initiiert bzw. angemessen ausführlich überdacht erfolgt. Dies ist dem Menschen vor allem dann überflüssig, wenn bereits vorgefertigte Annahmen im Sinne von Schemata über kausale Strukturen und damit die Beziehungen von Ursachen und Wirkungen bestehen. Er verfügt über eine kognitive Repräsentation der Wirklichkeit, die als psychologisch wirksame Umwelt fungiert und Motive sowie Emotionen wachruft und auf dieser Grundlage Verhalten auf ein bestimmtes Ziel hin ausrichtet bzw. zu diesem hin leitet (Baldwin, 1969). Dafür notwendige Informationen werden nicht nur von den zuvor genannten Determinanten beeinflusst, sondern gleichzeitig immer auch gefiltert und selektiert, kombiniert und als mehr oder weniger komplexe Handlungsmuster gespeichert (Weiner, 1994). Diese individuelle Ursachenanalyse wird bei überraschenden, wichtigen oder negativen Erlebnissen und Ereignissen stärker angeregt. Zusätzlich ist festzuhalten, dass die Wahrnehmung von Ursachen nicht nur einen eigenen bzw. selbst durchgeführten Attributionsvorgang darstellt, sondern gleichermaßen von den wahrgenommenen und internalisierten Zuschreibung der Beobachter beeinflusst und gesteuert wird. Diese Prozesse und Wirkungskonstruktionen werden sowohl vom Individuum als auch von den Außenstehenden als logisch erachteter und damit für wahr empfundene Relationen gehalten (vgl. Weiner, 1994).

In leistungsthematischen Situationen und in Bezug auf Leistungsverhalten stellen sie eine bedeutsame motivationale Orientierung und Kontrollinstanz dar, die förderlichen und hemmenden Charakters sein kann und starken Einfluss auf die emotionale Befindlichkeit und folgende kognitive Bewertungs- sowie Beurteilungsprozesse nimmt. Leistungsthematische Kausalattributionen sind demnach subjektive sowie kognitiv-motivationale Repräsentationen der Annahmen darüber, was ursächlich für ein Handlungsresultat ist, während sie sich aus vergangenen Erfahrungen speisen, von Affekten begleitet werden und Ausgang bevorstehender Leistungen antizipieren (vgl. Weiner, 1994). Die dabei präferierten Ursachenfaktoren reflektieren die Kontrollerwartungen und -sicherheit des Lernenden hinsichtlich der von ihm wahrgenommenen Möglichkeiten, das eigene Leistungsverhalten durch die eigenen Kompetenzen mehr oder weniger erfolgreich beeinflussen zu können, und wirken sich in der Folge nicht nur auf das emotionale Befinden, sondern auch nachhaltig auf das Selbstkonzept des Individuums aus (Meyer, 2000; Weiner, 1994). Eine detaillierte und differenzierte Darstellung jener Mechanismen in Leistungskontexten und im Hinblick auf motivationales Erleben und Verhalten folgt an späterer Stelle.

Wichtig ist festzuhalten, dass Handlungsergebnisse zwei primären Faktoren zugeschrieben werden können, entweder der Situation bzw. Umwelt oder aber der eigenen Person, so dass das Ziel des Attributionsprozesses u. a. die Bestimmung ist, ob das wahrgenommene Verhalten und die dazu veranlassenden Absichten mit stabilen Eigenschaften der eigenen Persönlichkeit korrespondieren oder durch den Kontext evoziert bzw. maßgeblich determiniert werden (vgl. Weiner, 1993). Deshalb werden Ursachen von Wirkungen dann entweder als in der Person und internal, oder als in der Umwelt und damit als external manifestiert wahrgenommen (vgl. Wild, Hofer & Pekrun, 2001; Weiner 1994). Des Weiteren können sie als zeitlich überdauernder und stabiler Charakter erachtet werden oder aber als variierbar und instabil erscheinen. Zusätzlich empfindet man sie als mehr oder weniger kontrollierbar bzw. unkontrollierbar (siehe Abbildung 5).

	stabil		**instabil**	
	kontrollierbar	**unkontrollierbar**	**kontrollierbar**	**unkontrollierbar**
internal	Ich habe (nicht) genug gelernt	Ich habe (kein) Talent bzw. (keine) Begabung	Ich war (un)konzentriert	Ich hatte Glück bzw. Peck
external	Der Schüler hat (nicht) genug gelernt	Der Schüler hat (kein) Talent bzw. (keine) Begabung	Der Schüler war (un)konzentriert	Der Schüler hatte Glück bzw. Pech

Abb. 5: Gründe für das Gelingen bzw. Misslingen der Prüfung eines Schülers nach Weiner (1994)

Dabei ist zu betonen, dass differentielle Ursachenzuschreibungen unterschiedliche Gefühle, Erwartungen und Handlungen zur Folge haben (Weiner, 1994) und schlussendlich einen Einfluss auf das Selbstkonzept des Individuums nehmen. Wenn z. B. ein Schüler das Auftreten eines Misserfolges bzw. negativer Leistungsergebnisse und die damit verbundenen Ursachen seiner Person zuschreibt und als stabil sowie nicht mehr kontrollierbar erachtet, entwickelt er zunehmend das Gefühl mangelnder Kontrolle bis hin zur Hilflosigkeit (Weiner, 1994). Eine angemessen differenzierte und detaillierte Darstellung jener Prozesse erfolgt im Kontext der Darstellung der für diese Arbeit wesentlichen Leistungsmotivationstheorien. Bezüglich der Benachteiligtenproblematik ist hervorzuheben, dass diese Kausalattributionen in jener Art und Weise nicht nur vom Handelnden selbst, sondern ebenfalls von den Beobachtern bzw. anderen Personen vorgenommen werden. Bereits nach einer kurzen Begegnung und relativ wenigen Informationen über einen Menschen bilden sich Beobachter bzw. Zuschauer einen Eindruck vom Akteur, der eine bemerkenswerte Geschlossenheit aufweist sowie dessen subjektive Evidenz und Sicherheit erstaunlich ist (vgl. Asch 1946, Weiner 1994), was generell dazu führt, dass man überzeugt ist, die eigene Wahrnehmung und damit verbundenen Zuschreibungen von Ursachen- und Wirkungsrelationen seien wahr.

Will eine Person eine Handlung entäußern, ist dieses immer von der effektiven Kraft des Individuums und den Einflüssen der Umgebung determiniert. Innerhalb des Subjektes sind hierfür insbesondere sein Fühlen bzw. seine Emotionen, sein Wollen bzw. seine Motivation (verstanden als Intention und Anstrengung) und sein Können bzw. seine Kognitionen wesentlich, wobei letzteres als personale Macht (Fähigkeit) zu verstehen ist, von der die Faktoren Schwierigkeit der Aufgabe und Zufall der Bewältigung noch zu substrahieren sind (Heider, 1958; Weiner, 1994). Emotionen, Kognitionen und Motivation gehen demnach eine multiplikative Verbindung ein, so dass bereits die Beeinträchtigung bzw. das Ausbleiben eines Faktors dazu führen kann, dass das Handlungsergebnis selbst im Extremfall ganz ausbleibt (vgl. Atkinson & Birch, 1970). Die Wahrnehmung von Kausalitäten ist demnach vom Subjekt und dessen Motiven gelenkt, wird aber auch in gleicher Weise stark von Attributionen beeinflusst und limitiert, die man von den Interaktionspartnern des Umfeldes erfährt (vgl. Heider & Simmel, 1944; Weiner, 1994).

Das Individuum stellt sich generell und vereinfacht formuliert die Fragen, ob die Ereignisse nun dem Verhalten, also den Merkmalen der Persönlichkeit zuzurechnen sind, oder ob situative Umstände hierfür verantwortlich waren. Mittels des von Kelley (1973) postulierten Kovariationsprinzipes lässt sich in diesem Zusammenhang prognostizieren, wann Subjekte einen Effekt auf eine Person, auf Merkmale des Kontextes oder aber den Zufall zurückführen, wobei der Effekt zumeist derjenigen Ursache zugeschrieben wird, „mit der er, über die Zeit hinweg, kovariiert" (ebd., S. 108). Im Rahmen dieser Arbeit sind zum einen die Aspekte wesentlich, die verstehen helfen, warum Individuen motiviert sind, Aktivitäten zu zeigen, aufrechtzuerhalten sowie auszubauen oder aber einzustellen, und zum anderen jene, die erklären können, warum man seinen Mitmenschen gewisse Handlungsergebnisse (automatisch) zutraut oder aber auch nicht. Das bewertende Subjekt stellt sich diesbezüglich die Fragen (vgl. ebd.), ob der Effekt bei einer oder bei mehreren Personen wahrnehmbar ist (*Konsensus*: Wahrscheinlichkeit der Generalisierbarkeit), ob ein Effekt in einem speziellen oder in vielen Bereichen auftritt (*Distinktheit*: Annahme der Spezifität oder Allgemeingültigkeit) und ob der Effekt nur zu einem bestimmten Zeitpunkt gegeben ist oder sich über einen längeren Zeitraum hinweg zeigt (*Konsistenz*). Je nach Stärke und Vorhandensein dieser Aspekte bzw. Prinzipien variiert auch der Glaube an die Gültigkeit der Ursachen und Wirkungen. Dieser Prozess ist in Abbildung 6 dargestellt.

	Kovariationsinformationen		
Attribution auf	**Konsensus**	**Konsistenz**	**Distinktheit**
Person	niedrig	hoch	niedrig
Entität	hoch	hoch	hoch
Kontext bzw. Umstände	niedrig	niedrig	hoch

Abb. 6: Informationsmuster und attributionale Implikationen im Sinne des Kovariationsmodells nach Kelley (1967)

Der Prozess der Attribuierung ist im Zusammenhang mit dem Phänomen der Benachteiligung in zweierlei Art und Weise bedeutsam, weil nicht nur das betroffene Individuum jene Wahrnehmungs-, Zuschreibungs- und Interpretationsschemata verwendet, da z. B. auch Lehrkräfte ihr Urteil demgemäß bilden und aufrechterhalten. Sie generieren rasch zahlreiche Informationen über Individuen bzw. bestimmte Gruppen von Lernenden (Konsensus), die ihren Ursprung in der Bewerkstelligung einzelner Aufgaben oder aber im allgemeinen Verhalten in Bildungsprozessen insgesamt haben können (Distinktheit), was entweder zu einem Zeitpunkt oder über einen längeren Zeitraum wahrgenommen und aufrechterhalten werden kann (Konsistenz). Sind die subjektiven Antworten auf die zuvor angeführten Informationsklassen hoch, neigt der Einzelne zur Generalisierung seiner Annahmen, ohne diese kritisch zu prüfen. Folgend internalisiert der Lehrende diese selbstgebildeten Annahmen und Muster über die als benachteiligt geltenden Personen und Gruppen, die dann zu Stereotypisierungen und Vorurteilen heranreifen können und zeitüberdauernd aufrecht erhalten werden. Dabei glaubt der Betroffene dann, es handele sich um objektive Erfahrungen, weshalb sie konsequenter Weise für gütig erachtet werden. Der Vergleich mit weiteren Schülergruppen verhärtet jene stereotypen Vorannahmen insbesondere an berufsbildenden Schulen, weil diese das heterogenste Leistungsspektrum an Jugendlichen besitzen und als benachteiligt Geltende dort im direkten leistungsbezogenen Vergleich mit den anderen zusätzlich übervorteilt werden.

Diese Ursachenzuschreibungen werden auch schon bei einer einmaligen Beobachtung einzelner Effekte vorgenommen, woraus sich ein Schema in Form eines verallgemeinerten Konzeptes über das Zusammenspiel von Ursachen und Wirkungen ausbildet. Diese *impliziten Persönlichkeitstheorien* können sich auf einen Persönlichkeitstypus (Prototyp), eine Gruppe (Stereotyp) oder einen standardisierten Prozess (Skript) beziehen (vgl. Taylor & Crocker 1981). In dieser Arbeit interessieren besonders die Wissensstrukturen im Hinblick auf bestimmte Persönlichkeitsmerkmale von Individuen bzw. von als benachteiligt geltenden Gruppen. Problematisch wird nämlich der Usus dieser impliziten Theorien, weil das Individuum bei deren Bildung nicht immer unvoreingenommen ist, was Attributionsverzerrungen begünstigt und zur Herausbildung von Stereotypen und Vorurteilen führen kann, wobei nicht einmal ein langfristiger und intensiver Kontakt bestehen muss. Auf Grundlage dieser Zuschreibungsmechanismen etablieren sich also stereotype Wahrnehmungs- und Interpretationsmuster, die insbesondere dem Lehrer-Schüler-Verhältnis immanent sind und durch bildungspolitische sowie gesellschaftliche Einflüsse zunehmend verstärkt und erhärtet werden. Die Darstellung und Reflexion des Benachteiligtenphänomens legt die begründetete Vermutung nahe, dass gegenwärtig ein Stereotyp der Bildungsbenachteiligung etabliert wurde, dass sich zum einen in der Gesellschaft und zum anderen vor allem in der schulischen sowie beruflichen Praxis überdauernd zeigt.

1.4.2 Stereotypengenerierung und Stereotypisierung als Benachteiligter

Der Begriff *Stereotyp* konstituiert sich aus den beiden griechischen Worten „stereos“ und „typos“, durch deren Verbindung die Bedeutung eines „starren Musters“ generiert wird. Ursprünglich galt der Begriff zur Bezeichnung einer Druckvorgangstechnik, in der gemäß des zuvor dargelegten Verständnisses eine vorgefertigte Schablone zur Beschriftung auf etwas aufgedrückt wurde (Petersen & Six, 2008, S. 21).

Lippmann führte diesen Begriff in die Psychologie ein und entwickelte eine sozialwissenschaftlich bzw. kognitiv orientierte Theorie. Er postulierte, dass „ein Stereotypenmodell [...eine Methode ist], um der großen, blühenden, summenden Unordnung der Wirklichkeit eine Ordnung unter[zu]schieben" (Lippmann, 1964). Auf den Menschen bezogen geschieht dies vor allem dann, wenn jemandem, oder einer Gruppe, der ein Einzelner zugeordnet wird, von anderen ein starrer Eindruck, der nur in geringem Maße mit der Realität übereinstimmt, zugeschrieben wird (Katz & Braly, 1933).

Ursächlich hierfür ist die menschliche Bereitschaft zur sozialen Kategorisierung in Gruppen von Menschen, „die im sozialen Miteinander häufig zusammengefasst gesehen, diskutiert und bewertet werden" (Klauer, 2008, S. 23), was infolge äußerer Erscheinungsmerkmale, geteilter Überzeugungen, erlebter verbaler und nonverbaler Verhaltensweisen sowie der Zugehörigkeit zu einem bestimmten Typ von Individuum vollzogen wird. Diese sozialen Kategorien haben zur Konsequenz, dass die kategorisierten Personen demgemäß wahrgenommen, beurteilt und behandelt werden. Stereotype sind damit verfestigte kognitive Schemata bzw. Skripte, die den Zusammenhang typischer Eigenschaften mit kategoriespezifischen Erwartungen implizieren. Sie stellen damit auf einer allgemeinen Ebene sozial geteilte Wissensstrukturen innerhalb eines Ordnungsrahmens dar und sind im Speziellen kognitive Schemata, die mit vereinfachten Verarbeitungs- und Urteilsheuristiken in sozialen Situationen einhergehen (ebd.). Es handelt sich bei ihnen um generalisierte Zuschreibungen, die quasi permanent vorgenommen werden. Grundlegend ist hierfür die menschliche Annahme, dass die in jenen sozialen Kategorien wahrgenommenen Personen eher homogen sind und sich von den Angehörigen anderer Gruppen unterscheiden. Diese Wahrnehmungs-, Denk- und Interpretationsweisen deindividualisieren die Betroffenen zu Gunsten einer weniger aufwändigen sowie anstrengenden und damit die kognitiven Ressourcen schonenden Informationsverarbeitung (Sherman, Macrae & Bodenhausen, 2000). Soziale Kategorien können relativ spontan entwickelt und rasch in die mentale Repräsentation von sozialen Situationen sowie Ereignissen integriert werden, allerdings lassen sie sich auch zielgerichtet und damit bewusst aufsuchen und einsetzen (Klauer, 2008; Klauer & Wegener, 1998). Das Ausmaß dieser Prozesse wird durch strukturelle und normative Passungen erhöht, so dass sie beispielsweise verstärkt auftreten bzw. abgerufen werden, wenn eine Kovariation derart gegeben ist, dass das Gegebene oder tatsächlich Inhaltliche dem entspricht, was aufgrund des assoziierten Stereotyps erwartet wurde (vgl. Klauer, 2008, S. 27). Nach Allport (1954) handelt es sich bei diesen sozialen Kategorisierungen um ungeprüfte und übernommene Meinungen anderer, im Sinne eines generalisierten Urteils, das sich damit nicht nur auf den Einzelfall beschränkt, sondern auf viele Urteilsgegenstände, teilweise sehr variabel und dehnbar, übertragen lässt.

Es wurde bereits angeführt, dass diese Art der Informationsverarbeitung deshalb problematisch ist, weil die bloße Anwesenheit eines Vertreters einer bestimmten Gruppe jenes stereotype Denken unbewusst und automatisch aktivieren kann sowie die Handlungen des Betroffenen unbewusst steuert, während die mühseligere und zeit- sowie kraftaufwändige kognitive Kontrolle dieser Verarbeitung oftmals nachgeschaltet wird, aber nicht automatisch ausgeschlossen sein muss (vgl. Devine, 1989). Stereotype können allerdings auch willentlich ins Bewusstsein gerückt und kritisch hinterfragt werden, so dass sie nicht zwangsläufig angewandt und verfestigt werden müssen (vgl. Aronson, Wilson & Akert, 2004, S. 497; Schmid Mast & Krings, 2008, S. 33ff). Diese Verarbeitung ist hoch individuell und stark von den zur Verfügung stehenden Informationen und Ressourcen abhängig (Schmid Mast & Krings, 2008)

Die Grundlage jenes Erlebens und Verhaltens kann u. a. mittels der Annahmen der Existenz bzw. des Modells eines konnektivistischen Netzwerkes erklärt werden (Kunda & Thagrad, 1996). Zentral ist in diesem Zusammenhang die Überzeugung, dass die Persönlichkeitseigenschaften und Verhaltensweisen von Menschen in kognitiven Knoten repräsentiert werden, die wiederum entweder exitatorisch oder inhibitorisch miteinander in Verbindung stehen. Dieses Gefüge spiegelt das eigentliche Stereotyp, mehr oder weniger ausdifferenziert, wider und wird, wie bereits ausgeführt wurde, primär automatisch aktiviert und ist in der Folge maßgeblich wahrnehmungs- und beurteilungsleitend (vgl. ebd.). Diese Prozesse sind derart konsistent, dass dem stereotypen Muster gegenüber inkonsistenten Informationen entweder keine Berücksichtigung geschenkt wird oder eine Form von Subtyping initiiert wird. Letzteres bedeutet, dass innerhalb eines Stereotypes weitere Unter- bzw. Nebenkategorien durch die aktive Exploration und Integration bestimmter Informationen gebildet werden, damit das ursprüngliche Stereotyp unbeeinträchtigt beibehalten bleiben und sogar noch verfestigt werden kann (Klauer, 2008; Kunda & Oleson, 1995). Demnach ist es auch möglich, dass ein und die selbe Person mehrfach stereotypisiert werden kann, was bezüglich des Benachteiligtenphänomens äußerst problematisch ist, denn sollte in jenem Fall ein bestimmtes Attribut einmal nicht zutreffen, führt die Suche nach einem weiteren dazu, dass das originäre Stereotyp beibehalten werden kann bzw. ein Substereotyp mit ähnlicher Wirkung erzeugt wird. Benachteiligung kann damit derart zu einem Generalkonstrukt avancieren, dass z. B. der Migrationsstatus als Übervorteilung erachtet wird und stereotype Prozesse aktiviert. Sollte jene Determinante allerdings nicht vorhanden sein, kann dann der sozio-ökonomische Status zur gleichen Zuschreibung und Stigmatisierung herangezogen werden, wodurch das Fehlen eines Aspekts durch Substitution eines anderen kompensierbar ist oder aber beide in summarischer Form auftretend einander zusätzlich verstärken.

Aktivierte Stereotype erleichtern also „die Wahrnehmung von solchen Informationen, die zu den stereotypen Erwartungen passen und diese damit bestätigen, und sie erschweren gleichzeitig die Wahrnehmung von anderen Informationen, die den stereotypen Erwartungen widersprechen“ (Meiser, 2008, S. 53). Sie sind kognitiv unterschiedlich repräsentiert und insgesamt Bestandteil gesellschaftlich geteilten Wissens und werden dementsprechend tradiert, ob nun individuell, auf Grundlage eigener Erfahrungen oder durch Medien sowie Meinungsmultiplikatoren der öffentlichen und fachwissenschaftlichen Publizistik suggeriert. Stereotype stellen damit im Kern angenommene oder übermittelte Korrelationen zwischen individuellen Merkmalen und Verhaltensweisen sowie einer dadurch intendierten Gruppenzugehörigkeit dar, so dass ihre Ausbildung einen Spezialfall des Kontingenzlernens darstellt (vgl. ebd., S. 54), während angenommene Korrelationen zutreffend, teilweise allerdings auch stark verzerrt oder gar fehlerhaft bis illusorisch sein können. Im Falle jener illusorischen Beziehungen bzw. Scheinkorrelation trägt vor allem die Überschätzung auffälliger, extremer, bedeutsamer bzw. distinkter Ereignisse zu ihrer Entstehung bei (vgl. ebd.) und verhilft der Stereotypisierung, sich nachhaltig zu verfestigen.

Stereotypisierungen implizieren dabei grundsätzlich das Phänomen der Eigengruppenaufwertung sowie das der Fremdgruppenabwertung. Stereotypisierende Menschen werten also ihre Gruppe, der sie selbst angehören bzw. sich zugehörig fühlen, auf und damit im Vergleich insgesamt als positiver, während Fremdgruppen eine Abwertung erfahren. Dadurch wird zunehmend eine polarisierende Differenzierung in „Wir“ und „Ihr“ aufgrund der konstruierten und verschieden akzentuierten Unterschiede zwischen zwei Gruppen vorgenommen (vgl. Aronson et al., 2004, 492f).

Stereotype Vorstellungen herrschen wie bereits angedeutet nicht nur auf individueller Ebene vor, sie können auch auf nationaler und sogar internationaler Ebene gegeben sein. Aus soziologischer und sozialpsychologischer Sicht handelt es sich nämlich ebenfalls bei einer Nation um eine abstrakte Großgruppe, die u. a. über Gemeinsamkeiten in der Geschichte, der Herkunft und der Kultur definiert wird und durch die das Individuum seine soziale Identität mittels Kategorisierung im Sinne von Selbst- sowie Fremdzuschreibungen gewinnt. Dies macht es z. B. möglich, dass sich kulturelle Verdienste einer Nation bzw. Gesellschaft zueigen gemacht werden können, während sich negative Aspekte samt allen denkbaren unliebsamen Phänomene durch Zuschreibungen und Stereotypisierungen auf andere verlagern lassen (vgl. Bollenbeck, 1993). Die Selbstbilder der gesellschaftlich einander zugehörigen Individuen sind sich dabei äußerst ähnlich, während die jeweiligen Fremdbilder der anderen mit jenen nur bedingt bis gar nicht übereinstimmen. Weil die Individuen einer Gesellschaft die konstruierten stereotypen Bilder übernehmen, werden sie nicht nur reproduziert, sondern auch in der weiteren sozialen Interaktion geteilt, präzisiert und ausdifferenziert sowie verankert und damit überdauernd handlungsleitend (Hort, 2007, S. 16ff).

Dem zur Folge muss das Phänomen der Stereotypisierung immer in seiner Referenzrahmung betrachtet werden, in der Individuen miteinander interagieren, so dass das Zusammenwirken von Individuum und Gesellschaft differenzierter reflektierbar wird, damit auf verschiedenen Abstraktionsebenen – von der individuellen, über die institutionelle bis hin zur gesellschaftlichen – jene Phänomene erfasst werden können. Problematisch ist dies allerdings, weil jene Aspekte in der öffentlichen und wissenschaftlichen Diskussion sowie in der konkreten schulischen Interaktion bzw. Kommunikation selbst nur bedingt erkannt werden und damit unreflektiert sowie überdauernd handlungsleitend bleiben.

Zentrale Bedeutung innerhalb der Prozesse der Attribuierung und Stereotypisierung kann erneut der Sprache bzw. der menschlichen Kommunikation beigemessen werden, innerhalb derer ein Initiator seine Überzeugungen über verbale, nonverbale und paraverbale Signale einem Rezipienten übermittelt und zuschreibt. Der *Linguistic Intergroup Bias* stellt z. B. einen Ansatz in der Stereotypenforschung dar, „der sich mit subtilen sprachlichen Mechanismen des Ausdrucks von Vorurteilen und stereotypen Erwartungen befasst (Schöl, Stahlberg & Maass, 2008, S. 62). Durch ihn wird postuliert, dass positives Verhalten der Eigengruppe relativ abstrakt beschrieben wird und dadurch quasi zu Persönlichkeitseigenschaften avanciert, mittels derer sich alle In-Group-Mitgleider auszeichnen. Das eigene negative Verhalten wird demgegenüber konkreter und dadurch als eher situativ bedingt beschrieben, so dass es vergleichsweise eher milder wirkt. Bezüglich der Fremdgruppen werden jene Zuschreibungsmodalitäten genau umgekehrt vorgenommen. Dieser wird negatives Verhalten eher als überdauernde Disposition zugewiesen (vgl. ebd.). Ein Prozess, der in der Sozialpsychologie die Bezeichnung des fundamentalen Attributionsfehlers erhielt, der ursprünglich die verzerrte Zuschreibungsweise zwischen Beobachter und Beobachtetem beschrieb.

Demnach werden Fremdgruppenmitglieder insgesamt negativer und stereotyper bewertet, weil infolge des zuvor ausgeführten kognitiven Mechanismus negatives Verhalten von Mitgliedern der Fremdgruppe eher auf dispositionale und damit die inneren Ursachen einer Personen zurückgeführt wird. Jene Tendenz, negative dispositionale Attributionen generalisierend auch über Gruppen von Menschen vorzunehmen, entwickeln, fördern und verfestigen Stereotype sowie Vorurteile zusätzlich (vgl. Hort, 2007), wobei sie direkt und indirekt über soziale Distinktionen Andersartigkeit abwerten und darüber hinaus der Selbstaufwertung dienen.

Grundlage der *Linguistic Intergroup Bias* stellt das linguistische Kategorisierungsmodell von Semi und Fiedler (1991) dar, welches linguistische Kategorien auf einem Dimensionsspektrum von konkret bis abstrakt klassifiziert. Konkret ist in diesem Zusammenhang die Deskription objektiver Gegebenheiten, die mit zunehmender Abstraktion immer losgelöster vom tatsächlichem Verhalten und dem diesen einbettenden Kontexte beschrieben werden. Relationsfundament sind u. a. Eigenschaftswörter innerhalb der verwendeten Syntax, die mit zunehmender Generalisierung des Abstraktionsniveaus eine deskriptive und tatsächlich gegebene Konkretheit zu abstrakten Begriffen und dadurch zu Personeneigenschaften avancieren lassen und einen enormen Interpretationsspielraum der Zuschreibung und Bewertung sowie Abwertung von Individuen und Gruppen eröffnen (Schöl, Stahlberg & Maass, 2008, S. 62f). Im Extremfall bedeutet dies, dass beispielsweise einem Schüler, der einen Migrationsstatus besitzt und einer einzelnen Unterrichtssequenz nicht aufmerksam folgt, weil er kurzzeitig abgelenkt wurde, durch diesen sprachlichen Generalisierungsmechanismus die abstrakte Aussage zugeschrieben und internal verankert wird, dass Migranten faul sind.

Ursächlich für die sprachliche Intergruppenverzerrung ist die menschliche Motivation, die Eigengruppe positiv zu bewerten, weil sie als Teil des Selbstkonzeptes erachtet wird und damit durch jene Prozesse auf dieses indirekt positiver Einfluss genommen werden kann. Die Abwertung anderer Gruppen erfüllt zusätzlich durch die Verwendung sozialer Distinktionen eine ähnliche Funktion, so dass mit der Herabsetzung anderer erneut mittelbar das eigene Selbst bzw. Selbstkonzept relational aufgewertet wird. Dies fördert der Umstand, dass typisches und stereotypes Verhalten im Allgemeinen grundsätzlich immer auf einer eher abstrakten Ebene beschrieben und damit innerhalb der Person lokalisiert wird (vgl. Maass, 1995, 1996). Dadurch gehen motivationale und kognitive Faktoren eine additive Verbindung ein, die das Ausmaß der sprachlichen Verzerrungen noch erhöhen (vgl. Schöl, Stahlberg & Maass, 2008, S. 66) und affektiv aufladen. Dem Empfänger werden damit nicht nur die eigenen Erwartungen mitgeteilt, diese rufen in ihm Erwartungen und Schlussfolgerungen hervor, die mit denen des Senders sehr kohärent sind (vgl. ebd., S.68) und sich im Verhalten und der Interaktion manifestieren.

Verstärkt werden diese Prozess u. a. durch Attributionsfehler, die Annahme von Scheinkorrelationen, impliziten Persönlichkeitstheorien, allgemeinen sozialen Kategorisierungen sowie naiven und oftmals unreflektierten Problemen in der allgemeinen Personenwahrnehmung. Explizit die Mechanismen der sozialen Kategorisierung und die Ausbildung impliziter Persönlichkeitstheorien verschärfen dieses Prozedere, weil ihnen diverse ungerechtfertigte, aber als wahr erachtete Korrelationen bezüglich ausgewählter Eigenschaften und Ergebnisse, inhärent sind. Diesbezüglich wird auf feste und identifizierbare Strukturen sowie soziale Klassifikationsschemata zurückgegriffen, die nicht nur zur Vorhersage von Verhalten frequentiert werden (Six & Wolfradt, 2004), sondern tatsächlich zu äquivalenten Denkmustern, Erwartungshaltungen und Handlungsweisen seitens der Betroffenen führen können. Damit tragen sie zur unreflektierten Stereotypenbildung und -übernahme sowie Vorverurteilung bei und lassen selbiges auch im Zuschreibungssubjekt entstehen, weil mit diesen problematischen Wahrnehmungs- und Bewertungsverhalten das Phänomen der sich selbst erfüllenden Prophezeiung einhergeht. Menschen haben Erwartungen über bzw. in Bezug auf andere, weshalb sie sich diesen gegenüber entsprechend verhalten. Die Zielperson handelt dann nicht nur erwartungskonform, sie übernimmt zudem jene erwarteten Annahmen, Erwartungen und Handlungsweisen, internalisiert sie und bildet sie selbst aus (Greitemeyer, 2008, S. 80), so dass sich die Erwartungen dann sogar tatsächlich erfüllen. Dies wird vor allem dann problematisch, wenn es sich bei den Zuschreibungsmechanismen um Stereotype handelt, die negativ konnotiert sowie bewertet wurden und zu Vorurteilen ausgebaut werden.

1.4.3 Die Benachteiligtenstereotyp als Vorurteil – Ursachen und Folgen

Der Vorurteilsbegriff etablierte sich im alltäglichen Sprachgebrauch und implizierte dort bereits vor Jahrhunderten gemäß des Deutschen Wörterbuchs „vorgefasste, irrige Meinungen“ (Grimm, J. & Grimm, W., 1854). Allport (1954) definiert Vorurteile detaillierter als „ablehnende oder feindselige Haltung gegenüber einer Person, die zu einer [bestimmten] Gruppe gehört und deswegen dieselben zu beanstandenden Eigenschaften haben soll“ und führte damit eine primär negative Konnotation des Begriffs ein.

Obgleich in der psychologischen Forschung primär negative Vorurteile betrachtet werden, können diese allerdings auch positiver Natur sein und müssen sich nicht nur auf Personen beziehen, weil sie auch Dinglichem zugeschrieben werden können (Zick, 1997; Jones, 1997; Otten, 2006). Im Rahmen dieser Arbeit werden Vorurteile allerdings als eine bestimmte Komponente der Einstellungen erachtet, die sich insbesondere auf solche Einstellungsobjekte beziehen, die entweder eine Gruppe bilden oder bei denen es sich um ein Individuum handelt, das einer bestimmten Gruppe zugeordnet wird (vgl. Zick & Küpper, 2008, S. 109f) und mit der Gruppenzugehörigkeit auf Grundlage von negativen Stereotypisierungen vorverurteilt wird.

Demnach sind „Vorurteile [...] negative oder ablehnende Einstellungen einem Menschen oder einer Menschengruppe gegenüber, wobei dieser Gruppe infolge stereotyper Vorstellungen einige Eigenschaften von vornherein zugeschrieben werden, die sich aufgrund von Starrheit und gefühlsmäßiger Ladung selbst bei widersprechender Erfahrung schwer korrigieren lassen" (Davis, 1964, S. 53). Nach diesem Verständnis stellen sie negative Einstellung gegenüber sozialen Gruppen, z. B. ethnische Minoritäten, dar, die über eine kognitive Dimension der Stereotypisierung durch andere erlegen sind und denen gleichzeitig über eine affektive Dimension negativ getönte Gefühle entgegengebracht werden. Mit diesen Prozessen sind normative und moralische Wertungen verknüpft, während jenen generalisierten Aussagen gleichzeitig Wahrheitsgehalt unterstellt wird (vgl. Hort, 2007, S. 34ff). Resultieren daraus äquivalente Handlungen, manifestiert sich das Vorurteil in der Diskriminierung der stereotypisierten Menschen.

Ob ihrer weiten Verbreitung und universellen Gültigkeit sind Vorurteile gegenüber Angehöriger ausgewählter Rassen oder im Hinblick auf das weibliche Geschlecht sowie infolge des Prozesses des fortschreitenden Alters in der (sozial-) psychologischen Forschung intensiv untersucht worden (vgl. Petersen & Six, 2008). Jene Antipathien im Sinne offener und direkter Verhaltensweisen sowie Handlungen gegenüber anderen wurden allerdings in der modernen Gesellschaft verpönt und zunehmend sanktioniert. Dies hatte u. a. eine Transformation derart zur Folge, dass Vorurteile zwar weniger öffentlich genutzt werden und Betroffene ihnen nur noch bedingt direkt erlegen sind. Damit sind sie allerdings nicht weniger stark verbreitet und wirksam. Vorurteile werden nunmehr in indirekter und subtiler Form, mittels symbolischer oder impliziter aversiver Einstellungen, beispielsweise gegenüber ethnischen Minderheiten, wirksam und gegenwärtig unter dem Deckmantel egalitärer bzw. multikultureller Wertvorstellungen weiterhin in modifizierter Art und Weise frequentiert. Diesen Wirkmechanismus bezeichnet man in der jüngeren

Forschung als modernes Vorurteil (ebd., S. 109ff). Der Fokus der Vorurteilsforschung ist damit nun nicht mehr ausschließlich auf intrapersonale Erklärungen hin ausgerichtet, zusätzlich werden auch Intergruppenprozesse analysiert, so dass nicht nur individuelle kognitive oder emotionale Determinanten Untersuchungsgegenstand der Forschung sind, wobei ebenfalls institutionelle und gesellschaftliche Einflüsse mitgedacht werden müssen. Dies rührt daher, dass Gruppen ebenfalls Träger von Vorurteilen sind und Bindeglieder zwischen Individuum und gesellschaftlichem Kontext darstellen (Zick, 1997; Freise, 2005). Damit haben sich Vorurteile selbst nicht verringert, sie wurden lediglich in ihrer Ausdrucksform und Wirkungsweise ob der gesellschaftlichen Entwicklungen transformiert, so dass jene negativen Überzeugungen weiterhin, allerdings individuell, institutionell und/oder gesellschaftlich subtiler vollzogen, existieren (vgl. Hort, 2007, S. 111ff).

Aus der bisherigen Darstellung wird ersichtlich, dass Attributionen, Stereotypisierungen und Vorurteile unterschiedliche Konstrukte mit verschiedenartigen Wirkmechanismen darstellen, allerdings eng miteinander verwoben sind und deren gemeinsamer Nenner die als kognitiv für wahr bewerteten Beziehungen von Ursachen- und Wirkungsrelationen, die durch bestimmte Aspekte determiniert werden, sind. Das Drei-Komponenten-Modell der Einstellungsforschung postuliert, dass Vorurteile nicht nur rein wissensbezogen, sondern immer auch affektiver Natur sind, denen zusätzlich ein konkretes Verhaltensmoment inhärent ist (vgl. Lüddecke, 2007). Demnach bilden Stereotype die kognitive Komponente von Vorurteilen, denen Prozesse der Wahrnehmung und des Interpretierens in Bezug auf zugeschriebene und internalisierte Muster zu Grunde liegen und vordergründig von negativen affektiven Regungen begleitet werden. Dabei wird zum einen nicht nur zwischen der eigenen Gruppenzugehörigkeit und der Zugehörigkeit zu fremden Gruppen differenziert, gleichzeitig werden zum anderen vielfältige Bewertungsprozesse vollzogen, die Vorurteile selbst erst auf Grundlage der kognitiven sowie affektiven Elemente konstruieren, und dazu führen, dass stereotype Bilder einerseits selbst konstituiert, andererseits aber auch übernommen, internalisiert und in der Folge eigenmächtig zugeschrieben werden können. Die Mechanismen der individuellen und sozialen Kategorisierung und Stereotypisierung stellen damit eine Art kognitiver Verzerrungen dar, die verschiedene individuelle und psychische sowie situative und kontextuelle Einflüsse implizieren und starken Einfluss auf die Entwicklung der Vorurteile nehmen. Die affektive Komponente von Vorurteilen umfasst den emotionalen Gehalt, z. B. negative und vor allem feindselige und ablehnende sowie abwertende Haltungen gegenüber Angehörigen anderer sozialer bzw. benachteiligter Gruppen und gegenüber den Individuen, die jenen Gruppen zuweisbar sind. Diese gefühls- und wissensbetonte Bereitschaft, an den eigenen Idealen und an der gesellschaftlich zur Verfügung gestellten Referenzrahmung orientierte Handlungsbereitschaft, sich gegenüber Vorverurteilten diskriminierend zu verhalten oder im Hinblick auf diese indirekt diskriminierend zu handeln, stellt die aus den beiden zuvor genannten Aspekten resultierende Verhaltenskomponente dar.

Diese drei Komponenten sind interdependent miteinander verwoben und zeigen in ihrem Zusammenwirken, wie auf Grundlage von selbst erzeugten und übernommenen Attributionen relativ automatisch Stereotype konstituiert und aktiviert werden und sich letzten Endes über negative kognitive sowie emotionale Einstellungen und Handlungen gegenüber anderen in verschiedenen Formen der Diskriminierung äußern können (vgl. Lüddecke, 2007; Brüß, 2002). Wird dies über eine rein subjektive bzw. individuelle Ebene hinaus praktiziert, nimmt jener Wirkmechanismus ideologischen Charakter an, der seinerseits institutionalisiert werden kann, so dass nicht mehr nur von einer individuellen, sondern auch von einem institutionellen und gesamtgesellschaftlichen Diskriminierungsverhalten gesprochen werden kann. Dabei entfalten weniger die Institutionen bzw. die Gesellschaft jenes Übervorteilungspotenzial, sondern ihre Akteure, die sich an dem zur Verfügung gestellten Angebot von Normen und Werte im Sinne von Deutungs- sowie Orientierungsangeboten und -strukturen orientieren (vgl. Bollenbeck, 1993; Zick, 1997; Bornewasser & Waage, 2006). Damit sind die Übergänge von individuellen Verzerrungen, selbst und fremd vorgenommenen Attribuierungs- und Stereotypisierungsprozesse sowie die Manifestation von Vorurteilen neben der Entäußerung diskriminierenden Verhaltens fließend.

Des Weiteren wurde gezeigt, dass die Öffentlichkeit, aber auch die publizistische Präsenz sowie fachwissenschaftlichen Akteure bei der Vermittlung jener Phänomene behilflich sind und systematisch stereotype Vorstellungen und Vorurteile gegenüber (Bildungs-) Benachteiligten aufgreifen, selbst konstruieren, weiter vermitteln, dadurch reproduzieren, nachhaltig verankern und in letzter Instanz sogar perpetuieren. Dies soll an jener Stelle nicht als bewusster Prozess bzw. willentliche Diskriminierung denunziert werden, allerdings haben die zuvor ausgeführten Phänomene diverse individuelle, institutionelle bzw. gesellschaftliche psychohygienische Funktionen, die jene Prozesse und Wirkmechanismen aufrechterhalten. Diese Prozesse verschärft vor allem das mangelnde Vermögen der Gegenreflexion.

Stereotype und Vorurteile haben seitens des Individuums den Vorzug, dass sie seine soziale Umwelt strukturieren, sie vereinfachen und der eigenen Orientierung dienen, während affektive sowie kognitive Ressourcen eingespart werden können und sich mühselige Reflexionsprozesse aussparen lassen. Diese Vereinfachung und Vereinheitlichung von Menschen hilft bei der Klassifizierung von Individuen sowie Gruppen und ermöglicht dadurch die Zuteilung bestimmter Eigenschaften und Verhaltensweisen. Auf jener Grundlage kann sich zudem leicht vielfältiger Informationen bedient werden, sollten diese nicht vorliegen. Damit führen sie zur Aufwertung des eigenen Handelns und der sozialen Identität insgesamt und stiften Sicherheit, während sie bei der Verteidigung des eigenen Wertesystem sowie der übergeordneten ideellen Habe helfen. Damit haben sie eine entlastende Funktion, Fehlverhalten und Unsicherheit kann vermieden werden, weil quasi immer ein Sündenbock für sämtliche unliebsamen Phänomene identifizierbar ist, dem diese zuschreibbar werden und der Einzelne dem irrigen Glauben erlegen ist, die eigenen und gesellschaftlichen Annahmen seien auf Tatsachen begründet (vgl. Aronson et al., 2004; Bollenbeck, 1993; Brüß, 2002; Peterson & Six, 2008; Leiprecht 2007; Zick & Küpper 2007, Klauer 2008; Estel, 1983; Terkessidis, 1998).

Des Weiteren ermöglichen diese Phänomene auf einer institutionellen bzw. gesellschaftlichen Ebene Ordnung zu schaffen, Machtstrukturen zu bilden und zu verfestigen, damit ein Orientierungsrahmen zur Beeinflussung und Lenkung der Individuen sowie Institutionen innerhalb der sozialen Interaktion gewährleistet wird. Gleichzeitig werden ethische und kulturelle Ideologien legitimiert und Ausgrenzungs- sowie Abwertungsmechanismen etabliert, die zum einen den inneren Zusammenhalt stärken und zum anderen die gesellschaftliche Identität insgesamt fördern. Auf jener globalen Ebene lassen sich damit Feindbilder identifizieren, denen variable negative Aspekte zugeschrieben werden können und damit nicht nur der eigenen Abgrenzung, sondern auch Aufwertung gegenüber diesen dienen und in der Folge Statusdifferenzen sowie hierarchische Strukturen legitimieren und nachhaltig sichern lassen. Die Betonung der eigenen Homogenität und der sich selbst zugesprochenen Bewahrungsfunktion kollektiver Ideale, Werte und Ziele helfen zusätzlich dabei, innere Makel und Widersprüche zu kaschieren sowie Missstände der Andersartigkeit zuzuschreiben. Auf jener Grundlage wird diese abgewertet, so dass negative Aspekte und Entwicklungen ausgeklammert und anderen zugewiesen werden können. Weiterhin lassen sich selbst kollektive Ängste schüren, die zu Gunsten gesellschaftspolitischer Maßnahmen instrumentalisierbar werden (vgl. Bollenbeck, 1993; Leiprecht, 2007; Hort, 2007; Otten, 2006; Terkessidis, 1998; Freise, 2005). Jene Prozesse und Funktionen ließen sich damit beispielsweise unter dem Neologismus des *Bildungsavantgardismus* subsumieren.

1.4.4 Benachteiligung – Ein sprachabhängiges Phänomen

Bisher wurde gezeigt, dass aus dem allgemeinen Verständnis des Benachteiligtenbegriffs, dem wissenschaftlichen und bildungspolitischen Diskurs und der Auffassung einer Berufsgruppe, die stark mit diesem Phänomen konfrontiert ist, deutlich wird, dass sich einige wenige Aspekte (u. a. Migration, bildungsferner Haushalt und Unmotiviertheit) leitmotivisch und verstärkt durch das Verständnis, was dieses Phänomen verursacht und kennzeichnet, ziehen. Der Begriff bleibt jedoch nominativ unklar, sein Bedeutungsumfang wird extensional verengt, während gleichzeitig eine intensionale Aufladung des Begriffsinhaltes erfolgt. Dies führt dazu, dass generelle Ratlosigkeit bei der Diagnose der originären Ursachen herrscht, die für das Motivationsdefizit der Schüler verantwortlich sind. Der unsichere Umgang mit dem Phänomen der Benachteiligung lässt sich darüber hinaus auf den Umstand zurückführen, dass es – trotz vielfacher Bemühungen – noch nicht gelungen ist, ein geeignetes diagnostisches Instrument zu entwickeln und zu etablieren, das im Stande wäre, individuelle Ursachen in ihrer gesellschaftlichen Rahmung für Benachteiligung zu erfassen, Relationen zwischen diesen aufzuzeigen und die Auswirkungen auf die Motivation bzw. explizit die Leistungsmotivation des Subjekts zu verdeutlichen. Sowohl die Benachteiligtenförderprogramme als auch die mit ihnen verbundenen Maßnahmen, bauen oftmals eher auf einer oberflächlichen Diagnose jenes Phänomens auf, und fördern die dargestellten negativen Wirkmechanismen nachhaltig. Damit lässt sich die begründete Meinung vertreten, dass dieser vermeintlich wahrgenommene Antriebsausfall seitens der Betroffenen eher eine Reaktion derer auf die zugeschriebenen generalisierten stereotypen Vorurteile darstellt. Dies wird im Anschluss an eine detaillierte Betrachtung ausgewählter und relevanter Kapitel der Leistungsmotivation noch an späterer Stelle dargestellt.

Mit der Etablierung von Interventionen im Rahmen der Benachteiligtenförderung kommt verschärfend hinzu, dass gerade durch diese selbst noch weitere Ausgrenzungs- und Abwertungsmechanismen evoziert werden. Vor allem wenn mittels des Gebrauchs der negativ konnotierten Begriffe des Wortfeldes *Benachteiligung*, die alles Negative, von der Zurücksetzung bis hin zur Abwertung und Ausgrenzung implizierend, auf hochgeschätzte Vokabeln wie *Bildung* oder *Förderung* treffen, und dadurch weitere Problemszenarien sprachlich entworfen und in der Interaktion verbreitet werden. Mit Begriffspaaren wie *Bildungsbenachteiligung* oder *Benachteiligtenförderung* werden soziale und gesellschaftliche Relevanzstrukturen versprachlicht, die in ihrer Verwendungsspanne vom schlagwortartigen Gebrauch des Komposita bis hin zur überkontextuellen und generalisierten Verwendung reichen, was sich im Medium der schriftlichen und mündlichen Sprache und den damit verbundenen Sprachhandlungen vollzieht. Hierbei sind Deutungsmuster von besonderem Interesse, weil sie die Wahrnehmung der Verwender und Rezipienten leiten, mannigfache Erfahrungen interpretieren und zu bestimmten Handlungen motivieren. Damit ist die Analyse der Gebrauchsweise der Begriffe wie *Bildungsbenachteiligung* oder *Benachteiligtenförderung* selbst im Rahmen möglicher Verwendungs- und Argumentationsweisen, die wiederum im Sinne eines Ensembles kommunikativer Praktiken und Handlungsweisen zwischen Akteuren verstanden werden müssen, ein Schlüssel, um nicht nur etwas über die allgemeine Verwendungsgeschichte, sondern insbesondere den aktuellen Gebrauch und die dadurch intendierten Bedeutungen zu erfahren. Gebrauch und Bedeutung manifestieren sich und er- bzw. enthalten in der sozialen Interaktion facettenreiche Mentalitäten, die sich erst über die gesellschaftliche Kommunikation und den damit verbundenen sozialen Bedeutungszusammenhang erschließen lassen. Explizit mit dem Begriff der *Benachteiligung* werden Ausgrenzungen und Beurteilungen sowie Verurteilungen vorgenommen, die einerseits unklare, andererseits aber auch eindeutige Abwertungs- und Ausgrenzungsargumentationsweise entstehen lassen und diverse Folgen – z. B. im Sinne eines Abwertungsstereotyps – nach sich ziehen.

Wenngleich erziehungswissenschaftliche, berufs- und wirtschaftspädagogische Ansätze immer wieder auf klassische Theorien der Philosophie, Psychologie und Soziologie zurückgreifen, um soziale Ungleichheiten und gesellschaftliche Strukturen – primär an der Schwelle des Übergangs in den Ausbildungsmarkt – für Benachteiligung verantwortlich machen, konnte gezeigt werden, dass die darauf aufbauenden Fördermaßnahmen und -programme eher den zweifelhaften Charme instrumenteller Verhaltenstherapien besitzen. Der Prozess der Sprache, explizit die sprachlichen Zuschreibungen bzw. Attributionen, die verurteilenden Stereotypisierungen sowie die Internalisierung dessen seitens der Betroffenen bleiben hierbei fast gänzlich unberücksichtigt. Die im vorangegangenen Kapitel thematisierten Zuschreibungen erfolgen grundsätzlich innersubjektiv im Rahmen diverser Abwehrmechanismen (z. B. die Ablehnung von Andersartigkeit) und werden via Sprache – hier mittels bestimmter Komposita – auf andere Menschen oder Gruppen projiziert. Sprache und die mit ihr verbundenen Sprachhandlungen sind daher als Werkzeug im Sinne Bühlers zu verstehen, weil einer dem anderen etwas über die Dinge mitteilt und damit im Wesentlichen soziale Wirklichkeit konstituiert (vgl. Bühler, 1934). Ursachenzuschreibungen müssen dabei nicht direkt genannt werden, weil das Subjekt Botschaften in Abhängigkeit von der eigenen Lebensbiografie und dem jeweiligen Kontext interpretiert. Diese Interpretationen sind allerdings nicht willkürlich, weil Lautverbindungen immer auch eine ihnen zugeordnete Vorstellung tragen, auf die sich die Angehörigen einer Sprachgemeinschaft einigen, infolge dessen erlernen und internalisieren (vgl. de Saussure, 1916, 1931). Dabei erfährt das Gesprochene immer auch einen Verlust anlässlich der Selektivität des menschlichen Informationsverarbeitungsprozesses sowie eine apperzeptive Ergänzung kraft der subjektiven Intentionen, die mit dem Gesagten und über dieses hinaus assoziiert werden und Bedeutung generieren (vgl. Bühler 1934). Ein Prozess, der in der Psychologie als implizite Kausalität der Sprache bezeichnet wird (vgl. Brown & Fish, 1983).

Obgleich Sprache individuell codiert und decodiert wird, herrscht weitgehend Konsens darüber, was mit den durch die Kommunikation in Anwendung gebrachten und gebrauchten Worte intendiert ist und was nicht. Des Weiteren aktivieren bestimmte Vokabeln mit ihnen assoziierte semantische Knoten innerhalb des menschlichen Gedächtnis, die über Kanten mit weiteren Begriffen verbunden sind, so dass weitere implizite und grundsätzlich unbewusste Informationen das Gesagte um ein mögliches Gemeintes ergänzen (vgl. Collins & Quillian, 1969). Kognitive Schemata färben damit die Sachinformation individuell ein und laden sie affektiv – u. a. durch erlebte oder erlernte Erfahrungen – auf. Diese Prozesse können bewusst gesteuert werden, bleiben aber, wie gezeigt wurde, tendenziell eher unbewusst und unreflektiert, was diversen Attributionsfehlern und Fehlattributionsmechanismen einen enormen Nährboden zur Verfügung stellt (vgl. Ross, 1977) und über die Stereotypenbildung zu Vorurteilen ausgebaut wird und nicht nur in der kommunikativen Praxis diskriminierend wirkt.

Weil sprachliche Äußerungen implizite Kovariationsinformationen enthalten, werden stereotype Ursachenzuschreibungen auf bestimmte Entitäten wahrscheinlich, da selbst minimale Beschreibungen interpersonaler Eigenschaften ausreichen, um im Rezipienten weitere Ursachenzuschreibungen automatisch auszulösen, zumal Merkmale und Informationen typische Korrelationen implizieren. Wenngleich die Psychologie den Fokus der Betrachtung primär auf Handlungsverben richtet und damit in der Tradition der Sprechakttheorie handelt (vgl. Austin, 1962, 1968; Searle 1971, 1974), kann davon ausgehend abstrahiert werden, dass auch andere Wörter (Migrant, Migration, Migrationshintergrund) und vor allem bestimmte Komposita (Migrationsstatus, Benachteiligtenförderung, oder Migration und Benachteiligung in Verbindung mit Bildung) ähnliches auslösen. Dass es sich hierbei um universelle Phänomene handelt, konnte mittels diverser Untersuchungen, die in vielen

Kulturkreisen mit repräsentativen Stichproben durchgeführt wurden, belegt werden (vgl. Au, 1986). Durch Sprache und den regelmäßigen Gebrauch und die Verwendung bestimmter Äußerungen in konkreten Zusammenhängen werden einige Wörter intentional aufgeladen und weiter stark verbreitet, so dass sie in nahezu jedes Milieu hineingetragen werden, was ihre endgültige Bedeutung generiert. Dies ermöglicht folgenreiche Funktionen. Der Usus der angeführten Termini wirkt im Sinne Bollenbecks (1994) u. a. symbolisch vergesellschaftend, gestattet das Operieren mit einem „polarisierenden Wertungsmuster", zeichnet sich im Fall des Kompositums *Benachteiligtenförderung* durch eine „metapolitische Totalkonstruktion" aus und ist im Stande, eine Form von bildungspolitischer Verfallsgeschichte zu intendieren (vgl. Bollenbeck, 1994, 1999) und damit gesamtgesellschaftlichen Gebrauch, Verwendung sowie Bedeutung zu konservieren.

Demnach entsteht durch Sprache und mittels der ihr eingebauten Relevanzstrukturen eine ideelle Integration, weil die menschliche Kommunikation fähig ist, gesellschaftliche Verhältnisse zu bestätigen und neu zu konfigurieren. Einige ausgewählte und verwendete Deutungsmuster leiten die Wahrnehmung Einzelner sowie der Bevölkerung, interpretieren gleichzeitig Erfahrenes und motivieren zu Verhalten. Versprachlichte Relevanzstrukturen – u. a. Bildungsbenachteiligung und Benachteiligtenförderung – werden dabei nicht willentlich von ihren Nutzern ausgewählt, sondern aus dem öffentlichen Diskurs übernommen, so dass die soziale Praxis die Bedeutungskontinuität der eigentlichen Trägerschicht garantiert. Diese Selbstdeutungen verweisen auf gesellschaftliche Beziehungen und Verhältnisse sowie auf das Nichtgesagte und dadurch Ausgegrenzte (Bollenbeck, 1994, S. 160ff). Der Gebrauch dieser sprachlichen Symbole kann in Anlehnung an Meads Symboltheorie als soziale Interaktion begriffen werden (vgl. Abels, 2001), welche die Handlungen der Subjekte koordinieren und damit gleichzeitig vergesellschaften, während sie Bewusstseins- und Verhaltensformen konstituieren und somit soziale Identität schaffen. Damit organisieren bestimmte Komposita gesellschaftliche Beziehungen, grenzen Benachteiligte mittels sozialer Distinktionen von Nichtbenachteiligten ab, festigen den Habitus ihrer Trägerschaft und verteilen anschließend gesellschaftliche Bewusstseinsformen neu.

Bei der Wortzusammensetzung Benachteiligtenförderung kommt beispielsweise verschärfend hinzu, dass das Bestimmungswort *Benachteiligung* im Sinne eines bildungspolitischen Stigmabegriffes in inkongruenter Beziehung zu dem tendenziell eher wertgeschätzten Förderbegriff steht. Intendierte man mit diesem bis vor einigen Jahren im schulischen Kontext noch das Bemühen, z. B. sportlich, musisch, sprachlich oder naturwissenschaftlich begabte und begeisterte Kinder außerordentlich zu fordern und fördern, ist diese positive Intention gegenwärtig anscheinend ad acta gelegt. Das Kompositum kann als Kürzel einer bildungspolitischen und damit auch gesellschaftlichen Problemlage verstanden werden, weil benachteiligte Menschen nicht nur Förderkonzeptionen, sondern – abstrakter betrachtet – auch das Bildungssystem zunehmend erodieren und zersetzen. Diese Wortzusammensetzung ist eher ein sprachabhängiges als ein rein sprachliches Phänomen, weil erst durch den Gebrauch das Gemeinte seine bildungspolitische Brisanz und Bedeutung und humanistische Diskriminierung erhält, während es vielfältige Deutungsoptionen und Zielvorstellungen impliziert (vgl. Bollenbeck, 1999, S. 279). Ob es sich bei diesen Zuschreibungen um Wahrhaftigkeiten oder lediglich um die zuvor beschriebenen Fehlattributionen handelt, die im Falle der Generalisierung zu Vorurteilen und damit verbundenen Diskriminierungen heranreifen, scheint nebensächlich zu sein. Von einer mittleren Sprachsyntheseebene aus betrachtet können drei typische Charakteristika diagnostiziert werden, die der stereotypen Begriffsattribution *Benachteiligtenförderung* zusätzliches Verbreitungs- und Fixierungspotenzial verleihen:

Erstens impliziert das Kompositum eine „metapolitische Totalkonstruktion" (Bollenbeck, S. 279ff), weil es über die Politik hinaus auch in das private, wirtschaftliche und öffentlich-gesellschaftliche Leben hinaus getragen wird und dort nicht nur der Einzelfall (Schüler eines bildungsfernen Haushaltes mit Migrationshintergrund) identifizierbar ist, sondern auch auf die Gesamtheit der negativen Phänomene verwiesen werden kann (Migranten). Dies rührt daher, dass einige Begriffe nominativ uneindeutig, fallweise bezeichnungsevident und gleichzeitig programmatisch eindeutig sind. Zweitens schafft der Usus dieser Wortzusammensetzung darüber hinaus ein „polarisierendes Wertungsmuster" (ebd., S. 281ff), das Ordnung in sämtlichen gesellschaftlichen Bereichen stiftet, während Individuen, aber auch Institutionen, die von verschiedenen Motiven angetrieben werden, nicht über das gleiche sprechen müssen, um dasselbe zu meinen, was Identität und Kohärenz stiftet. Der öffentliche Diskurs be- und verstärkt damit gesellschaftlich bewirkte Vorurteilsphänomene, die ihre integrative Kraft entfalten, weil das, worauf sich z. B. Benachteiligtenförderung bezieht, hoch variabel ist. Drittens hat das Kompositum eine „Temporalisierungsfunktion" (ebd., S. 283f), da es mit seiner Verwendung auch implizit eine bildungspolitische Verfallsgeschichte erzählt. Das traditionelle dreigliedrige Bildungssystem ist gefährdet, weil es zunehmend, infolge der gegenwärtigen Problemlage, zu erodieren scheint. Wenngleich die gesellschaftspolitische Diskussion nicht von einem lähmenden Pessimismus befallen wird und man auf einen Ausweg in der Zukunft hofft, bleibt jener allerdings noch unklar.

Weitere Schlagworte wie *Unmotiviertheit* und *Fördernotwendigkeit* (benachteiligter Schüler) schüren dieses Phänomen. Auch wenn z.B. das BMBF glaubt, die Ursache der mangelnden Motivation erkannt zu haben, lässt sich auf jener Grundlage kaum ein Förderprogramm konzipieren und realisieren, das den Verhaltens- und Leistungsmotivationsdefiziten entgegenwirkt. Es ist ein weiteres Mal hervorzuheben, dass das Aufwachsen in einer Nicht-Akademikerfamilie und der Umstand der Einwanderung nicht automatisch auch auf ein mangelndes kognitives Potenzial und damit einhergehende Chancenlosigkeit und hieraus resultierende Unmotiviertheit schließen lassen. Wesentlich ist die Analyse der Wirkungsmechanismen, die ausgewählten Minoritäten zuvor Genanntes unbewusst und ungerechtfertigter Weise zuschreiben, weshalb der Prozess der individuellen und gesellschaftlichen Stereotypisierung, die sich über Sprache vollzieht, zu fokussieren war, da unkontrollierte Attributionsprozesse in Deutschland Stereotypen wie „Unterschichtsangehörige sind kognitiv einfach strukturiert“ oder „Menschen mit Migrationsbiografie sind im Schulsystem benachteiligt“ etabliert wurden. Letzten Endes sind diese Prozesse erst für die augenscheinlich fehlende Motivation angeblich übervorteilter Schüler verantwortlich. Wie dies geschieht, wird im folgenden Theorieteil, der psychologische Aussagesysteme referiert und reflektiert, genauer beschrieben und dargestellt werden.

An dieser Stelle soll abschließend nicht suggeriert werden, dass es sich bei der Zuschreibung von Benachteiligung um eine bewusste Stigmatisierung seitens der Bildungspolitik, ihrer Institutionen oder Akteure handelt. Dennoch sind es diese, die u.a. durch den Rückgriff auf bestimmte Instrumente (IGLU, PISA, TIMMS) einen wesentlichen Beitrag zu einem sich zunehmend verändernden gesellschaftlichen Habitus leisten, obgleich sie eigentlich der kritischen Reflexion jener Prozesse fähig sein sollten.

1.5 Ausgewählte Kapitel der Leistungsmotivation

In diesem theoretischen Abschnitt wird in einem ersten Schritt ein allgemeiner Überblick skizziert, was Motivation bedeutet, bevor in einem zweiten die Leistungsmotivation in den Betrachtungsfokus rückt. Damit werden generelle Grundlagen leistungsmotivierten Verhaltens und Handelns dargestellt, bevor ausgewählte Theorien zur Beschreibung von Leistungsmotivation, die im Rahmen dieser Arbeit als grundlegende Relationsfundamente betrachtet wurden, ausgeführt werden. Anschließend wird dargelegt, mittels welcher Methoden und Verfahren Leistungsmotivation erfasst werden kann und welche Implikationen der damit verbundene Konstruktions- und Diskussionsprozess selbst für die Konzeptionierung von Leistungsmotivation hatte. Abschließend wird skizziert, welche weiteren psychologischen Konstrukte eng mit dem leistungsmotivationalen Geschehen in Verbindung stehen und warum damit eine ganzheitliche Betrachtung des Phänomens der Leistungsmotivation begründet nahegelegt wird.

Der Begriff *Motivation* leitet sich vom lateinischen „movere" ab und bedeutet demnach soviel wie „anregen", „antreiben" bzw. „bewegen". Gegenstand der Motivationspsychologie ist dementsprechend die Klärung der Frage, was menschliches Verhalten und Erleben anregt, damit einer Phase der Passivität immer auch wieder eine der Aktivierung folgt und den Einzelnen dazu antreibt, gelegentlich selbst langfristige und beschwerliche Ziele zu verfolgen. Motivationspsychologische Forschung will deshalb im Allgemeinen beschreiben, erklären und prognostizieren, was den Menschen bewegt und teilweise überdauernd in Bewegung hält. Damit widmet sie sich u.a. den Ursachen und dem Prozess der Motivation sowie den daraus resultierenden Folgen des leistungsmotivierten Erlebens und Verhaltens. Dadurch wird erkennbar, dass es sich bei dem Phänomen der Motivation nicht nur um ein singuläres, sondern höchst differenziertes und komplexes psychisches Geschehen handelt. In diesem Zusammenhang sind allgemeingültige Aussagen ebenso von Belang und Bedeutung, wie es die Betrachtung einzelner Aspekte ist. Insgesamt gilt es deshalb zu hinterfragen, was ursächlich für Motivation ist und in welcher Art und Weise sie sich selbst äußert, damit Erkenntnis darüber erlangt werden kann, was Verhalten aktiviert, seine Richtung, Ausdauer und Intensität beeinflusst und welche Bedeutung den unbewussten und bewussten Zielen neben der diesen zugeschriebenen Attraktivität aber auch Aversion innerhalb von Realisierungs- oder Verfehlungsprozessen beigemessen werden wird. Das subjektive Erleben, das mit jenen Vorgängen einhergeht, ist für theoretische, empirische und vor allem praktische Überlegungen hoch bedeutungsvoll (vgl. Rheinberg, 2006).

1.5.1 Leistungsmotiv und Leistungsmotivation

Ursächlich für diese motivationale Bewegung sind menschliche Motive, die sich sowohl zwischen einzelnen Menschen stark im Grad ihrer Ausprägung unterscheiden, als auch in Bezug auf den Einzelnen grundsätzlich eine erhebliche Stabilität aufweisen. Bei Motiven handelt es sich um theoretische Konstrukte, die inhaltlich als „Bereitschaft, auf bestimmte Klassen von Zielzuständen mit typischen Affektmustern zu reagieren" (Langens, Schmalt & Sokolowski, 2005, S. 70), beschrieben werden und damit eine Voreingenommenheit in der Bewertung bestimmter (Handlungs-) Ziele (Schmalt & Sokolowski, 2006) intendieren. Motive energetisieren das menschliche Verhalten derart, dass mitunter auch eine anstrengende und hinderliche Zielverfolgung aufrechterhalten bleiben kann (vgl. Langens et al., 2005). Sie haben also die Aufgabe, menschliche Aufmerksamkeit teilweise stark selektiv auszurichten – was nur bedingt willentlich geschieht – damit ein Zielzustand nicht nur wahrgenommen, sondern auch affektiv bewertet und sodann erreicht werden will. Der Grad dieser Intensität ist zwar interindividuell hoch variabel, im Hinblick auf eine Einzelpersonen allerdings überaus konstant, so dass Anzahl und Stärke verschiedener Motive eines Menschen zwar unterschiedlich sind, jene aber insgesamt als angeborene Dispositionen verstanden werden. „Typischerweise lassen sich [in diesem Zusammenhang] zwei voneinander unabhängige Motivkomponenten unterscheiden: Eine Hoffnungskomponente, die sich an der erfolgreichen Verwirklichung des Zielzustandes orientiert, und eine Furchtkomponente, die das Verfehlen eines Motivziels in den Mittelpunkt [...] rückt" (ebd., S. 74). Obgleich insgesamt eher Uneinigkeit bezüglich der Anzahl und Vielfältigkeit menschlicher Motive gegeben ist (Cattell, 1957; McDougall, 1923; Murray, 1938), besteht derartiger Konsens, dass die Motive „Anschluss", „Leistung" und „Macht" einem jeden immanent sind, in fast jeder Lebenssituation unterschiedlich stark aktiviert werden können, individuell und gesellschaftlich bedeutungsvolle Formen der Motivation und Partizipation evozieren und deshalb das größte Forschungsinteresse auf sich gezogen haben (McClelland, 1985; Rheinberg, 2004; Langens, Schmalt & Sokolowski, 2005). Im Rahmen dieser Arbeit ist insbesondere das Leistungsmotiv von übergeordnetem Interesse, dem sich im Folgenden ausführlicher gewidmet wird.

Bereits Murray (1938) betrachtete im Rahmen seiner Forschungsarbeiten ein Bedürfnis nach Leistung, das sogenannte *need for achievement*, als er eine Taxonomie grundlegender menschlicher Bedürfnisse erstellte und ausführte, dass es sich bei einem bestimmten Motiv um ein Bestreben handelt, „etwas schwieriges zustande zu bringen, [...] Hindernisse zu überwinden und einen hohen Leistungsstandard zu erreichen; über sich selbst hinauszuwachsen; mit anderen zu konkurrieren und sie zu übertreffen (Murray, 1938, S. 164). Des Weiteren merkte er an, dass sich dieses Bedürfnis u. a. darin äußert, dass der Einzelne sein Selbst bzw. seine Selbstachtung durch die erfolgreiche Ausübung seiner Fertigkeiten und Fähigkeiten zu steigern versucht, wenn zielstrebig, wiederholt und langanhaltend auf ein fernes Ziel hingearbeitet wird, wobei die Gegenwart anderer dabei stimulierend, aber auch hemmend wirken kann (vgl. ebd., S.164f).

Zum Leistungsmotiv gehört demnach der Wunsch nach Erfolg und nach der Steigerung der eigenen Kompetenzen, was insbesondere seine Anregung in jenen Situationen findet, die einen Gütemaßstab zur Bewertung von Handlungsergebnissen besitzen, den der Einzelne übertreffen will (Rheinberg, 2004). Diesem Prozess liegt das Ziel des Verspürens und Erlangens von Erfolg durch die Auseinandersetzung bzw. Bewältigung mit diesem Gütemaßstab zu Grunde. Gleichzeitig wollen Misserfolg durch Zielverfehlung sowie mit diesen einhergehende negative Gefühlsregungen, z. B. Scham und Versagensängste, vermieden werden (vgl. Schmalt & Sokolowski, 2006). Das Leistungsmotiv ist wegen seines Zukunftsbezugs, genauer infolge der Partizipation und dem Aufbau in der Zukunft liegender Ziele, nicht nur eng mit dem Konstrukt der Kognitionen sondern immer auch mit dem der Emotionen, genauer affektiven Regungen und Zuständen verknüpft (vgl. ebd., S. 3). Damit impliziert es eine kognitive Dimension, weil ähnliches Verhalten bewusst erneut unternommen wird, insofern es den gleichen Zielen dient, aber auch eine emotionale, da diese Prozesse mit ähnlichen Affekten verbunden sind und bei Zielerreichung immer auch ähnliche Affekte generieren (vgl. ebd.), die einen starken Einfluss auf nachfolgende Zielgenerierungsprozesse nehmen. Wie sämtliche anderen Motive ist auch das Leistungsmotiv ein theoretisches Konstrukt, damit impliziter Natur und kann gemäß der Meinung verschiedener Autoren auch nur indirekt erfasst und in seinen Auswirkungen im Erleben und Verhalten erschlossen werden (vgl. ebd., S. 10).

Auf dieser Grundlage aufbauend erforschte vor allem McClelland das Leistungsmotiv äußerst intensiv und systematisch. Ursächlich hierfür war zum einen der Umstand, dass jenes Motiv allen Individuen immanent ist und sich im Untersuchungslabor gut aktivieren ließ, zum anderen waren die zwei für das Leistungsmotiv bedeutsamsten Aspekte, nämlich Erfolg und Misserfolg, auch relativ einfach experimentell zu manipulieren, so dass nicht nur Unterschiede zwischen den Menschen, sondern auch in Bezug auf die intrapersonale Variabilität bezüglich der Hoffnungs- und Furchtfacetten feststellen ließen (vgl. McClelland, 1958). Für diese Sichtweise auf menschliches Verhalten und Erleben waren vor allem Impulse von Freud und insbesondere Lewin grundlegend, auf denen aufbauend vielfältige Leistungsmotivationstheorien entwickelt und empirisch untersucht wurden, von denen die im Rahmen dieser Arbeit als am bedeutsamsten erachteten im Folgenden noch näher aufgegriffen und differenzierter ausgeführt werden. In diesem Zusammenhang sind insbesondere die Erkenntnisse von Atkinson, McClelland, Heckhausen und Weiner zentral.

Die Geschichte der (Leistungs-) Motivation und ihrer Erforschung ist äußerst facettenreich, was nicht zuletzt daher rührt, dass verschiedene Forschungsgruppen mittels teilweise ähnlicher, aber auch unterschiedlicher und sogar einander divergierender Sichtweisen postulierten und zu erfassen versuchten, was unter dem Phänomen der Leistungsmotivation zu verstehen ist. Es kann nicht Gegenstand dieser Arbeit sein, sämtliche Annahmen, Theorien und Erkenntnisse diesbezüglich darzustellen und in adäquater Ausführlichkeit zu reflektieren. Es wird allerdings das Ziel verfolgt, die für das eigene Forschungsvorhaben und damit das intendierte Erkenntnisinteresse wichtigsten derart pointiert wiederzugeben, dass einerseits der historischen und traditionellen Entwicklung gefolgt wird, andererseits aber auch vor allem ein Verständnis davon generiert werden kann, welche Sicht der Leistungsmotivation dieser Arbeit zu Grunde liegt und welches subjektorientierte sowie gesellschaftsrelevante Erkenntnisinteresse verfolgt wird, um einzelne Effekte in ihrem interdependenten Wirkungsgefüge isolierter betrachten und genauer erforschen zu können.

Bereits Freud (1915) postulierte einige generelle Prinzipien des menschlichen Verhaltens, die grundlegend für das Verständnis dessen sind, was unter Motivation verstanden werden kann. Er führte aus, dass Handlungen und Vorstellungen immer eine Ursache haben und dem Prinzip des Lustgewinns dienen. Die Motive, die menschliches Verhalten antreiben, beschreibt er im Wesentlichen als unbewusste Triebe, die nur selten direkt im Verhalten zum Ausdruck kommen und dies selbst wiederum Ausdruck innerer konflikthafter Zustände ist – beispielsweise infolge innerer individueller Widerstände oder äußerer sozialer Restriktionen. Dies veranlasste ihn zu der Annahme, dass mindestens zwei verschiedenartige Systeme (siehe Abbildung 7), ein bewusstes und ein unbewusstes, existieren und den eigentlichen Ort des psychischen Geschehens darstellen (Freud, 1915a). Im Rahmen seines Persönlichkeitsmodells veranschaulichte er, dass menschliches Verhalten darüber hinaus durch drei Instanzen determiniert wird, zum einen dem Es, das sämtliche primär unbewussten Triebkräfte impliziert, zum anderen dem Über-

Ich, einer moralischen bzw. idealistischen Bewertungs- und Reflexionsinstanz, und drittens dem Ich, das als die zwischen den ersten beiden Instanzen vermittelnde, sämtliche kognitiven Funktionen umfassende Instanz, verstanden werden kann (vgl. Rudolph, 2009, S. 16ff). In diesem Zusammenhang werden bestimmte unerwünschte Triebregungen durch Verdrängung vor der Bewusstwerdung gehindert, die sodann allerdings im Menschen erhalten bleiben und mitunter Spannungen erzeugen können (Freud, 1915a).

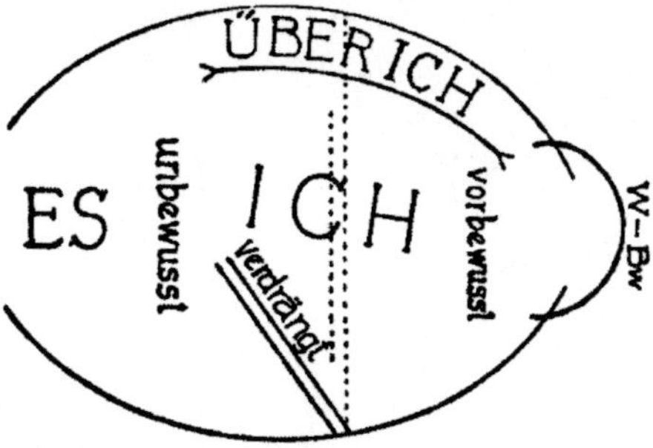

Abb.7: Persönlichkeitsmodell nach Freud. Bildquelle: Sigmund Freud Studienausgabe (2000)

Weil das Es nämlich dem Lust- und das Ich dem Realitätsprinzip folgt und darüber hinaus die Ideale, Normen und Werthaltungen des Über-Ichs bzw. der sozialen und gesellschaftlichen Umwelt zu beachten und diesen damit zu entsprechen hat, ist menschliches Verhalten also grundlegend von konflikthafter Energie geprägt, die abgeführt werden muss (vgl. ebd., S. 31f), was nicht nur der inneren Entspannung, sondern vor allem auch der Triebbefriedigung dient, und vom Einzelnen als lustvoll empfunden wird (vgl. Freud, 1915b, S. 248).

Jene Annahmen finden sich auch indirekt in Lewins Arbeiten wieder, der allerdings ein allgemeines Grundmodell der Motivation konzipierte und es dementsprechend differenzierter ausarbeitete. Dieses berücksichtigt sowohl individuelle Determinanten im Sinne eher stabiler Persönlichkeitseigenschaften als auch den situativen Kontext, so dass Motivation aus der Wechselbeziehung der Merkmale einer Person – z. B. ihrer Motive sowie Selbstwirksamkeitsüberzeugungen – und denen der Situation – beispielsweise die soziale Umwelt – resultiert (siehe Abbildung 8).

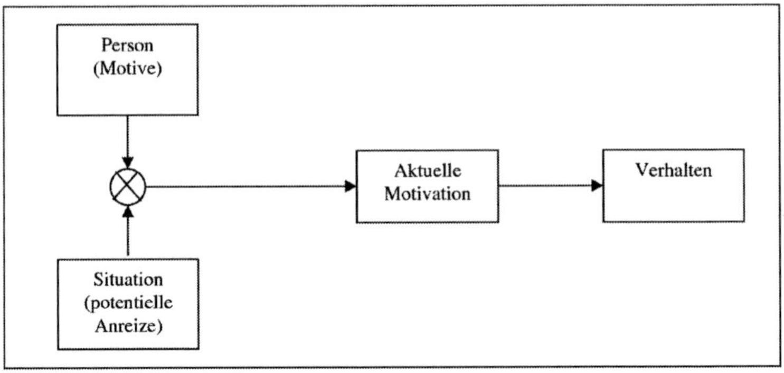

Abb. 8: Klassisches Grundlagenmodell der Motivation nach Lewin. Bildquelle: Rheinberg (2006)

Lewin (1926) entwickelte auf Grundlage jener Konzeption die allgemeingültige Verhaltensgleichung *Verhalten = f (Person;Umwelt)*, nach der Verhalten also immer gleichermaßen durch Personen- und Umweltfaktoren erklärbar ist. In diesem Zusammenhang wird davon ausgegangen, dass die Vielzahl menschlicher Bedürfnisse und Quasi-Bedürfnisse ähnlich der Ansichten Freuds in Spannung geraten oder aber in diesen Zustand versetzt werden können, was zur Folge hat, dass eine Person, samt ihres Bedürfnissystems, einen Ausgleich durch Spannungsreduktion anstrebt, was einerseits im Individuum selbst, andererseits aber auch durch die Umwelt vollzogen werden kann.

Die Situation muss als der subjektive Lebensraum einer Person verstanden werden, der sich in verschiedene Bereiche strukturiert, die ihrerseits auffordernden oder meidenden Charakter implizieren. Dadurch enthalten diese Facetten der einzelnen Lebensbereiche entweder eine positive oder aber eine negative Valenz und Bewertung, so dass demgemäß entweder eine Annäherungsmotivation, damit ein als erstrebenswert beurteilter Endzustand erreicht werden kann, oder aber eine Form von Vermeidungsmotivation, ein unerwünschtes Ergebnis zu umsteuern, entsteht (Lewin, 1935). Demnach besitzen verschiedene Situationen unterschiedlichen Aufmerksamkeitscharakter, der das in der Umwelt gelegene Pendant zum inneren Bedürfnis darstellt, wobei die Entfernung zwischen der Person und dem Anreiz bzw. dem antizipiertem Ziel mit der Überwindung von Schwierigkeiten und Hemmnissen verbunden ist und ihren Reiz erst durch Überwindung und sich zunehmend einstellender Sättigung verliert. Diesbezüglich erfährt die Variable der Erwartung zunehmende Bedeutung, denn „häufig geht es darum, aus beiden Größen (dem

Wünschbaren und dem Machbaren) einen Kompromiss zu bilden, in dem der erwartete Wert (Nutzen) maximiert wird“ (Schmalt & Sokolowski, 2006, S. 10)

Neben dieser noch eher allgemeinen Konzeption von Motivation befasst sich Atkinson (1957) in seinem Risiko-Wahl-Modell zwar gleichermaßen mit Personen- und Situationsvariablen, richtet den Fokus der Betrachtung darüber hinaus allerdings noch spezifischer auf die zuvor thematisierten Erwartungen sowie die Erfolgs- und Misserfolgskomponenten der Leistungsmotivation aus. Atkinson erweitert damit quasi den Valenzbegriff Lewins derart, dass nach seinem Modell die Motivation zur Bearbeitung einer Aufgabe zum einen vom leistungsthematischen Anreiz abhängig ist und zum anderen aber auch von den eigenen Motiven und der subjektiv erlebten Erwartung bzw. Erfolgswahrscheinlichkeit, ob mit der Konfrontation einer Aufgabe deren Bewältigung gegeben ist oder aber nicht (siehe Abbildung 9). Darüber hinaus ist das Anspruchsniveau der Aufgaben für Atkinson von zentraler Bedeutung, weil mit diesem das emotionale Erleben einer Person verbunden ist (vgl. Atkinson, 1957).

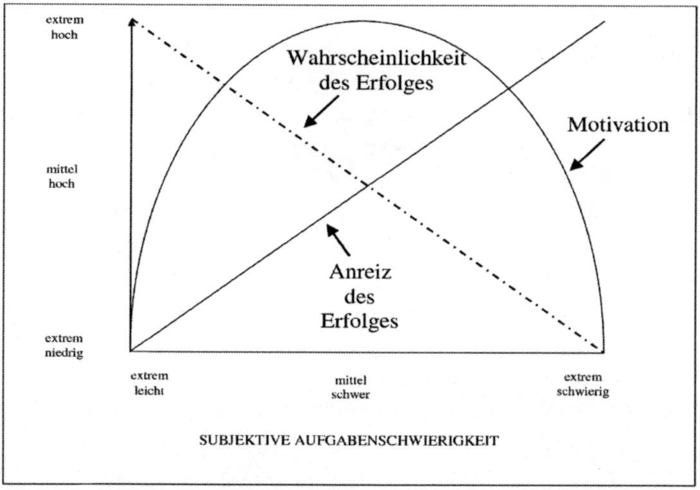

Abb. 9:Kurve aufsuchender Leistungsmotivation (Risiko-Wahl-Modell) nach Atkinson. Bildquelle: Rheinberg (2006)

Wird das Anspruchsniveau erreicht oder übertroffen, kommt es zu einem Erfolgserlebnis und der Einzelne verspürt Stolz, während im umgekehrten Falle, bei Verfehlung des Anspruchsniveaus, Misserfolg und damit einhergehende Scham empfunden wird. Hieraus resultiert eine Zerlegung des

Leistungsmotivs bzw. der Leistungsmotivation in zwei Facetten, nämlich in die Dimensionen *Hoffnung auf Erfolg* und *Furcht vor Misserfolg* (vgl. Atkinson, 1957; Heckhausen, 1967).

Ein auf diesen Erkenntnissen aufbauendes, allerdings weiter ausdifferenziertes und stärker kognitiv orientiertes Modell ist die attributionale Theorie der Leistungsmotivation von Weiner (1974), die über jene Annahmen hinaus noch den Faktor der Ursachenzuschreibungen im allgemeinen Motiv- und Motivierungsgeschehen integrierte. Sein Modell ist „einerseits [zwar] den Erwartungs-Wert-Ansätzen verpflichtet [...], betont jedoch andererseits in besonderem Maße die Auswirkungen von Ursachenzuschreibungen auf Erwartungen, emotionale Reaktionen und interpersonelle Bewertungen" (Weiner, 1994, S. 257). Grundlegend für diese Attributionstheorie der Motivation sind insbesondere die Annahmen Heiders (1958) und Rotters (1966) gewesen, nach denen die Ergebnisse von Leistungshandlungen – speziell von Erfolg und Misserfolg – eine Funktion von internalen Personenfaktoren, u. a. Anstrengung und Fähigkeit, und externalen Umweltfaktoren, wie es beispielsweise Zufall oder verschiedene Aufgabenschwierigkeitsgrade sein können, ist (vgl. Weiner, 1994, S. 258f), die in konjunktiver oder disjunktiver Verbindung zueinander stehen und bedingt der gegenseitigen Substitution fähig sind. Für Weiner ist zudem die Überlegung zentral, dass Erfolg und Misserfolg nicht nur unterschiedlichen Ursachen zugeschrieben werden können, sondern auch von der persönlichen Erfolgsgeschichte, den sozialen Normen sowie dem Muster vorangegangener Leistungsergebnisse abhängig sind (vgl. ebd., S. 259), und die bisherigen Attributionen damit durch die Erfolgserwartung und Selbstbewertung selbst determinieren werden, wobei interindividuelle Differenzen zwischen Erfolgs- und Misserfolgsmotivierten bezüglich ihrer Zuschreibungsmodalität existieren. Diverse „Befunde deuten auf selbstwertsteigernde und selbstwertverteidigende attributionale Tendenzen hin" (ebd., S. 263), da gezeigt werden konnte, dass Erfolge aus Leistungshandlungen eher internalen und Misserfolge eher externalen Faktoren zugeschrieben werden (Frieze & Weiner, 1971; McArthur, 1972; Orvis et al., 1975). Im Speziellen wurde festgestellt, dass hoch leistungsmotivierte Personen im Vergleich eher ihre Anstrengungen und Fähigkeiten sowie Begabung für Erfolge verantwortlich machen, während niedrig leistungsmotivierte Misserfolge eher mit ihrem Fähigkeitskonzept und dementsprechenden negativen Zuschreibungen diesbezüglich in Verbindung bringen (Kukla, 1972).

Nach Weiner berücksichtigen die meisten Menschen immer mehrere attributionsrelevante Antezedensinformationen gleichzeitig, während sie allerdings dazu neigen, bestimmte zu bevorzugen, um kausale Schlussfolgerungen über sich und andere ziehen zu können (Weiner, 1994, S. 263ff). Wie bereits im Rahmen der Darstellung allgemeiner Attributionstheorien ausgeführt wurde, ist es ob der Vielfalt der Kausalfaktoren für Erfolg und Misserfolg von entscheidender Bedeutung, ein Klassifikationsschema zu entwickeln, das die wesentlichen Dimensionen der grundlegenden Zuschreibungsmodalitäten beinhaltet. Bei diesen handelt es sich erstens um die Lokationsdimension der Kausalität, also ob eine Ursache als internal oder external und damit innerhalb oder außerhalb der Person befindlich angesehen wird. Zweitens um die Stabilität der Ursachen – diese also eher stabiler oder variabler Natur sind – und drittens die Dimension der Kontrollierbarkeit, weil Ursachenfaktoren entweder als kontrollierbar oder aber als unkontrollierbar eingeschätzt und bewertet werden können. Dies ist für die Eigen- und auch die Fremdbewertung derart bedeutsam, dass Erfolg und Misserfolg unterschiedlicher Variabilität der Person selbst, aber auch der Situation als solcher zuschreibbar sind.

Demnach werden als Grund des Gelingens bzw. Misslingens beispielsweise die eigenen Fähigkeiten, die unternommene Anstrengung der eigenen oder die anderer Personen, die gegebene Aufgabenschwierigkeit, die momentane Stimmungslage und sogar der Zufall selbst als bedeutsam erachtet. Diese Antezedenzien von Kausalattributionen haben laut Weiner viele verhaltenswirksame Konsequenzen zur Folge, weshalb er diese systematisch untersuchte. Sie bestimmen nämlich nicht nur die künftigen Erfolgs- bzw. Misserfolgserwartungen, sondern auch die Selbstbewertungsaffekte angesichts von Erfolg bzw. Misserfolg. Es wurde bereits ausgeführt, dass sich erfolgs- und misserfolgsorientierte Personen angesichts ihrer Zuschreibungsmechanismen unterscheiden. Erfolgsorientierte Menschen sind grundsätzlich dadurch gekennzeichnet, dass sie Erfolge primär internalen Ursachen, also der eigenen Fähigkeit oder der Anstrengung zuschreiben, während Misserfolge vordergründig in variablen Ursachen, explizit mangelnder Anstrengung und damit veränderbaren Faktoren, gesehen werden (vgl. Weiner, 1974; Heckhausen, 1980). Ein konträres Bild dieser subjektiven Zuschreibungsmodalitäten ist demgegenüber bei misserfolgsorientierten Menschen gegeben, die tendenziell dazu neigen, ihre Erfolge eher auf externale Faktoren zu attribuieren und nicht ihre Person dafür verantwortlich denken, während Misserfolge primär den eigenen Fähigkeiten und damit ihrer als mangelhaft erachteten Begabung zugewiesen werden (vgl. Weiner 1974, Heckhausen 1989), was unmittelbaren Einfluss auf die Antizipation künftiger Leistungssituationen sowie den mit diesen verbundenen und wiederum aus ihnen resultierenden Affekten hat.

Im Rahmen solcher primär kognitiver Motivationstheorien wird grundsätzlich davon ausgegangen, dass die aktuelle Motivationsintensität von der Attraktivität des Zielobjektes und seiner Erreichenswahrscheinlichkeit und auch von der Höhe der Zielerwartung bzw. seines Anreizwertes determiniert ist (vgl. Weiner, 1994, S. 282). Weiner erweiterte diese Sichtweise, indem er hinzufügte, dass „Kausalattributionen [...] teilweise die emotionalen Reaktionen auf Erfolg und Misserfolg [bestimmen und] eine Beziehung zwischen der Kausalattribuierung von Leistungsergebnissen und den durch diese Ergebnisse ausgelösten Emotionen bestehen“ (ebd., S. 283). Wurde das Spektrum emotionaler Reaktionen im Leistungskontext vordergründig auf die Dualismen Stolz und Scham reduziert (Atkinson 1964; McClelland, Atkinson, Clark & Lowell, 1953), erweiterte Weiner diese Annahmen derart, dass er nachweisen konnte, dass weitere dominante und entsprechend der vorgenommenen Kausalattribution von einander abgrenzbare Affekte charakteristisch für Erfolg und Misserfolg sind (Weiner, Russell & Lerman, 1978; Weiner, 1994).

Demnach werden z. B. Zuversicht, Kompetenzerleben und Selbstaufwertung erfahren, attribuiert der Einzelne Erfolg auf seine Fähigkeiten bzw. die eigene Persönlichkeit, während eine Zuschreibung von Misserfolgen auf jene Antezedenzien eher Gefühle der Inkompetenz und Resignation zur Folge haben (vgl. Weiner, 1994, S. 285), während weiterhin ungeklärt bleibt, „ob physiologische Erregung dem Erleben eines Gefühls vorausgeht, es begleitet, oder ihm folgt“ (ebd., S. 286). Relativ sicher sind jedoch die Erkenntnisse, dass bestimmte Emotionen in direktem Zusammenhang zur Leistungsmotivation stehen, dass es weitere differenzierte Gefühle neben dem Erleben von Stolz und Scham gibt, dass Selbstwertgefühle erzeugt werden, die insbesondere durch internale und stabile Attributionen vermittelt sind und dass Kognitionen sowohl eine hinreichende als auch eine notwendige Bedingung für Emotionen darstellen (vgl. ebd., S. 286f).

Die folgende Abbildung 10 visualisiert die attributionale Theorie der Leistungsmotivation im Sinne Weiners.

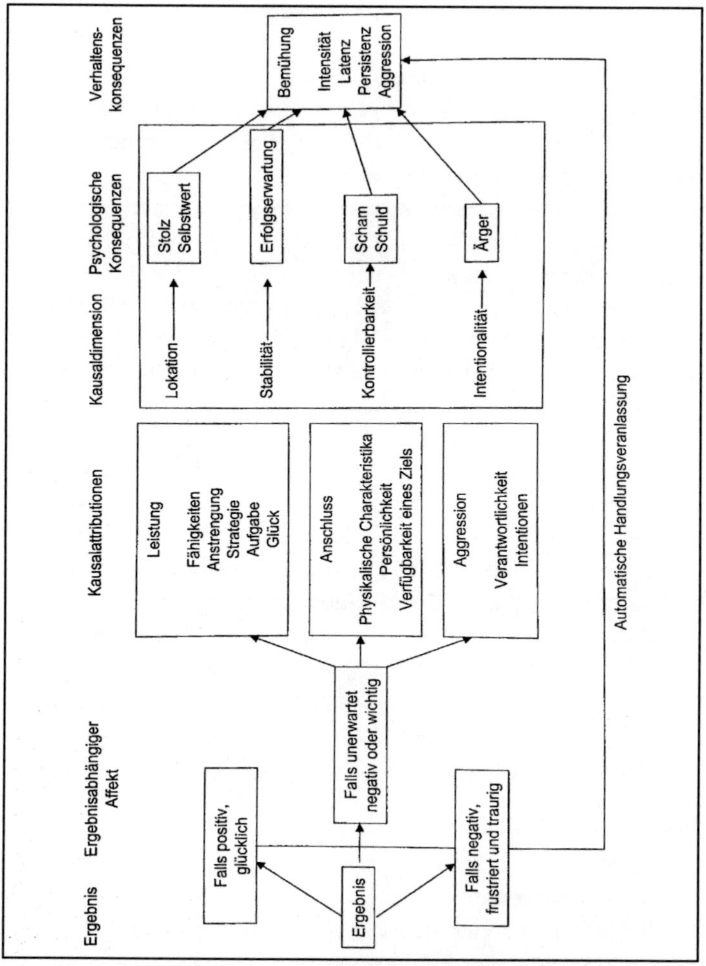

Abb. 10: Modell einer attributionalen Leistungsmotivationstheorie nach Weiner. Bildquelle: Schmalt & Langens (2009)

Vor allem Murray (1938), McClelland et al. (1953), Atkinson (1964) und Heckhausen (1963) waren nicht nur der theoretischen Konzeptionierung von Leistungsmotivation und deren empirischen Erhärtung bemüht, gleichermaßen intensiv sind auch ihre Bestrebungen gewesen, Methoden und Verfahren zu entwickeln, die eine möglichst zuverlässige Erfassung des Leistungsmotivs bzw. der Leistungsmotivation selbst ermöglichen.

1.5.2 Zur Diagnostik von Leistungsmotivation

Zur Diagnostik von Motivation bzw. der ihr zu Grunde liegenden Motive werden gegenwärtig vielfältige methodische Verfahren eingesetzt, die sich entsprechend der unterschiedlichen theoretischen Annahmen darüber, was Motive und Motivation sind und in welcher Art und Weise sie zu Tage treten und demgemäß erfasst werden müssen, stark voneinander unterscheiden und sich im Allgemeinen in direkte bzw. indirekte Verfahren der Leistungsmotivdiagnostik klassifizieren lassen.

Das historisch älteste und vermutlich auch populärste projektive Verfahren zur indirekten Messung von Motiven ist der von Murray (1938) entwickelte Thematische Apperzeptionstest (TAT). Es macht sich die Tatsache, „dass Motive die Wahrnehmung und Interpretation von sozialen Situationen beeinflussen" (Langens, Schmalt & Sokolowski, 2000, S. 8) zur Motivdiagnostik zu Nutze: Auf Grundlage mehrdeutiger Bildvorlagen wird eine bestimmte Thematik aktiviert, „die sich sodann auf Vorstellungsinhalte niederschlägt, die sich von Person zu Person deutlich unterscheiden können" (Heckhausen & Heckhausen, 2010, S. 148), während man von den Probanden verlangt, dass sie zu diesen Geschichten verfassen, in denen die Vorkommnisse, Handlungen, Gedanken und Gefühle der Probanden berücksichtigt werden. Diese Bilder beinhalten allgemeine Lebenssituationen und bieten damit auch „große Freiräume für unterschiedliche Antwortmöglichkeiten" (ebd., 2010, S. 147), die von den Testpersonen selbst zu konstruieren sind und sich nicht nur zur allgemeinen Persönlichkeitsdiagnostik, sondern insbesondere auch zur motivspezifischen Diagnostik eignen.

Im Laufe der Jahre wurden Bildtafeln entwickelt, die verstärkt auf die Erforschung bestimmter Motive zugeschnitten waren. Parallel dazu konstruierte man Auswertungsverfahren, mittels derer grundsätzlich ohne der Bewusstheit des Einzelnen Erkenntnisse bezüglich seiner Motive und Motivstruktur erlangt werden können. Zur Erforschung des Leistungsmotiv selbst entwickelte und erprobte McClelland ein spezielles Bildverfahren, dass explizit leistungsbezogene Themen nahe legt (vgl. McClelland et al., 1953) und innerhalb dessen sich insbesondere durch die Evozierung von Erfolg bzw. Misserfolg die gewünschten Daten und Erkenntnisse eruieren ließen. Mit zunehmendem Grad der Motivanregung wuchsen auch die leistungsthematischen Kennwerte der Testpersonen, was in vielfältigen Folgeuntersuchungen repliziert werden konnte (vgl. Haber & Alpert, 1958; Schroth, 1988).

Theoretisch begründete und zumeist empirisch überprüfte Auswertungsschlüssel weisen den Aussagen durch die Orientierung an leistungsthematischen Inhaltskategorien Punktwerte zu (vgl. Heckhausen & Heckhausen, 2010, S. 148ff), damit auf Art und Grad der Ausprägung des entsprechenden Motivs Rückschlüsse gezogen werden können (Rheinberg, 2004, S. 90). In diesem Zusammenhang entwickelte vor allem Heckhausen (1963) einen Auswertungsschlüssel, mittels dessen sich sowohl Hoffnung auf Erfolg und Furcht vor Misserfolg als auch neben der Netto-Hoffnung ein Gesamtwert der Leistungsmotivation ermitteln lässt. Dies kommt insbesondere der kritischen Sicht zugute, dass das Misserfolgsmotiv bzw. die Furcht vor Misserfolg nicht per se eine leistungshemmende Kraft sein muss, sondern ebenfalls zur leistungsbezogenen Aktivität einen Beitrag leisten kann, während es Usus war, die Kennwerte der Misserfolgsfurcht von denen der Erfolgshoffnung zu subtrahieren (Blankenship, 1984; Heckhausen, 1963; Schultheiss & Brunstein, 2005).

Nach der klassischen Testtheorie im Sinne Gulliksen (1950) muss ein diagnostisches Instrumentarium insbesondere den Gütekriterien der Objektivität und Reliabilität entsprechen, die maßgeblich für das dritte, die Validität, sind (vgl. Heckhausen & Heckhausen, 2010). Scharfe Kritik an der Güte der projektiven Verfahren begleitet seither ihre Entwicklung (Langens & Schüler, 2002; Schmalt, 1976), während zunehmend der Wert projektiver Verfahren bzw. explizit des TAT in jener Kritik und den damit verbundenen Vorwürfen begründet wird. Bezüglich der Objektivität muss festgestellt werden, dass der Test vor allem gegenüber der Instruktionen, des allgemeinen Versuchsleiterverhaltens, den Durchführungsbedingungen sowie der Auswertungsverfahren sehr sensitiv ist (Lundy, 1988; Smith, 1992). Diese Umstände lassen sich allerdings durch eine zunehmende Standardisierung beheben. Die schärfste Kritik wird gegenüber der mangelnden Reliabilität des Verfahrens angeführt (vgl. Schmalt & Sokolowski, 2000), was zu der Annahme führte, dass der TAT kein verlässliches Verfahren zur Erfassung von Persönlichkeitsmerkmalen sei (Entwisle, 1972).

Demgegenüber wird erläutert, dass die Kriterien der klassischen Testtheorie eben gerade nicht auf projektive Verfahren übertragen werden dürften (Smith, 1992; McClelland, 1985), weil durch die bildsituative Anregung eines Motivs ein komplexer Motivationsprozess entsteht, der mit den Abläufen in einer realen Situation vergleichbar ist (vgl. Smith, 1992) und dementsprechend von bestimmten Determinanten beeinflusst wird. Bezüglich der Zuverlässigkeit fallen insbesondere die Homogenität und Retest-Reliabilität des Verfahrens sehr bescheiden aus (Sader & Specht, 1967), was u. a. darin begründet ist, dass bei der Testwiederholung bzw. -teilung „die ursprünglichen Bedingungen nicht wiederher[ge]stell[t]" (Heckhausen & Heckhausen, 2010, S. 153) werden können, da die Bilder den Probanden zumeist noch bekannt und selbst wiederum kaum miteinander vergleichbar sind, da sie bewusste relativ heterogen angelegt wurden, um unterschiedliche Tätigkeitsbereiche zu repräsentieren. Zudem würde eine inhaltliche Wiederholung nicht zuletzt der Instruktion, besonders fantasievoll zu sein, widersprechen (Heckhausen, 1963). Darüber hinaus wird kritisiert, dass nur bedingt Daten der Normierung des Verfahrens existieren, was bei direkten Verfahren, z. B. Fragebögen zur Erfassung der Leistungsmotivation, nicht der Fall ist (Schult-heiss & Brunstein, 2001).

Parallel wurden fast unzählige Fragebögen als Pendant zu den projektiven Verfahren entwickelt und etabliert, deren Schwerpunkt primär auf den (leistungs-) thematischen Selbstbericht der Probanden gerichtet ist (vgl. Spinath, Stiensmeier-Pelster, Schöne & Dickhäuser, 2002) und dementsprechend das Leistungsmotiv direkt erfasst bzw. dieses in Kombination mit einer Vielzahl anderer Motive erkunden.

Ihr Vorzug ist nicht nur die zumeist ökonomische Handhabung bezüglich ihrer Durchführung und Auswertung, sondern insbesondere der Umstand, dass jene Instrumente von hoher psychometrischer Qualität sind und den zuvor dargelegten Haupt- und üblichen Nebengütekriterien sowie den mit diesen insgesamt verbundenen Ansprüchen genügen (Heckhausen & Heckhausen, 2010). In diesem Zusammenhang kann der Umstand, dass die Testpersonen im Rahmen des hochgradig standardisierten Stimulusmaterials fest vorgegebene Statements zumeist in skalierter Form beantworten müssen, nämlich auch als Nachteil erachtet werden (vgl. ebd., 2010, S. 147). „Die vielfältigen Fragebögen, die Unterschiede in der Leistungsmotivation messen wollen, haben bislang keine Beiträge zur Leistungsmotivationsforschung erbracht, die dem TAT-Verfahren ebenbürtig wären“ (ebd., 2010, S. 156). Sie korrelieren zwar zumeist hoch miteinander (Brunstein & Schmitt, 2003), aber nicht bzw. nur bedingt mit den TAT-Maßen für das Leistungsmotiv samt seiner Hoffnungs- und Furchtdimension (Mc Clelland, Koester & Weinberger, 1989), was die Vermutung nahelegt, dass gerade nicht ein und dasselbe Konstrukt erfasst wird (vgl. Heckhausen & Heckhausen, 2010).

Abschließend musste insgesamt festgestellt werden, dass die erhobenen Maße indirekter und direkter Tests nur bedingt bzw. zumeist gar nicht miteinander korrelieren, obgleich beide Verfahrensarten vorgeben, ein und das selbst Konstrukt zu erfassen.

Von dieser Tatsache ausgehend wurden in der Folge derartige Überlegungen angestellt, dass projektive Verfahren möglicherweise ob ihrer geringen Übereinstimmung mit den Ergebnissen aus Fragebogenuntersuchungen bzw. Selbstberichten (vgl. Schmalt & Sokolowski, 2000) etwas anderes als diese zu messen scheinen. „Trotz der nicht optimalen Messqualitäten erweist sich [...] der motivationsbezogene TAT nämlich häufiger valider als Fragebögen“ (Rheinberg, 2004, S. 94; vgl. auch Spangler, 1992; Schultheiss & Brunstein, 2010), je nachdem, welche Kriterien zur Bewertung und Beurteilung herangezogen werden. Es existieren nämlich auch diverse positive Befunde bezüglich dieser zuvor kritisierten testtheoretischen Aspekte, welche diese Kritikpunkte teilweise sogar revidieren (vgl. Winter & Stewart, 1978; Mc Clelland, 1985, Atkinson, Bongort & Price, 1977; Blankenship, 1987; Klinger, 1992). Der besondere Vorzug an jenen Verfahren ist nämlich vor allem darin begründet, dass die Bildsituationen um einiges authentischer als operationalisierte Fragebogenitems gestaltet sind und dem Einzelnen einen großen Spielraum für die Offenbarung seiner Bedürfnisse, Erfahrungen und (künftigen) Vorstellungen einräumen, die für ihn charakteristisch sind, während ihm eher nicht bewusst ist, welche Inhaltsthematik tatsächlich im Vordergrund steht und gemessen wird (vgl. Heckhausen & Heckhausen, 2010, S. 147).

Die Vorzüge projektiver Verfahren und Fragebögen zu vereinen und der an diesen vorgebrachten Kritik entgegenzuwirken scheinen jene Instrumente, die methodisch zwischen ihnen angesiedelt sind und dadurch als semiprojektive Verfahren bezeichnet werden. Diese bedienen sich zur Motiverforschung primär der sogenannten Gitter-Technik (vgl. Sokolowski, Schmalt, Langens & Puca, 2000) und geben sowohl Bildsituationen als auch standardisierte Antworten vor.

Diesbezüglich muss vor allem die Position McClellands hervorgehoben werden, weil dieser nicht die eine Verfahrensweise ablehnte und die andere begünstigte, sondern davon ausging, dass unterschiedliche Arten von Motiven erfasst werden und auch erfasst werden sollten. Demgemäß klassifizierte er Motive samt ihrer Dispositionen derart kategorial, dass sie entweder der bewussten Reflexion zugänglich sind und damit berichtet werden können, oder dies nicht der Fall ist und sie eher unbewusst ablaufen – weshalb er zwischen impliziten Motiven, die beispielsweise mittels des TAT und expliziten, die durch Fragebögen erforscht werden, unterscheidet (McClelland, 1985; McClelland, Koestner, Weinberger, 1989).

1.5.3 Implizite und explizite Dimension der Leistungsmotivation

Diese intensive theoretische und methodenkritische Auseinandersetzung mit der Erforschung menschlicher Motive sowie der Leistungsmotivation insgesamt zur besseren Erfassung intra- und interindividueller Unterschiede in den Motivdispositionen führte in Folge zu der bereits angesprochen Annahme bzw. Erkenntnis, dass die eingesetzten Verfahren nicht ein und dasselbe Konstrukt messen und dass jenes Motivsystem gleichwohl über verschiedene Facetten und Dimensionen verfügen muss. Befürworter projektiver Verfahren erachten das Leistungsmotiv primär als affektives Bedürfnis, das sich lediglich aus dem Imaginationsverhalten, welches durch fantasievolle Geschichten leistungsmotivanregenden Bildvorlagen eruieren lässt, wenn dies unabhängig von der Möglichkeit der Selbstdarstellung, den kognitiven Fähigkeiten und bestimmten situativen Einflüssen der Umwelt geschieht (McClelland, 1958, 1985; Atkinson, 1981; Koester & McClelland, 1990). Diese Auffassung wurde allerdings nicht von der breiten Masse der (Motivations-) Forscher vertreten. Oppositionelle Forschergruppen präferierten gerade Fragebogenverfahren, die sich wegen ihres ökonomischen Einsatzes sowie der um einiges zufriedenstellenderen Ergebnisse bezüglich der wesentlichen Testgütekriterien auszeichnen. In einer Vielzahl weiterer Untersuchungen wurde jedoch festgestellt, dass die unterschiedlichen Verfahren zur Leistungsmotivmessung „so gut wie keine gemeinsame Varianz aufweisen“ (Brunstein, 2003, S. 61) und die verschiedenen Operationalisierungen des Leistungsmotivs nicht nur unkorreliert sind, sondern auch mit unterschiedlichen Verhaltenskorrelaten einhergehen (deCharms, Morrison, Reitman & McClelland, 1955; Heckhausen, 1980). Diverse Untersuchungen und Metaanalysen bezüglich der Beziehungen von projektiven Methoden und Fragebögenverfahren zeigten dies nicht nur explizit für das Leistungsmotiv (Spangeler, 1992), sondern auch für andere Motive, wie z. B. das Macht- und Anschlussmotiv (Costa & McCrae, 1988; Borkenau & Ostendorf, 1993; Schultheiss & Brunstein, 2001).

Diese Befunde wurden in der Folgezeit aufgegriffen und in ein integratives Modell überführt, das von der Koexistenz zweier unterschiedlicher Motive ausgeht und dieses in eine implizite und eine explizite Dimension aufspaltet (McClelland, Koestner & Weinberg, 1989). In diesem Zusammenhang entsprechen die impliziten Motive primär unbewussten Kräften, die nicht sprachlich repräsentiert und demnach nur indirekt erschließbar sind, während es sich bei den expliziten um solche handelt, die bewusst im Rahmen von Selbstberichten mitgeteilt werden können, weil sie Teil der selbstzugeschriebenen Ziele und Werte des Einzelnen, damit ein Teil des selbstbezogenen Wissens und somit ein Bestandteil seines Selbstkonzeptes darstellen (vgl. Weinberg & McClelland, 1990; McClelland, Koestner & Weinberger, 1989; McClelland, 1995; Rheinberg, 2000). Bezüglich der impliziten Motive wird demnach angenommen, dass sie sich aufgrund frühkindlicher affektiver Erfahrungen herausbilden (McClelland, 1985) und es sich somit bei diesen um tendenziell eher angeborene Reiz-Reaktions-Verbindungen der Ontogenese handelt, die weit vor der eigentlichen Sprachsozialisation entwickelt werden, starke Verbindungen zu biologischen Mechanismen aufweisen und dadurch vordergründig von neuronalen Strukturen des Zwischenhirns vermittelt und kontrolliert werden (Schultheiss, Campbell & McClelland, 1999). Demgegenüber wird bezüglich der expliziten Motive ausgeführt, dass diese eng mit dem Selbstkonzept einer Person verbunden sind und beide erst mit bzw. nach der Sprachentwicklung ausgebildet werden, weil sie eine begriffliche Konzeptualisierung erfordern (McClelland et al., 1989), so dass für jene motivationalen Selbstbilder auch die höher entwickelte Großhirnrinde zuständig ist, in der das komplexe System zur Sprachverarbeitung lokalisiert wird (Schultheiss et al., 1999). In Anlehnung an Buck (1985), der synkritische Kognitionen von analytischen Kognitionen unterscheidet, begründet McClelland, dass auch die Erfassung impliziter Motive nur durch indirekte Verfahren bzw. Fantasiegeschichten erfolgen kann, da jene auf synkritisches und damit verbindendes sowie vernetztes Denken angewiesen sind, bei denen es sich primär um die Reflexion individueller, emotionaler und motivationaler Themen handelt. Zudem führt er aus, dass mit der Messung von Fragebögen bzw. Selbstreportverfahren die expliziten Motive erfasst werden, die mit den analytischen Kognitionen verbunden sind, welche eher das komplexe Wissen sowie die Interpretationen des Erfahrenen darstellen, Bewertungs- und Beurteilungsprozesse implizieren und damit auf sprachliche Konzepte angewiesen sind (McClelland et al., 1989)

Bezüglich des expliziten Leistungsmotivs konnte erforscht werden, dass es vordergründig in respondentem Verhalten zum Ausdruck gebracht wird, das durch äußere Faktoren und Umstände veranlasst und kontrolliert wird (vgl. McClelland, 1980; Brunstein, 2003, S. 65). Bei Personen, die sich durch ein stark ausgeprägtes explizites Leistungsmotiv auszeichnen, konnten ihre persönlichen Wertehaltungen sowie ihr Entscheidungsverhalten angemessen mittels Fragebogenverfahren erhoben werden, die sie selbst auch berichteten und reflektierten (Biernat, 1989). Bei ihnen waren soziales Feedback, das Leistungsrückmeldungen beinhaltete und das Selbstkonzept entweder bestärkte oder diesem widersprach, leistungssteigernd oder aber im zuletzt genannten Falle leistungshemmend (Brunstein & Hoyer, 2002). Insgesamt begünstigen explizite Motive verstärkt kognitive Prozesse bzw. Leistungen, wie beispielsweise das Treffen von Entscheidungen und Fällen von Beurteilungen sowie Bewertungen, die bewusst kontrolliert werden können und mit den motivationalen Selbstbildern des Einzelnen übereinstimmen und eher verschiedenen Einstellungsmaßen ähneln (vgl. McClelland et al., 1989; Brunstein, 2003). Bisweilen konnten allerdings noch keine validen Ergebnisse bezüglich der Beziehungen eines hohen expliziten Leistungsmotivs mit beruflichem Erfolg erlangt werden, allerdings scheint dieses Motiv in engem Zusammenhang zu schulischen Leistungen zu stehen, was u. a. an der direkten Leistungssituation sowie den standardisierten Leistungsprüfungen und dem vorherrschenden sozialen Einfluss und Vergleich in jenem Kontext liegt, der Personen, die ein leistungsbezogenes Selbstbild besitzen, zu vermehrtem Leistungseinsatz antreibt, damit das eigene Selbstbild aufrechterhalten werden kann, so dass die Erbringung von Leistung eher als zweckrationale Funktionen erfüllt bzw. sicherstellt und eine enge Verknüpfung dieser beiden Aspekte nahelegt (McClelland, 1980; Tauer & Harackiewicz, 1999; Koestner, Weinberger & McClelland, 1991). Demnach ist der Einzelne im schulischen Lern- und Leistungskontext stark darum bemüht, Informationen über die eigenen Fähigkeiten einzuholen sowie das eigene positive Selbstbild aufrechtzuerhalten (vgl. Brunstein, 2003). Diesbezüglich kann nicht ausgeschlossen werden, dass explizite Maße stärker als implizite mit positiven Selbstdarstellungstendenzen und sozialer Erwünschtheit einhergehen, während weitere Befunde vorliegen, die nahelegen, dass im Gegensatz zu den impliziten Motiven deutliche Parallelen zwischen den eher expliziten Motiven mit bestimmten Einstellungsmaßen des Individuums gegeben sind (Mc Clelland et al., 1989).

Demgegenüber besteht genereller Konsens, dass das implizite Leistungsmotiv eher durch operantes Verhalten zu Tage tritt, spontan ausgeführt wird und primär die Eigeninitiative des Handelnden darstellt (vgl. Brunstein, 2003, S.65), demnach weniger spezifisch ist und eher einer allgemeinen Antrieb- und Zielorientierung entspricht (McClelland, 1985). Eine stark ausgeprägte implizite Leistungsmotivation stimuliert nicht nur Anstrengung und Ausdauer, die geht darüber hinaus auch mit einem gesteigerten Anstrengungseinsatz und relativ höherer Leistung einher, weil die Bewältigung schwieriger und anstrengender Aufgaben selbst als innere Befriedigung erachtet wird. Dies lässt sich mittels inhaltsadäquater Rückmeldungen noch steigern, wenn sich diese nicht auf den sozialen Vergleich beziehen bzw. keine externen Leistungserwartungen enthalten (deCharms, Morrison, Reitman & McClelland,

195; Entin, 1974; Horner, 1974; Biernat, 1989; Koestner, Weinberger & McClelland, 1991; Brunstein & Hoyer, 2002). In vielfältigen Untersuchungen konnte zudem nachgewiesen werden, dass ein hohes implizites Leistungsmaß kaum bedeutsame Beziehungen zum Selbstkonzept aufweist (Halisch & Heckhausen, 1989), dafür allerdings mit einem gesteigerten Maß an Lern- und Arbeitsintensität (vgl. Dahme, Jungnickel & Rathje, 1993) sowie künftigem beruflichem Erfolg einhergeht (McClelland & Boyatzis, 1982). Des Weiteren weist es enge Beziehungen zu „Eigeninitiative, Spontaneität und [insgesamt] zeitlich überdauernden Verhaltenstrends" auf (Brunstein, 2003, S. 67). Insbesondere Affekte scheinen für das implizite Leistungsmotiv von starker Bedeutung zu sein, was u. a. daher rührt, dass sie nicht nur der Befriedigung und Bekräftigung von Motiven selbst dienen (vgl. ebd., S. 72), sondern infolge bestimmter Hinweisreize bereits im Vorfeld antizipatorische Affektzustände hervorrufen, die infolge ihrer Assoziation zu vorangegangenen emotionalen Erfahrungen sodann zu weiterem (Leistungs-) Verhalten motivieren (vgl. Weinberger & McClelland, 1989).

Angesichts der augenscheinlichen Verschiedenheit dieser beiden Motivmaße ist es nicht verwunderlich, dass die implizite und explizite Dimension des Leistungsmotivs bei entsprechender Inkongruenz miteinander in Konflikt geraten können, was sich vor allem in der Ausprägung des Grads an subjektiv wahrgenommenen Wohlbefinden des Individuums niederschlägt (Brunstein, Schultheiss & Maier, 1999). Es konnte gezeigt werden, dass insbesondere eine Diskrepanz zwischen den bewussten Lern-, Leistungs- und Lebenszielen gegenüber den impliziten und eher unbewussten Motiven zu einer deutlichen Zunahme negativer Affekte und damit zur Abnahme des emotionalen Wohlbefindens führte – vice versa im Falle einer Motivdimensionskongruenz und den mit dieser einhergehenden positiven Gefühlsregungen (vgl. Brunstein, 2003, S. 78f).

Um einiges ertragreicher als die Präferierung eines methodischen Erhebungsinstrumentariums – explizit für die Ableitung praktischer Interventionen im Rahmen des (berufs-) schulischen Kontextes – erscheint deshalb die Betrachtung und Bevorzugung eines integrierenden Vorgehens zu sein, das beide Motivdimensionen miteinander verzahnt und auch ihre verfahrensdualistische Erfassung zulässt. In diesem Zusammenhang konnte erforscht werden, dass ein Leistungsmotiv, welches implizite und explizite Dimension integriert, mit einer effizienteren Bewältigung von Leistungssituationen einhergeht, wenn die Aufgabe bzw. die eigenen Fähigkeiten selbst im Fokus der Betrachtung stehen, negative Leistungsrückmeldungen eher kompensiert werden können und die stärkste Anstrengungsbereitschaft und Leistungsintensität gezeigt und emotionale Sicherheit im Sinne eines affektiven Wohlbefindens empfunden werden (Verhoff, 1969; Brunstein, Lautenschlager, Nawroth, Pöhlmann & Schultheiss 1995; Brunstein, 2001). Es ist plausibel, dass wenn eine Person etwas zu erreichen versucht, dies einerseits mit dem, was sie ihrer Intention nach tun will und andererseits aber auch mit dem, was sie unbewusst tun möchte, zusammenhängt. Diesbezüglich konnte gezeigt werden, dass es sich bei diesen beiden Motivdimensionen zwar um zwei getrennte, aber nicht voneinander unabhängige Systeme handelt und beide beispielsweise auf unterschiedliche Art und Weise mit persönlichen Zielen in Verbindung stehen (vgl. Emmons & McAdams, 1991) und in unterschiedlicher Manier extern beeinflusst werden. Die Integration der unterschiedlichen Operationalisierungen des Leistungsmotivs führt, erachtet man u. a. das implizite Leistungsmotiv eher als einen unspezifischen Antriebsimpuls und das explizite Leistungsmotiv als das bewusste Ausrichten und Aufrechterhalten dieses Impulses, nicht nur zum besseren Verständnis der Leistungsmotivation, sondern auch zur genaueren Vorhersage von menschlichen Verhaltensweisen und möglichen Konflikten innerhalb dieser.

1.5.4 Leistungsmotivation: Ein interdependentes Wirkgefüge

Wie bereits mehrfach angeklungen und teilweise detailliert ausgeführt, spielen insbesondere Affekte und damit bestimmte Emotionen sowie Erwartungen samt ihrer Bewertungen neben allgemeiner kognitiver Beurteilungen eine nicht zu unterschätzende Rolle für die Anregung des Leistungsmotivs und damit insgesamt für den aus diesem resultierenden Prozess der Leistungsmotivation.

Bereits Platon formulierte eine Vorstellung vom Aufbau der menschlichen Seele und unterteilte das psychische Geschehen grob in die Prozesse des Denkens, Fühlens und Wollens, als er das Vernünftige vom Begehrlichen und Eifrigen unterschied (vgl. Wolf, 1994). Eine feinere Darstellung nahm beispielsweise Steiner (1984) im Rahmen seiner anthropologischen Bildungsphilosophie vor, als er jene Elemente bzw. Konstrukte einerseits als miteinander verzahnt darstellt, während er ihnen andererseits aber auch einen gewissen Grad an Autonomie zusprach. Nach ihm enthielt nämlich das Denken immer einen Untergrund vom Fühlen und Wollen, das Fühlen einen solchen vom Denken und Wollen sowie das Wollen einen vom Denken und Fühlen. Gleichzeitig postulierte er, dass im Gedankenleben allerdings das

Denken, im Gefühlsleben das Fühlen und im Willensleben das Wollende gegenüber den anderen Seeleninhalten vorherrscht.

Deshalb ist davon auszugehen, dass ein Implikationszusammenhang zwischen diesen Bedingungsfeldern gegeben ist und infolge seines Wirkungsgefüges immer auch einen Einfluss auf das Selbst des Individuums nimmt. Diesen zusammenspielenden Aspekten wird sich folgend pointierter gewidmet, da es nicht Gegenstand dieser Arbeit ist, die Konstrukte Kognitionen, Emotionen und Selbst bzw. Selbstkonzept in einer der Darstellung der Leistungsmotivation adäquaten Art und Weise vorzunehmen. In den sich anschließenden Abschnitten werden deshalb nur theoretisch bzw. empirisch fundierte Erkenntnisse bezüglich des Einflusses von Emotionen und Kognitionen auf die Leistungsmotivation referiert. Abschließend sollen deren Einflüsse sowie die Auswirkungen jenes Wirkungsgefüges insgesamt auf das Selbst fokussiert dargestellt werden.

1.5.4.1 Emotionale Bewertungsprozesse in der Leistungsmotivation

Vielfach werden die Begriffe Affekt, Emotion, Gefühl und Stimmung synonym verwendet. In dieser Arbeit sollen Affekte in Anlehnung an Sokolowski (2002) als kurze und intensive Emotionszustände verstanden werden, die eine starke Verhaltenstendenz besitzen. Emotionen sind demgegenüber „bewertende Stellungnahmen zu Umweltereignissen, die verschiedene physische und psychische Teilsysteme [Komponenten] zum Zwecke einer möglichst optimalen Reaktion koordinieren“ (Sokolowski, 2002, S. 338). Sie stellen damit aktuelle Zustände einer Person dar, die eine bestimmte Qualität, Intensität und Dauer haben. Befindet sich ein Mensch in einem emotionalen Zustand, hat er diesbezüglich ein charakteristisches Erleben, während gleichzeitig immer auch physiologische Veränderungen auftreten. „Emotionen sind also Zustände, die das gesamte psychische Geschehen [...] durchziehen“ (ebd.) und sich definitorisch davon nur schwer abgrenzen lassen. Sie können entweder ohne eigenes Zutun entstehen oder aber bewusst beeinflusst werden. Die meisten Forscher erachten emotionale, motivationale und kognitive Prozesse als interdependent miteinander verwoben und betonen teilweise explizit, dass Emotionen angeregte Motivationszustände und damit die sichtbare Seite der Motivation darstellen (vgl. Sokolowski, 2002, S.362).

Wurde der Prozess der Leistungsmotivation initiiert, wird dieser von seiner Aktivierung bis zur intendierten Zielerreichung selektiv fokussiert, nachhaltig aufrechterhalten, bewertet und insgesamt dem Organismus selbst zurückgemeldet, eine Arbeit, die insbesondere vom Emotionssystem geleistet wird (vgl. Schmalt & Sokolowski, 2006). Bereits die zu Beginn einer Handlung stehenden Bewertungen sind durch Affekte gekennzeichnet, die sich auf einem Kontinuum zwischen den dualen Polen der Lust und Unlust bewegen und mit Erregungs- und Spannungsgefühlen verbunden sind (vgl. ebd.). Dies ändert sich auch während des eigentlichen Handlungsprozesses nicht, sondern findet erst mit Vollzug der Handlung ein Ende, wenn sich entsprechend der anvisierten Zielerreichung entweder Anspannung im Falle der Verfehlung bzw. Entspannung gesetzt des Falls der Zielerreichung einstellen (Schmalt & Sokolowski, 2006). „Beträchtliche Anteile der handlungsinitiierenden und handlungsbegleitenden Bewertungsvorgänge verlaufen implizit und sind nicht an Bewusstheit gebunden, während die am Ende einer Handlung stehenden Emotionen, insbesondere solche, die die Verträglichkeit mit internalisierten Standards oder sozialen Normen bewerten, häufig an bewusste Kognitionen (z. B. Ursachenzuschreibungen) gebunden sind“ (ebd., 2006, S. 34).

Seit Jahrzehnten besteht innerhalb der psychologischen Forschung eine Diskussion darüber, ob nun die Emotionen einen (bedeutenderen) Einfluss auf die Kognitionen nehmen oder eher der umgekehrte Fall gegeben ist. Erst gegenwärtig gelang es überzeugend darzulegen, dass beide Aspekte von nicht zu unterschätzender Bedeutung und dialektischer Wirkrichtung füreinander sind. Neurobiologische und -physiologische Untersuchungen zeigen, „dass es sich bei Kognitionen und Emotionen um qualitativ unterschiedliche und voneinander unabhängige Komponenten des psychischen Geschehens handelt“ (ebd., 2006, S. 34). Dies rührt daher, dass die Verarbeitung jener Impulse und Informationen verschiedenen Arealen des zentralen Nervensystems zuzurechnen ist. Demgemäß werden Emotionssystem bzw. emotionale Verarbeitungsprozesse primär in der Amygdala und dem Thalamus vollzogen, wohingegen kognitive Prozesse in den neocorticalen und hippocampalen Strukturen lokalisierbar sind und beide Aspekte maßgeblichen Einfluss auf Art, Intensität und Ausdauer der Leistungsmotivation nehmen (vgl. ebd., 2006).

Bereits LeDoux (1995) führte aus, dass die Amygdala in diesem Verarbeitungsprozess einer bidirektionalen Schaltstelle entspricht und von zentraler Bedeutung ist, da sie ihre Informationen aus verschiedenen Quellen erhält und diesen in der Folge emotionale Bedeutungsgehalte zuweist, „um dann diese nunmehr emotional ‚bewerteten' Informationen in den Motivationsprozess einzuschleusen" (Schmalt & Sokolowski, 2006, S. 34). Sokolowski und Schmalt (2006, S. 35) schreiben in Anlehnung an LeDoux (1995) der Amygdala insbesondere drei Funktionskreise emotionaler Bewertung innerhalb des Leistungsmotivationsprozesses zu: Erstens „die thalamisch-amygdalen vermittelten Emotionen, die eine rasche Handlungsbereitschaft zu Lasten einer präzisen Informiertheit des Organismus sicherstellen[, zweitens] die thalamisch-kortikal vermittelten Emotionen, die an kortikale Verarbeitung gebunden sind [und förderliche bzw. hemmende individuelle und Umweltgegebenheiten bewerten und drittens] die thalamisch-kortikal-hippocampal vermittelten Emotionen, die auf einer ausgedehnten Situations- und Handlungsanalyse beruhen und u. a. die attributionsabhängigen postaktionalen Bewertungsemotionen freisetzen".

Damit ist die Amygdala innerhalb des Leistungsmotivationsprozesses für emotionale Tendenzen, die zur Vermeidung von bestimmten Verhaltensweisen führen sowie für Gefühlsregungen wie Ärger aber auch Zufriedenheit und zentrale Emotionen, wie Stolz und Scham, verantwortlich (vgl. Schmalt & Sokolowski, 2006). Des Weiteren wird durch die Interdependenzen, die gegenüber dem Hippocampus und damit dem expliziten Gedächtnis gegeben sind, auf dieser Ebene auch die Möglichkeit eröffnet, „emotionale Reaktionen unter Einbezug bewusster, expliziter Erinnerungen – z. B. an verbindliche Standards und Normen –" (ebd., S. 35) zu entäußern, was wiederum einen Einbezug der Kognitionen in den Leistungsmotivationsprozess notwendig macht.

1.5.4.2 Kognitive Entscheidungsprozesse in der Leistungsmotivation

Emotionale und motivationale Aspekte reichen allerdings zur Beschreibung, Erklärung und Vorhersage künftigen Verhaltens bzw. Handels alleinig nicht aus. Will ein Individuum mit seiner Umwelt in Interaktion treten, bedarf es dafür immer auch eines kognitiven Systems, das Informationen aufnimmt, verarbeitet und beurteilt. Dies ist insofern bedeutsam, da ein Organismus nicht ausschließlich von Affekten und Emotionen determiniert ist und geleitet wird, sondern intendierte Ziele auch bezüglich ihrer Erwünschtheit und Realisierbarkeit überprüft und die notwendigen Strategien und Prozesse, im Sinne benötigter Handlungen, abruft und zur Verfügung stellt (vgl. Schmalt & Sokolowski 2006, S. 31ff).

Den willentlichen bzw. kognitiven Aspekten ist vor allem immer dann Bedeutung beizumessen, wenn ein Individuum entgegen der eigentlich angeregten Motivation handeln muss. Diese motivationalen Vorgänge werden grundsätzlich mit den Begriffen des Willens bzw. der Volitionen bezeichnet, die ein Geschehen beschreiben, „das sich gleichermaßen auf die Generierung eines Ziels als auch auf die Handlungsausführung bezieht, darüber hinaus an Bewusstheit gebunden ist und damit ein besonderes Problem der Humanmotivation betrifft“ (Schmalt & Langens, 2009). Dieser willentlichen Prozesse bedarf es nämlich immer dann, wenn Ziele gebildet und verfolgt werden müssen, die nicht den eigenen Bedürfnissen und Motiven entsprechen. Nach Ach (1935, S. 196) stellen sich jene Willensvorgänge immer dann ein, wenn „der Mensch Widerstände innerer oder äußerer Art, Hemmungen, Schwierigkeiten, ein Motivationsdefizit oder dergleichen zu überwinden hat“. Die Bewusstheit setzt demnach beispielsweise dann ein, wenn ein Ziel generiert bzw. konfiguriert wird, auf dem Weg der Zielerreichung Hindernisse auftreten, Ziele verfehlt werden, die eigene Leistung insgesamt reflektiert wird, oder aber wenn andere in Leistungssituationen anwesend sind und dem sozialen Vergleich dienen bzw. der Handelnde eine Tätigkeit vor den Augen anderer ausführt.

In diesem Zusammenhang wird erneut den Erwartungen – zu denen explizit die bereits ausführlich thematisierten antizipierten Attribuierungen bzw. Ursachenzuschreibungen und Prozesse der Zielgenerierung sowie -erreichung gehören – starke Bedeutung beigemessen, weshalb sie im Rahmen kognitiver und motivationaler Prozesse theoretisch und analytisch fokussiert werden müssen. Im Kontext der Leistungsmotivationsforschung geschah dies vor allem im Rahmen attributionaler und insgesamt eher kognitiv orientierter Theorien, weil Annahmen über sich selbst sowie möglicher Wirkungszusammenhänge die Leistungsmotivation entscheidend determinieren (vgl. ebd., 2006). Vor allem die Erkenntnisse der Attributionstheorie leisteten den fruchtbarsten und fundiertesten Boden für die Entwicklung verschiedener kognitiver Motivationstheorien, innerhalb derer „Ursachenzuschreibungen für positive und negative Handlungsergebnisse eine zentrale Rolle spielen“ (ebd., 2006, S. 38), weil sie, wie bereits im Rahmen der Attributionstheorien ausgeführt, einen starken Einfluss durch die Determinierung von Erwartungen und Affekten auf die Leistungsmotivation und das damit verbundene Verhalten nehmen.

Schon Heider (1958) postulierte, dass das zentrale Moment der Ursachenzuschreibung vor allem darin besteht, sich selbst und die einen umgebende Umwelt besser verstehen zu wollen. Gegenwärtig schreibt man den Attribuierungen insbesondere die Funktion zu, nicht nur das eigene Selbstbild vor selbst und fremd zugeschriebenen Beeinträchtigungen zu schützen, sondern darüber hinaus auch ein an der Realität orientiertes Abbild der Ursachen für Handlungsergebnisse zu liefern (vgl. Schmalt & Sokolowski, 2006, S. 39). Diesen Funktionsweisen laufen weitere Prozesse voraus, die teilweise bewusst und damit reflektiert sind, aber auch automatisch und daher unbewusst ablaufen können (vgl. Wong & Weiner, 1981; Wilson & Linville 1982). Allgemeine Furcht bzw. Angst, ein in Aussicht stehender bzw. gestellter Misserfolg sowie die Antizipierung einer möglichen Zielverfehlung führen nicht selten dazu, dass mit und ohne willentliches Zutun Änderungen im Modus der Kausalattribuierung vorgenommen werden. Dies wird von äquivalenten Affekten bzw. Emotionen begleitet, mehr oder weniger stark kognitiv bewertet und wirkt in der Folge auf das Selbstkonzept, was unter Umständen zu einer Neukonfiguration dessen führen kann.

1.5.5 Leistungsmotivation und Selbstkonzept

Generell wird in der Psychologie unter dem menschlichen Selbstkonzept die Summe seiner Gedanken (Kognitionen) und Gefühle (Emotionen) verstanden, die zur Beantwortung der zentralen Frage, wer man selbst ist, bedeutsam sind und es kann auf jener abstrakten Ebene als ein inneres Konzept, das man selbst von sich hat, verstanden werden. Im naiven Sinne entspricht es damit dem eigenen Urteil, das man selbst von sich bildet und das mannigfache Komponenten impliziert (Herdern, 1976). Neben persönlichen Erinnerungen enthält es vor allem Annahmen über die eigenen Motive, internalisierte Werte und mehr oder weniger stark ausgeprägte Fähigkeiten, das Selbstwertgefühl, wiederum vermittelt durch positive und negative Bewertungen durch sich selbst und andere, sowie insgesamt die Überzeugungen darüber, wie man sich selbst sieht und andere einen sehen könnten. Grundsätzlich wird das Selbstkonzept derart ausdifferenziert dargestellt, dass es sich aus vielfältigen Unterkonzepten bzw. Selbstbildern konstituiert, auf die nicht nur das Individuum selbst Einfluss hat, sondern das auch in starkem Maße von der Umwelt beeinflusst und dadurch gleichermaßen geformt wird, woraus „die Wahrnehmung und Bewertung [...der Summe] von Einstellung, Urteilen und Werthaltungen eines Individuums bezüglich seines Verhaltens, seiner Fähigkeiten und Eigenschaften“ (Herder, 1976, S. 510) resultiert.

Eine Darstellung der bedeutsamsten Theorien zum Selbstkonzept würde den Gegenstand einer eigenen Arbeit darstellen. Infolgedessen und auf Grundlage des im Rahmen dieser Arbeit verfolgten Erkenntnisinteresses wird auf die konzeptuelle Darstellung des Selbstkonzepts von Lukesch (1998)

Bezug genommen. Diese stellt eine fruchtbare Grundlage zur Reflexion des Zusammenhangs von Selbstkonzept und Leistungsmotivation dar und bietet darüber hinaus die Verzahnung dieser beiden Elemente mit den Konstrukten der Emotionen und Kognitionen bzw. macht jene daran anschlussfähig.

Das theoretische Fundament stellt u.a. die Definition Herbers dar, der als Selbstkonzept das „Totale der Einstellungen und Gefühle sich selbst gegenüber" bezeichnet und damit explizit die emotionale und kognitive Dimension hervorhebt. Bezugnehmend auf Heckhausen (1980, S. 584) wird darüber hinaus eine derartige Ausdifferenzierung vorgenommen, dass das Selbstkonzept ein Resultat der Summe der Erfahrungen mit sich selbst und mit denen anderer ist, die innerhalb der sozialen Interaktion in verschiedenen Inhaltsbereichen bzw. Kontexten erworben werden. „Hinsichtlich der Entstehung und Veränderung des Selbstkonzepts wird herausgestellt, dass das Selbstbild im Wesentlichen von außen vermittelt sei" (Lukesch, 2007, S.10) und dadurch für dessen Konstitution insbesondere die Rückmeldungen der Interaktionspartner sowie die Informationen aus Vergleichsprozessen mit relevanten Personen und Gruppen bedeutsam sind (vgl. ebd.). Darauf aufbauend wird das Selbstkonzept aus der hierarchischen und mehrdimensionalen Struktur (Shavelson, 1976) verschiedener Selbstbilder konzipiert und ist damit die mentale affektive und kognitive Repräsentation der Selbstbilder eines Individuums (Lukesch, 1998), samt mannigfacher Fremdbilder, die in vielfältigen Situationen erworben wurden und miteinander in Beziehung stehen (siehe Abbildung 11).

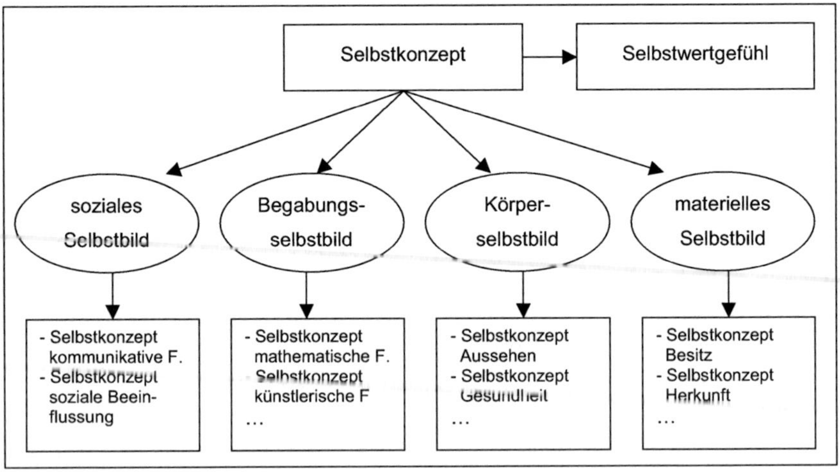

Abb. 11: Strukturierungsmöglichkeiten des Selbstkonzepts. Bildquelle: Lukesch (2007)

Innerhalb dieser Abbildung werden vor allem der direkte Einfluss des Selbstkonzeptes auf das Selbstwertgefühl sowie seine Ausdifferenzierung in vier Selbstbildbereiche erkennbar, die es konstituieren und individuell entsprechend der von Person zu Person variierenden Bewertungsmechanismen, unterschiedlich ausgeformt sind. In diesem Zusammenhang wird ein materielles Selbstbild angenommen, das sich z. B. über Besitztümer und herkunftsbezogene Elemente definiert, sowie ein Körperselbstbild, welches die subjektiven Vorstellungen über Körpermerkmale, über die eigene Leistungsfähigkeit bis hin zur Gesundheit im Allgemeinen beinhaltet. Drittens ein soziales Selbstbild, dem beispielsweise kommunikative Fähigkeiten, soziale Rollen und Stellungen, aber auch die soziale Beeinflussung durch andere zugerechnet wird. Viertens wird noch ein für Schule und Leistung besonders bedeutsames Begabungsselbstbild angenommen, für das die eigenen individuellen Begabungen und kognitiven Leistungen, ausdifferenzierbar in verschiedene fachspezifische Domänen, konstituierend sind.

Das Begabungs- bzw. Fähigkeitskonzept ist prozesshaft zu denken, weil es sowohl die Folge schulischer Zuschreibungen bzw. Bewertungen, als auch Ursache für diese ist (Krupitschka, 1990). In der schulbezogenen Forschung sind bezüglich des Selbstkonzeptes vor allem Aspekte des Begabungsselbstbildes in seiner Beziehung zu Leistung und Rückmeldungsprozessen erforscht worden, während gezeigt werden konnte, dass das Selbstkonzept auf motivationale Faktoren wirkt, die Verhalten und Leistung beeinflussen (Meyer, 1984). Bedeutsam sind hierfür vor allem Ursachenerklärungen, die Kinder und Jugendliche für Erfolge und Misserfolge in Leistungssituationen vornehmen (Stiensmeier-Pelster, Schürmann, Ecker & Pelster, 1994). Zudem konnte nachgewiesen werden, dass schulischer Erfolg zur Stärkung und Aufrechterhaltung eines positiven Selbstwertkonzeptes führt und erfolgreiche Jugendliche im Vergleich ein höheres Selbstwertkonzept besitzen. Jugendliche mit einem niedrigen (Fähigkeits-) Selbstkonzept zeigen oftmals derart ungünstige Attributionsmuster, dass sie internale und stabile Faktoren für Misserfolge verantwortlich sehen (ebd), in Leistungssituationen irrationale Gedanken haben und das vor allem dann, wenn ein externer bzw. sozialer Bewertungsaspekt im Vordergrund steht (Schöne, Dickhäuser, Spinath & Stiensmeier-Pelster, 2003). Allein dieser Umstand reicht bei den Betroffenen aus, dass die Wahrscheinlichkeit weiterer Misserfolge erhöht wird und sogar auf Dauer zu motivationalen Defiziten insgesamt führt (ebd.). Im Sinne der bereits thematisierten sich selbst erfüllenden Prophezeiungen erhärtet sich dann die Annahme, man sei unbegabt (Meyer, 1984), und zukünftige Misserfolge werden als unabänderlich erachtet.

Negative Bewertungen und Rückmeldungen, problematische Attribuierungsmuster, zugeschriebene Stigmatisierungen und vorherrschende Stereotypisierungen sowie die Erfahrung, im sozialen Vergleich minderwertigere Leistung feststellen zu müssen, führen damit dauerhaft zur Verminderung der eigenen Anstrengung. Sie verstärken physische und psychische Mechanismen zur Erhaltung einer allgemeinen Passivität, münden in Hilflosigkeit und Selbstwertschädigung (Dweck & Leggett, 1988) und begünstigen in der Folge weitere problematische Verhaltensweisen. Das Selbstkonzept beeinflusst damit über die Lernbereitschaft mittelbar den Lernerfolg, während dieser im Falle anhaltender Misserfolgserfahrungen die Lernbereitschaft negativ limitiert.

Lukesch verweist darauf, dass „das Selbstkonzept wie eben auch Motivationsvariablen als eigenschaftstheoretische Personenmerkmale aufgefasst werden können“ (Heckhausen, 1980, S. 585 zitiert nach Lukesch, 2007), so dass zwischen jenen beiden psychologischen Konstrukten keine Unterschiede bestehen. Damit avancieren Motive zu Komponenten einer komplexen Selbststruktur, „wobei für die Ausbildung bestimmter Aspekte (verkürzt gesagt, dem Leistungs- oder Begabungsselbstbild) die aktuellen Erfolgs- und Misserfahrungen in relevanten Situationen sowie deren kognitive Verarbeitung (z. B. Verursachungsattributionen [und Stereotypisierungen]) wesentlich sind“ (Lukesch, 2007, S.11). Dieser Selbstbildbereich konstituiert sich demnach aus häufig und langfristig gesammelten Erfolgs- und Misserfolgserfahrungen, „den nachfolgenden realistischen oder weniger realistischen Änderungen des Aspirationsniveaus, den damit einhergehenden emotionalen Antizipationen von Leistungsergebnissen und den erneut gemachten Erfahrungen in Leistungssituationen im Vergleich zu anderen Menschen“ (ebd.). Kurzfristig haben die zuvor erwähnten Misserfolgserfahrungen die Evozierung negativer Affekte und deren kognitive Verarbeitung zur Folge, während das Individuum langfristig Gefahr läuft, stabile und problematische Attributionsmuster auszubilden und vorzunehmen, die demgemäß negativ auf das Selbstkonzept – im Kontext und in der Interaktion mit anderen Persönlichkeitsmerkmalen – wirken.

Damit ist das Selbstkonzept nicht nur über verschiedene emotionale, kognitive und motivationale Variablen vermittelt (Schöne, Dickhäuser, Spinath & Stiensmeier-Pelster, 2003), sondern wird zusätzlich anschlussfähig an und determiniert durch Erwartungseffekte, (implizite) Persönlichkeitstheorien, selbst sowie fremd vorgenommene Attribuierungsprozesse, Stigmatisierungs-, Stereotypisierung- und Diskriminierungsprozesse, was im Falle dauerhafter Misserfolge das Erleben von Scham und ob der problematischen Zuschreibungen anderer zur Selbstwertschädigung führen kann und einer Gegenreflexion bedarf. Die fokussierte Sichtweise auf das Individuum in seiner gesellschaftlichen Rahmung sowie die Darstellung und Reflexion jener kognitiven, emotionalen und vor allem motivationalen Aspekte bedarf explizit im schulischen Kontext einer bildungstheoretischen Rückanbindung und Gegenreflexion, was wiederum eine Subjektbildungstheorie erfordert, die u. a. eine ganzheitliche Sicht auf das Individuum postuliert und den zuvor erhobenen Ansprüchen Rechnung trägt.

1.6 Bildungstheoretische Legitimation von Präventions- und Interventionsmöglichkeiten im Rahmen der Leistungsmotivation

Die dargelegte Sicht einer attributionalen Initiierung des Stereotyps bzw. Vorurteils der Benachteiligung sowie die fortgesetzte Perpetuierung des Benachteiligtenphänomens und die damit verbundenen negativen Auswirkungen, explizit auf die Leistungsmotivation des Individuums und darüber hinaus vermittelt auf sein Selbstkonzept, bedarf einer pädagogischen Professionalisierung und einer mit dieser verbundenen bildungstheoretischen Gegenreflexion. Die *Arbeitsorientierte Exemplarik* stellt ein Erkenntnis- bzw. Reflexionsmodell dar, das die Subjektbildung als erkenntnisleitendes Interesse innerhalb der Erziehungswissenschaft postuliert. Das Subjekt selbst ist als die „Leitidee des selbstbestimmten, aktiven, die ihn umgebende Welt und die Geschichte gestaltenden wie sich selbst durch Arbeit entfaltenden Menschen“ (Huisinga & Lisop, 2004, S. 440) zu verstehen. Das Individuum kann demgemäß nicht von seiner Umwelt getrennt werden, weil es erst durch diese konstituiert wird und seine Identität gewinnt (Subjekt-Objekt-Dialektik). Diese Identität resultiert konkret aus dem Ziel des Erreichens einer emanzipierten Mündigkeit, wozu sich das Subjekt mittels Sprache, Reflexion und sonstigen Verkehrsformen zu den Objekten in Beziehung setzt. Subjektbildung meint in diesem Zusammenhang „sowohl den Prozess als auch das Ergebnis eines Prozesses, bei welchem sich Leitbilder, Gattungsspezifik und Kompetenzerfordernisse zu einer Einheit verschränken. Vom individuellen Bildungsprozess her gedacht, implizieren sich in der Subjektbildung innerseelische Wahrnehmungsverarbeitungen und Außengeschehnisse, somatopsychische und psycho-soziale Faktoren“ (Huisinga & Lisop, 1999, S. 178).

Bereits an dieser Stelle wird deutlich, dass jenes Erkenntnisinteresse einen weiten Blickwinkel erfordert, der mannigfaltige Phänomene in ihrem Zusammenwirken betrachtet – primär die Implikationen individueller und gesellschaftlicher Ansprüche sowie grundlegende Aspekte der komplexen

Gesellschaft – die wiederum das Individuum determinieren. Besonders bedeutend ist in diesem Rahmen der zu Grunde gelegte Bildungsbegriff, weil dieser die „bio-psycho-soziale Komplexität“ (ebd., S. 180) des Menschen zu fassen versucht, also eine ganzheitliche Sicht auf das Subjekt intendiert und es nicht nur auf seine Kognitionen reduziert. Bildung meint dementsprechend auch den „Prozess der Entwicklung und Entfaltung des Subjektes“ (Huisinga & Lisop, 2004, S. 429), der Implikationscharakter aufweist. Entwickelt werden soll die individuelle Handlungskompetenz, die sich in die Dimensionen Selbst-, Sozial- und Sachkompetenz gliedern lässt, was durch die ganzheitliche Entfaltung der „Kultur des Denkens, Fühlens und Wollens“ (ebd., S. 430) erreichbar wird. Diese Trinität, die dem Menschen von Natur aus gegeben ist und als Humanpotenzial verstanden werden will, ist im Rahmen dieser nunmehr psychologisch orientierten Arbeit mit den in diesem Bereich eher zutreffenden Termini der Emotionen, Kognitionen und Motivation übersetzt worden, damit es nicht zu Verständnisschwierigkeiten und Definitionsproblemen mit den eingangs dargebotenen Theorien sowie den noch folgenden experimentalpsychologischen Untersuchungen kommt.

Es ist bereits des Öfteren angeklungen, dass die Förderung der kognitiven Fähigkeiten und Fertigkeiten als zu kurz gegriffen erachtet wird, will man im Allgemeinen einem Menschen oder im Speziellen einem Benachteiligten durch Bildung Weltverfügung im Sinne von Welterkennen, Weltaufschluss und Weltgestaltung ermöglichen. Damit der zuvor genannten Subjektbildung Rechnung getragen werden kann, wurden von Huisinga und Lisop (2004) verschiedene Theoreme und Modelle konzipiert, die nicht nur den bildungstheoretischen Hintergrund der Arbeitsorientierten Exemplarik selbst darstellen, sondern auch im Stande sind, pädagogisch-professionelles Handeln zu legitimieren. Die paradigmatische Grundposition der Arbeitsorientierten Exemplarik konstituiert sich aus dem Rückgriff und der Verzahnung verschiedener bildungstheoretischer Denkfiguren.

Von dieser Basis ausgehend wurden zwei Theoreme entworfen: Einerseits die *Gesellschaftliche Konstitutionslogik*, die erklärt, dass „gesellschaftliche Strukturierungsprozesse als Implikationsprozess verlaufen und durch ein System von Konstitutionslogik bestimmt werden“ (ebd., S. 93), und andererseits die *Freisetzung und Vergesellschaftung*, die beschreibt, dass „Gesellschaftsprozesse durch eine permanente Reorganisation bzw. Neukonfiguration charakterisiert sind, deren Pole mit Freisetzung und Vergesellschaftung bezeichnet werden“ (ebd., S. 93f). Darüber hinaus wurden drei Struktur- und Prozessmodelle entwickelt und postuliert:

Erstens der *Gesellschaftliche Implikationszusammenhang*, der zum Ausdruck bringt, dass „die gesellschaftliche Konstitutionslogik [...] die Korrelation zwischen Bewusstseinsformen, Verkehrsformen und Produktionsformen einer Gesellschaft" bestimmt, wobei sich die Korrelation als Implikation präsentiert (ebd., S. 94). Zweitens das *Modell der Lehr- und Lernspirale,* das meint, dass die „Lehr- und Lernprozesse [in ihrem Verlauf als] ver- und entknotend[, sowie] assoziativ und sinngebend" (ebd., S. 94) gedacht werden sowie drittens – welches im Rahmen dieser Arbeit am bedeutsamsten erachtet wird – das des *Psychodynamischen Implikationszusammenhang der Lebenskräfte und Bedürfnisse,* welches explizit hervorhebt, dass „der Prozess der Subjektbildung durch ein System von Kräften und Bedürfnissen bestimmt wird, die eine implikative Gestalt hervorbringen" (ebd., S. 94). Jene Theoreme sowie Struktur- und Prozessmodelle dienen einerseits als Referenzrahmen, andererseits kann unter Rückgriff auf diese der Komplexität des individuellen Bildungsprozesses Rechnung getragen werden, der sich aus mannigfachen „sozialen, psychologischen, gesellschaftspraktischen-arbeitsbezogenen, theoretisch-fachspezifischen und pädagogisch-professions-spezifischen Belangen" (Lisop 2003, S. 297) ergibt. Der Arbeitsbegriff ist in diesem Zusammenhang als die sinnerfüllende Tätigkeit zu verstehen, die den Menschen in seiner Ganzheitlichkeit erfasst und ihm bei der Identitätsfindung und -festigung dient. Auch dieses Verständnis ist auf die Subjektbildung des Individuums ausgerichtet und erstreckt sich neben der Erwerbsarbeit auch auf die private Reproduktionsarbeit sowie die öffentliche Arbeit und sämtliche ehrenamtliche Tätigkeiten.

Während in der allgemeinen Didaktik das Prinzip der Exemplarik darin besteht, komplexe Phänomene mittels Reduktion auf repräsentative Beispiele zu beschränken, um diese zu erklären, grenzt sich die *Arbeitsorientierte Exemplarik* bewusst von einem solchen Verständnis ab, weil ihr die Exemplarik „als didaktisches Leitprinzip für die Auswahl und Aufbereitung von Lerngegenständen unter den Bedingungen von Komplexität und hohem psychosozialen wie kognitiven Integrationsbedarf" (Huisinga & Lisop 2004, S. 433) dient. Das Exemplarische ist damit als ein Erkenntnisprinzip zu verstehen, das mittels Wahrnehmung, Auslegung und Zuordnung eines Teils zu einem Ganzen auf das Erkennen von Strukturen und deren Bedingungsgefüge ausgerichtet ist. Insgesamt eine umfassende und tiefgründige Subjektbildungstheorie, auf deren Grundlage sich auch diese Arbeit samt ihres Erkenntnisinteresses konstituiert.

Eine weitere Darstellung der Modelle, Theoreme und zentralen Begriffe erfolgt im Rahmen dieser Arbeit nicht. Besonders zu akzentuieren ist das Modell des *Psychodynamischen Implikationszusammenhangs der Lebenskräfte und Bedürfnisse*, weil dieses als am bedeutendsten im Rahmen der Benachteiligtenförderung erachtet werden muss und in der Folge noch empirisch untermauert werden soll. Dieses Modell berücksichtigt die facettenreichen Bedingungen und Determinanten des menschlichen Lernprozesses, weil er zugleich als „körperlicher, emotionaler und geistiger wie individueller und sozialer Prozess" (Huisinga & Lisop, 1999, S. 14) definiert wird. Die Grundlagen für dieses Postulat stellen Erkenntnisse dar, die der Psychoanalyse, den verschiedenen Persönlickeits- und Sozialisationstheorien sowie der Psychosomatik und der Sozialpsychologie entnommen wurden. Diese Einsichten, Erfahrungen und Beurteilungen verdichten sich in der Annahme, dass das Subjekt „als somato-psychische-soziale Vermittlung von Individuellem und Gesellschaftlichem" (ebd., S. 181) zu betrachten ist.

Das Individuum wird somit stark von der Gesellschaft und ihren Zuschreibungen geprägt, wobei diese Prägung eine direkte Einflussnahme auf sein Humanpotenzial (Motive, Leistungsmotivation, Emotionen und Kognitionen sowie dem Selbstkonzept) nimmt. Mit Bezugnahme auf das *Modell des Gesellschaftlichen Implikationszusammenhangs* bietet das des *Psychodynamischen Implikationszusammenhangs der Lebenskräfte und Bedürfnisse* u. a. die Möglichkeit, Motivationsprobleme aufzuspüren und ihnen entgegenzuwirken, damit den Lebensbedürfnissen des Subjektes Rechnung getragen werden kann.

Das umfassende wissenschaftliche Repertoire, aus dem die *Arbeitsorientierte Exemplarik* schöpft, unterscheidet sie von anderen, meist monokausal ausgerichteten pädagogischen und psychologischen Theorien und deren Modellen. Um zum einen genau diesem Utilitarismus einiger Bezugswissenschaften der Erziehungswissenschaft entgegenzuwirken und zum anderen der Ganzheitlichkeit des Subjektes gerecht zu werden, gilt es im Folgenden dieses bildungstheoretisch legitimierte und subjektorientierte Paradigma mitzudenken, wenn der Prozess der Motivation in seinem Zusammenhang mit den menschlichen Emotionen und Kognitionen in Abhängigkeit von der sozialen Umwelt und seinem Einfluss auf das Selbstkonzept dargestellt wird. Darauf aufbauend schließt sich die Konstitution eines ganzheitlichen Prozessmodells der Leistungsmotivation an.

1.7 Zum Zusammenwirken von Benachteiligung und Leistungsmotivation: Die Stereotype-Threat-Theorie

Das Zusammenwirken der Attribution und Stereotypisierung als Benachteiligter mit der Leistungsmotivation eines Individuums wird insbesondere im Rahmen der Erbringung von Leistung im Allgemeinen sichtbar, wenn ein als benachteiligt Bezeichneter als leistungsunmotiviert beschrieben und vorverurteilt wird und nicht zuletzt infolge jener sprachlichen Wirkmechanismen tatsächlich im Vergleich zu anderen weniger Leistung erbringt. Ein Phänomen, das in der Sozialpsychologie als *Stereotype Threat* (selbstrelevante Stereotypen) bezeichnet wird.

Den Untersuchungen jenes Forschungsfeldes nach werden selbstrelevante negative Stereotype aktiviert, wenn diese bedeutsam für die Bearbeitung bestimmter Aufgaben sind, was Leistungsdefizite in vielfältigen Bewertungskontexten verstärkt. Ursächlich hierfür sind vermutlich psychologische Prozesse innerhalb der Person, die Angst, Stress und sich selbsterfüllende Prophezeiungen auslösen, die von negativen Affekten und ablenkenden Gedanken begleitet werden und die kognitiven Ressourcen teilen. Dadurch wird sich weniger den Aufgabenanforderungen als der Sorge, ein Stereotyp zu erfüllen, gewidmet, was zu negativer Selbstwirksamkeit führen kann, weil man geringe Erfolgserwartungen in Bezug auf die eigene Person entwickelt und Unsicherheit bei der Ausübung bestimmter Tätigkeiten erzeugt (Aronson, Wilson & Akert, 2005; Petersen & Six, 2008).

Dies funktioniert, da sich Individuen mit den von den Stereotypen betroffenen Gruppen identifizieren, was die Erwartungen an die eigenen Fähigkeiten und Fertigkeiten senkt sowie die Motivation vor allem in Leistungsbereichen von Beginn an negativ determiniert. Demnach ist es nicht erstaunlich, dass sich z. B. Kinder mit Migrationshintergrund, Schüler, die in sozial schwächeren Milieus aufwachsen, oder Jugendliche, die ohne Ausbildungsverhältnis sind und die entsprechenden Schulklassen im berufsschulischen Bildungswesen besuchen, mit dem ihnen zugeschriebenen Phänomen der Benachteiligten auch tatsächlich identifizieren, was negative Emotionen und Kognitionen initiiert, das Humanpotenzial bindet und die schulische (Leistungs-) Motivation stark mindert.

Nachdem dargelegt wurde, wie durch das Ablesen der Benachteiligung anhand bestimmter individueller Merkmale und damit der Zuschreibung von Benachteiligung in Attribuierungsprozessen die Konstruktion und Generierung eines Stereotypes erfolgt, das mehr oder weniger willentlich zur Vorverurteilung von Menschen gebraucht wird, soll nun erörtert werden, welche Wirkungen diese Prozesse auf das Individuum haben und welche negativen Folgen damit verbunden sind. Benachteiligung geht nämlich nicht mit mangelnder Leistung oder Motivation bzw. Demotivation einher, sondern führt erst durch die vermittelnden Prozesse zu jenem Zustand. Es konnte nämlich gezeigt werden, dass Menschen, die sich mit benachteiligten Gruppen identifizieren und dadurch auch mit Stereotypisierungen und Vorurteilen konfrontiert waren, allein infolge dieses Zugehörigkeitsgefühls, beispielsweise im Rahmen von (Fähigkeits-) Tests im Kontext schulischer Leistungsfeststellungen, schlechtere Ergebnisse als Teilnehmer erzielten, die eben solche stereotype Erwartungen bezüglich bevorstehender Leistungen nicht hatten (Swim & Stangor, 1998; Levin & van Laar, 2006). Ein Phänomen, das in der jüngeren Forschung – wie bereits erwähnt – als Stereotype-Threat bezeichnet wird.

Steele und Aronson (1995) erläutern, dass Personen ein Gefühl der Bedrohung erleben, wenn sie in einer Situation zugegen sind, in der sie befürchten müssen, dass sie zum einen auf Grundlage negativer Stereotype beurteilt werden oder zum anderen die Angst hegen, durch ihr Verhalten bzw. durch ihre Handlungen bestimmte negative Stereotype zu bestätigen. Dieses Bedrohungsgefühl wird als Stereotype-Threat bezeichnet (Keller, 2008). Hierfür sind vor allem drei Aspekte wesentlich: (1) Stereotypisierte Personen erzielen im Vergleich geringere Leistungen, als es ihnen möglich wäre, (2) darüber hinaus identifizieren sich jene infolge dessen weniger mit den Leistungssituationen und distanzieren sich zunehmend von diesen, was schlussendlich dahin führt, dass (3) die Betroffenen leistungsthematische schulische und berufliche Bereiche insgesamt meiden und dort nicht nur die andauernde Konfrontation mit negativen Stereotypen befürchten müssen, sondern diesen auch erlegen sind und sie damit selbst bestätigen und sogar noch verstärken (Steele, Spencer & Aronson, 2002; Keller, 2008).

Im Rahmen der Grundlagenforschung zur Stereotype-Threat-Theorie fokussierte man im Wesentlichen die drei „großen“ Stereotypisierungskategorien im Hinblick auf die Rasse, das Geschlecht sowie das Alter und konnte in diesem Zusammenhang mehrfach empirisch nachweisen, dass es zur Leistungsverminderung kommt, wenn in Leistungssituationen jene Stereotype salient und anwendbar sind bzw. keine signifikanten Leistungseinbußungen feststellbar waren, wenn eben keine stereotype Erwartungen präsent waren (Keller, 2008). Ist die Angst, „ein negatives Stereotyp über die eigene Gruppe durch persönliches Versagen bei einer [...] Aufgabe zu bestätigen“ (Steel & Aronson, 1995, S. 797) gegeben, war in Bezug auf die Rasse feststellbar, dass farbige Amerikaner in der Feststellung ihrer verbalen Fähigkeiten bzw. Intelligenz im Vergleich zu ihren weißen Mitmenschen schlechter abschnitten (vgl. ebd., 1995), dass Frauen aufgrund der ihnen zugeschriebenen mangelnden Mathematikkompetenz bezüglich jener Leistungen den Männern unterlegen waren (Spencer et al., 1999; Keller & Dauenheimer, 2003) und dass ältere Menschen im Hinblick auf ihre Gedächtnisleistungen starke Einbußen gegenüber jüngeren Teilnehmern verzeichneten bzw. die Aktivierung des Altersstereotyps zu einer Passivierung der Probanden insgesamt führte (Levy, 1996; Rahhal, Hasher & Colcombe, 2001).

Als Determinanten dieser Prozessverluste werden insbesondere Aufgabenschwierigkeit, der Aspekt der Leistungsbewertung sowie die Salienz des Stereotyps und Identifikation mit diesem genannt (vgl. Keller, 2008, S. 89). Demnach wird die Reduktion des Leistungsvermögens einer z. B. als benachteiligt stereotypisierten Person wahrscheinlich, wenn sie komplexe und eher komplizierte Aufgaben im schulischen bzw. beruflichen Kontext zu bewältigen hat, sich dabei in einer Situation befindet, die eine Leistungsbewertung durch Lehrer, Ausbilder oder Vorgesetzte nahelegt oder in der Leistung beurteilt wird und dass, falls das entsprechende Stereotyp auch auf diese Situation anwendbar ist, die Betroffenen sich auch mit dem ihnen zugeschriebenen und allgemein präsenten Stigma der Benachteiligung infolge bestimmter Merkmale identifizieren, wodurch es zur Reduktion des Leistungsvermögens kommt. Dabei ist noch nicht sicher herausgestellt, ob allein Anwesenheit eines Stereotyps ausreicht und dieses von den Betroffenen gewusst und abgelehnt werden muss (Aronson, Quinn & Spencer, 1998) oder aber in gewisser Weise von diesen für wahr und gültig gehalten werden muss, damit es wirksam wird (Keller & Bless, 2005). Insgesamt wird allerdings davon ausgegangen, dass zumindest der Glaube an die Möglichkeit der Bewahrheitung eines bestimmten Stereotyps gegeben sein muss, damit es auch zur Verminderung der eigentlich geforderten Leistung kommt (Aronson, 2002).

Bezüglich der Erforschung der negativen Wirkung von Stereotypen innerhalb von Leistungskontexten werden diese primär entweder durch biologischgenetische oder psycho-soziale Modelle erklärt und dadurch weitgehend stabile intrapersonale Aspekte als ursächlich erachtet, die wiederum relativ beständig und nur schwerlich veränderbar sind (Keller, 2008). „Demgegenüber vermittelt die [Stereotype-Threat-Theorie] ein positiveres Bild bezüglich der [...] Aufhebung bzw. Reduktion von Leistungsunterschieden, da in diesem Ansatz der situationale Einfluss von Stereotypen betont wird“ (ebd., S. 90). Damit wäre es möglich, lediglich durch die Instruktionen bzw. Variation dieser allein, den stereotypen Mechanismen u.a. sprachlich entgegenzuwirken, so dass diese entweder erst gar nicht genannt und aktiviert werden oder aber ihnen bewusst gegenreflektiert wird, so dass die Bildung negativer stereotyper

Erwartungen und die damit verbundenen Prozessverluste entweder abgemildert oder auch ganz verhindert werden können. Bezüglich aktueller Forschungsergebnisse ist erneut zu betonen, dass das Zusammenwirken emotionaler, kognitiver und motivationaler Variablen ob ihrer initiierten mentalen Belastung zur Leistungsreduktion führen. In diesem Zusammenhang wurden bezüglich kognitiver Mediatoren vor allem negative Gedanken sowie leistungshemmende und -hinderliche Selbstkonzept- und Stereotypaktivierung und -verarbeitungsprozesse untersucht und als verantwortlich postuliert (Davies et al. 2002; Marx et al., 2005; Cadinu et al., 2005). Gleichzeitig werden als affektive Variablen vor allem Ängstlichkeit vor und Frustration wegen der Stereotypisierung angenommen (Bosson et al., 2004; Marx & Stapel, 2006) und bezüglich motivationaler Mediatorvariablen vor allem Zielsetzungsprozesse, individuelle negative Leistungserwartung und problematisches Selbstregulationsverhalten als maßgeblich erachtet (Kray et al., 2002; Cadinu et al., 2003; Seibt & Förster, 2004).

1.8 Gegenreflexion des Benachteiligtenphänomens mittels Sprache bzw. sprachlicher Priming-Prozesse

Leitmotivisch zieht sich durch diese Arbeit immer wieder die Bedeutung der Sprache, mittels der das Phänomen der Benachteiligung mit der Leistungsmotivation verknüpft ist. Ganz gleich, ob auf einer Makroebene, aus deren Perspektive beispielsweise die sprachliche Verwendung des Bildungsbenachteiligtenbegriffs im Stande ist, gesellschaftliche Wahrnehmung und Verkehrsformen zu leiten, neu zu konfigurieren und dementsprechend zu deuten, oder auf einer Mikroebene, auf der nicht zuletzt durch den Gebrauch bestimmter Vokabeln individuelle Affekte und kognitive Prozesse initiiert bzw. infolge der Verwendung jener und mit zunehmender Abstrahierung dieser Attribuierungen vorgenommen werden. Schließlich werden diese als Stereotypisierungen ausgebaut und gebraucht, welche die Bedeutung von Vorurteilen implizieren und zur (in) direkten Diskriminierung von als benachteiligt stigmatisierten Personen dienen. Sprache stellt diesbezüglich die wesentliche Verkehrsform dar, mittels derer Benachteiligung zugeteilt und über die Leistungsmotivation determiniert wird. Der Stereotype-Threat-Ansatz liefert für jene Phänomene das sozialpsychologische Theorie- und Reflexionssystem, das diese Konsequenzen in Bezug auf das Individuum eruiert und erklärt, dass solche sprachlichen Zuschreibungen nicht nur zur Hemmung leistungsmotivationalen Potenzials führt, sondern diesem beispielsweise auch mittels verschiedener sprachlicher Priming-Typen entgegengewirkt werden kann. Ein Prinzip, das sich auch im Rahmen der geplanten experimentalpsychologischen Untersuchung zu Nutzen gemacht werden wird.

Der Begriff *Priming* bedeutet aus dem Englischen übersetzt im wörtlichen Sinne allgemein soviel wie etwa *Vorbereitung*, wohingegen der Terminus in der (kognitionswissenschaftlichen) psychologischen Forschung eher im Sinne einer Voraktivierung bzw. Bahnung gebraucht wird und sowohl als Phänomen eines bei der Informationsverarbeitung auftretenden Effektes als auch eine Methode im Sinne einer experimentellen Verfahrenstechnik verstanden werden kann. Dies rührt daher, dass kognitive Prozesse selbst nicht beobachtet werden können und lediglich über ihre Input-Output-Korrespondenz und geeignete Maße zur Erfassung dieser Prozessanalyse erschließbar sind (Scharlau, Ansorge & Neumann, 2003). In diesem Zusammenhang wird die Wirkung eines Reizes auf die Verarbeitung eines diesem folgenden Reizes verstanden, insbesondere dann, wenn der erst Reiz die Auftretenswahrscheinlichkeit des Folgenden erhöht (Lashley, 1960; Neely, 1991; Häcker, 2004; Willmann, 1995). Damit stellt das Priming selbst eine Form von Reaktionsbahnung dar, weil vorauslaufende Ereignisse und Erfahrungen assoziativ mit bestimmten gebahnten und folgenden Reaktionen verknüpft sind, die infolge des Primings intensiver bzw. schneller und häufiger auftreten. Somit stellt das Priming einen vermittelnden Prozess zwischen einer Handlungsabsicht sowie der eigentlichen Handlung selbst dar und lässt sich demzurfolge beispielsweise auch über die benötigte Reaktionszeit bzw. Verarbeitungszeitersparnis erfassen (Lashley, 1951; Neely, 1991). Zur Untersuchung dieser Prime-Target-Relationen kommen insbesondere lexikalische, semantische und phonetische sowie graphemische Aufgaben in Betracht (Mathey, Robert & Zagar, 2004, Rodd, 2004).

Wurde der Priming-Effekt ursprünglich noch als eine intern ausgelöste Aktivierung gedacht, konnte in der Folgezeit im Rahmen vielfältiger experimenteller Forschung gezeigt werden, dass sich diese Aktivierung auch extern initiieren lässt (Storms, 1958; Grand & Segal, 1966; Bargh & Chartrand, 2000). Zu den gewünschten Priming-Effekten führten unterschiedliche Prime-Target-Relationen, erzielt durch direktes, phonologisches, syntaktisches, evaluatives, semantisches und assoziatives sowie affektives Priming. Zunehmend beliebter wird vor allem in der computergestützten Forschung der Usus modalitätsübergreifender Primings, deren Wirkung oftmals infolge diverser vermuteter Überlagerungseffekte angezweifelt wurde, aber derweilen gut belegt worden ist

(Perea, Rosa & Gomez, 2002; Raaijmakers, 2003; Storbeck & Robinson, 2004).

Eine weitere relativ gesicherte Erkenntnis, die aus der Priming-Forschung herrührt, ist die, dass man infolge vielfältiger Wahrnehmungs-, Wortfragment- und Wortlistenuntersuchungen in Bezug auf deren Verarbeitung im Gedächtnis derweilen begründet darlegt, dass semantische Inhalte eine Struktur besitzen und netzwerkartig miteinander verbunden sind sowie ein impliziter, primär unbewusster und fähigkeitsbezogener von einem expliziten, bewussten und eher faktenwissenbezogenen Gedächtnisteil unterschieden werden muss (Graf, Squire & Mandler, 1984; Kandel, Schwartz & Jessell, 2000).

Im Rahmen semantischer Priming-Experimente konnten Collins und seine Mitarbeiter (1975) die Theorie der semantischen Netzwerke entwickeln und erforschten, dass das menschliche Gedächtnis aus einer Vielzahl von Konzepten bzw. diesen zugrundeliegenden Knoten beschrieben werden kann, die durch Kanten miteinander verbunden sind und dadurch zueinander in Beziehung stehen. Dies hat zur Folge, dass die Aktivierung eines Knotens sowohl zur Stimulierung weiterer, mit ihm verbundener Knoten führt, als auch semantisch verwandte Konzepte bzw. Netzwerke aktiviert werden, wobei die Konnektionen der Konzepte deren Assoziationsstärke und damit auch deren Aktivierungsstärke repräsentieren. In diesem Zusammenhang hatte man den Versuchpersonen in vielfältigen Experimenten immer einen ersten Primereiz dargeboten, der wiederum ein äquivalentes Konzept im Gedächtnis aktiviert, woraufhin die Aktivierung eines Ziel- bzw. Targetreizes erfolgte, auf den die Probanden reagierten. Dabei variierte deren Reaktionszeit teilweise stark, was daher rührt, dass zwischen semantisch verwandten Reizpaaren und dadurch miteinander assoziierten Reizen die Informationsverarbeitung kürzer ist (Collins & Loftus, 1975; Collins & Quillian, 1969). Zentrale Maßeinheit waren grundsätzlich die erforschten Reaktionszeiten, die miteinander verglichen wurden und nicht nur zu einer Zeitersparnis, sondern auch zu einem hemmenden Effekt, im Sinne eines negativen Primings, führen konnten (Neely, 1976). Für die zuvor aufgeführten verschiedenen Priming-Arten gelten zumeist unterschiedliche Bedingungen und Maxima (Logan, 1990). Des Weiteren konnte ermittelt werden, dass Priming-Effekte einerseits automatisch und unbewusst ablaufen, andererseits auch bewusster und damit kontrollierter sowie strategischer Natur sein können, dann allerdings eine intensivere Vorbereitungszeit benötigen (Neely, 1977; Bargh et al., 2000). Im Falle multipler Reizsetzungen wiesen diese Effekte auch additive Wirkungen auf (Wilding, 1986; Humphreys, 1994). Diesbezüglich konnte die Forschungsgruppe um Bargh (2000) zeigen, dass sich mittels eines konzeptuellen Primings nicht nur kurze Reaktionen bahnen lassen, sondern durch die unbewusste Stimulierung mentaler Repräsentationen auch komplexere Verhaltenstendenzen aktivieren bzw. anbahnen lassen.

In dieser Arbeit interessiert vordergründig die Frage, ob sich mittels eines Primings auch Einstellungen im Sinne von Bewertungen bzw. Vorurteilen aktivieren lassen und zu bestimmten Verhaltensformen und -folgen führen. Fazio (1986; 2001) und seine Mitarbeiter untersuchten ursprünglich mittels eines sequenzieller Primings die Valenz von positiv und negativ konnotierten Wörtern bzw. Prime- und Targetreizen und fanden heraus, dass äquivalente Wörter miteinander in Verbindung gebracht und bewertet werden. Daraus folgerten sie, dass im Gedächtnis auch Einstellungen existieren, die sich aus der Verbindung eines Objektes – z. B. Individuen oder sozialen Gruppen – mit einer Bewertung, von einem Affekt bzw. einer Emotion bis hin zu einer komplexeren kognitiven Beurteilung, konstituieren (Fazio, Sanbonmatsu, Powell & Kardes, 1986). Die Darbietung eines bestimmten (affektiven) Objektes aktiviert scheinbar automatisch eine mit diesem assoziierte Einstellung, welche die affektive Bewertung und Beurteilung des Folgereizes – falls diese in kongruenter Beziehung zueinander stehen – erleichtert und sich insgesamt unter dem Begriff des affektiven Primings subsumieren lässt. Diese Effekte lassen sich nicht nur auf semantisches Reizmaterial beschränkt, sondern wurden darüber hinaus mittels akustischer, olfaktorischer und vielfältiger visueller Reize evoziert (Klauer & Musch, 2003; Spruyt, Hermanns, De Houwer & Eelen, 2004; Ferguson, Bargh & Nayak, 2005; Hermans, Baeyens, Lamote, Spruyt & Eelen, 2005). Den Versuchspersonen wurden dabei generell verschiedenartige Benennungs- oder lexikalische bzw. evaluative Bewertungsaufgaben dargeboten, mittels derer unmittelbare und kurzzeitige (affektive) Priming-Effekte bestätigt werden konnten (Klauer, Mierke & Musch, 2003).

Ein für diese Arbeit fruchtbares Erklärungsmodell stellt u. a. die Aktivationsausbreitungshypothese dar, in deren Zusammenhang die zuvor ausgeführte Existenz semantischer Netzwerke innerhalb des semantischen (Langzeit-) Gedächtnisses postuliert wird. Zusätzlich wird die Präsenz eines affektiven Netzwerkes bekräftigt, das positive und negative Valenzen bzw. Konzepte beinhaltet und in einem Gesamtsystem miteinander verbindet, in dem einzelne Worte bis hin zu komplexen Einstellungen gegenüber anderen Menschen enthalten sind (Klauer et al., 2003; Maier, Berner & Pekrun, 2003). Demnach aktiviert ein positiv konnotiertes Wort ein mit ihm assoziiertes positives Netzwerk und erleichtert zusätzlich die Aktivierung artverwandter Netzwerke – vice versa im negativen Falle. Dies lässt sich in analoger Art und

Weise auch auf die Stimulierung bestimmter Vorurteile und Stereotype übertragen. Je höher die Summe sämtlicher Konnektionen und Konnektionsstärken ist, umso deutlicher zeigten sich die jeweiligen Priming-Effekte (Ratcliff & McKoon, 1988). Hieraus resultiert insgesamt die Überlegung, dass eine Aktivierung von Einstellungen, bestehend aus einem Konglomerat affektiver und semantischer Priming-Facetten zur bewussten und unbewussten Einflussnahme auf Verhaltens- sowie Handlungsweisen fähig ist. Komplexe Priming-Versuche – z. B. die Manipulation mittels Geschichten, die mehrere Priming-Typen beinhalten und an deren Darbietung sich die Erfassung der Veränderung komplexerer Verhaltensentäußerungen anschließt – existieren gegenwärtig noch nicht in der psychologischen Forschung. Etwas komplexer als die bisweilen eher spartanischen ad hoc Reaktions- und Entscheidungsaufgaben sind publizierte Priming-Effekte, die man in Bezug auf Textrezeption (Keenan & Jennings, 1995) oder die Verbalisierung in Dialogen erforschte (Bock, 1986; Branigan, Pickering & Cleland, 2000; Pickering & Garrod, 2004), was die Wirkung komplexeren sprachlichern Materials nahelegen.

Fazio et al. (1995) waren die ersten, die ein affektives Priming in ihren Studien zur Überprüfung rassistischer Einstellungen einsetzten und zeigen konnten, dass Versuchsteilnehmer schneller reagierten, wenn eine Kongruenz zwischen positiven Worten und als eher positiv eingeschätzten Bildern gegeben war, was für die automatische Aktivierung von vorurteilsbehafteten Einstellungen spricht, obgleich nicht ausgeschlossen werden kann, dass trotz des Einsatzes dieses indirekten Verfahrens die Probanden bemüht sind, ihr Reaktionsverhalten sozial erwünscht, bewusst und strategisch zu steuern (Klauer, Rossnagel & Musch, 1997).

Weil es jedoch gerade im pädagogischen Kontext gewollt ist, dass Einstellungen und Handlungen bewusst und willentlich gefordert und gefördert werden, ein Prozess, an dem der Rezipient also beteiligt ist, wird sich nicht für den Einsatz maskierter oder subliminaler und eher reduzierter Primingstimuli entschieden (Otten & Wentura, 1999, Frings & Wentura, 2003; Wentura, Kulfanek & Greve 2005). In der experimentellen Untersuchung wird ein komplexes Priming formuliert und frequentiert, das gemäß der (bildungs-) theoretischen Reflexion auch im Stande sein sollte, komplexe Verhaltensauswirkungen und -modifikationen zu evozieren. Dabei muss dem Umstand Rechnung getragen werden, dass durch ein Priming ebenso automatisch aktivierte Bewertungsassoziationen aktiviert werden und in den folgenden Handlungsprozess einfließen, die im Sinne der Stereotype-Threat-Theorie affektives, kognitives und motivationales Potenzial determinieren bzw. limitieren. Deshalb ist es begründet, nicht nur ein positives Priming zu benutzen, sondern zusätzlich diesem die Gegenreflexion jener Stigmatisierungs- und Vorurteilsprozesse vorzuschalten. Da es zu einem solchen methodischen Vorgehen bisher noch keine Untersuchungen gibt, ist die Notwendigkeit der Testung jener Form im Allgemeinen sowie die Testung dieser beiden unterschiedlichen Priming-Typen gegeben: Einerseits wird erforscht, ob ein positiv formuliertes literarisches Priming die individuelle Leistungsmotivation in förderlichem Sinne beeinflusst, während andererseits zu erheben ist, inwieweit die Reflexion des Benachteiligtenphänomens den Prozessverlusten, wie sie durch die Stereotype-Threat-Theorie und im Rahmen der mit ihr postulierten Interventionen zur Behebung dieses Phänomens angenommen werden (Peterson & Six, 2008), entgegenwirken kann. Dies ist notwendig, weil die sozialpsychologische Einstellungsforschung überzeugende Annahmen über die kognitive Repräsentation von Einstellungen und deren Relation zu Einstellungsobjekten formuliert hat, die sich auf einem Kontinuum von gut bis schlecht bzw. positiv bis negativ bewegen, kognitiv und affektiv bewertet werden und sich demgemäß auf den Prozess der Informationsverarbeitung und -nutzung sowie den folgenden Verhaltensteuerungsprozess auswirken (Allport, 1935; Heider, 1946; Fazio, 1990; Eagly & Chaiken, 1993). Darüber hinaus wird oftmals die interne Konsistenz der generell eingesetzten reaktionszeitbasierten Verfahren diskutiert und problematisiert, weil die erlangten Effekte sich in zwei abhängigen Variablen niederschlagen können, zum einen in der Reaktionsgeschwindigkeit und zum anderen in der Reaktionsgenauigkeit (Fazio, 1990; Eagly & Chaiken, 1993). Deshalb werden im Hinblick auf die Leistungsmotivation zur Erhebung möglicher Effekte die Dimensionen Hoffnung auf Erfolg und Furcht vor Misserfolg als qualitative und die Anzahl der zur Geschichtenverfassung verwendeten Wörter als weiteres implizites und quantitatives Merkmal herangezogen. Infolge der untrennbaren Verzahnung von Motivation, Emotionen und Kognitionen wird das literarische Priming zur Leistungsmotivierung explizit auf jener Grundlage formuliert, so dass insbesondere durch Adjektive und konkrete inhaltliche Explikationen diese Konstrukte konstituierend für das zu formulierende Priming sind.

1.9 Prozessmodell einer ganzheitlich betrachteten Leistungsmotivation

Aufgrund der geleisteten theoretischen Reflexion wird nun ein Prozess bzw. Modell der Leistungsmotivation konstituiert, das die zuvor dargestellten und diskutierten Erkenntnisse insgesamt auf einer relativ abstrakten Ebene integriert, aber dennoch anschlussfähig für konkrete Fragestellungen, Phänomenerklärungen und Prä- sowie Interventionsplanungen ist. Eine grafische Darstellung jenes zugunsten einer ersten Orientierung ist in Abbildung 12 gegeben:

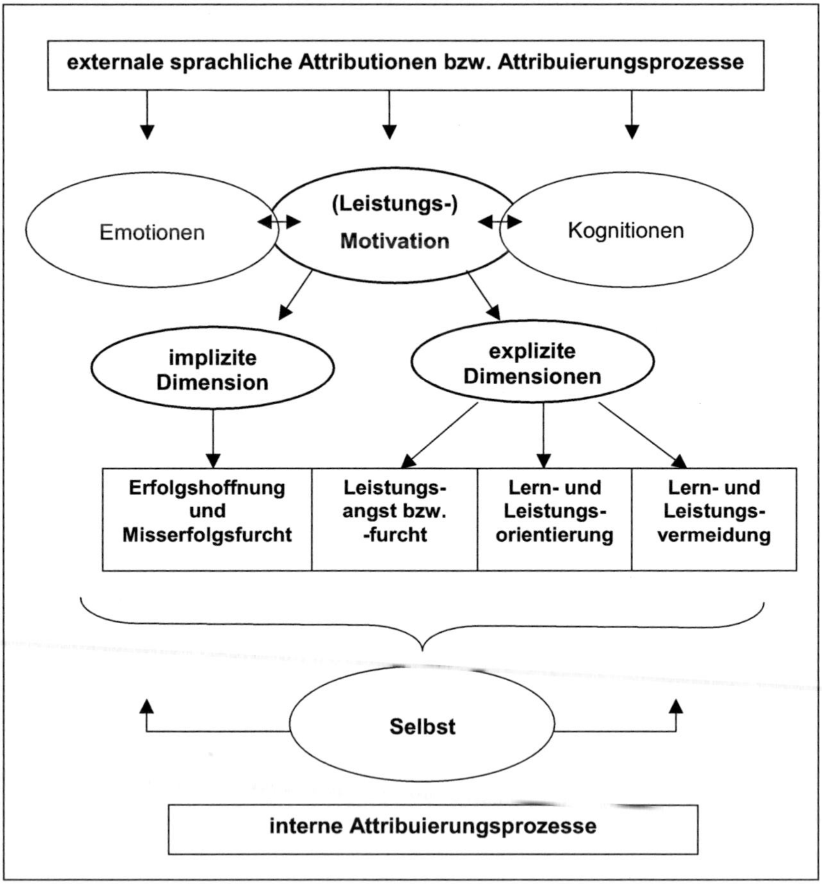

Abb. 12: Prozessmodell einer ganzheitlichen Sicht der Leistungsmotivation bzw. -motivierung

Bereits Lewin (1926, 1935) postulierte, dass Verhalten immer eine Funktion von Person und Situation bzw. Umwelt darstellt. Gleichermaßen führen auch Huisinga und Lisop (2004) aus, dass ein Subjekt immer in Bezug auf ein Objekt bzw. innerhalb der gesellschaftlichen Referenzrahmung zu denken und reflektieren ist. Demnach bilden den Ausgangspunkt des Modells Attributionen, die primär im Medium der mündlichen und schriftlichen Sprache external einem Individuum zugeschrieben werden. Im Rahmen dieser Arbeit stellten dies originär die Stereotypisierungen als Benachteiligter durch die gesellschaftliche Öffentlichkeit, die fachpublizistische und bildungspolitische Präsenz sowie die konkret in der berufsschulischen Praxis arbeitenden Pädagogen dar. Damit wird Sprache einerseits als Initiator innerpsychischer Prozesse und andererseits als relationales, bidirektionales und vermittelndes Medium zwischen Subjekt und Objekt bzw. Umwelt erachtet.

Unter Rückgriff auf die zuvor bereits erwähnte Subjektbildungstheorie, wie sie in der Arbeitsorientierten Exemplarik konstituiert ist (Huisinga & Lisop, 2004), gilt es also zum einen die gesellschaftliche Konstitutionslogik im Sinne einer Referenzrahmung und zum anderen insbesondere den psychodynamischen Implikationszusammenhang der Lebenskräfte und Bedürfnisse des Individuums mitzudenken. Damit wird bestärkt, dass auch Leistungsmotivationstheorien nicht von der Umwelt lösgelöst betrachtet werden können, während zusätzlich eine Akzentuierung der inneren Wesenskräfte des Subjektes erfolgt und im Hinblick auf jenes selbst zwingend eine ganzheitliche Sicht erforderlich ist. Dies impliziert, dass nicht nur die theoretische Konstruktion der Motive bzw. Leistungsmotivation alleinig zu betrachten ist, sondern der Betrachtungsfokus auf das Humanpotenzial, im Sinne des Denkens, Fühlens und Wollens – mit den psychologischen Termini der Kognitionen, Emotionen und Motivation übersetzbar – gerichtet werden muss.

Sprache bzw. Zuschreibungen nehmen damit gleichermaßen Einfluss auf Emotionen, Kognitionen und (Leistungs-) Motivation (vgl. Petersen & Six, 2008; Weiner, 1994), was direkt, bewusst und reflektiert, allerdings auch indirekt und unbewusst geschieht. Alle drei Wesenskräfte wirken in sich zusammen und stellen ein Bedingungsgefüge dar, das interdependenten Charakter impliziert, so dass sich die einzelnen Konstrukte und Dimensionen innerhalb dieser anregen und unterstützen, aber auch blockieren und dadurch hemmen können.

Die im Rahmen dieser Arbeit akzentuierte Leistungsmotivation stellt ein Konstrukt dar, dass aus einem impliziten und damit unbewusstem sowie einem expliziten und damit der bewussten Reflexion zugängigen Bereich besteht. Vor allem die methodische Diskussion zur Erfassung der Leistungsmotivation und die mit dieser verbundenen empirischen Erkenntnisse stützen jene Annahme. Die implizite Dimension wird in Anlehnung an Freud (1915) und McClelland (1953, 1985) als eine eher angeborene, grundlegende und tendenziell eher unbewusste Triebkraft bzw. Impulsstärke konzipiert, die sowohl aus einer Hoffnungs- als auch aus einer Furchtfacette besteht, die das Leistungsmotiv gleichermaßen in Richtung Zielerreichung bzw. -vermeidung energetisieren können. Im Sinne Heckhausens (1963) wird davon ausgegangen, dass es sich bei diesen Facetten nicht um antagonistische Gegenspieler handelt, sondern diese in ihrer Summe eher eine allgemeine Leistungsmotivationstendenz bilden. Bezüglich der expliziten Dimension wird in Anlehnung an die theoretische Darstellung und methodischen sowie empirischen Erkenntnisse eine Dreiteilung jenes Konstruktes vorgenommen. Hierbei handelt es sich erstens um eine Dimension, die primär eine bewusste Form von Leistungsangst darstellt und unter der Konstrukte der Misserfolgs- oder Erfolgsfurcht sowie Misserfolgshoffnung subsumierbar sind. Des Weiteren wird zweitens eine interpersonale und bewusstseins- sowie reflexionsfähige und damit intrinsische Dimension der Lern- und Leistungsorientierung mit aufsuchendem Charakter angenommen, der drittens ein eher meidendes Pendant gegenübersteht und vor allem eine external sowie extrinsisch determinierte Lern- und Leistungvermeidung darstellt. Diese drei Bereiche innerhalb des expliziten Leistungsmotivationskonstruktes sind zum einen autonom, zum anderen aber auch interdependent miteinander verwoben, so dass eine Kongruenz bzw. Äquivalenz und damit förderliche Harmonie in dieser Leistungsmotivationsrichtung gegeben sein kann, allerdings auch eine Hemmung durch die grundsätzlich antagonistische Aktivierung der einzelnen Pole möglich ist.

Bezüglich der Verschiedenheit, aber auch in Bezug auf das Zusammenwirken der impliziten und expliziten Leistungsmotivationsdimensionen wird in Anlehnung an Brunstein et al. (2002, 2003) angenommen, dass diese miteinander in kongruenter Beziehung stehen, aber auch infolge einer Inkongruenz zueinander in Konflikt geraten können, während sie bedingt der gegenseitigen Substitution fähig sind und damit einen wechselseitigen, entweder positiven oder negativen Einfluss ausüben. Zusätzlich führt eine Kongruenz oder Diskrepanz der beiden Dimensionen nicht nur zu einer entsprechenden Limitation der Leistungsmotivation, gleichzeitig ist ebenso infolge der Interdependenzen mit den Konstrukten Emotion und Kognition ein Einfluss auf diese gegeben, welche wiederum positiven oder negativen Einfluss auf die Leistungsmotivation nehmen. Das System der Kognitionen steuert diesem Prozess die Resultate der reflektierten Informationsverarbeitung bei, während das Emotionssystem je nach Ausrichtung förderliche oder hemmende Affekte einspeist (Schmal & Sokolowski, 2006).

Die Aktivierung aller drei Systeme erfolgt im Wesentlichen über Sprache, im konkreten Fall der Benachteiligung über irgendwie kommunizierte Attributionen, Stereotypisierungen und den damit verbundenen verurteilenden Einstellungen und Handlungsweisen. In Abhängigkeit von der individuellen Motivstruktur, der Fähigkeit der Emotionsregulation sowie der kognitiven Verarbeitungskapazität samt Reflexionsfähigkeit entsteht konkretes (leistungsmotiviertes) Erleben und Verhalten, dessen Stärke bzw. Intensität und Ausdauer sowie aufsuchender oder vermeidender Charakter insgesamt von der Trinität der humanen Subsysteme determiniert ist.

In letzter Instanz nehmen diese Einzelfacetten Einfluss auf das Selbst bzw. Selbstkonzept des Individuums. In diesem Zusammenhang erfolgen z. B. automatische und willentliche Rückkopplungsprozesse im Sinne von Attributionen, insbesondere weil die zuvor geschilderten Prozesse als sprachlich kodiert bzw. begleitet gedacht werden (Weiner, 1994). Das Selbst bzw. Selbstkonzept in seinen Teilbereichen nimmt abschließend eine Bewertung und damit verbundene Rückkopplung an die Teilsysteme sowie eine adäquat erscheinende Erlebens- und Verhaltenskonfiguration sowie -entäußerung vor. Daraus resultiert sodann die Wahrnehmung, Speicherung und Interpretation erneuter gesellschaftlicher Zuschreibungen und Attribuierungsprozesse.

2 Fragestellungen und Erkenntnisinteresse

Wie in den theoretischen Kapiteln dieser Arbeit dargestellt wurde, gelten im schulischen Kontext bestimmte Schüler als benachteiligt, obgleich die Begriffsbestimmung selbst weitestgehend unscharf und unklar bleibt, so dass den Betroffenen eine variable Anzahl übervorteilender Aspekte via Sprache zugeschrieben wird (Bojanowski, Eckardt, Ratschinski, 2005). Benachteiligung wird dadurch anhand diverser Merkmale, z. B. dem Geschlecht, dem Migrationsstatus, der Bildungsbiografie oder dem sozio-ökonomischen Status der Eltern abgelesen und durch Zuschreibungen und Stereotypisierung fixiert (Schierholz, 2001). Die betroffenen Schüler werden allgemein als verhaltensauffällig beschrieben, während man ihnen konkret ein erhebliches Motivationsdefizit attestiert. Jene Problemkonstellation wird gegenüber dem Individuum in eine Form des Unfähigkeitsproblems übersetzt. Vor allem Jugendliche an der Übergangsschwelle zwischen Schule und Ausbildung oder Erwerbsarbeit sind diesem übervorteilenden gesellschaftlichen Distinktions- und Diskriminierungsverhalten ausgesetzt (Lex, 2002; Korte, 2006). Durch die ungerechtfertigten Merkmalszuschreibungen kommt es oftmals zu einer ungerechtfertigten Exklusion in eben jenem Sektor. Der Klärung der Frage, welche Determinanten des Benachteiligtenphänomens tatsächlich einen Einfluss auf die implizite und explizite Dimension der Leistungsmotivation, jeweils in ihrer Erfolgs- und Misserfolgsfacette nehmen, wird im Rahmen der ersten Studie nachgegangen.

Einerseits wird (Leistungs-) Motivation als zentrales Moment schulischer Leistungssituationen angesehen und vor allem den als benachteiligt Geltenden abgesprochen, andererseits sind diese Aussagen im Sinne stigmatisierender Universalkonstrukte nicht haltbar, weil von der Annahme ausgegangen wird, dass Leistungsmotivation primär wegen der Fremdzuschreibungen negativ determiniert wird und sich das Individuum vor allem in Leistungssituationen verstärkt auf diese Wirkmechanismen konzentriert und es dadurch erst zur negativen Limitierung der Leistungsmotivation kommt. Aktuellere Forschungserkenntnisse verdeutlichen diesbezüglich, dass nicht von einer allgemeinen Unmotiviertheit bzw. mangelnden Leistungsmotivation gesprochen werden kann, da zumindest eine Differenzierung in eine explizite und implizite Dimension der Leistungsmotivation vorgenommen werden sollte. Zusätzlich werden noch die Facetten der Erfolgshoffnung von der Misserfolgsfurcht voneinander unterschieden. Benachteiligung stellt, wie gezeigt wurde, ein sprachliches bzw. sprachabhängiges Phänomen dar, das Emotionen, Kognitionen und damit vor allem die Leistungsmotivation der betroffenen Jugendlichen hemmt. Darüber hinaus wird ein negativer Einfluss auf das Selbstkonzept und das Selbstwertgefühl der Einzelnen angenommen. Diese Prozessverluste werden u. a. in Stereotype-Threat-Theorien untersucht und erklärt, in denen sprachlichen Zuschreibungen und damit verbundene Stereotypisierungen als zentraler Wirkmechanismus gedacht werden. Auf der Grundlage der entsprechenden Forschungsergebnisse und -postulate wird deshalb davon ausgegangen, dass dem Effekt auch mittels sprachlicher Interventionen – hier konkret in Form eines Motivations-Primings – gegengewirkt bzw. -reflektiert werden kann. Die Untersuchung dessen wird Gegenstand der zweiten Studie sein.

Des Weiteren ist es von besonderem theoretischen und praktischem Interesse, in welchem Zusammenhang die eingesetzten Verfahren zur Erhebung der impliziten und expliziten Leistungsmotivation samt Hoffnungs- und Furchtkomponenten stehen, also ob sich eine derartige Differenzierung auch in der untersuchten Stichprobe zeigt und damit aufrecht erhalten lässt. Zusätzlich wird diesbezüglich überprüft, inwieweit ein Zusammenspiel oder antagonistische Wirkweisen gegeben sind. Dies wird in einer gesonderten Analyse praktiziert, in der es originär gilt, das eigenkonzipierte Modell einer ganzheitlich betrachteten Leistungsmotivation auf seine Gültigkeit hin zu überprüfen. Darüber hinaus ist es denkbar, dass eine Betrachtung der Schüler, klassifiziert in erfolgs- oder misserfolgsorientierte, zu kurz gegriffen ist, weil verschiedene Motivationstypenkonstellationen infolge der teilweise unterschiedlichen Dimensionen und Facetten der Leistungsmotivation zu erwarten sind, die wiederum vielfältige und verschiedenartige Interventionen erfordern. Der Versuch dieser Typenbildung bzw. -klassifizierung auf Grundlage der in den ersten beiden Studien erhobenen Leistungsmotivkennwerten stellt abschließend den Gegenstand der dritten Studie dar.

2.1 Benachteiligende Determinanten der Leistungsmotivation

In einem ersten Schritt soll erforscht werden, welche der in der Öffentlichkeit und vor allem in den erziehungswissenschaftlichen Fach- und Bezugswissenschaften als benachteiligend geltenden Faktoren (Alter, Geschlecht, Migrationsstatus, Schullaufbahn und -abschluss sowie sozio-ökonomischer Status im Sinne von Ausbildung und gegenwärtiger Tätigkeit der Eltern) einen bedeutsamen Einfluss auf die implizite und explizite Erfolgshoffnung sowie Misserfolgsfurcht der Leistungsmotivation nehmen. Dann wird untersucht, welche Unterschiede zwischen den klassischer Weise als benachteiligt bezeichneten Schülern gegenüber der Gruppe der Gymnasiasten bestehen. Explizite Forschungsuntersuchungen bezüglich der Beziehungen zwischen den als benachteiligend postulierten Determinanten und den Dimensionen sowie Facetten der Leistungsmotivation sind nicht bekannt, weshalb in Analogie hierzu vorwiegend Untersuchungen und Ergebnisse, die das allgemeine Leistungsvermögen bzw. Kompetenzniveau fokussierten, referiert und reflektiert werden. Die Leistungsmotivation selbst wird in diesem Wirkgefüge allerdings als entscheidendster und bedeutsamster Mediator erachtet.

Bezüglich des *Alters* werden kaum bedeutsame Unterschiede im Leistungsverhalten der Heranwachsenden postuliert. Dies scheint lediglich einen Einfluss auf die explizite Erfolgshoffnung zu nehmen, was vor allem nach der Primarstufe, während des Überganges in andere Schulformen, in Erfahrung gebracht werden konnte. Lernziel und Erfolgshoffnung sind zu jener Zeit beispielsweise im Vergleich zur weiteren Schullaufbahndauer am höchsten. Bis zum Abschluss der Mittelstufe nehmen diese Werte allerdings ab und stabilisieren sich zunehmend auf einem mittleren Niveau (Spinath,

2002). Gleichzeitig konnte mit steigendem Alter auch eine Abnahme der Erfolgs- und Misserfolgsfurcht festgestellt werden (Kornprobst, 2005; Wildenauer, 2006). Jene Effekte ließen sich allerdings nicht immer replizieren (Eder 2006; Hausbeck, 2005). Insgesamt ist festzuhalten, dass Hoffnung auf Erfolg vor allem mit der subjektiv beurteilten Wichtigkeit von Leistung und Bildung sowie einem positivem Selbstkonzept und einer im Allgemeinen erhöhten Arbeitszufriedenheit korreliert (Kornprobst, 2005; Köppl, 2007), vice versa im Fall der Leistungsangst bzw. -furcht, die negativ mit verschiedenen Selbstwertkonstrukten korreliert ist (Kornprobst, 2005).

Es wird davon ausgegangen, dass bezüglich des Alters keine signifikanten Unterschiede zwischen den Jugendlichen der einzelnen Altersjahrgänge in den impliziten und expliziten Leistungsmotivkennwerten bestehen.

Untersuchungen, die Unterschiede im *Geschlecht* fokussierten, fanden einerseits heraus, dass vor allem Jungen weniger stark motiviert sind und insgesamt eine potenziell benachteiligte Risikogruppe darstellen, u.a. weil Mädchen fleißiger und oftmals an höheren Sekundarschulen überrepräsentiert sind (Cornelißen, 2005; Haeberlin, Imdorf & Kronig, 2004; Konsortium Bildungsberichterstattung, 2006). Andererseits konnte auch empirisch belegt werden (Spinath, 2002; Lämmle, 2004, Bauer et al., 2004), dass vor allem junge Männer im direkten Vergleich über eine höher ausgeprägte explizite Hoffnung auf Erfolg verfügen (Bauer, Friedrich & Wimber, 2002; Kornprobst, 2005; Lukesch, 2007; Eder, 2006). Bezüglich der expliziten Misserfolgsfurcht zeigt sich der gegenläufige Trend, weil lediglich belegt werden konnte, dass Frauen in dieser Motivationsfacette höhere Ausprägungen aufweisen (Peters, 2001; Bauer et al., 2002; Kornprobst, 2005, Lukesch, 2007; Wildenauer, 2006). Gleiches gilt, allerdings in weniger starker Deutlichkeit, auch für die Erfolgsfurcht (Horner, 1968) bzw. sämtlichen Dimensionen der expliziteren Leistungsängstlichkeit (Peters, 2001; Bauer et al., 2002). Demgegenüber konnten einige Forscher diese Ergebnisse nicht replizieren, da sie entweder keine signifikannten Differenzen zwischen den Geschlechtern feststellten (Lämmle, 2004; Eder 2006) oder aber sogar eine gegenläufige Tendenz erforschten (Pahlawan, 2006).

Bezüglich des Geschlechts ist anzunehmen, dass männliche Jugendliche sowohl höhere Werte der impliziten und expliziten Erfolgshoffnung besitzen, als auch deutlich stärkere Motivkennwerte im Rahmen des expliziten Leistungs- und Arbeitsvermeidungsverhalten aufweisen. Frauen haben im Vergleich eher stärker ausgeprägtere Furcht- und Misserfolgswerte.

Der *sozio-ökonomische Status der Eltern* definiert sich im Rahmen dieser Arbeit in Anlehnung an die Klassifizierungen von PISA und wird sowohl über die Absolvierung sowie Art und Weise der Ausbildung, als auch über die gegenwärtig ausgeübten Tätigkeit von Vater und Mutter erhoben. Ähnlich der PISA-Studie (Baumert & Schümer, 2001; Baumert & Maaz, 2006) wurde in Bezug auf die gegenwärtig ausgeübten Tätigkeit der Eltern die obere Dienstklasse erfasst, allerdings wird dieser Habitus durch den Status Akademiker ersetzt. Des Weiteren ist das Verwaltungsanstellungsverhältnis gesondert neben den Sektoren Dienstleistung und Gewerbe erhoben worden, während zusätzlich zu den Tätigkeiten als Facharbeiter und ungelernter Arbeiter auch der Status des Rentners und allgemein Arbeitslosigkeit abgefragt wurden. Der Sozialstatus wird als einer der bedeutsamsten Benachteiligungsfaktoren erachtet und diskutiert (Baumert et al.). Dieser schlägt sich demnach seitens des Individuums in dessen allgemeinem Leistungsverhalten und Kompetenzzuwachs nieder, zudem begünstigt eine höherqualifizierte Ausbildung (Lehmann, Peek, & Gänsfuß, 1997) bzw. eine adäquate Tätigkeit der Eltern auch eine höhere Platzierung ihrer Kinder im Bildungssystem. Dies zeigt sich vor allem quantitativ in der Besuchsfrequenz gymnasialer Schulformen sowie am Übergang in Ausbildung und Arbeit (Bradley & Nguyen 2004, Buchholz, Hofacker, Mills, Blossfeld, Kurz & Hofmeister, 2009; Baumert & Schümer 2001; Deutsches PISA-Konsortium, 2004), wo jene Aspekte sogar kumulativ wirken (Hillmert, 2004). Damit liefert PISA erneut den Beleg, dass Akademikerkinder generell weiter bevorzugt das Gymnasium besuchen und Arbeiterkinder mit einem überrepräsentierten Besuch der Hauptschule weiterhin mehrfach benachteiligt werden (Baumert & Schümer, 2001). Untersuchungen im Hinblick auf die implizite oder explizite Leistungsmotivation in ihren Hoffnungs- und Furchtfacetten konnten nicht ausfindig gemacht werden.

Es wird davon ausgegangen, dass eine höhere Ausbildungsqualifikation von Vater und Mutter positive Beziehungen mit der Erfolgshoffnung sowie der Lernziel- und Annäherungs-Leistungszielorientierung der Jugendlichen aufweist, vice versa im Falle der Misserfolgsfurcht. Mit abnehmender Ausbildungsqualifikation wird vor allem ein Anstieg von impliziter Misserfolgsfurcht sowie der Vermeidungs-Leistungszielorientierung und der Arbeitsvermeidungsmotivation erwartet. Ähnliche Tendenzen dürften sich auch in Bezug auf die gegenwärtig ausgeübte Tätigkeit der Eltern zeigen. Damit haben Kinder von Akademikern die höchste Hoffnung auf Erfolg, während Kinder von ungelernten Arbeitern und arbeitslosen Eltern die am stärksten ausgeprägte Furcht vor Misserfolg und Arbeitsvermeidungsmotivation besitzen sollten.

Besondere Probleme haben bzw. als am deutlichsten benachteiligt gelten Jugendliche, die einen *Migrationshintergrund* besitzen. Diesen werden geringere Kompetenz und eine Überrepräsentation an niedrigeren Schulformen attestiert und insgesamt schlechtere Leistungen bescheinigt (Autorengruppe Bildungsberichterstattung, 2008; OECD, 2006; Gaupp, Hofmann-Lun, Lex, Mittag & Reißig, 2004; Stanat, Segeritz & Christensen, 2010). Bei Jugendlichen mit Migrationsstatus wird nicht nur ein niedrigerer Bildungserfolg festgestellt, sondern explizit auch eine starke Limitierung der Erfolgshoffnung unterstellt (Nauck, Diefenbach & Petri, 1998, Baumert & Schümer, 2001; Konsortium Bildungsberichterstattung, 2006), selbst wenn biografische und sozio-ökonomische Determinanten berücksichtigt bzw. kontrolliert wurden (Stanat & Christensen, 2006; Walter & Taskinen, 2008). Teilweise liegen allerdings auch Befunde vor, die leistungsmotiviertes Verhalten beispielsweise im Hinblick auf die allgemeine Bildungsaspiration fokussierten und Gegenläufiges zeigten (Stanat et al., 2010). Dann wurde berichtet, dass Migrantenkinder ein mindestens vergleichbares motivationales Potenzial besitzen und entsprechendes Verhalten zeigen, dieses jedoch nur nicht förderlich bzw. gewinnbringend in schulischen und beruflichen Leistungssituationen einbringen können (Lehmann, Peek & Gänsfuß, 1997).

Demgemäß wird angenommen, dass, wenn ein Migrationsstatus seitens der Jugendlichen gegeben ist, dieser mit einer verringerten impliziten Erfolgshoffnung einhergeht und stärker ausgeprägte Werte der impliziten Misserfolgsfurcht zur Folge hat. Zudem werden enge Beziehungen zwischen Migrationshintergrund und stärker ausgeprägten expliziten Furcht- und Misserfolgswerten sowie Vermeidungs-Leistungszielorientierung und Arbeitsvermeidung erwartet.

Es ist vielfach belegt worden, dass gerade Jugendliche, die einen *Schultyp* mit geringerem Anforderungsniveau besuchten, generell weniger Bildungsoptionen sowie -aspirationen besitzen und als unmotiviert beschrieben werden (Klieme, 2010; Prenzel, 2008). Leistungslables wie Noten, Schultyp und Schulabschluss implizieren den Befunden nach teilweise ein größeres Gewicht für einen erfolgreichen weiteren (Aus-) Bildungsweg und -verlauf als die tatsächliche Leistung (Hupka-Brunner, Sacchi & Stader, 2010; Hupka, Sacchi & Stader, 2006). In einigen Untersuchungen war die besuchte Schulform sogar der wichtigste Einflussfaktor des Kompetenz- und Leistungsniveaus der Jugendlichen, explizit in Bezug auf Lese- und Mathematikleistungen (Tillmann & Meier, 2001). Die Varianz der Leseleistung konnte in einigen Erhebungen sogar bis zur Hälfte durch den zuletzt besuchten Schultyp aufgeklärt werden (Baumert & Schümer, 2001). In diesem Zusammenhang ist nicht nur von zentraler Bedeutung, welcher Schulform jemand entstammt, sondern auch, ob ein *Schulabschluss* erreicht werden konnte (Eberhard, Krewerth & Ulrich, 2007). Allerdings liegen bezüglich des Schulabschlusses und der Leistungsmotivation keine empirisch erhärteten bzw. bedeutsamen Unterschiede für die Erfolgshoffnung vor (Spinath, 2002; Kornprobst, 2005), während deutliche Ergebnisse gegeben sind, nach denen ein niedriger Bildungsabschluss sowohl mit einer höheren expliziten Erfolgs- und Misserfolgsfurcht als auch einer ausgeprägteren Misserfolgshoffnung einhergeht (Kornprobst, 2005; Lukesch, 2007), während Abiturienten die geringsten Furchtwerte aufweisen. Ein ähnlicher Trend zeigt sich selbst für die Bereichsdimensionen der expliziten Erfolgshoffnung (z. B. Ausbildung und Beruf). Diesbezüglich geht ein höherer schulischer Abschluss mit mehr Hoffnung auf Erfolg einher, während ein niedriger in Beziehung mit stärkeren Furchtwerten steht (Eder, 2006; Hausbeck, 2005; Köppl, 2007).

Ein höherer Schultyp (insbesondere die Absolvierung der gymnasialen Schullaufbahn) geht mit einer höheren impliziten und expliziten Erfolgshoffnung einher, während ein geringeres schulisches Bildungsaspirationsniveau zum Anstieg von Misserfolgsfurcht, Vermeidungs-Leistungsorientierung und Arbeitsvermeidungsverhalten führen sollte. Im Hinblick auf den Schulabschluss wird erwartet, dass der Erwerb eines solchen in positivem Zusammenhang mit den positiven Leistungsmotivationskennwerten steht und die Nichterreichung eines solchen mit höheren Kennwerten der Furcht vor Misserfolg einhergehen sollte.

Untersuchungen, die verschiedene *Benachteiligungsfacetten* zueinander in Relation setzen und die Auswirkungen dieses Faktorengefüges auf die Leistungsmotivation untersuchen, konnten ebenfalls nicht ausfindig gemacht werden. Diesbezüglich können erneut lediglich Parallelen zu Studien und Untersuchungen gezogen werden, die den individuellen Kompetenzerwerb und das Kompetenzniveau erforschten. Im Rahmen von PISA wurde vor allem die Beeinträchtigung des fachspezifischen Kompetenzniveaus durch den Migrationsstatus sowie den sozio-ökonomischen Status der Eltern festgestellt. Demgemäß haben der Bildungshintergrund der Eltern, ihre aktuell ausgeübte Tätigkeit und das Vorhandensein eines Migrationshintergrunds den stärksten Einfluss auf das Leistungsvermögen der Schüler. Deutliche Disparitäten sind dann gegeben, wenn eingewanderte Jugendliche zusätzlich aus einem bildungsferneren Haushalt stammen. Diese verbringen im Durchschnitt weniger Zeit in der Schule, erlernen eher geringerwertige Berufe und schlagen nur selten eine akademische Laufbahn ein (Klieme, Artelt, Hartig, Jude, Köller, Prenzel, Schneider & Stanat, 2010), obgleich in der dritten PISA-Erhebung teilweise von einer Lockerung der sozialen Unterschiede gesprochen wird (Klein, Schindler, Pollak & Müller, 2009). Neuerdings ist die Rede von einem

Profitieren der Unter- und Mittelschicht an der Expansion des gymnasialen Sektors (Maaz, Baumert, Gresch & McElvany 2010).

Des Weiteren wurde erforscht, dass der soziale Status am niedrigsten innerhalb der Gruppe der Migranten ist (Klieme et al., 2010; Stanat et al., 2010) und mit der sozialen Herkunft insgesamt eine hohe soziale Disparität bezüglich des Kompetenzerwerbs gegeben ist, die sich in der Nutzung der Humanressourcen niederschlägt und über Generationen hinweg reproduziert wird (Baumert & Schümer, 2001; Ehmke, Siegle & Hohensee, 2005). Auch un- und angelernten Arbeitern sowie Selbstständigen spricht man nicht nur den geringsten sozio-ökonomischen Status zu, ebenfalls konnte man diesen nachweisen, dass sie kaum über kulturelle und lernrelevante Besitztümer verfügen (Klieme et al., 2010). Das in diesen Gruppen auch eher gering ausgeprägte schulbezogene Engagement der Eltern wird in negativem Zusammenhang bezüglich der Einstellungen und des leistungsrelevanten Verhaltens der Kinder und Jugendlichen gesehen (Crosnoe, 2009), während ein hoher sozialer Status zu höherer akademischen Leistung führt (Epstein, 1986). Die Rate der Schulabbrecher ist im zuletzt genannten Statussegment stark reduziert (Astone & McLanahan, 1991; Fehrmann, Keith & Reimers, 1987), wovon jene Kinder kognitiv und motivational profitieren (Alexander, Entwisle & Olson, 2007).

Besonders stark determinieren der sozio-ökonomische Status, das Bildungsniveau der Eltern und ein familiärer Migrationsstatus die Lesekompetenz und Lesefreude. Die Lesemotivation der Jugendlichen, deren Eltern einen höheren sozio-ökonomischen Status besitzen, ist am höchsten und geht dementsprechend auch mit höheren Leistungen einher (Prenzel, Artelt, Baumert, Blum, Hammann, Klieme & Pekrun, 2008; Klieme et al., 2010).

Der Benachteiligtenstatus sollte die implizite und explizite Hoffnung auf Erfolg negativ beeinflussen, während er in deutlicher Beziehung zu den eher negativen Leistungsmotivationskennwerten steht. Demnach unterscheiden sich Gymnasiasten und Benachteiligte im Hinblick auf die explizite Leistungsmotivation derart, dass Gymnasiasten einerseits eine höhere Hoffnung auf Erfolg sowie stärker ausgeprägte Werte innerhalb der Skalen Lernzielorientierung und Annäherungs-Leistungsorientierung besitzen, während sie andererseits gegenüber den Benachteiligten eine geringere Furcht vor Misserfolg haben und eine weniger stark ausgeprägte Vermeidungs-Leistungsorientierung und Arbeitsvermeidungsmotivation besitzen. In Bezug auf das Zusammenwirken jener Faktoren ist anzunehmen, dass sich insbesondere das Vorhandensein eines Migrationshintergrundes, ein niedriger sozio-ökonomischer Status der Eltern sowie der Benachteiligtenstatus insgesamt am stärksten durchsetzen und am hemmendsten auf die eher positiven und förderlichen Leistungsmotivationsdimensionen auswirken, während sie zu einer Zunahme der eher negativen Leistungsmotivationskennwerte der betroffenen Jugendlichen führen. Innerhalb der Benachteiligtengruppe sollten darüber hinaus derartige individuelle Unterschiede gegeben sein, dass mit zahlenmäßiger Zunahme der Benachteiligungsfaktoren bzw. -determinanten selbst auch die Ausprägung der Hoffnung auf Erfolg ab- und die der Furcht vor Misserfolg zunimmt.

Des Weiteren sollte das Leistungsmotiv nicht ausschließlich gesondert betrachtet werden, da es deutliche Hinweise auf ein interaktives Motivsystem gibt, weshalb die Vermutung nahe liegt, dass weitere übervorteilendere Differenzen auch im Hinblick auf das Anschluss- und Machtmotiv gegeben sind, weshalb die Betrachtung dieser drei Motivkennwerte jeweils in ihrer Hoffnungs- und Furchtausprägung getrennt für die Gruppen der Benachteiligten und Gymnasiasten diese Studie abschließt.

2.2 Die Wirkung eines Motivations-Primings

Im Rahmen dieser Studie wird untersucht, welche positiven Effekte ein Motivations-Priming auf die implizite und explizite Leistungsmotivation der Jugendlichen nimmt und ob diesbezüglich bedeutsame Unterschiede zwischen den als benachteiligt geltenden Schülern und der Gruppe der Gymnasiasten gegeben sind.

Es wurde ausführlich dargestellt, dass Benachteiligung als gesellschaftlich konstruiertes Stereotyp verstanden werden kann, über Sprache zugeteilt wird und zu einer Limitierung der Leistungsmotivation der Betroffenen führt. Deshalb ist die Annahme begründet, dass diesem Prozess auch mittels einer sprachlichen Intervention entgegengewirkt werden kann. Dies soll im Rahmen einer experimentalpsychologischen Untersuchung erforscht werden. Damit dies geschehen kann, sind zwei vorbereitende Testungen vonnöten.

Dass bereits von der Person des Versuchsleiters bzw. infolge der Personenwahrnehmung desselben starke Einflüsse auf die Untersuchung und die Probanden gegeben sind, ist vielfach belegt (Rosenthal & Rosnow, 1975, Bortz & Döring, 2006, Aronson, Wilson & Akert, 2008). Zusätzlich muss davon ausgegangen werden, dass von einigen Menschen eine positivere bzw. motivierendere Wirkung ausgeht, während andere eher misserfolgsmotivierender wahrgenommen werden (Heckhausen, 1963; Felfe, 2006). Damit gilt es die Versuchsleiter nicht nur nach dem Kriterium der Ähnlichkeit zueinander auszuwählen, darüber hinaus ist noch zu gewährleisten, dass die Experimentatoren nicht bereits durch ihre Person die zu erforschenden Motivkennwerte bedeutsam anregen. Ein Fragebogen, der jene Facetten der Personenwahrnehmung erfasst, ist bisher noch nicht existent. Deshalb soll dieser theoriegeleitet konstruiert und sodann seine Güte bestimmt werden, um anschließend der Versuchsleiterauswahl zur Durchführung der Studien dienen.

Im Allgemeinen gilt die Erkenntnis als gesichert, dass positive Rückmeldungen das Individuum stärken und seine Leistungsmotivation fördern. Weiterhin führt die im Rahmen dieser Arbeit zugrunde gelegte Subjektbildungstheorie zur ganzheitlichen Betrachtung des Individuums samt seiner Wesenskräfte (Kognitionen, Emotionen und Motivation). Deshalb muss das Motivations-Priming nicht nur inhaltlich positiv und bekräftigend sowie verstärkend formuliert werden, ebenfalls sind auch Kognitionen, Emotionen und Motivation gleichermaßen durch es anzusprechen. Damit sollte ein solches Priming das Individuum motivieren und darüber hinaus zur Abnahme der Furcht vor Misserfolg führen. In Bezug auf das Phänomen der Benachteiligung liegt allerdings eine weitere zu berücksichtigende Besonderheit vor. Ergebnisse der Stereotype-Threat-Forschung legen nahe (Petersen & Six, 2008), dass nicht nur die Vermeidung der Aktivierung von Stereotypen das Ausbleiben derer negativen Effekte zur Folge hat, ebenfalls ist es möglich, auch mittels der Reflexion jenes Phänomens den bekannten Prozessverlusten entgegenzuwirken. Deshalb gilt es ein weiteres Motivations-Priming zu formulieren: Dies sollte neben den Formulierungen des ersten auch die Reflexion des Benachteiligtenstereotyps beinhalten. Vor der Hauptuntersuchung ist deshalb zu testen, ob ein Motivations-Priming zur Steigerung der Leistungsmotivation geeignet ist und inwiefern differentielle Wirkungen zwischen den zuvor beschriebenen Priming-Typen bestehen.

Die Kennwerte der Lernzielorientierung, welche die Jugendlichen im Rahmen der ersten Untersuchung erzielten, dienen im Rahmen dieser experimentellen Studie als Parallelisierungsmaß. Dies wird damit begründet, dass die Lernzielorientierung ein Maß der expliziten Leistungsmotivation darstellt, das mit einem positiven Lern- und Leistungsverhalten in enger Verbindung steht, da sie am stärksten mit langfristigem Engagement einhergeht und gute Leistungen sichert (Spinath, 2002). Diesbezüglich konnte bereits nachgewiesen werden, dass die Lernzielorientierung deutlich mit intrinsischen Motivationsformen sowie Interesse am Lerngegenstand selbst einhergeht (Elliot & Church, 1997; Harackiewicz, Barron, Carter, Lehto & Elliot, 1997). Jugendliche mit hohen Kennwerten in diesem Bereich zeigen zudem diverse wünschenswerte Verhaltensweisen auf, da sie u. a. qualitativ und quantitativ intensiver sowie ausdauernder agieren (Miller, Behrens, Greene & Newman, 1993; Butler & Neuman, 1995). Wichtig ist zudem die Erkenntnis, dass Menschen mit einer hohen Lernzielorientierung auch positivere Affekte bzw. Emotionen und eine intensivere kognitive Elaboration mit dem Lerngegenstand aufweisen (Nicholls, Patashnick & Nolen, 1985; Meec, Blumenfeld & Hoyle 1988) und allgemein bessere Leistungsergebnisse erzielen (Utman, 1997; Greece & Miller, 1996). Gegenwärtig wird die Ursache hierfür darin gesehen, dass sich die Lernzielorientierung nicht auf die Leistung selbst, sondern auf die für sie bedeutsamen und vorauslaufenden Motivationsprozesse bezieht (Elliot & McGregor, 1999). Dies gilt selbst für Menschen, die als benachteiligt gelten und ein niedriges Fähigkeitsselbstkonzept besitzen, bei denen eine hohe Lernzielorientierung dazu führte, dass sie deutlich positivere kognitive und emotionale Voraussetzungen entwickelten (Elliot & Dweck, 1998; Spinath & Stiensmeier-Pelster, 2000). Darüber hinaus konnte nachgewiesen werden (Spinath et al., 2002), dass eine hohe Lernzielorientierung mit einer stärker ausgeprägten Annäherungsleistungsorientierung und in Beziehung mit weiteren expliziten Leistungsmotivkennwerten, u.a. der Erfolgshoffnung steht. Des Weiteren korreliert sie positiv mit der schulischen Selbstwirksamkeit und dem Selbstkonzept insgesamt (ebd.). Arbeitsvermeidung und Misserfolgsfurcht gehen demgegenüber mit schlechteren Leistungen und mangelnder Motivation einher (Harackiewicz, Barron, Tauer, Carter & Elliot, 2000). Das Lernziel stellt eines der wichtigsten Motivationsmaße im schulischen Kontext dar, sowohl wegen seiner positiven Beziehungen zu weiteren förderlichen Facetten der impliziten und expliziten Leistungsmotivation als auch seiner Zusammenhänge mit anderen entscheidenden psychologischen Konstrukten. Dies sind insgesamt die Gründe, weshalb Experimental- und Kontrollgruppe gleiche Ausprägungen hinsichtlich der Lernmotivation aufweisen sollten, um Konfundierungen zu vermeiden. Deshalb dient das Lernziel im Rahmen der Untersuchung der Parallelisierung der Probanden.

Nachdem äquivalente und standardisierte Bedingungen gesichert wurden, kann der eigentlichen Studie und den in ihr intendierten Fragestellungen nachgegangen werden. Es soll untersucht werden, inwieweit sich die Leistungsmotivation mittels eines sprachlichen Primings positiv beeinflussen lässt. Konkrete Forschungsbemühungen im Sinne des geplanten Vorgehens wurden bisher nicht publiziert. Allerdings sind drei Forschungsrichtungen für die Generierung und Reflexion des eigenen Erkenntnisinteresses von übergeordneter Bedeutung: Erstens die eher kognitiv orientierte Priming-Forschung, in der vor allem der Einfluss externer Impulse auf das eigene Erleben und Verhalten untersucht wurden. Zweitens Ansätze der expliziten und impliziten Leistungsmotivforschung, die im Rahmen ihrer Untersuchungen entweder Erfolg oder Misserfolg via sprachlicher Interventionen induzierten und in Abhängigkeit davon allgemeine Motivations- oder Leistungsparameter maßen und drittens die Erkenntnisse der Stereotype-Threat-Forschung. In diesem Forschungsbereich wurden emotionale, kognitive und motivationale Hemmungen bzw. Prozessverluste mittels der primär unbewussten und automatischen Aktivierung durch stereotype bzw. vorurteilsbehaftete Impulse empirisch erfasst und nachgewiesen.

Innerhalb der Priming-Forschung herrscht eine nahezu unüberschaubare Fülle an Experimenten und Ergebnissen bezüglich der Effekte eines Kontext-Stimulus, dem sogenannten Prime, auf die Verarbeitung vielfältiger Ziel-Stimuli, den Targets, vor. Untersuchungsgegenstand sind zumeist die Relation zwischen Prime und Target, für deren Manipulation es verschiedenartige Realisierungsmöglichkeiten gibt und zumeist die Art der Aufgabe, also des Targets, die Form der Prime-Präsentation oder die Dauer der Stimulus Onset Asynchrony (SOA) als Erfassungsmaße dienen. Es konnten positive Wirkungen – vor allem über die gemessene Reaktionszeit im Sinne einer Reizbahnung und Verarbeitungsvereinfachung – bei lexikalischen Entscheidungsaufgaben (Meyer & Schvaneveldt, 1971; Perea, Rosa & Gomez, 2002), semantischen Entscheidungsaufgaben (Raaijmakers, 2003; Halldorson & Singer, 2002), Verbalisierungsprozederen (Schiller, 2004; Meyer, Roelofs & Levelt, 2003) und diversen komplexeren Aufgaben (Damian & Rahman, 2003; Storbeck & Robinson, 2004) nachgewiesen werden. Bedeutsam ist, dass zum einen unterschiedliche Maxima für verschiedene Priming-Arten gegeben sind (Logan, 1990), sowohl automatische als auch kontrollierte Prozesse im Rahmen eines Primings angeregt werden können (Neely, 1977), dabei die Form des Primings direkt und indirekt bzw. bewusst und unbewusst erfolgen kann (Tulving & Schacter, 1990; Humphreys, 1994; McNamara & Holbrook, 2003) und nicht nur eine kognitive, sondern auch affektive Stimulierung möglich ist. Weiterhin wurde ermittelt, dass sich mit einem Piming nicht nur kurzfristige Reaktionszeitverkürzungen im Falle kongruenter Prime-Target-Beziehungen erzielen ließen, darüber hinaus gelang es auch nachzuweisen, dass sich infolge stereotyper Prime-Reize Verhalten, äquivalente Einstellungen und stereotype Urteile initiieren ließen (Bargh, 1994, 1997; Bargh, Litt, Pratto & Spielman, 1989; Fazio, Sanbonmatsu, Powell & Krades, 1986; Greenwald & Banaji, 1995).

Des Weiteren wird postuliert, dass mittels des Einsatzes verschiedener Priming-Arten förderliche, additive und sogar multiplikative Wirkungen erreicht werden konnten (Wilding, 1986; Humphreys, 1994; Ratcliff & McKoon, 1988; Klauer, 1998). Allerdings wurden auch Korrumpierungs-Effekte zwischen verschiedenen Priming-Arten, vor allem in Bezug auf SOA nachgewiesen, während einige Forschungsbemühungen unter bestimmten Umständen zu keinen Priming-Effekten führten (Bargh, Chaiken, Govender & Pratto, 1992: Fazio, 1993). Andere Forscher fanden heraus, dass neben bahnenden bzw. kongruenten und damit positiven sowie förderlichen Effekten auch welche hemmender Art und Weise, im Sinne eines negativen Primings, generierbar waren (Neely, 1976). Positive Ergebnisse zeigten sich bei maskierten Kontext-Stimuli, wenn verschiedene Prime einander überlagert wurden (Lupker & Kinoshita, 2003), bei unterschiedlicher Salienz des Kontext-Stimuli (Borowsky & Besner, 1993; Balota & Paul, 1996) und auch bei zunehmendem Komplexitätsgrad des dargebotenen Stimulus, so dass über reine Worte (Neely, 1991; Jacobs & Grainger, 1994) auch ganze Sätze (Ferretti, McRae & Hatherell, 2001) sowie Texte als Prime-Reiz geeignet sind (Halldorson & Singer, 2002). Die Wirkungsintensität war zeitlich allerdings stark limitiert und nur von äußerst kurzer Dauer.

Erkenntnisse bezüglich der Manipulation komplexeren Erlebens und Verhaltens sind nur bedingt gegeben und primär im Bereich der psycholinguistischen Forschung präsent. Dort konnten im verbalen Bereich explizit Priming-Effekte im Hinblick auf die Textrezeption (Keen & Jennings, 1995), das Textverstehen (Rickheit, Sichelschmidt & Strohner, 2002), die dialogische Kompetenz und in der Satzproduktion im allgemeinen nachgewiesen werden (Branigan, Pickering & Cleland, 2000; Bock, 1986).

Aufgrund der theoretischen Reflexion und empirischen Erkenntnisse wird ein semantisches Geschichten-Primings formuliert, das affektive und kognitive Wirkungsdimensionen neben einer allgemein leistungsmotivierenden enthält und damit Emotionen, Kognitionen und vor allem Leistungsmotivation neben dem Selbst des Individuums gleichermaßen anspricht (und zusätzlich dem Benachteiligtenstereotyp gegenreflektiert).

Im Rahmen der experimentalpsychologischen Untersuchung wird erwartet, dass ein deutlich positiver Zusammenhang zwischen dem Motivations-Priming und der Hoffnungsdimension der impliziten Leistungsmotivation besteht, während kein bzw. nur ein deutlich geringerer Zusammenhang zwischen jenem Priming und der Furcht vor Misserfolg der impliziten Leistungsmotivation gegeben ist. Zusätzlich wird die Anzahl der Wörter, die zur Geschichtenschreibung verwendet werden, als weiteres unbewusstes und implizites Leistungsmotivationsmaß erachtet, so dass ebenfalls deutliche Beziehungen zwischen dem Motivations-Priming und der Wortzahl zu erwarten sind. Diese

Beziehungen sollten am deutlichsten in der Gruppe auftreten, die erst das implizite und dann das explizite Verfahren bearbeitet, weil das Priming mit der Zeit seine Wirkung verliert und die bewusste leistungsthematische Anregung durch die Instruktion des expliziten Verfahrens dessen Wirkung abschwächen könnte.

Die implizite Erfolgshoffnung errechnet sich aus der Summe ihrer sechs Unterkategorien. Diesbezüglich wird infolge der Konstruktion des Primings, orientiert an den Wesenskräften des Individuums, eine starke Beziehungen zwischen diesem und den Kategorien Bedürfnis nach Leistung und Erfolg, Erfolgserwartung und positiver Gefühlszustand erwartet. Demgegenüber ist es auch möglich, dass infolge der Reflexion des Benachteiligtenphänomens zusätzlich schwache bzw. geringe Zusammenhänge zwischen dem Motivations-Priming und den Subkategorien Tadel, negativer Gefühlszustand und Misserfolg der impliziten Misserfolgsfurchtdimension evoziert werden.

Zusätzlich wird erforscht, welche der sozio-demografischen Determinanten als Prädiktoren der impliziten Hoffnung auf Erfolg und Furcht vor Misserfolg wirken. In Bezug auf die Erfolgshoffnung werden der sozio-ökonomische Status, der Mirgrationsstatus und explizit das Motivations-Priming als bedeutsam erachtet, während das Priming kein wesentlicher Prädiktor der Misserfolgsfurcht sein sollte. Vor allem das Geschlecht, der sozio-ökonomische Status der Mutter und die Schulbildung dürften geeignete Prädiktoren zur Vorhersage der Wortanzahl der Probanden sein, die diese zur Verfassung der Geschichten verwenden. Der stärkste Einfluss wird durch das Motivations-Priming erwartet.

Bezüglich der eher expliziten Dimension der Leistungsmotivation wird erwartet, dass das Priming in positivem Zusammenhang mit Hoffnung auf Erfolg steht und kein bzw. ein negativer Zusammenhang zwischen diesem und den drei furcht- bzw. misserfolgsorientierten Skalen gegeben ist. Die Effekte der Erfolgshoffnung sollten sich am stärksten in den Bereichsskalen Ausbildung und Beruf zeigen.

Des Weiteren wird für die expliziten Dimensionen der Leistungsmotivation untersucht, welche der sozio-demografischen Determinanten neben den experimentellen Bedingungen geeignete Prädiktoren zur Vorhersage der vier Motivationsmaße sind. Bezüglich der Hoffnung auf Erfolg wird erneut ein starker Einfluss des Priming erwartet, während dieses in keinem Zusammenhang mit Furcht vor Misserfolg, Hoffnung auf Misserfolg und Furcht vor Erfolg stehen sollte. Für die Gesamtstichprobe werden erneut das Geschlecht, der sozio-ökonomische Status der Eltern sowie der Migrationsstatus als bedeutsame Prädiktoren zur Vorhersage der eher negativen Motivationsmaße angenommen.

Im Hinblick auf die Erforschung der Wirkung des Motivations-Primings, getrennt für Benachteiligte und Gymnasiasten, werden im allgemeinen die zuvor ausgeführten Beziehungen erwartet, allerdings ist es möglich, dass sich infolge der Stereotypisierung deutlichere Effekte zwischen Priming und impliziter sowie expliziter Hoffnung auf Erfolg bei den als benachteiligt Geltenden abzeichnen und geringfügige Beziehungen zwischen Priming und impliziter Furcht vor Misserfolg denkbar wären. Das Priming sollte zudem vor allem die zur Geschichtenabfassung verwendete Wortanzahl anregen, wobei davon auszugehen ist, dass die Gymnasiasten deutlich schreibenthusiastischer als die Benachteiligten sind.

Zu fokussieren ist außerdem die Wechselwirkung zwischen den beiden Bedingungen Priming und Testbearbeitungsreihenfolge sowie Gruppenzugehörigkeit. Der Einfluss der Bearbeitungsreihenfolge wird als mäßig erachtet, der Beginn mit dem expliziten Verfahren sollte allerdings zur Abschwächung des Priming-Effektes führen. Zeigt sich eine Wechselwirkung an dieser Stelle, wäre dies lediglich ein Indiz für eine Benachteiligtenstereotypisierung und deren Gegenreflexion mittels eines Motivations-Primings. Sollte sich jedoch keine Interaktion zwischen den beiden experimentellen Bedingungen und der Gruppenzugehörigkeit zeigen, würde ein allgemeines Prinzip zur Anregung leistungsmotivierten Verhaltens erforscht worden sein.

Abschließend wird ermittelt, welche der sozio-demografischen Determinanten seitens der Gymnasiasten und der Benachteiligten unabhängige Prädiktoren zur Vorhersage der impliziten und expliziten Leistungsmotivation sind. Innerhalb der Gruppe der Benachteiligten wird von einem deutlichen Einfluss des Motivations-Primings auf die Erfolgshoffnung ausgegangen. Darüber hinaus sollten sich erneut Migrationshintergrund und sozio-ökonomischer Status der Eltern als gewichtige Prädiktoren der Frucht- und Misserfolgsdimensionen erweisen. Seitens der Gymnasiasten ist die Ableitung konkreter Hypothesen infolge unterschiedlicher Befunde und mangels Benachteiligungsstereotypisierung schwieriger, vor allem weil Schüler der gymnasialen Laufbahn an einem Berufskolleg um einiges heterogener in ihren biografischen und schulischen Voraussetzungen als klassische Gymnasiasten sind. Dennoch sollten die betrachteten Determinanten im Vergleich weniger starke Gewichtung zur Vorhersage von Leistungsmotivation samt ihrer Facetten implizieren.

2.3 Diagnostische Aspekte der Leistungsmotivation

Primär in der methodischen Fachdiskussion besteht generell Konsens, dass projektive Verfahren (u. a. TAT) eine andere Dimension der Leistungsmotivation messen, als dies beispielsweise der Fall bei Fragebögen bzw. Selbstreportverfahren ist (Schultheiss & Brunstein, 2001; deCharms, Morrison, Reitman & McClelland, 1955; Niitamo, 1999; Heckhausen, 1963; Sokolowski, 2000; Bilsky, 1999). Einige Autoren stellen eine Messung der Leistungsmotivation mittels expliziter Verfahren sogar gänzlich in Frage (McClelland, 1980). Die Differenzierung in ein implizites und ein explizites Leistungsmotivationssystem wird vor allem aus der mangelnden Korrelation beider Verfahren im direkten Vergleich zueinander geschlussfolgert, da sich in den jeweiligen Studien – wenn überhaupt – nur mäßige, primär allerdings vor allem Nullkorrelationen finden ließen (Heckhausen, 1963, 1980; Brunstein, 2003, Schmalt & Sokolowski, 2000; McClelland, Koestner & Weinberger, 1989; Weinberger & McClelland, 1990). Gleiches gilt in ähnlicher Weise auch für semi-projektive Verfahren mit den beiden anderen Erhebungstypen, weshalb diese auch zwischen eben jenen extremen Polaritäten angesiedelt werden (Brunstein & Schmitt, 2003; Schmalt & Sokolowski, 2000). Von dieser Erkenntnis ausgehend folgerte man, dass der TAT also die implizite, unbewusste und annähernd „wahre" Leistungsmotivation erfasst (Kuhl, 1977; Schmalt & Sokolowski, 2000), während Fragebögen, die ihrerseits oftmals hoch miteinander korrelieren (Snyder et al. 1996, Abele, 1999) und teilweise mittelhoch bis stark mit Skalen zur Erfassung anderer theoretischer Konstrukte – z. B. dem Selbstkonzept – in Beziehung stehen (Lukesch, 2007; Brunstein & Schmitt, 2003), eher die explizite Leistungsmotivation erheben, deren Grundlage selbst primär im bewusst zugänglichen Selbstkonzept lokalisiert wird (McClelland, Koestner & Weinberger, 1989; Schmalt & Sokolowski, 2000).

Bezüglich der impliziten Erfolgshoffnung und Misserfolgsfurcht konnten mäßige bis mittelstarke Korrelationen festgestellt werden, wohingegen sich bei den eher konträren expliziten Leistungsmotivmaßen durchgängig mittelstarke bis hohe negative Beziehungen zeigten (Bauer et al., 2002; Kornprobst, 2005; Lukesch, 2007). Gleiches gilt zudem für die Übereinstimmungsanalysen der expliziten Hoffnung auf Erfolg mit Skalen zur eher bewussten Erfassung von Angst, die wiederum mäßig mit Misserfolgsmaßen der Leistungsmotivation korrelieren (Bauer et al., 2002). In Bezug auf die implizite Dimension der Misserfolgsfurcht ist bisweilen noch umstritten, ob diese tatsächlich leistungshemmenden Charakters ist oder ob es sich bei jenem Maß ebenfalls um einen unbewussten und allgemeinen Leistungsantrieb handelt, so dass die implizite

Furcht vor Misserfolg weniger negativ als ihre expliziten Äquivalenzmaße zu konnotieren wäre (Heckhausen, 1963, 1977; Schultheiss & Brunstein, 2005). Dadurch würde der Umstand plausibel, warum manche Personen parallel auf beiden impliziten Dimensionen hohe Werte erzielen (Heckhausen, 1963). Die Ausdifferenzierung bzw. Trennung der expliziteren Furchtdimension in Misserfolgs- und Erfolgsfurcht sowie Misserfolgshoffnung (Horner, 1968, 1972; Lukesch, 2007) wird von einigen Autoren angezweifelt, da jene Konstrukte teilweise selbst in sehr bedeutsamer Beziehung zueinander stehen (Kornprobst, 2005; Wildenauer, 2006), während andere wiederum den empirischen Nachweis erbrachten, dass jene Skalen separate Dimensionen erfassen und wietere darüber hinaus sogar die Existenz einer generalisierten Hoffnungs- bzw. Furchtkomponenten postulierten (vgl. Snyder, Sympson, Ybasco, Borders, Bayak & Higgins, 1996; Schmalt et al. 1994; Schmalt & Sokolowski, 2000; Abele, Andrä & Schulte, 1999).

Der Grad der Beziehungen der einzelnen Skalen zueinander soll erforscht werden, weil aufgrund der Vorarbeiten davon auszugehen ist, dass TAT und MMG eher implizite bzw. unbewusste Leistungsmotivmaße erfassen und die SELLMO die expliziten Dimensionen der Leistungsmotivation erheben. Selbiges wird auch entgegen der Auffassung der Autoren für das RLMI-E angenommen, was u. a. in den Instruktionen des Verfahrens begründet liegt, die deutlich leistungsthematisch anregen und insgesamt innerhalb des Verfahrens die Leistungsthematik stark ins individuelle Bewusstsein gerückt wird. Derweilen verorten einige Forscher den RLMI-E zumindest als semi-projektives Instrumentarium und siedeln es zwischen den beiden Extrempolen an.

In einem ersten Schritt wird eine Dimensionsreduzierung der 12 Gesamtskalen der vier eingesetzten Verfahren angestrebt. Infolge der theoretischen und empirischen Vorarbeit ist begründet davon auszugehen, dass sich zumindest vier klar voneinander trennbare Faktoren aufgrund der bisherigen Erkenntnisse und Itemstrukturen sowie -formulierungen ergeben. Auf einem sollten die beiden grundlegenden impliziten Leistungsmotivationsfacetten des TAT laden, die einen allgemeinen Motivationsantrieb bilden. Zwei Faktoren müssten durch die expliziten Maße beschrieben werden, während insbesondere beim MMG davon ausgegangen wird, dass es mit beiden Motivdimensionen in mäßigem Zusammenhang steht. Auf einer weiteren Dimension wird explizit die Ladung der Furcht- und Misserfolgsdimensionen des RLMI-E sowie die Misserfolgsfurcht des MMG erwartet. Für das MMG kann nur bedingt eine Aussage getroffen werden, u. a. weil dieses qua Definition zwischen den beiden Motivmaßen angesiedelt wurde. Dadurch wären allerdings Beziehungen zu beiden Dimensionen der Leistungsmotivation denkbar.

Des Weiteren wurde ein ganzheitliches Prozessmodell der Leistungsmotivation konstituiert, das – wie zuvor im Groben angenommen – eine implizite Dimension hat, die einem Generalkonstrukt bzw. -antrieb der Leistungsmotivation entspricht und sich mit den beiden Dimensionen des TAT beschreiben lässt. Zusätzlich wird ein gesondertes explizites System angenommen, das sich aus drei Bereichen konstituiert, die bedingt miteinander verbunden sind und in Interaktion stehen: erstens einer allgemeinen Leistungsmotivationsfurcht, zweitens einer Lern- und Leistungsorientierung sowie drittens einer Lern- und Leistungsmeidung. Diese drei reflexionsfähigen Ebenen setzen sich demgemäß aus den (1) Skalen der Erfolgs- und Misserfolgsfurcht bzw. -angst des RLMI-E, aus (2) Lernziel und Annäherungs-Leistungsziel der SELMMO sowie der Erfolgshoffnung des RLMI-E und schlussendlich aus (3) Vermeidungs-Leistungsziel und Arbeitsvermeidung der SELLMO zusammen. Das MMG wird aufgrund der empirischen Befundlage bzw. seiner Anordnung zwischen den impliziten und expliziten Verfahren nicht berücksichtigt. Sollte sich das konzipierte Modell derart in den erhobenen empirischen Daten widerspiegeln, ist damit nicht nur die Annahme eines allgemeinen Modells der Leistungsmotivation im Sinne einer ganzheitlichen Sichtweise auf Grundlage einer Subjektbildungstheorie bestärkt, darüber hinaus wird auch die Differenzierungshypothese in ein implizites und explizites Leistungsmotivationssystem bekräftigt. In Zusammenhang mit dem Nachweis der Wirkung des Primings auf die Wesenskräfte der Probanden wäre gleichzeitig die empirische Untermauerung des Modells des psychodynamischen Implikationszusammenhangs der Lebenskräfte und Bedürfnisse des Subjektes erfolgt.

Wenn die einzelnen Leistungsmotivationsskalen auf wenige Dimensionen reduzierbar sind und untereinander mehr oder weniger stark in Beziehung stehen, schließt sich begründet die Frage an, ob sich allgemeine Schüler-Typen bilden lassen, deren Leistungsmotivkennwerte unterschiedlich starker Ausprägung und Konstellation sind. In der pädagogischen, psychologischen und allgemeinen bildungsrelevanten Forschung wird verstärkt fokussiert, dass es mehr oder weniger stark motivierte Jugendliche gibt, von denen die einen eher erfolgs- und die anderen eher misserfolgsorientiert sind und unterschiedliche Bezugsnormen bevorzugen bzw. differierende Zielpräferenzen verfolgen. Daraus resultieren diverse Konsequenzen, z. B. bezüglich der individuellen Aktivierung, der Auswahl und Darbietung unterschiedlich schwerer Aufgaben, der Entscheidung für bestimmte Unterrichtsmethoden sowie der Art und Weise der Ergebnispräsentation. Die Fokussierung der Leistungsmotivation in ihrem Wirkgefüge der verschiedenen Dimensionen und Facetten erfolgte dabei bisher nicht. Die Eruierung dessen soll nicht nur weitere Impulse für die theoretischen, empirischen und methodischen Forschungen bieten, sondern ist hoch relevant für die Ableitung pädagogischer Prä- und Interventionen.

Diesbezüglich ist Verschiedenes vorstellbar: Wird der vorherigen Argumentation im Hinblick auf die impliziten und expliziten Leistungsmotivmaße gefolgt, sollten bestimmte Leistungsmotivationsdimensionen verstärkt gebündelt auftreten, so dass vor allem zwei extreme Polaritäten an Typen erwartet werden: Jene, die in beiden Bereichen der impliziten und expliziten Motivation eher hohe Werte der Erfolgshoffnung und geringere in Bezug auf die komplementären Kategorien der Misserfolgshoffnung haben. Des Weiteren ist denkbar, dass sich eine Gruppe von Jugendlichen bildet, die in Asymmetrie hierzu auf den verschiedenen Skalen, die vordergründig im Dienste der Leistungsfurcht und Misserfolgsorientierung stehen, die am stärksten ausgeprägten Werte besitzt und nur über mäßige Ressourcen der Hoffnung auf Erfolg verfügt. Zusätzlich wird eine Typisierung erwartet, die einen Großteil der Jugendlichen beinhaltet, die auf beiden Dimensionen eher mittlere Ausprägungen aufweisen bzw. in der Tendenz entweder eher etwas mehr Erfolgshoffnung und etwas weniger Misserfolgsfurcht besitzen. Zudem ist eine Gruppe vorstellbar, deren Probanden lediglich hohe Werte auf den Skalen der Leistungszielorientierung aufweisen und bei denen die anderen eher untergeordnet sind. Diese sollten dann insgesamt jene Motivationsmaße stärker ausgeprägt haben, die besonders durch externe Einflüsse, also die Bewertung und Beurteilung anderer, angeregt werden. Möglich wäre auch die Konstellation, dass implizite und explizite Maße zueinander in konträrer Beziehung stehen bzw. in beiden Dimensionen ambivalente Extremwerte nachgewiesen werden. Deshalb wird abschließend mit einem entsprechenden statistischen Verfahren eruiert, in welchen konstanten Typen – im Sinne von Variationsmöglichkeiten – die einzelnen Maße der impliziten und expliziten Erfolgshoffnung sowie Misserfolgsfurcht in der Schülerpopulation repräsentiert werden.

II Empirie

3 Forschungsvorhaben, Ablauforganisation und Rekrutierung von Schule und Schülern

Die Darstellung des allgemeinen Erkenntnisinteresses und der Ablauforganisation leiten den empirischen Teil dieser Arbeit ein. Dieser gliedert sich wiederum in drei Studien bzw. Kapitel, in denen jeweils eine Stichprobenbeschreibung erfolgt, der sich die Darstellung des verwendeten Materials und der eingesetzten Verfahren, die Beschreibung der Untersuchungsdurchführung sowie die Auswertung und Befunddarstellung anschließen. Die entsprechenden Diskussionen der Ergebnisse schließen die Studien ab.

Im Rahmen der 1. Studie wurde überprüft, welchen Einfluss allgemein die individuellen Determinanten, die Faktoren der schulischen Sozialisation und die des kulturellen Kapitals der Eltern auf die Leistungsmotivation nehmen. Diesbezüglich kamen das Multi-Motiv-Gitter zur Erfassung der impliziten und die Skalen zur Erhebung der Lern- und Leistungsbereitschaft zur Erforschung der expliziten Leistungsmotivationsmaße zum Einsatz. Die Benachteiligtendiskussion macht es zusätzlich notwendig, eine differenzierte Betrachtung der Probanden bezüglich ihrer Gruppenzugehörigkeit vorzunehmen, so dass die Gruppe der Gymnasiasten getrennt von der Gruppe zu betrachten ist, die all jene Schüler umfasst, die klassischerweise als Benachteiligte bezeichnet werden. Die persönlichen Angaben wurden über einen Fragebogen gewonnen.

In der 2. Studie wurde untersucht, welchen Einfluss die experimentellen Bedingungen, insbesondere der Einsatz eines Leistungsmotivations-Primings, auf ausgewählte Facetten der impliziten und expliziten Leistungsmotivation nehmen. Der Fokus der Betrachtung wurde insbesondere auf die Motivkomponenten *Hoffnung auf Erfolg* und *Furcht vor Misserfolg* gerichtet, weil jene als am bedeutendsten zur Initiierung bzw. Hemmung der Leistungsmotivation erachtet werden. Zur Erforschung dieser Aspekte wurden der Thematische Apperzeptionstest sowie das Regensburger Leistungsmotivinventar für Erwachsene eingesetzt. Weil es sich bei der geplanten Untersuchung um ein Experiment im realen (berufs-) schulischen Feld handelte und dem Anspruch eines standardisierten Vorgehens Rechnung getragen werden wollte, waren bestimmte interne sowie externe Einflussfaktoren zu kontrollieren und die folgenden Vorüberlegungen und -testungen durchzuführen und zu reflektieren.

Erstens galt es die Versuchsleiter, die jeweils die Experimente durchführten, bezüglich ihrer wahrgenommenen erfolgs- und misserfolgsmotivierenden Wirkung auszuwählen, damit nicht bereits durch die Personenwahrnehmung eine unterschiedlich starke leistungsthematische Anregung seitens der Probanden erfolgt. Hierfür wurde ein Kurzfragebogen zur Erhebung jener Aspekte entwickelt und eingesetzt. Zweitens legte die im Rahmen dieser Arbeit vorgenommene theoretische Reflexion nahe, dass nicht nur ein positives Priming einen leistungsthematischen Anregungsgehalt evoziert, sondern vorab die zusätzliche Reflexion des Benachteiligten-Phänomens selbst diese Wirkung noch zu verstärken im Stande ist, weshalb für die eigentliche experimentalpsychologische Untersuchung zwei verschiedene Priming-Typen vorab getestet wurden. Drittens sind die Versuchspersonen der zweiten Studie auf Grundlage der in der ersten Studie gewonnenen Lernzielkennwerte parallelisiert und den experimentellen Bedingungen zugeordnet worden.

Die 3. Studie konstituiert sich primär aus den Erkenntnissen der vorangegangenen Studien und eruiert aus einer diagnostischen Perspektive heraus, welche Determinanten Erfolgssicherheit und -gewissheit begünstigen. Dabei handelt es sich um die Konzeption und Analyse einer neuen Kategorie des Signierungsschlüssels nach Heckhausen, die infolge der Auswertung der Hauptuntersuchungen formuliert und entwickelt wurde. Des Weiteren wird erforscht, welche Facetten und Dimensionen der Leistungsmotivation aufgrund der vier verschiedenen eingesetzten Verfahren gemessen wurden. Darüber hinaus wird das eigenkonzipierte Modell, das eine ganzheitliche Betrachtung der Leistungsmotivation nahelegt, überprüft, bevor abschließend eine Typenbildung bzw. Klassifizierung der Probanden auf Grundlage ihrer verschiedenen Leistungsmotivationsausprägungen vorgenommen wird.

Zugunsten der schriftsprachlichen Artikulation, des methodischen Vorgehens sowie des Erkenntnisinteresses dieser Arbeit insgesamt werden die Ergebnisse – wie bereits erähnt wurde – in drei getrennten Studien bzw. Kapiteln berichtet. Im Anschluss an die 1. Korrelationsstudie erfolgt die Darstellung und Reflexion der Vorüberlegungen sowie -untersuchungen, welche zusätzlich zur Gewährleistung eines standardisierten Vorgehens im Rahmen der 2. experimentellen Studie vonnöten waren. In der 3. Studie werden primär diagnostische Erkenntnisse dargestellt und neu generiert, die teilweise im Rahmen der theoretischen Konzeption dieser Arbeit noch nicht erwartbar waren. Grundlage dieses Kapitels stellen die Stichproben und Werte der vorangegangenen beiden Studien dar. Ob der Komplexität der Untersuchung wird nachstehend zur allgemeinen Orientierung der Versuchsablauf in Kürze gemäß des chronologischen Vorgehens in Tabelle 2 vorab skizziert.

Tab. 2: Skizzierung der Ablaufplanung und -organisation der einzelnen Untersuchungen

Abschnitt/ Zeitrahmen	**Sachaspekt**
Abschnitt 1: 06 – 08/2010	*Rekrutierung der Schule und der Probanden* - Untersuchungsvorstellung, Auswahl eines Berufskollegs und der Stichproben
Abschnitt 2: 08/2010	*Rekrutierung und Auswahl der Versuchsleiter* - Auswahl möglicher Versuchsleiter - Voruntersuchung I: Konstruktion und Einsatz eines Fragebogens zur Einschätzung der (miss-) erfolgsmotivierenden Personenwahrnehmung
Abschnitt 3: 09/2010	*Schulung der Versuchsleiter*
Abschnitte 4: 09 – 10/2010	*Konzeption und Testung des Primings* - Theoriebasierte und praxisorientierte Konzeption und Reflexion zweier Priming-Typen - Voruntersuchung II: Testung der beiden Priming-Typen
Abschnitt 5: 10/2010	*Studie 1: Benachteiligende Determinanten der Leistungsmotivation* - Multi-Motiv-Gitter (MMG) - Skalen zur Erhebung der Lern- und Leistungsmotivation (SELLMO)
Abschnitt 6: 10 – 11/2010	*Verfahrensauswertung und Parallelisierung* - Parallelisierung und Zuordnung der Probanden zu den experimentellen Bedingungen
Abschnitt 7: 11/2010	*Studie 2: Manipulation der Leistungsmotivation mittels eines Primings* - Regensburger Leistung-Motiv-Inventar für Erwachsene (RLMI-E) - Thematischer Apperzeptionstest (TAT)
Abschnitt 8: 12/2010	*Studium des Signierungsschlüssels und Verfahrensauswertung* - Studium, Training und vergleichende Auswertung der Schülergeschichten sowie Überprüfung der Überstimmungsobjektivität
Abschnitt 9: 01 – 03/2011	*Datenaufbereitung und Analyse* - Erfassung und Überführung sämtlicher schüler- und gruppenspezifischer Daten in eine Auswertungs- und Analysedatei sowie Aufbereitung der Daten für SPSS und Mplus
Abschnitt 10: ab 03/2011	*Ergebnisauswertung insgesamt* *Studie 3: Diagnostische Auswertung und Reflexion*

Zunächst wurde das Angebot an Berufskollegs in NRW gesichtet, damit für die geplante Untersuchung eine Schule ausgewählt und kontaktiert werden konnte, die neben ihrer Bereitschaft zur Mitarbeit insbesondere auch eine für die experimentelle Untersuchung geeignete Stichprobe zur Verfügung stellen konnte. Auswahlkriterium war neben der Größe der Schule und damit des Potenzials an Probanden ein vielfältiges Angebot an allgemeinbildenden und berufsbildenden sowie -vorbereitenden Bildungsgängen, so dass die bundesweite Bildungslandschaft widergespiegelt wird und vor allem der grundsätzlichen Verteilung der Schüler – die als klassische Benachteiligte gelten bzw. bezeichnet werden – entsprochen werden kann. Dadurch kamen vier Berufskollegs infrage, zu deren Schulleitung Kontakt aufgenommen wurde, um das geplante Vorhaben vorstellen zu können. In diesem Zusammenhang konnte Einsicht in die jeweiligen Schulstatistiken genommen werden, so dass sich nach der Analyse und Auswertung der entsprechenden schülerbezogenen Daten gemäß der theoretischen Grundlage dieser Arbeit für eine Bildungsinstitution entschieden wurde, die im Märkischen Kreis ansässig ist. An dieser standen neben der gesamten gymnasialen Oberstufe des Bereiches Wirtschaft und Verwaltung (Klasse 11) sämtliche Schulklassen verschiedener Abteilungen und Bildungsgänge zur Verfügung, deren Schüler im klassischen Sinne als Benachteiligte bezeichnet werden.

Nachdem den involvierten Lehrkräften die geplante Ablauforganisation vorgestellt wurde, erfolgte die Kontaktaufnahme mit den betroffenen Klassen selbst, so dass zum einen die Schüler grob über das Vorgehen informiert und zum anderen die notwendige Mitarbeitsbereitschaft zugesichert sowie die benötigten Einverständniserklärungen eingeholt werden konnten.

Abschließend wurden die notwendigen Räumlichkeiten organisiert, bevor eine schriftlich fixierte Ablaufplanung den Unterrichtenden ausgehändigt werden konnte. In diesem Zusammenhang wurden noch bestehende Fragen bezüglich der Untersuchung geklärt, zusätzlich galt es sicherzustellen, dass vor und nach der experimentellen Erhebung keine Aktivitäten stattfanden (z. B. Klassenarbeiten, Sport-Events, externe Projektgruppenarbeiten), die unabhängig von der Untersuchung bereits die Schüler leistungsthematisch in besonderer Weise angeregt hätten, so dass diesbezüglich ein standardisierter und möglichst unbeeinträchtigter Untersuchungsablauf gewährleistet war.

4 Studie 1: Ausgewählte Leistungsmotivparameter und ihre benachteiligenden Determinanten

Im Rahmen der ersten Studie werden verschiedene implizite und explizite Leistungsmotivationsfacetten und Benachteiligungsdeterminanten erforscht. Darüber hinaus implizieren die in diesem Zusammenhang gewonnenen Erkenntnisse bereits vorbereitenden Charakter für die Durchführung der experimentellen Studie des zweiten Erhebungszeitpunkts. Einerseits werden die Schüler dadurch bereits an die eigentliche experimentelle Untersuchung und die beiden Versuchsleiter gewöhnt, was für das aufwändige Prozedere, den reibungslosen Ablauf der Experimente und nicht zuletzt wegen der Klientel notwendig ist, andererseits können bereits Erkenntnisse über die Ausprägung bestimmter impliziter und expliziter Leistungsmotivationstendenzen gewonnen, ausgewertet und reflektiert werden. In diesem Zusammenhang erfolgt u. a. die Erforschung des Lernziels und damit des Willens, des Lernens selbst wegen zu lernen durch die Skalen zur Erfassung der Lern- und Leistungsmotivation. Dieser Aspekt wird sowohl theoretisch als auch im praktischen Handlungsfeld als bedeutendste Determinante schulischen Lernens erachtet, weshalb auf dieser Grundlage die Parallelisierung der Lernenden für den 2. Erhebungszeitpunkt erfolgte, damit sich die vier Gruppen der eigentlichen experimentellen Erhebung in der für diese wesentlichen Haupteigenschaft nicht signifikant unterscheiden. Für die erste Hauptuntersuchung wird folgend die Stichprobe beschrieben, bevor die eingesetzten Verfahren, das Multi-Motiv-Gitter (MMG) sowie die Skalen zur Erfassung der Lern- und Leistungsmotivation (SELLMO) dargestellt werden. Die Wiedergabe der Ablauforganisation schließt diesen Abschnitt ab, bevor die Analyse, Darstellung und Diskussion der eigentlichen Ergebnisse, welche der als benachteiligend geltenden Determinanten einen Einfluss auf die Leistungsmotivation des Individuums nehmen, erfolgt.

4.1 Stichprobe

An der Hauptuntersuchung des 1. Erhebungszeitpunktes nahm eine Stichprobe von N = 270 Schülern teil, die ein Berufskolleg im Märkischen Kreis besuchten. Eine Gruppe umfasst die Jugendlichen (n = 55; 20.4 %), die allesamt die gymnasiale Oberstufe (Klasse 11) mit dem Schwerpunkt Wirtschaft und Verwaltung absolvierten, die andere diejenigen Schüler (n = 215; 79.6 %), die entweder Klassen der beruflichen Grundbildung oder der Arbeitsvorbereitung besuchten und damit als Benachteiligte bezeichnet werden. Die Stichprobe setzt sich aus 167 männlichen (61.9 %) und 103 weiblichen Schülern (38.1 %) zusammen, die im Alter von 15 bis 24 Jahren (M = 17.81, SD = 1.73) waren. 140 Jugendliche (51.9 %) sind deutscher Abstammung, während 125 (46.3 %) einen Migrationshintergrund hatten. 5 Schüler (1.9 %) machten keine Angaben bezüglich dieses Merkmals. Der Großteil der Jugendlichen (n = 219; 81.1 %) besitzt einen Schulabschluss, lediglich 51 (18.9 %) konnten einen solchen nicht in ihrer bisherigen Schullaufbahn erwerben. Die meisten Schüler besuchten zuvor bereits entweder ein Berufskolleg (89; 33.0 %) oder eine Hauptschule (83; 30.7 %), 34 (12.6 %) waren auf einer Realschule, 28 (10.4 %) auf einer Gesamtschule, während 20 (7.4 %) auf eine Sonderschule und nur 16 (5.9 %) auf ein Gymnasium gingen.

Bezüglich der Eltern gaben die meisten Schüler bei ihren Mütter an, dass diese über keine Aubsildung verfügten. Wurde eine solche absolviert, war dies am häufigsten im gewerblich, technischen oder dienstleistungsbezogenen Bereich, ein geringer Anteil der Mütter besitzt eine Ausbildung im kaufmännischen Bereich, während die wenigsten ein Studium vorweisen können. Seitens der Väter absolvierten mehr als die Hälfte eine Ausbildung im gewerblichen, technischen oder dienstleistungsbezogenen Bereich. Ein weiterer Großteil besitzt keine Ausbildung. Am dritthäufigsten wurde berichtet, dass die Väter eine kaufmännische Lehre abgeschlossen hatten, während nur der geringste Teil ein (Fach-) Hochschulstudium absolvierte. Die genauen Angaben für beide Elternteile können der Tabelle 3 entnommen werden.

Tab. 3: Verteilung des Ausbildungsverhältnis der Eltern der 1. Studie (n = 270)

	Elternteil	
Ausbildung	Vater	Mutter
keine	n = 64 (23.7 %)	n = 107 (39.6 %)
gew/techn/dienst	n = 118 (43.7 %)	n = 82 (30.4 %)
kaufmännisch	n = 25 (9.3 %)	n = 35 (13.0 %)
akademisch	n = 14 (5.2 %)	n = 9 (3.3 %)
keine Angabe	n = 49 (18.1 %)	n = 37 (13.7 %)
Gesamt	n = 270 (100.0 %)	n = 270 (100.0 %)

Darüber hinaus gaben die meisten Schüler an, dass ihre Väter gegenwärtig als Arbeiter tätig sind. Am zweithäufigsten erfolgte die Nennung, dass keiner Tätigkeit nachgegangen wird oder aber der Status des Rentners zutreffe. Ein deutlich geringerer Teil ist im Bereich Büro bzw. Verwaltung beschäftigt oder bekleidet eine Position als Meister bzw. Führungskraft. Nur die wenigsten Väter sind entsprechend ihrer akademischen Ausbildung tätig. Der geringste Anteil ist selbstständig oder aber kann keiner der zuvor genannten Klassifizierungen zugeordnet werden. Bezüglich der Mütter gaben die Jugendlichen an, dass über die Hälfte als Hausfrau tätig sind. Die am zweithäufigsten genannte Tätigkeit in diesem Zusammenhang ist die einer gelernten Fachkraft, während ungefähr gleich viele Mütter entweder als Arbeiterin oder im Bereich Büro bzw. Verwaltung beschäftigt sind. Ein deutlich geringerer Teil der Frauen ist selbstständig. Nur die wenigsten arbeiteten entsprechend ihrer (Fach-) Hochschulausbildung. Eine detaillierte Aufstellung der Tätigkeitsbereiche sowie der Verteilung der Väter und Mütter auf diese ist in Tabelle 4 enthalten.

Tab. 4: Verteilung der gegenwärtig ausgeübten Tätigkeit der Eltern der 1. Studie (n=270)

gegenwärtig ausgeübte Tätigkeit			
Vater		**Mutter**	
Arbeitslos/Rentner	n = 39 (14.4 %)	keine/ Hausfrau	n = 127 (47.0 %)
Arbeiter	n = 141 (52.2 %)	Arbeiterin	n = 30 (11.1 %)
Meister/Führungskraft	n = 15 (5.6 %)	Fachkraft	n = 52 (19.3 %)
Büro/Verwaltung	n = 20 (7.4 %)	Büro/ Verwaltung	n = 29 (10.7 %)
Akademiker	n = 14 (5.2 %)	Akademikerin	n = 5 (1.9 %)
So./Selbstständig	n = 10 (3.7 %)	So./Selbstständig	n = 9 (3.3 %)
keine Angabe	n = 31 (11.5 %)	keine Angabe	n = 18 (6.7 %)
Gesamt	n = 270 (100.0 %)	Gesamt	n = 270 (100.0 %)

4.2 Methode und Material

In der 1. Studie erfolgten die Erfassung der sozio-demografischen Determinanten der Jugendlichen mittels eines Kurzfragebogens (Anlage 1), der Einsatz des Multi-Motiv-Gitters zur Eruierung der impliziten Leistungsmotivation und die Durchführung der Skalen zur Erhebung der Lern- und Leistungsmotivation zur Feststellung der expliziten Leistungsmotivation. Damit konnten die ersten Daten und Erkenntnisse bezüglich dieser beiden Dimensionen der Leistungsmotivation der Schüler, insbesondere in Abhängigkeit vom Phänomen der Benachteiligung, erforscht und ausgewertet werden. Die beiden Verfahren werden anschließend vorgestellt.

4.2.1 Das Mulit-Motiv-Gitter (MMG)

Das von Schmalt, Sokolowski und Langens etablierte Verfahren des „Multi-Motiv-Gitters" (MMG) will „Auskünfte darüber geben, welche motivationalen Tendenzen bei einer Person in anschluß-, leistungs- oder machtthematischen Situationen spontan entstehen und wie stark diese sind" (Schmalt, Sokolowski & Langens, 2000, S. V). Es wird von der Annahme ausgegangen, dass es sich bei Motiven um relativ überdauernde Persönlichkeitskonstrukte bzw. Bewertungsdispositionen handelt, die dem Individuum nicht bewusst bzw. direkt zugänglich sind (vgl. ebd., S. VII).

Demnach beschreiben die durch das MMG ermittelten Werte die individuellen Bewertungsvoreingenommenheiten, die in bestimmten Alltagssituationen – in Bezug auf die drei Motive Macht, Leistung und Anschluss – aktiviert werden, jeweils in den beiden voneinander unabhängigen Tendenzen im Sinne einer aufsuchenden, der Hoffnung auf Zielerreichung sowie einer meidenden, der Furcht vor Zielverfehlung (vgl. ebd.). Mit der Erhebung jener Persönlichkeitsmerkmale, die aufgrund motivthematischer Hinweisreize aktiviert werden und ihre unwillkürliche Wirkung entfalten (vgl. ebd., S. 3), wird der Frage nachgegangen, „Warum und Wozu [...] Erleben und Verhalten" (ebd., S. 3) zu Tage tritt, weil der Aktivierung eines Motivs menschliche Motivation folgt. „Motive legen die Rahmenbedingungen für das [menschliche] Erleben [und Verhalten] fest – also das, was das individuell Selbstverständliche des Wahrnehmens, Interpretierens, Fühlens und Urteilens ausmacht" (ebd.).

Die Verfasser begründen den Ursprung ihres Verfahrens in der Theorie Lewins (vgl. Lewin, 1926), der wiederum postulierte, dass ab dem Moment, in dem ein Individuum ein Ziel generiert, sein System in einen bestimmten

Spannungszustand versetzt, seine Informationsaufnahme sowie -verarbeitung stark selektiv und eine auf Zielerreichung ausgerichtete Steuerung des Erlebens und Verhaltens aktiviert wird. „Die[se] selektive Informationsverarbeitung beinhaltet die durch die aktuelle Motivation konfigurierten typischen Wahrnehmungs-, Aufmerksamkeits- und Gedächtnisinhalte und -leistungen" (Schmalt, Sokolowski & Langens, 2000, S. 3). Auf jener Grundlage aufbauend bildet sich dann entsprechend der vom Individuum erfahrenen Sozialisationseinflüsse und -bedingungen die Motivausprägung für die Motive Anschluss, Macht und Leistung heraus, deren Dialektik vor allem in ihren Hoffnungs- und Furchtkomponenten gegeben ist, woraus eine entweder aufsuchende oder meidende Form der Motivierung resultiert (vgl. ebd., S. 5).

Die Hoffnungs- und Furchtkomponenten bzw. -ausprägungen der drei Motive (vgl. ebd.) sind beim Anschlussmotiv *Hoffnung auf Anschluss* (HA) und *Furcht vor Zurückweisung* (FZ), beim Leistungsmotiv *Hoffnung auf Erfolg* (HE) und *Furcht vor Misserfolg* (FM) sowie beim Machtmotiv *Hoffnung auf Kontrolle* (HK) und *Furcht vor Kontrollverlust* (FK).

Die Gitter-Technik selbst findet ihren Ursprung, wie bereits zuvor skizziert, in den vor allem während der 1970-er Jahre entwickelten Verfahren zur Erfassung der entsprechenden Einzelmotive (Schmalt, 1976 [Leistungsmotiv]; Schmalt, 1979 [Machtmotiv] und Sokolowski, 1992 [Anschlussmotiv]) und verzahnt damit die in der Vergangenheit gewonnenen Grundlagen und Erkenntnisse im MMG zur Erforschung aller drei Motive, samt der damit verbundenen individuellen Anregungsschwelle, Intensität, Richtung, Hoffnungs- und Furchtkomponenten sowie Zielfokussierung und -erreichung (vgl. Schmalt et al., 2000, S. 8).

Das MMG umfasst insgesamt 14 verschiedene und mehrdeutige Alltags- bzw. Bildsituationen, unter denen jeweils mindestens vier bis maximal zehn Statements aufgelistet sind, für die der Proband durch das Ankreuzen von *ja* oder *nein* zu entscheiden und damit zu beurteilen hat, inwieweit sie auf die dargebotene Situation zutreffen oder aber nicht. Der Test konstituiert sich aus 94 Items, bei 22 handelt es sich um Fülleritems, für die Erforschung der sechs Motivkomponenten stehen jeweils 12 Items – je zwei in sechs Bildsituationen – zur Verfügung (siehe Tabelle 6). Die Motivkomponenten werden mittels der nachstehenden allgemeinen Statements wie folgt erforscht:

Tab. 6: Übersicht bezüglich der im MMG verwendeten Statements zur Motiverforschung (Schmalt et al., 2000)

Statement	Anschluss	Leistung	Macht
Man ist froh, den anderen getroffen zu haben	HA1		
Hier kann das eigene Ansehen verloren gehen			FK1
Sich hierbei den Erfolg zutrauen		HE1	
Hier kann man leicht von anderen zurückgewiesen werden	FZ1		
Bei diesen Aufgaben an mangelnde spezielle Fähigkeiten denken		FM1	
Die Macht anderer befürchten			FK2
Hierbei Stolz empfinden, weil man etwas kann		HE2	
Man fürchtet, den anderen zu langweilen	FZ2		
Hier schwierige Aufgaben lieber nicht sofort in Angriff nehmen		FM2	
Selber Einfluss haben wollen			HK1
Man hofft, den anderen näher zu kommen, wenn man selbst die Initiative ergreift	HA2		
Hier kann man das eigene Ansehen erhöhen			HK2

Anmerkung: HA = Hoffnung auf Anschluss; FZ = Furcht vor Zurückweisung; HE = Hoffnung auf Erfolg, FM = Furcht vor Misserfolg, HK = Hoffnung auf Kontrolle und FK = Furcht vor Kontrollverlust

Die Autoren bezeichnen das MMG als semi-projektives Verfahren, da es sowohl die Vorteile von projektiven Messverfahren als auch die von Fragebögen miteinander verzahnt. Deshalb bedient es sich einerseits bestimmter mehrdeutiger Bildsituationen, die wiederum andererseits mittels der oben angeführten Statements zu bewerten sind und das MMG damit auch zwischen diesen beiden Methodenpolaritäten einzuordnen ist (Schmalt & Sokolowski, 2000). Ein konkretes Beispielitem des Verfahrens ist in Abbildung 12 dargestellt:

	Ja	Nein
Man ist froh, den anderen getroffen zu haben		
Hier kann das eigene Ansehen verloren gehen		
Bei diesen Aufgaben an mangelnde spezielle Fähigkeiten denken		
Die Macht anderer befürchten		
Hier schwierige Aufgaben lieber nicht sofort in Angriff nehmen		
Man hofft, dem anderen näher zu kommen, wenn man selbst die Initiative ergreift		
Hier kann man das eigene Ansehen erhöhen		

Abb. 12: Beispielitem aus dem MMG zur Motiverforschung. Bildquelle: Schmalt et al. (2000)

Die Gütekriterien der Objektivität und Validität des Verfahrens konnten hinreichend belegt werden (Schmalt et al., 2000). Ähnliches gilt für die Reliabilität des MMG. Die Konsistenzschätzung mittels Cronbachs Alpha variiert für die sechs Motivkomponenten zwischen .61 und .76 und kann damit als zufriedenstellend bewertet werden (Abele et al., 1999; Schmalt et al., 2000).

Die Reliabilität der sechs Skalen des MMG für die erste Stichprobe wurde ebenfalls durch die Ermittlung der internen Konsistenz bestimmt. Es zeigt sich, dass die Reliabilität der Skalen zur Erfassung des Macht- und Anschlussmotivs – jeweils in ihrer Hoffnungs- und Furchtausprägung – zufriedenstellend ausfällt. Gleiches gilt ebenfalls für die Dimension *Hoffnung auf Erfolg* des Leistungsmotivs. Die interne Konsistenz der Skala *Furcht vor Misserfolg* ist am geringsten. Tabelle 7 verdeutlicht diese für die vorliegende Stichprobe.

Tab. 7: Interne Konsistenz der Skalen des MMG der Stichprobe der 1. Studie (n = 270)

Skala	Cronbachs Alpha der 1. Hauptuntersuchung
Anschluss:	
Hoffnung auf Anschluss	.64
Furcht vor Zurückweisung	.61
Leistung	
Hoffnung auf Erfolg	.65
Furcht vor Misserfolg	.50
Macht	
Hoffnung auf Kontrolle	.70
Furcht vor Kontrollverlust	.65

4.2.2 Die Skalen zur Erfassung der Lern- und Leistungsmotivation (SELLMO)

Das von Spinath, Stiensmeier-Pelster, Schöne und Dickhäuser (2002) entwickelte und publizierte Verfahren der „Skalen zur Erfassung der Lern- und Leistungsmotivation“ (SELLMO) will auf der einen Seite die Zielorientiertheit des menschlichen Verhaltens – ausdifferenziert in die Facetten Lern- und Leistungsziele – erfassen und auf der anderen Seite ein für den schulischen Kontext praktikables und standardisiertes Instrumentarium darstellen, das zur Erfassung der Motivationslage des Einzelnen dient und diese in Relation zu derer anderer zu stellen fähig ist. Das Verfahren erforscht die zentralen Fragen „Was ist der Person wichtig?“ und „Wonach strebt die Person?“ (Spinath, Stiensmeier-Pelster, Schöne 6 Dickhäuser, 2002, S. 5).

Weil in den verschiedensten Motivationstheorien Zielpräferenzen eine entscheidende und erklärende Rolle für Lern- und Leistungsunterschiede einnehmen, ermitteln die SELLMO zum einen im Bereich der Zielorientierung das „Lernziel“ (LZ) des Einzelnen, also seine Bereitschaft, gestellte Aufgaben als Herausforderung und Gelegenheit zum Lernen zu erachten, und zum anderen die Tendenz zur „Arbeitsvermeidung“ (AV), also die individuelle Motivation, möglichst wenig Arbeit in die Beschäftigung mit Aufgaben zu investieren (vgl. ebd., S. 5f). Im Bereich der Leistungsorientierung (vgl. ebd.) will einerseits die Intensität ermittelt werden, mit der man erfolgszuversichtlich solche Situationen aufsucht, in denen eigenes Können unter Beweis gestellt werden kann – „Annährungs-Leistungsziel“ (AL). Andererseits kann man feststellen, wie stark eine misserfolgsmeidende Haltung vorhanden ist, also das Aufsuchen von Aufgaben vermieden wird, bei denen das eigene Können als unzureichend offenbart würde – „Vermeidungs-Leistungsziel“ (VL).

Die Verfasser erachten bzw. begründen den theoretischen Ursprung ihrer Arbeit in der Weiterentwicklung von James' (1890) Auffassung, dass der Mensch zielgerichtet handelt und bemüht ist, solche Umstände zu überwinden, die ihn an der Zielerreichung hindern. Auf dieser Ansicht aufbauend differenzierte man zudem explizit im Bereich der Leistungsmotivation insbesondere zwei Orientierungen aus, zum einen die an der Aufgaben- und Ich-Orientierung (vgl. Nicholls, 1984) und zum anderen die an den Lern- und Leistungszielen (vgl. Dweck, 1986). Im Bereich der Leistungsziele nahm man ferner eine derartige Unterscheidung vor, als dass man die Tendenz, sich einem Leistungsziel nähern zu wollen, von der abgrenzte, ein solches willentlich zu vermeiden (vgl. Elliot, 1999). Des Weiteren stellte man heraus, dass zudem menschliche Bemühungen gegeben sind, die Arbeit (vgl. Nicholls, 1984) und

Anstrengung (vgl. Rollett, 1970) vermeiden bzw. bewusst umgehen wollen. Jene Aspekte werden schließlich mittels der SELLMO erfasst.

Zudem werden weitere theoretische Gemeinsamkeiten mit der Lokalisierung bzw. Initiierung von Zielpräferenzen durch die Situation („states") oder die Person („traits") postuliert, wird die Unterscheidung ex- und intrinsischer Motivationstendenzen im Zusammenhang mit Zielbildungen und -setzungen diskutiert sowie das Anlegen bestimmter individueller und sozialer Bezugsnormen in seinen Ursachen und Wirkungen eruiert (vgl. Spinath et al., 2002, S. 8ff). Weil zieldeterminierte Motivation ein multikausales Wirkungsgefüge mit Implikationen zwischen den Bedingungs- und Entscheidungsfeldern darstellt, ist im Rahmen dieser Arbeit eine unikausale bzw. lineare Zuordnung weder notwendig noch sinnvoll. Wichtiger ist demgegenüber die Betonung, dass Lern- und Leistungsziele unabhängig voneinander als auch parallel zueinander auftreten können, während verschiedene Ziele auch trotz teilweise konträrer Entsprechung gleichzeitig verfolgt werden können. Besondere Beachtung wurde der Subskala LZ gewidmet, weil die Schüler anhand ihrer Rohwerte in dieser für die 2. Erhebung parallelisiert und dementsprechend den Bedingungen zugeordnet worden sind.

Der Fragebogen selbst bzw. seine Konstruktion stellt gemäß der Verfasser eine Erweiterung der deutschen Version Balkes und Stiensmeier-Pelsters der „Motivational Orientation Scals" von Nicholls dar, allerdings wurden die Skalen Ich- und Aufgabenorientierung sowie Arbeitsvermeidung stärker ausdifferenziert und explizit um die Unterteilung und teilweise Neuformulierung in Annäherungs- und Vermeidungs-Leistungsziele erweitert (vgl. Spinath et al., 2002, S. 13). Es wurden gleichzeitig zwei Versionen etabliert, im Folgenden findet allerdings lediglich die Version SELLMO-S (Schüler) Berücksichtigung, weil die Population „Studenten" im Rahmen der Untersuchung weder gegeben noch relevant ist bzw. war.

Die SELLMO umfassen insgesamt 31 Items, die jeweils das Stammitem „In der Schule geht es mir darum, ..." weiter ausführen und auf denen im Rahmen einer 5-stufigen Skala von „stimmt gar nicht" über „weder/noch" bis hin zu „stimmt genau" seiner individuellen Meinung Ausdruck verliehen werden kann. Dabei werden die vier Subskalen Lernziel, Annäherungs- und Vermeidungs-Leistungsziel sowie Arbeitsvermeidung beispielsweise über die nachstehenden Items eruiert (vgl. Spinath et al., 2002):

Item 1 (Lernziel):

...neue Ideen zu bekommen

Item 2 (Annäherungs-Leistungsziel):

...zu zeigen, dass ich bei der Sache gut bin.

Item 3 (Vermeidungs-Leistungsziel):

...dass andere Schüler nicht denken, ich sei dumm.

Item 4 (Arbeitsvermeidung):

...keine schwierigen Tests oder Arbeiten zu haben.

Quelle: Beispielitems der SELLMO zur Motiverforschung. Bildquelle: Spinath et al. (2002)

Infolge der Standardisierung des Verfahrens ist das Gütekriterium der Objektivität voll erfüllt. Ebenfalls die Validität des Tests ist hinreichend durch die Verfasser belegt worden (Spinath et al., 2002). Die Reliabilität kann als zufriedenstellend bis gut bewertet werden, da die interne Konsistenz der vier Skalen zwischen .73 und .82 variiert.

Die Berechnung der Cronbachs Alpha Werte für die SELLMO erfolgte auch für die vorliegende Stichprobe zur Bestimmung der Reliabilität der einzelnen Skalen. Wie Tabelle 8 entnommen werden kann, fallen die gefundenen Kennwerte für die Skalen *Arbeitsvermeidung* und *Vermeidungs-Leistungsziel* sehr zufriedenstellend bzw. gut aus. Für die Skalen *Lernziel* und *Annäherungs-Leistungsziel* konnten ebenfalls befriedigende Werte ermittelt werden.

Tab. 8: Interne Konsistenzen der SELLMO der Stichprobe der 1. Studie (n = 269)

Skala	Cronbachs Alpha der 1. Hauptuntersuchung
Lernziel	.79
Annäherungs-Leistungsziel	.73
Vermeidungs-Leistungsziel	.81
Arbeitsvermeidung	.83

4.3 Durchführung der 1. Studie

Die Durchführung der beiden Verfahren erfolgte im August des Schuljahres 2010/2011, jeweils mittwochs in der Zeit von 9.30 Uhr bis 10.30 Uhr. In der ersten Woche wurde mit der Testung der Gymnasiasten begonnen. Diese waren zum einen die kleinere Gruppe, zum anderen wurden jene Schüler allgemein auch als eher verhaltensunproblematisch beschrieben, so dass bereits in diesem Zusammenhang zu Tage tretende Fragen und vor allem Schwierigkeiten für die Testung der Gruppe der Schüler, die klassischerweise als Benachteiligte gelten, genutzt hätten werden können. Die Testung der Gymnasiasten erfolgte ebenso wie die der beiden Benachteiligtengruppen jeweils in zwei geräumigen Klassenzimmern, die durch Entfernen der Trennwand zu einem großen Saal mit ausreichenden Sitzmöglichkeiten umfunktioniert wurden. Der Versuchsleiter erläuterte den Schülern kurz einleitend, aus welchem Grunde sie an der Erhebung teilnehmen, ohne dabei die Leistungsthematik in den Fokus der Betrachtung zu rücken. Primär galt es vor allem eine neutrale und entspannte Situation zu schaffen.

Begonnen wurde mit der Bearbeitung des MMG, weil die Durchführung der SELLMO bereits zu einer leistungsthematischen Anregungen hätte führen können. Die Instruktionen erfolgten gemäß der Vorgaben der beiden Testmanuale. Zusätzlich war auf jedem Deckblatt der Verfahren (siehe Anlage 1) von den Schülern ein individueller Code, bestehend aus einer Buchstabenkombination des Vornamens des Vaters und der Mutter sowie des eigenen Geburtstages, festzuhalten, bevor sich die Abfrage einiger allgemein biografischer (Alter, Geschlecht und Migrationshintergrund), schulbezogener (gegenwärtige Klasse, zuletzt besuchter Schultyp sowie Erwerb eines Schulabschlusses) und solcher Daten anschloss, die Auskunft über Art und Weise der Ausbildung und gegenwärtigen Tätigkeit der Eltern geben. Der Versuchsleiter stand zur Verfügung, um die Schüler bei Fragen und Problemen zu unterstützen. Bei der Durchführung der Verfahren traten keine Schwierigkeiten auf.

Ebenso unproblematisch wie die Durchführung der Verfahren verlief auch deren Auswertung. Der Versuchsleiter und eine weitere geschulte Person werteten entsprechend der Vorgaben und mithilfe der Schablonen die MMG und SELLMO der Schüler aus und hielten deren individuellen Code sowie die dazu gehörigen Skalenrohwerte auf der Rückseite des Deckblattes fest. Anschließend wurden die einzelnen Verfahren ausgetauscht und erneut auf ihre Auswertungskorrektheit und damit -übereinstimmung überprüft.

4.4 Befunddarstellung der 1. Studie

Im Rahmen dieser Studie wurde untersucht, welche Bedeutung und welchen Einfluss die soziodemografischen Determinanten der Probanden auf die implizite und explizite Leistungsmotivation nehmen. Als erstes Verfahren diente hierzu das MMG, mittels welchem die abhängigen Variablen bzw. drei impliziten Motive Anschluss, Macht und Leistung, jeweils ausdifferenziert in ihre Hoffnung- und Furchtkomponente, erhoben werden. Folgend wurden die SELLMO eingesetzt, die wiederum Auskunft über die expliziten Leistungsfacetten Lernziel, Annäherungs- und Vermeidungs-Leistungsziel sowie Arbeitsvermeidung als weitere abhängige Variablen geben. Die Auswertung der Ergebnisse gliederte sich entsprechend der Verfahrensdurchführung, so dass zuerst die Einflüsse auf die implizite Leistungsmotivation erforscht wurden, bevor die Darstellung jener Zusammenhänge für die explizite Dimension erfolgte. In abschließenden Varianzanalysen wurde immer auch eine Differenzierung bezüglich der Gruppenzugehörigkeit und damit entsprechend des Benachteiligtenphänomens vorgenommen.

Im Rahmen der uni- und multivariaten Varianzanalysen werden als unabhängige Variablen die gewonnenen Angaben zur Person, zur Schulbildung sowie zum beruflichen Habitus der Eltern berücksichtigt. In diesem Zusammenhang wird neben dem Geschlecht das Alter, entsprechend der jeweiligen Geburtsjahrgänge der Probanden berücksichtigt. Der jünste Schüler war zum Untersuchungszeitpunkt 15 Jahre, der älteste bereits 24. Über die Klassenbezeichnung kann festgestellt werden, ob man entweder zur Gruppe der Benachteiligten oder zu jener der Gymnasiasten gehört. Zusätzlich fließt im Rahmen des zuletzt besuchten Schultyps ein, ob eine Sonder-, Haupt-, Real- oder Gesamtschule bzw. ein Gymnasium besucht wurde und ob man in diesem Zusammenhang einen Schulabschluss erworben hat oder nicht. Darüber hinaus war anzugeben, ob man einen Migrationshintergrund besitzt. Das Vorhandensein eines Migrationsstatus war immer dann gegeben, wenn mindestens ein Elternteil nicht deutscher Herkunft ist. Abschließend war jeweils bezüglich der Ausbildung der Mutter und des Vaters anzugeben, ob keine, eine gewerbliche, technische oder dienstleistungsbezogene oder aber eine kaufmännische bzw. eine Hochschulausbildung absolviert wurde. In Bezug auf die gegenwärtig ausgeübte Tätigkeit der Mutter wurden die Antworten klassifiziert, ob diese als Hausfrau, Arbeiterin, Facharbeiterin, Selbstständige, Angestellte im Bereich Büro und Verwaltung oder aber als Akademikerin tätig war. Im Hinblich auf die Tätigkeit des Vaters erfolgte eine Einordnung gemäß der möglichen Beschäftigungsformen arbeitslos bzw. Rentner, Arbeiter, Meister bzw.

Führungskraft, Büro und Verwaltung, Akademiker oder aber ob eine selbstständige Tätigkeit vorlag.

Die Befunddarstellung des ersten Erhebungszeitpunktes schließt eine Gesamtübersicht, die jeweils die einzelnen Faktoren sowie ihre Bedeutung und ihren Einfluss auf die implizite und explizite Dimension der Leistungsmotivation beinhaltet, ab.

Bei der Ergebnisdarstellung wird die Robustheit der eingesetzten Verfahren anhand der Pillai-Spur abgeschätzt. Bei der Darstellung der Ergebnisse werden Effekte bis zum Signifikanzniveau von 1 % als sehr bedeutsam und bis zum konventionellen Signifikanzniveau von 5 % als statistisch signifikant interpretiert. Darüber hinaus werden tendenziell bedeutsame Ergebnisse bis zu einem Niveau von 10 % erwähnt. Werden keine statistischen Signifikanzen festgestellt, obwohl sie erwartet wurden, soll dies berichtet werden, allerdings nicht in der zuvor vollzogenen Ausführlichkeit.

4.4.1 Benachteiligung und implizite Leistungsmotivation

Zur Erhebung der impliziten Leistungsmotivation wurde wie schon erwähnt das Multi-Motiv-Gitter (MMG) als erstes Verfahren eingesetzt. Dies entspricht der Empfehlung der Verfasser, andernfalls wäre die Wahrscheinlichkeit gegeben, dass vorangegangene Arbeiten bzw. Verfahren bereits bestimmte Motive leistungsthematisch angeregt hätten.

In einem ersten Schritt wurden mehrere einfaktorielle Varianzanalysen gerechnet, in die jeweils die durch das Deckblatt erhobenen unabhängigen Faktoren *Alter*, *Geschlecht*, *Schultyp* und *Schulabschluss* sowie *Ausbildung* und *Tätigkeit* von *Mutter* und *Vater*, neben den abhängigen Variablen des Leistungsmotivs – *Hoffnung auf Erfolg* und *Furcht vor Misserfolg* – eingingen.

Die Analyse zeigt, dass keine statistisch signifikanten Unterschiede in Bezug auf das Alter der Probanden gegeben sind – weder bezüglich der Skala zur Erfassung der Erfolgshoffnung ($F(9;269) = 1.61$; $p = .11$) noch in Bezug auf die zur Eruierung der Misserfolgsfurcht ($F(9;269) = .96$; $p = .48$).

Demgegenüber geht aus der zweiten Berechnung hervor, dass die männlichen Probanden signifikant höhere Werte bezüglich der Skala *Hoffnung auf Erfolg* ($F(1;268) = 4.52$; $p < .05$; männlich: $M = 7.74$, $SD = 2.33$ und weiblich: $M = 7.10$, $SD = 2.51$) aufweisen. Im Hinblick auf die Kennwerte der Skala *Furcht vor Misserfolg* ($F(1;268) = 1.78$; $p = .18$) wurde kein statistisch bedeutsamer Unterschied zwischen den Geschlechtern ermittelt.

Wurde der *Schultyp* in einer weiteren Analyse berücksichtigt, zeigte sich, dass zwischen den einzelnen Schulformen sowohl statistisch bedeutsame Effekte für die Kategorie *Hoffnung auf Erfolg* ($F(5;264) = 2.98$; $p < .05$) als auch für die Kategorie *Furcht vor Misserfolg* ($F(5;264) = 2.85$; $p < .05$) gegeben sind. Die genauen Einzelwerte können der Tabelle 9 entnommen werden. Die Post-hoc-Testung nach Scheffe zeigte in der Folge allerdings bezüglich der Erfolgshoffnung, dass keine bedeutsamen Differenzen zwischen den Probanden der einzelnen Schulformen gegeben sind, wenngleich die Gymnasiasten die höchsten und die Gesamtschüler gemeinsam mit den Berufsschülern die niedrigsten Mittelwerte besitzen. Der sich anschließende Scheffe-Test im Zusammenhang mit der Misserfolgsfurcht verdeutlicht, dass sich die Hauptschüler signifikant von den Berufsschülern derart unterscheiden, dass zuletzt genannte die geringste *Furcht vor Misserfolg* aufweisen. Die der Sonderschüler ist am höchsten.

Tab. 9: Mittelwerte, Standardabweichungen und Stichprobengröße des Leistungsmotivs (MMG) in Abhängigkeit vom zuletzt besuchten Schultyp (n = 270)

	Leistungsmotiv (MMG)		
	Hoffnung auf Erfolg	**Furcht vor Misserfolg**	
Schultyp	M (SD)	M (SD)	**n**
Sonderschule	8.20 (2.26)	5.35 (2.98)	20
Hauptschule	7.45 (2.32)	5.24 (2.30)	83
Realschule	8.38 (2.07)	4.21 (2.25)	34
Gesamtschule	7.00 (2.40)	4.21 (1.97)	28
Gymnasium	8.56 (1.90)	4.81 (2.97)	16
Berufsschule	7.00 (2.60)	4.04 (2.45)	89

Eine Varianzanalyse bezüglich möglicher Unterschiede, sollte ein Schüler einen *Schulabschluss* besitzen, gegenüber denen, die über einen solchen nicht verfügen, verdeutlichte, dass in diesem Fall keine bedeutsamen Unterschiede, weder im Rahmen der Hoffnungskomponente des Leistungsmotivs ($F(1;269) = .27$; $p = .60$) noch in Bezug auf die Furchtkomponente ($F(1;269) = .07$; $p = .79$), bestehen.

In einer weiteren Datenauswertung wurde der Einfluss des *Migrationshintergrundes* auf das Leistungsmotiv erforscht, weshalb nun dieser als unabhängige Variable aufgenommen wurde. Jugendliche mit Migrationshintergrund unterscheiden sich gemäß der Berechnung nicht bedeutsam bezüglich der Ausprägung ihrer *Hoffnung auf Erfolg* ($F(1;264) = 2.00$, $p = .16$) gegenüber den Nicht-Migranten. Die Werte der Furchtkomponente lassen allerdings einen deutlichen Unterschied derart erkennen, dass Probanden mit Migrationshintergrund mehr *Furcht vor Misserfolg* ($F(1;264) = 9.40$; $p < .01$, Migranten: $M = 5.03$, $SD = 2.43$ und Nicht-Migranten: $M = 4.12$, $SD = 2.36$) als jene ohne diesen haben.

Werden folgend neben den beiden Dimensionen des Leistungsmotivs jeweils *Ausbildung* von Mutter und Vater als unabhängige Variablen in zwei weiteren Varianzanalysen berücksichtigt, so zeigt sich bezüglich der Mütter, dass für die Hoffnungskomponente keine bedeutsamen Unterschiede gegeben sind ($F(3;232) = 1.53$; $p = .21$), sehr wohl aber im Hinblick auf die Furchtkomponente ($F(3;232) = 5.46$; $p < .01$).

Im Bereich der zuletzt genannten Dimension verdeutlich der Scheffe-Test, dass signifikante Differenzen zwischen Jugendlichen, deren Mütter keine Ausbildung besitzen, einerseits gegenüber denen bestehen, deren Mütter im gewerblichen, technischen oder Dienstleistungsbereich ausgebildet wurden und andererseits gegenüber den Probanden gegeben sind, deren Mütter ein Studium absolvierten. In beiden Beziehungen geht die Variable *Ausbildung der Mutter* – in der Ausprägung *keine* – mit der höchsten Misserfolgsfurcht einher, die Kinder von Hochschulabsolventinnen weisen die geringste auf.

Die Auswertung der vaterbezogenen Daten lässt erkennen, dass ebenfalls lediglich die Misserfolgsfurcht tendenziell signifikant war ($F(3;220) = 2.27$; $p < .10$), während die Erfolgshoffnung in Abhängigkeit von der absolvierten Ausbildung nicht bedeutsam wurde ($F(3;220) = 1.39$; $p = .25$). Erneut zeigt sich, obgleich keine signifikanten Effekte mehr im Rahmen des Scheffe-Prozederes gegeben waren, dass Probanden, deren Väter ein Studium absolvierten, die höchste Erfolgshoffnung sowie die geringste Misserfolgsfurcht besitzen. Am wenigsten *Hoffnung auf Erfolg* weisen wieder die Jugendlichen auf, deren Väter im gewerblichen, technischen oder Dienstleistungsbereich ausgebildet wurden, während erneut die Schüler die höchsten Werte im Bereich der *Furcht vor Misserfolg* besitzen, deren Väter keine Ausbildung absolvierten. Die Daten für beide Elternteile können Tabelle 10 entnommen werden.

Tab. 10: Mittelwerte und Standardabweichungen der Leistungsmotivdimensionen (MMG) in Abhängigkeit vom Ausbildungsverhältnis von Mutter (n = 233) und Vater (n = 221)

	Ausbildung der Mutter			Ausbildung des Vaters		
Klassifizierung	HE M (SD)	FM M (SD)	n	HE M (SD)	FM M (SD)	n
keine	7.43 (2.23)	5.14 (2.53)	107	7.56 (2.26)	5.05 (2.60)	64
gew./ techn./ Dienstleistung	7.26 (2.56)	4.15 (2.18)	82	7.33 (2.48)	4.42 (2.28)	118
kaufmännisch	8.20 (2.37)	4.29 (2.36)	35	7.80 (2.50)	4.40 (2.00)	25
Studium	8.11 (2.26)	2.44 (2.35)	9	8.64 (2.06)	3.36 (2.53)	14

Anmerkung: HE = Hoffnung auf Erfolg, FM = Furcht vor Misserfolg

Folgend wurden neben den abhängigen Variablen *Hoffnung auf Erfolg* und *Furcht vor Misserfolg* die festen Faktoren *gegenwärtig ausgeübte Tätigkeit*, jeweils von Mutter und Vater, mit in die Analysen aufgenommen. Für die Mutter zeigt sich, dass die Hoffnungskomponente bedeutsame Unterschiede impliziert ($F(5;251) = 2.34$; $p < .05$), nicht aber für die Furchtkomponente ($F(35;251) = 1.10$; $p = .36$). Der durchgeführte Scheffe-Test weist keine signifikanten Einzeleffekte mehr aus. Dennoch ist erkennbar, dass Jugendliche, deren Mütter als Akademikerin tätig sind, die höchsten Werte auf der Skala *Hoffnung auf Erfolg* sowie im Bereich der *Furcht vor Misserfolg* aufweisen. Am wenigsten Erfolgshoffnung besitzen die Kinder von selbstständig tätigen Müttern, während ein niedriger Wert bezüglich der Misserfolgsfurcht mit der mütterlichen Tätigkeit im Büro einherzugehen scheint (vergleiche Tabelle 11).

Tab. 11: Mittelwerte und Standardabweichungen der Leistungsmotivdimensionen des MMG in Abhängigkeit von der gegenwärtig ausgeübten Tätigkeit der Mutter (n = 252)

	Tätigkeit der Mutter					
	keine/ Hausfrau (n = 127)	Arbeiterin (n = 30)	Fach-arbeiterin (n = 52)	Büro und Verwaltung (n = 29)	Aka-demikerin (n = 5)	selbst-ständig (n = 9)
Skala	M (SD)	M (SD)	M (SD)	M (SD)	M (SD)	M (SD)
HE	7.13 (2.53)	7.87 (2.22)	7.88 (2.12)	8.34 (2.30)	9.20 (2.28)	7.11 (1.90)
FM	4.87 (2.54)	4.60 (2.53)	4.17 (2.05)	3.90 (2.61)	5.00 (3.39)	4.67 (2.45)

Anmerkung: HE = Hoffnung auf Erfolg, FM = Furcht vor Misserfolg

Demgegenüber scheint die gegenwärtige Beschäftigung des Vaters weder für *Hoffnung auf Erfolg* (F(5;238) = 1.45; p = .21) noch für *Furcht vor Misserfolg* (F(5;238) = 1.25; p = .29) eine bedeutsame Rolle zu spielen – beide Dimensionen werden nicht signifikant, auch wenn ebenfalls die Kinder von akademisch tätigen Vätern erneut die höchste und die von arbeitslosen bzw. berenteten Vätern die geringste Erfolgshoffnung aufweisen. Misserfolgsfurcht ist in diesem Zusammenhang bei den Probanden von Selbstständigen am höchsten. Die geringsten Mittelwerte weisen hierbei erneut Jugendliche auf, deren Väter keiner Tätigkeit mehr nachgehen. Die genauen Einzelwerte sind detailliert in Tabelle 12 ausgewiesen.

Tab. 12: Mittelwerte und Standardabweichungen der Leistungsmotivdimensionen des MMG in Abhängigkeit von der Tätigkeit des Vaters (n = 249)

	Tätigkeit des Vaters					
	arbeitslos/ Rentner (n = 39)	**Arbeiter** (n = 141)	**Meister/ Führungs-kraft** (n = 15)	**Büro und Verwaltung** (n = 20)	**Aka-demiker** (n = 14)	**selbst-ständig** (n = 10)
Skala	M (SD)	M (SD)	M (SD)	M (SD)	M (SD)	M (SD)
HE	7.03 (2.45)	7.40 (2.34)	7.27 (3.01)	8.15 (2.01)	8.50 (2.10)	8.30 (1.70)
FM	3.90 (2.49)	4.71 (2.47)	3.87 (2.13)	4.85 (2.43)	4.00 (2.51)	5.20 (2.20)

Anmerkung: HE = Hoffnung auf Erfolg, FM = Furcht vor Misserfolg

Abschließend wurden alle sechs Skalen zur Erfassung der drei Motive *Anschluss*, *Leistung* und *Macht* des MMG als abhängige Variablen in einer abschließenden Varianzanalyse aufgenommen. Zusätzlich wurde eine Differenzierung mittels der unabhängigen Variable *Gruppenzugehörigkeit* vorgenommen, um Unterschiede zwischen den Gymnasiasten und den Benachteiligten überprüfen zu können.

Wie aus Tabelle 13 ersichtlich, zeigten sich signifikante Unterschiede für die beiden Skalen *Leistung* und *Macht* jeweils in ihrer Hoffnungs- und Furchtausprägung. Demgemäß haben Schüler der gymnasialen Oberstufe mehr *Hoffnung auf Erfolg* und verspüren im Vergleich zu den als benachteiligt geltenden Jugendlichen weniger *Furcht vor Misserfolg*, zusätzlich weisen sie höhere Werte im Bereich der Kontrollhoffnung des Machtmotivs auf, gleiches gilt allerdings auch für die Furcht vor Kontrollverlust. Keine bedeutsamen Unterschiede konnten für die beiden Skalenausprägungen des Anschlussmotivs ermittelt werden. Eine grafische Veranschaulichung erfolgt in Abbildung 12.

Tab. 13: Vergleich der Mittelwerte, Standardabweichungen, F-Werte und Signifikanzniveaus der Subskalen des MMG für die beiden Gruppen Gymnasiasten und Benachteiligte

	Gruppenzugehörigkeit			
	Gymnasiasten (n = 55)	**Benachteiligte** (n = 215)		
Skala	M (SD)	M (SD)	F(1;268)	p
Anschluss				
Hoffnung auf Anschluss	6.98 (2.31)	6.85 (2.52)	.12	n.s.
Furcht vor Zurückweisung	6.38 (2.82)	6.40 (2.49)	.00	n.s.
Leistung				
Hoffnung auf Erfolg	8.16 (2.18)	7.32 (2.45)	5.42	< .05
Furcht vor Misserfolg	3.95 (2.45)	4.76 (2.43)	4.88	< .05
Macht				
Hoffnung auf Kontrolle	8.93 (2.34)	7.87 (2.97)	6.01	< .05
Furcht vor Kontrollverlust	6.35 (2.57)	5.34 (2.59)	6.57	< .05

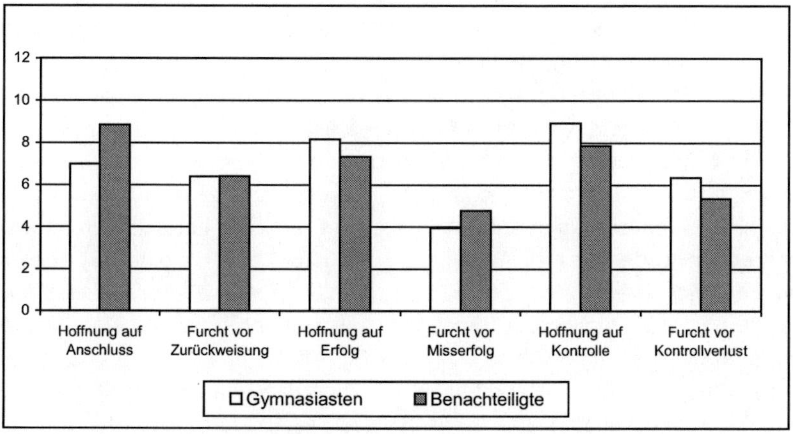

Abb. 12: Mittelwerte der sechs Subskalen des MMG in Abhängigkeit von der Gruppenzugehörigkeit

4.4.2 Benachteiligung und explizite Leistungsmotivation

Wie bereits beim MMG sollte auch für die SELLMO im Rahmen einleitender univariater Varianzanalysen – diesmal bezüglich der expliziten Leistungsmotivation – erforscht werden, ob in Bezug auf die unabhängigen Variablen *Alter*, *Geschlecht*, *Schultyp*, *Schulabschluss*, *Migrationsstatus* sowie in Abhängigkeit von Art und Weise der *Ausbildung* und *Tätigkeit* der beiden Elternteile Unterschiede in den Ausprägungen der vier Skalen LZ, AL, VL und AV, die als abhängige Variablen aufgenommen wurden, bestehen.

Die Analyse zeigt, dass erneut für das *Alter* keine statistisch bedeutsamen Effekte zwischen den einzelnen Jahrgängen gegeben sind, weder für die Skala *Lernziel* ($F(9;268) = .65$; $p = .76$), noch für die beiden Leistungszielskalen in ihrer Annäherungs- ($F(9;259) = .66$; $p = .75$) sowie Vermeidungsausprägung ($F(9;259) = 1.09$; $p = .37$) und auch nicht bezüglich der Skala *Arbeitsvermeidung* ($F(9;259) = 1.34$; $p = .22$).

In Bezug auf die Geschlechterunterscheidung ist feststellbar, dass im Bereich der aus motivationspsychologischer Sicht eher positiv zu bewertenden Skalen *Lernziel* ($F(1;267) = .00$; $p = 1.00$) und *Annäherungs-Leistungsziel* ($F(1;267) = 1.98$; $p = .16$) ebenfalls keine signifikanten Differenzen gegeben sind. In Zusammenhang mit den eher leistungshemmenden Skalen bestehen jedoch bedeutsame Unterschiede, da die männlichen Probanden sowohl auf der Skala *Vermeidungs-Leistungsziel* ($F(1;267) = 11.22$; $p < .01$; männlich: $M = 22.28$, $SD = 6.57$ und weiblich: $M = 19.68$, $SD = 5.54$) als auch auf der zur Erfassung der *Arbeitsvermeidung* ($F(1;267) = 24.82$; $p < .01$; männlich: $M = 22.58$, $SD = 6.80$ und weiblich 18.53, $SD = 5.91$) höhere Werte aufweisen.

Die Überprüfung der Zusammenhänge zwischen der *zuletzt besuchten Schulform* und den Skalen der SELLMO verdeutlicht, dass in Bezug auf die beiden Leistungszielskalen zwischen den auf jene Art betrachteten Probandengruppen weder für das *Annährungs-* ($F(5;268) = 1.17$; $p = .33$) noch für das *Vermeidungs-Leistungsziel* ($F(5;268) = .71$; $p = .62$) signifikante Effekte gegeben sind. Bezüglich der Skala *Lernziel* zeichnet sich demgegenüber ein sehr bedeutsamer Unterschied ab ($F(5;268) = 5.21$; $p < .01$). Darüber hinaus sind noch in der Tendenz bedeutsame Differenzen im Bereich der Arbeitsvermeidungsmotivation ($F(5;268) = 2.03$; $p < .10$) gegeben. Der sich anschließende Scheffe-Test zeigt, dass sich der signifikante Effekt der Skala *Lernziel* insbesondere in den unterschiedlichen Werten der Hauptschüler gegenüber denen der Realschüler und denen der Gymnasiasten manifestieren. Am höchsten sind die Mittelwerte der Gymnasiasten, dicht gefolgt von den Realschülern, während die Hauptschüler nach den Gesamtschülern die niedrigsten Lernzielwerte besitzen. Der Haupteffekt der Skala *Arbeitsvermeidung* wird im Rahmen des Scheffe-Tests nicht mehr statistisch bedeutsam. Dennoch ist anhand der Mittelwerte erkennbar (vergleiche Tabelle 14), dass die Berufsschüler die höchste und die Gymnasiasten die geringste Ausprägung in jenem Bereich haben.

Tab. 14: Mittelwerte, Standardabweichungen und Stichprobengröße bezüglich der Subskalen der SELLMO in Abhängigkeit vom Schultyp (n = 169)

	Zuletzt besuchte Schulform					
	Sonder-schule (n = 20)	**Haupt-schule** (n = 83)	**Real-schule** (n = 34)	**Gesamt-schule** (n = 27)	**Gym-nasium** (n = 16)	**Berufs-kolleg** (n = 89)
Skala	M (SD)	M (SD)	M (SD)	M (SD)	M (SD)	M (SD)
Lernziel-orientierung	32.65 (4.84)	30.41 (5.90)	34.53 (2.82)	30.30 (6.11)	35.06 (3.40)	31.81 (4.70)
Annäherungs-Leistungsziel	25.90 (3.21)	24.48 (5.16)	25.79 (4.50)	23.41 (5.26)	25.13 (5.49)	24.17 (5.03)
Vermeidungs-Leistungsziel	21.90 (7.53)	22.12 (6.20)	21.18 (6.78)	20.70 (6.39)	19.44 (5.34)	20.92 (6.13)
Arbeits-vermeidung	21.85 (7.69)	21.36 (6.52)	19.47 (6.47)	19.26 (7.03)	18.06 (5.28)	22.20 (6.81)

Die Aufnahme der unabhängigen Variable *Schulabschluss* lässt ebenfalls keinen signifikanten Unterschied für die Skalen *Lernziel* ($F(1;267) = 2.28$; $p = .13$), *Annährungs-Leistungsziel* ($F(1;267) = 1.13$; $p = .29$), *Vermeidungs-Leistungsziel* ($F(1;267) = .01$; $p = .92$) und *Arbeitsvermeidung* ($F(1;267) = .42$; $p = .52$) erkennen, so dass der Erwerb oder Nicht-Erwerb eines Abschlusses weniger bedeutsam für die Ausprägung der expliziten Leistungsmotivation zu sein scheint.

In einer weiteren Varianzanalyse wurde überprüft, inwieweit das Vorhandensein eines *Migrationshintergrundes* einen Einfluss auf die Ausprägung der vier Dimensionen der SELLMO ausübt. Der Vergleich der Schüler mit Migrationsstatus gegenüber den Nicht-Migranten zeigt, dass weder im Bereich der *Lernzielorientierung* ($F(1;262) = .41$; $p = .52$) noch des *Annäherungs-Leistungsziels* ($F(1;262) = .30$; $p = .58$) bedeutsame Unterschiede zwischen den beiden Gruppen gegeben sind. Ein signifikanter Effekt besteht allerdings zum einen bezüglich der Skala *Vermeidungs-Leistungsziel* ($F(1;262) = 5.85$; $p < .05$) derart, dass Schüler mit Migrationshintergrund in diesem Bereich höhere Werte als jene aufweisen, die nicht als Migranten bezeichnet werden, zum anderen ist ein weiterer bedeutsamer Unterschied im Skalenbereich der

Arbeitsvermeidung (F(1;262) = 7.08; p < .05) gegeben, in dem ebenfalls die Gruppe der Migranten höhere Mittelwerte impliziert. Die genauen Werte enthält Tabelle 15.

Tab. 15: Mittelwerte, Standardabweichungen, F-Werte und Signifikanzen der Subskalen der SELLMO der beiden Gruppen Schüler mit und ohne Migrationshintergrund

	Gruppenzugehörigkeit			
	Migrations-hintergrund (n = 125)	**Nicht-Migranten** (n = 139)		
Skala	M (SD)	M (SD)	F(1;262)	p
Lernziel-orientierung	31.65 (5.14)	32.06 (5.36)	.41	n.s.
Annäherungs-Leistungsziel	24.78 (4.94)	24.44 (5.02)	.30	n.s.
Vermeidungs-Leistungsziel	22.20 (6.41)	20.33 (6.14)	5.85	< .05
Arbeits-vermeidung	22.06 (6.78)	19.88 (6.52)	7.08	< .05

Fanden als unabhängige Variablen jeweils *Ausbildung* von *Vater* und *Mutter* neben den SELLMO in weiteren univariaten Varianzanalysen ihre Berücksichtigung, zeigte sich, dass ob des Ausbildungsverhältnisses der Mutter sowohl signifikante Effekte im Bereich des *Lernziels* (F(3;231) = 2.99; p < .05), der Skala *Vermeidungs-Leistungsziel* (F(3;231) = 4.12; p < .01) sowie der Arbeitsvermeidung (F(3;231) = 5.31; p < .01) evoziert werden. Statistisch unbedeutsam blieb lediglich die Skala *Annäherungs-Leistungsziel* (F(3;231) = .48; p = .70). Mittels des Scheffe-Tests wurde erkennbar, dass der Unterschied bezüglich des Lernziels aus der Differenz der Mittelwerte der Jugendlichen unausgebildeter Mütter – mit den geringsten Werten – gegenüber denen bestehen, deren Mütter ein Studium absolvierten. Zusätzlich zeigt sich für das Vermeidungs-Leistungsziel, dass der signifikante Unterschied auf die geringen Werte Jugendlicher, deren Mütter unausgebildet sind, gegenüber denen zurückzuführen ist, deren Mütter eine kaufmännische Ausbildung abschlossen haben. Bei zuletzt genannten ist die Vermeidungstendenz, neben Probanden von Akademikerinnen, am geringsten. Schlussendlich verdeutlichte jene Post-hoc-Testung noch, dass erneut die Schüler von Müttern, die keine Ausbildung abgeschlossen hatten, gegenüber allen anderen bedeutsam höhere Arbeitsvermeidungstendenzen implizieren (vergleiche Tabelle 16).

Signifikante Unterschiede infolge der Ausbildung des Vaters manifestieren sich der Tendenz nach in der Skala *Lernziel* (F(3;220) = 2.61; p < .10). Diesbezüglich wurde das konventionelle Signifikanzniveau lediglich knapp verfehlt, während im Bereich *Arbeitsvermeidung* (F(3;220) = 2.96; p < .05) deutliche Differenzen gegeben sind. Die Leistungszieldimensionen wurden nicht signifikant (*Annährungs-* F(3;220) = .69; p = .56 und *Vermeidungs-Leistungsziel* F(3;220) = 1.21; p = .31).

Der Scheffe-Test zeigte, dass der tendenziell bedeutsame Effekt der Skala *Lernziel* aus der Differenz der Werte der Jugendlichen, deren Väter keine Ausbildung abschlossen, und denen, deren Väter ein Studium absolvierten, resultiert. Zuletzt Genannte weisen die höchste Lernzielorientierung auf. Der Effekt der Skala *Arbeitsvermeidung* ist auf den Unterschied zwischen Probanden, deren Väter ungelernt sind, gegenüber denen, deren Väter gewerblich, technisch oder im Dienstleistungsbereich ausgebildet wurden, zurückzuführen. Das fehlende Absolvieren einer Ausbildung steht demnach in enger Beziehung mit einer hohen Arbeitsvermeidungsmotivation. Die genauen Werte können der nachstehenden Tabelle 16 entnommen werden:

Tab. 16: Mittelwerte und Standardabweichungen der SELLMO in Abhängigkeit von der Ausbildung der Mutter (n = 232) und des Vaters (n = 221)

	Ausbildung der Mutter					**Ausbildung des Vaters**				
Klassifizierung	**LZ** M (SD)	**AL** M (SD)	**VL** M (SD)	**AV** M (SD)	n	**LZ** M (SD)	**AL** M (SD)	**VL** M (SD)	**AV** M (SD)	n
keine	31.12 (5.11)	24.69 (4.86)	22.00 (6.46	22.48 (6.73)	107	31.22 (4.94	25.12 (4.47)	22.25 (6.60)	22.85 (7.72)	65
gew./ techn./ Dienstleistung	32.56 (5.52)	25.16 (5.07)	21.35 (6.49	19.87 (6.80)	82	31.91 (5.20	24.51 (5.19)	21.02 (6.01)	20.03 (6.22)	117
kaufmännisch	32.53 (4.79)	23.94 (5.45)	18.47 (6.03)	18.71 (6.22)	34	32.56 (6.05	24.20 (5.27)	21.48 (7.13)	20.16 (7.47)	25
Studium	35.67 (3.32)	24.78 (4.63)	16.78 (3.07)	16.33 (5.20)	9	35.36 (3.32	26.14 (4.20)	19.00 (4.96)	18.79 (5.32)	14

Anmerkung: LZ = Lernziel, AL = Annäherungs-Leistungsziel, VL = Vermeidungs-Leistungsziel, AV = Arbeitsvermeidung

In einer univariaten Varianzanalyse, in die als fester Faktor die *gegenwärtig ausgeübte Tätigkeit der Mutter* einging, von welchem als abhängige Variablen die SELLMO-Skalen mit aufgenommen wurden, zeigte sich, dass signifikante Effekte in den Skalen *Lernziel* (F(5;250) = 3.09; p < .01) und

Arbeitsvermeidung (F(5;250) = 3.30; p < .01) gegeben sind, während die beiden Dimensionen der Leistungszielorientierung – Annäherung (F(5;250) = .28; p = .93) und Vermeidung (F(5;250) = .49; p = .79) – statistisch unbedeutsam blieben. Die in der Folge durchgeführte Scheffe-Prozedur weist allerdings keine signifikanten Einzeleffekte mehr aus. Die höchste Lernzielorientierung besitzen Probanden, deren Mütter entsprechend ihrer akademischen Qualifikation tätig sind, die geringste war bei Jugendlichen selbstständiger Mütter gegeben. Ein komplementärer Trend ist demgegenüber bezüglich der Mittelwerte der Arbeitsvermeidung gegeben, hier haben die Sprösslinge selbstständiger Frauen mit Abstand die höchsten Werte, am geringsten ist diese Skala bei denen ausgeprägt, deren Mütter im Bereich Büro und/oder Verwaltung tätig sind. Die genauen Werte können der sich anschließenden Tabelle 17 entnommen werden:

Tab. 17: Mittelwerte und Standardabweichungen der SELLMO in Abhängigkeit von der Tätigkeit der Mutter (n = 251)

	Tätigkeit der Mutter					
	keine/ Hausfrau (n = 127)	**Arbeiterin** (n = 30)	**Fachkraft** (n = 51)	**Büro und Verwaltung** (n = 29)	**Akademikerin** (n = 5)	**selbstständig** (n = 9)
Skala	M (SD)	M (SD)	M (SD)	M (SD)	M (SD)	M (SD)
LZ	31.01 (5.14)	32.47 (5.73)	33.10 (4.47)	32.10 (5.19)	36.60 (3.05)	29.22 (4.24)
AL	24.42 (4.87)	24.87 (4.48)	24.90 (5.11)	25.55 (5.56)	24.80 (4.44)	24.89 (5.40)
VL	21.76 (6.30)	21.07 (6.72)	21.00 (6.42)	19.93 (6.60)	19.80 (2.49)	21.33 (6.25)
AV	21.95 (6.67)	21.57 (7.02)	19.24 (6.40)	18.34 (6.76)	20.80 (5.81)	26.00 (3.04)

Anmerkung: LZ = Lernziel, AL = Annäherungs-Leistungsziel, VL = Vermeidungs-Leistungsziel, AV = Arbeitsvermeidung

Jene Analyse galt es noch unter Berücksichtigung der unabhängigen Variable *gegenwärtig ausgeübte Tätigkeit des Vaters* durchzuführen. Erneut wurden die Unterschiede auf den Skalen *Lernziel* (F(5;238) = 2.28; p < .05) und *Arbeitsvermeidung* (F(5;238) = 2.56; p < .05) signifikant, nicht jedoch die des *Annährungs-* (F(5;238) = .50; p = .78) und *Vermeidungs-Leistungsziels* (F(5;238) = .48; p = .79). Im Rahmen der sich anschließenden Post-hoc-Testung nach Scheffe wurde allerdings lediglich die Differenz in den Mittelwerten der Skala Lernziel tendenziell bedeutsam – am geringsten waren die Werte der Jugendlichen arbeitsloser bzw. berenteter Väter gegenüber denen, deren Väter eine akademische Tätigkeit ausübten und wiederum die höchste Lernzielorientierung offerierten. Nicht mehr bedeutsam wurden die Unterschiede im Bereich der Arbeitsvermeidungsmotivation, allerdings soll berichtet werden, dass hier die Tätigkeit als Führungskraft bzw. Meister oder die entsprechend der akademischen Qualifikation – insbesondere im Vergleich zu Kindern arbeitsloser und selbstständiger Männer – mit eher geringen Werten einhergeht (Tabelle 18).

Abb. 18: Mittelwerte und Standardabweichungen der SELLMO in Abhängigkeit von der Tätigkeit des Vaters (n = 249)

	Tätigkeit des Vaters					
	arbeitslos/ Rentner (n = 39)	**Arbeiter** (n = 141)	**Meister/ Führungs -kraft** (n = 15)	**Büro und Verwaltung** (n = 20)	**Aka-demiker** (n = 14)	**selbst-ständig** (n = 10)
Skala	M (SD)	M (SD)	M (SD)	M (SD)	M (SD)	M (SD)
LZ	30.74 (5.18)	31.45 (5.06)	32.33 (6.09)	32.65 (4.99)	35.64 (3.08)	31.00 (4.88)
AL	24.69 (5.03)	24.55 (4.84)	25.80 (6.99)	23.85 (4.70)	25.86 (4.28)	25.50 (3.72)
VL	22.03 (6.38)	21.26 (6.21)	20.33 (6.80)	21.05 (6.90)	19.43 (4.99)	22.30 (6.07)
AV	23.26 (7.19)	20.60 (6.53)	18.27 (6.65)	20.55 (7.38)	18.71 (5.58)	24.90 (5.00)

Anmerkung: LZ = Lernziel, AL = Annäherungs-Leistungsziel, VL = Vermeidungs-Leistungsziel, AV = Arbeitsvermeidung

Um zu überprüfen, ob sich die Gruppe der *Gymnasiasten* von den *Benachteiligten* in ihrer motivationalen Ausprägung auf den vier Skalen der SELLMO unterscheiden, wurde eine die Voruntersuchung abschließende Varianzanalyse – die jene Variablen berücksichtigte – durchgeführt.

Wie Tabelle 19 verdeutlicht, zeigten sich hoch signifikante Unterschiede bezüglich der *Gruppenzugehörigkeit* für die Skalen *Lernzielorientierung* und *Arbeitsvermeidung*. Diesbezüglich weisen die Gymnasiasten höhere Mittelwerte im Bereich Lernziel und die geringeren auf der komplementären Dimension der Arbeitsvermeidung auf. Die Werte der beiden Skalen der Leistungszielorientierung unterscheiden sich in der Tendenz bedeutsam zwischen den beiden Gruppen. Hatten die Gymnasiasten die höhere Annährungs-Leistungszielorientierung, ist bei den Benachteiligten die Vermeidungs-Leistungszielorientierung stärker ausgeprägt gewesen. Die Visualisierung jener Differenzen erfolgt in Abbildung 13.

Tab. 19: Vergleich der Mittelwerte, Standardabweichungen, F-Werte und Signifikanzen der SELLMO in Abhängigkeit zur Gruppenzugehörigkeit

	Gruppenzugehörigkeit			
	Gymnasiasten (n = 55)	**Benachteiligte** (n = 214)		
Skala	M (SD)	M (SD)	F(1;267)	p
Lernziel-orientierung	34.93 (3.01)	31.03 (5.38)	26.71	< .01
Annäherungs-Leistungsziel	25.64 (4.87)	24.31 (4.95)	3.17	< .10
Vermeidungs-Leistungsziel	19.96 (5.98)	21.63 (6.37)	3.06	< .10
Arbeits-Vermeidung	18.91 (6.09)	21.57 (6.82)	6.97	< .05

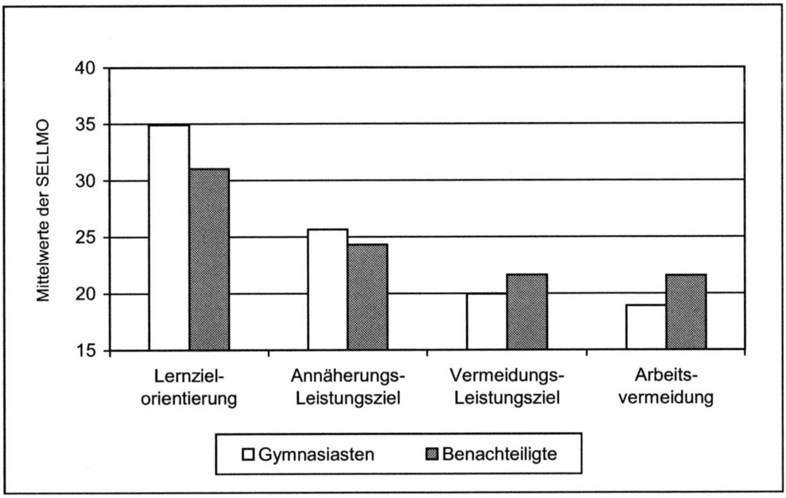

Abb. 13: Mittelwerte der SELLMO in Abhängigkeit von der Gruppenzugehörigkeit

Die nachfolgende Tabelle 20 enthält eine detaillierte und differenzierte Übersicht, welche Faktoren der soziodemografischen Variablen einen Einfluss auf die implizite und explizite Dimension der Leistungsmotivation nehmen. Des Weiteren kann ihr entnommen werden, welche Differenzen sich zeigen, wenn dies zusätzlich in Abhängigkeit vom Benachteiligtenstatus untersucht wurde.

Tab. 20: Übersicht der Beziehungen zwischen den Facetten und Dimensionen der impliziten und expliziten Leistungsmotivation einerseits sowie den sozio-demografischen Determinanten der Probanden andererseits

		Leistungsmotivation					
		implizit (MMG)		explizit (SELLMO)			
		HE	FM	LZ	AL	VL	AV
sozio-demografische Determinanten	Alter	-	-	-	-	-	-
	Geschlecht	*	-	-	-	**	**
	Schultyp	*	*	**	-	-	+
	Schulabschluss	-	-	-	-	-	-
	Migrations-hintergrund	-	*	-	-	*	*
	Ausbildung Mutter	-	*	*	-	**	**
	Tätigkeit Mutter	*	-	**	-	-	**
	Ausbildung Vater	-	+	+	-	-	*
	Tätigkeit Vater	-	-	*	-	-	*
	Gruppen-zugehörigkeit	*	*	**	+	+	**

Anmerkung: HE = Hoffnung auf Erfolg; FM = Furcht vor Misserfolg; LZ = Lernziel; AL = Annäherungs-Leistungsziel; VL = Vermeidungs-Leistungsziel, AV = Arbeitsvermeidung; - = nicht signifikant, + = tendenziell signifikant ($p < .10$), * = signifikant ($p < .05$) und ** = sehr signifikant ($p < .01$)

4.5 Diskussion der 1. Studie

Innerhalb der ersten Studie wurde erforscht, welche sozio-demografischen Faktoren der Jugendlichen, vor allem der als benachteiligt bezeichneten, einen Einfluss auf die implizite und explizite Leistungsmotivation haben und welcher Intensität dieser Wirkzusammenhang ist.

Erhoben wurden die expliziten Leistungsmotivationskennwerte mittels der SELLMO und die impliziten durch das MMG erfasst. Beide Verfahren ließen sich grundsätzlich problemlos einsetzen und erforderten weder in der Durchführung noch in der Auswertung viel Zeit. Bezüglich des MMG wurde allerdings festgestellt, dass es vor allem den Jugendlichen in der Gruppe der Benachteiligten nicht immer einfach fiel, sich in die Rolle eines Protagonisten auf dem Bild hinein zu versetzen, insbesondere wenn mehrere Akteure abgebildet waren. Sie sind es nur bedingt gewohnt, Perspektiven anderer zu übernehmen, sich in diese einzufühlen und demgemäß multiperspektivisch zu denken bzw. zu agieren. Jene soziale Kompetenz ist damit verstärkt in unterrichtlichen Arbeits- und Bildungsprozessen, z. B. im Rahmen von kooperativen Lernformen, zu fordern und zu fördern.

Hypothesenkonform zeigt sich für die implizite Leistungsmotivation, dass bezüglich des Alters keine signifikanten Unterschiede weder für Erfolgshoffnung noch für Misserfolgsfurcht gegeben sind. Damit werden jene Untersuchungen gestützt, die generelle Differenzen in der Leistungsmotivation zwar noch in der Primarstufe und beim Übergang in den ersten Sekundarstufenbereich feststellen konnten, diese jedoch mit steigendem Alter und zunehmender schulischer Sozialisation abnehmen und sich sodann auf einem mittlerem Niveau stabilisieren und sich nicht mehr bedeutsam unterscheiden (vgl. Spinath et al., 2002). Damit bestätigt sich die Annahme, dass durch die neue Schulerfahrung Erfolgshoffnung anfangs stark aktiviert und infolge des leistungsanregenden und -fokussierenden Kontextes gefördert wird, es allerdings im Zeitverlauf zu einer Sättigung dieser Motivausprägung kommt. Vice versa im Falle von Erfolgs- und Misserfolgsfurcht (vgl. Kronprobst, 2005; Wildenauer, 2006). Bei der Gruppe der Benachteiligten wäre allerdings gesondert zu erforschen, ob Misserfolgsfurcht infolge ausbleibender Erfolge überhaupt ein wesentliches Motivmaß darstellt, oder sich zunehmend eine Egalität bei den Schülern diesbezüglich einstellt. Die altersbezogenen Furchtwerte variieren allerdings besonders zwischen den jüngsten und ältesten Schülern (vgl. Eder, 2006; Hausbeck, 2005). Schüler, die auf ein Berufskolleg wechseln, sehen sich auch einem neuen Leistungskontext und damit veränderten und extrem heterogenen sozialen Bezugsnormen ausgesetzt. Dies mag ein Grund sein, warum Furcht vor Misserfolg zumindest am Anfang noch überdurchschnittlich ausgeprägt ist, sich jedoch zunehmend mit der in jenem Kontext verbrachten Zeit wieder legt.

Die erste benachteiligende Determinante stellt das Geschlecht dar. Theoriekonform zeigte sich, dass männliche Jugendliche höhere Hoffnung auf Erfolg haben (vgl. Bauer et al., 2002; Heckhausen, 1963; Lukesch, 2007). Ursächlich hierfür mag der oftmals als Begründung angeführte traditionelle Geschlechterstereotypenhabitus sein, welcher in der Schule durch Lehrer, Lehrbücher und gesellschaftliche Einflüsse verstärkt wird. In diesem Falle liegt damit quasi eine Benachteiligung durch gesellschaftlich tradierte Rollenerwartungen vor. Jenen nach ist die Wahrscheinlichkeit, dass „Männer das Geld verdienen" und „Karriere machen" Usus, während die Frau sich immer noch der Rolle als Mutter und Hausfrau ausgeliefert sehen muss. Ein benachteiligender Effekt bezüglich einer höheren Furcht vor Misserfolg bei Frauen konnte entgegen diverser Untersuchungsbefunde nicht ausfindig gemacht werden (vgl. Peters, 2001; Bauer et al., 2004; Heckhausen, 1963). Dies mag damit zusammenhängen, dass mit der Emanzipation der Frau, mannigfachen Frauenförderungsmaßnahmen und durch Gegenreflexion der traditionellen Geschlechterstereotypen vielfältige Interventionen unternommen wurden und weiterhin praktiziert werden, welche die schulische Laufbahn und berufliche Orientierung der Frau fokussieren und stärken. Mit der Bewusstwerdung um die Erhöhung der eigenen Chancen sollte die Furcht, hier zu versagen oder Misserfolge zu erleiden, reduziert werden.

Analog bestätigen sich vor allem die Erkenntnisse der Stereotype-Threat-Forschung (vgl. Aronson et al., 2005; Petersen & Six, 2008), die postulieren, dass, wenn jene Stereotype nicht aktiviert oder fokussiert werden bzw. ihnen gegengewirkt wird, keine bedeutsamen Differenzen z. B. zwischen Mann und Frau in Bezug auf mathematische Kompetenzen mehr bestehen (vgl. Spencer et al., 1999; Keller & Dauenheimer, 2003). Der gleiche Wirkmechanismus scheint gemäß der formulierten Hypothesen auch für Erfolgshoffnung und Misserfolgsfurcht zu gelten. Einerseits bestätigten die Befunde die theoretischen Annahmen, dass Stereotype und Vorurteile gesellschaftlich zugeschrieben und vermittelt werden, andererseits ist dadurch ein Hinweis gegeben, dass die Stereotypisierungen nicht nur kognitive Kapazitäten bzw. Leistungen limitieren, sondern ebenfalls auf die vorauslaufenden motivationalen Prozesse wirken. Die zuvor beschrieben Interventionen stellen dann Fördermaßnahmen und sprachliche Gegenreflexionsprozesse dar, wie sie auch in der zweiten Studie dieser Arbeit mittels eines Motivations-Primings eingesetzt wurden.

Deutliche Diskrepanzen in den Facetten der impliziten Leistungsmotivation zeigten sich in Bezug auf den zuletzt besuchten Schultyp der Jugendlichen. Erwartungskonform besitzen ehemalige Gymnasiasten die höchste Erfolgshoffnung (vgl. Klieme et at., 2010), während die von Gesamtschülern und Berufsschülern im Vergleich nur mäßig ausgeprägt ist. Dies verwundert nicht, weil gerade Gesamtschulen und Berufskollegs in der Diskussion stehen und dort oftmals lediglich als ein Auffangbecken für Schüler bezeichnet werden, die ob ihres geringeren Leistungsvermögens eine klassische Gymnasiallaufbahn nicht zu absolvieren schafften. Dem gymnasialen Bereich der Berufskollegs haftet der Charme an, dass er im direkten Vergleich ebenfalls einfacher zum Abitur führe. Damit wäre eine weitere Benachteiligung durch Substereotypisierung (vgl. Klauer, 2008; Kunda & Oleson, 1995) innerhalb der Sekundarstufe II geschaffen und wirksam.

Hervorzuheben ist vor allem, dass Sonderschüler ein hohes Maß an impliziter Erfolgshoffnung besitzen. Vielleicht sind dafür die Förderphilosophie ihrer zuletzt besuchten Schule im Sekundarstufenbereich I und die geringe Schüler-Lehrer-Relation dafür ursächlich. Dies würde bedeuten, dass eine individuelle Förderung dort greift, allerdings auch vom Verhältnis der Lehrer- und Schüleranzahl abhängig ist. In der Berufsschule wird dies jedoch tragisch, weil die dort agierenden Pädagogen grundsätzlich nicht sonderpädagogisch ausgebildet wurden und die Klassen teilweise derart stark besetzt sind, dass einer individuellen Förderung nur noch bedingt Rechnung getragen werden kann. Hervorzuheben ist zudem, dass die Konzepte von Sonder- und Förderschulen explizit die Stärkung des gesamten Humanpotenziales vorsehen. Dies scheint realisiert, betrachtet man die überdurchschnittlich hohen Werte der impliziten Erfolgshoffnung. Demgegenüber muss jedoch die Tatsache, dass Sonderschüler neben Hauptschülern die stärkste Furcht vor Misserfolg haben, berücksichtigt werden. Ebenfalls an dieser Stelle scheinen die gesellschaftlichen Zuschreibungsmechanismen zu wirken, weil Sonder- und Hauptschulabsolventen kaum berufliche Perspektiven prophezeit werden und diese explizit als Benachteiligte gelten (vgl. Rösner, 2007). Diese Situation wird wegen der mangelnden sozialpädagogischen Förderphilosophie an Berufskollegs und der unglücklichen Schüler-Lehrer-Relation dort noch verstärkt. Des Weiteren stehen jene Jugendlichen nun im direkten Vergleich mit sämtlichen Schülern anderer Schulformen, denen sie ob ihrer diagnostizierten Förderproblematik in mannigfachen fähigkeitsbezogenen und kognitiven Bereichen unterlegen sind, was augenscheinlich aber gerade nicht für die allgemeine und implizite Leistungsmotivation gilt. Besonders günstig sind die Werte der Erfolgshoffnung und Misserfolgsfurcht bei Realschülern ausgeprägt. Dies ist plausibel wenn man bedenkt, dass es sich bei jener Schulform um eine handelt, der in der öffentlichen Diskussion und fachwissenschaftlichen Forschung sowie Publizistik am wenigsten (negative) Aufmerksamkeit geschenkt und die am wenigsten stigmatisiert wird.

Es konnte in einigen Studien nachgewiesen werden, dass sich die Erlangung eines Schulabschlusses günstig auf die Motivation des Einzelnen auswirkt (vgl. Eberhard, Krewerth & Ulrich, 2007). Diesbezüglich wurden jedoch im Rahmen dieser Arbeit keine bedeutsamen Unterschiede gefunden. Zwar ist es plausibel, dass Jugendliche mit einem Schulabschluss mehr Hoffnung auf Erfolg und weniger Furcht vor Misserfolg besitzen sollten, allerdings wird dieser Diskrepanz am Berufskolleg entgegengewirkt, da dort jegliche Form an Abschlüssen nachgeholt werden kann und die Schüler insgesamt sehr heterogen in ihrer Bildungsbiografie sind. Scheinbar begünstigt diese Inhomogenität die Zunahme der Erfolgshoffnung und Reduktion der Misserfolgsfurcht, weil soziale Vergleichsprozesse und Distinktionen mit der Erlangung eines Schulabschluss dort weniger üblich bzw. notwendig sind.

Vielfach belegt wurde, dass das Vorhandensein eines Migrationshintergrundes in negativem Zusammenhang mit der Besuchshäufigkeit höherer Schullaufbahnen, guten Schulleistungen und dem allgemeinen Kompetenzerwerb steht, so dass der Migrationsstatus als eine der am stärksten benachteiligenden Determinanten postuliert wird (Autorengruppe Bildungsberichterstattung, 2008; OECD, 2006; Gaupp, Hofmann-Lun & Lex, 2004; Stanat et al., 2010; Klieme et al., 2010). Dies zeigt sich auch in der vorliegenden Untersuchung. Die Hoffnung auf Erfolg von Schülern mit Migrationshintergrund ist im Vergleich eher durchschnittlich ausgeprägt, während jene Lernenden eine erhöhte Furcht vor Misserfolgen aufweisen. Hier scheinen die Zuschreibungen am deutlichsten und nachhaltigsten zu wirken. Zudem publizierten diverse Autoren, dass das Bildungsaspirationsniveau ausländischer Jugendlicher in der Primarstufe höher als das von Inländern ist, sich jene Diskrepanzen aber am Ende der Sekundarstufe I nicht mehr zeigen (Nauck, Diefenbach & Petri, 1998; Baumert & Schümer, 2001; Konsortium Bildungsberichterstattung, 2006). Damit erklärt sich nicht nur die adäquate Erfolgshoffnung, des Weiteren wird dadurch ein erneuter Beleg der Benachteiligung durch die negativen Zuschreibungen, die mit dem Migrationsstatus verbunden sind, erbracht. Jene Bewusstwerdung erfolgt nämlich insbesondere im Verlauf der schulischen Sozialisation, so dass vor allem Furcht und Misserfolgsorientierung dann erst und dadurch aktiviert werden. Damit würde bei ausländischen Jugendlichen die Misserfolgsfurcht die vermittelnde Variable darstellen, welche den Kompetenzerwerb und das Leistungsniveau negativ limitiert (vgl. Stanat, Segeritz & Christensen, 2010; Lehmann, Peek & Gänsfuß, 1997).

Am besten und häufigsten belegt ist der Einfluss des sozio-ökonomischen Status der Eltern auf die Leistung von Schülern (vgl. Baumert & Schümer, 2001; Baumert & Maaz, 2006, Klieme et al., 2010). Demnach gilt, dass die Bildungschancen von Akademikerkinder am höchsten und die von Un- und lediglich Angelernten als am niedrigsten eingestuft werden. Der sozio-ökonomische Status wurde in dieser Arbeit zum einen über das Vorhandensein sowie Art und Weise einer Ausbildung und zum anderen über die gegenwärtig ausgeübte Tätigkeit der Eltern operationalisiert und erhoben. Es wurde erwartet, dass das Absolvieren einer Ausbildung und ein zunehmend höherqualifizierte Tätigkeit positiv mit der Erfolgshoffnung der Jugendlichen einhergehen und eine Nicht-Ausbildung bzw. eher geringwertig eingestufte Tätigkeit der Eltern die Misserfolgsfurcht begünstigen (vgl. Bradley & Nguyen, 2004; Buchholz et al., 2009; Baumert & Schümer 2001; Prenzel et al., 2008). Dies zeigte sich grundsätzlich auch in dieser Arbeit, jedoch ergaben sich einige Nuancen und Besonderheiten. Die höchste Erfolgshoffnung haben die Jugendlichen mit Müttern, die eine kaufmännische Ausbildung absolvierten, noch vor denen, deren Mütter akademisch vorgebildet sind. Dies mag an der nur geringen Repräsentanz der zuletzt genannten innerhalb der betrachteten Stichprobe liegen, allerdings weisen ebenfalls Jugendliche von unausgebildeten Müttern auch mehr Hoffnung auf Erfolg aus, als die Kinder von Müttern, welche im gewerblichen, technischen bzw. Dienstleitungsbereich ausgebildet wurden. Denkbar ist, dass gerade Mütter, die keine Ausbildung absolvierten, ob der eigenen Position und Rolle verstärkt ihren Kindern die Wichtigkeit des Absolvierens einer soliden Ausbildung nahe legen und sie zum Erwerb einer solchen antreiben. Erwartungskonform zeigt sich, dass die Misserfolgsfurcht von Akademikerkindern am gerinsten und am stärksten bei jenen ist, deren Mütter unausgebildet blieben (vgl. Klieme et al., 2010; Prenzel et al., 2008). Dies erhärtet die Annahmen, dass der berufliche Habitus über die familiäre Sozialisation weiter gegeben wird und stützt die Postulate, der Sozialstatus würde vererbt (vgl. Baumert & Schümer, 2001; Ehmke, Siegle & Hohensee, 2005). Eine nahezu identische Konstellation zeigt sich ebenfalls zwischen den impliziten Leistungsmotivationsdimensionen der Schüler und der Ausbildungsgüte des Vaters. Hypothesenkonform besitzen die Jugendlichen männlicher Akademiker die höchste Erfolgshoffnung. In Anlehnung an die formulierten Hypothesen wird damit deutlich, nicht erst die Tätigkeit der Eltern, sondern bereits deren Ausbildungsverhältnis, nimmt teilweise einen gewichtigen Einfluss auf die implizite Leistungsmotivation der Jugendlichen.

Diese Annahmen erhärten sich in Bezug auf die gegenwärtig ausgeübte Tätigkeit von Mutter und Vater (vgl. Klieme et al., 2010, Prenzel et al., 2008). Die Kinder von Hausfrauen und selbstständig tätigen Müttern haben die geringste Erfolgshoffnung, was sowohl durch den gesellschaftlich zugeschriebenen Status als auch die konjunkturelle Entwicklung in Zeiten wirtschaftlicher Unsicherheit plausibel wird. Die geringste Misserfolgsfurcht geht mit der Tätigkeit der Mutter im Bereich Büro und Verwaltung einher, was weniger verwundert, da jener Tätigkeitssektor grundsätzlich auch der krisensicherste und am geringsten stigmatisierteste ist. Darüber hinaus ist es Frauen, die in diesem Bereich tätig sind, eher möglich – als im Arbeiterbereich oder im Fall der Selbstständigkeit – ein reduziertes Stundenvolumen zu absolvieren, was eine intensivere Betreuungszeit der Kinder in Bezug auf individuelle und schulische Belange zur Folge haben könnte.

Die gleichen Verhältnisse spiegeln auch die Ergebnisse unter Fokussierung des Tätigkeitsstatus des Vaters wider, wenngleich sie weniger bedeutsam in ihrer Ausprägung sind. Die geringste Erfolgshoffnung geht mit Arbeitslosigkeit einher, die höchste mit einer Akademikertätigkeit, während fast reziproke Verhältnisse bei der Misserfolgsfurcht gegeben sind (vgl. Baumert & Schümer, 2001; Baumert & Maaz, 2006; Klieme et al., 2010; Prenzel et al., 2008). Jugendliche, deren Väter im gewerblichen Bereich eine Führungsposition bekleiden, besitzen die geringste Misserfolgsfurcht. Dies wird nachvollziehbar, weil mutmaßlich die Kündigungschancen und -möglichkeiten von Arbeitern höher sind, da jene infolge der hohen Arbeitslosenquote sowie weniger formal anspruchsvollen Voraussetzungen für diese Beschäftigungen auch schneller substituierbar werden.

Die stärkere Bedeutung sowohl von Ausbildung und Tätigkeit der Mutter gegenüber jener Determinanten seitens des Vaters stützt darüber hinaus die Annahme, dass mit der sich veränderten Berufsrolle der Frau auch eine habituelle Transformation einher geht, die sich schlussendlich familiär und damit sozial reproduziert, zunehmend Sicherheit stiftet und im Stande ist, Furchtmechanismen entgegenzuwirken. In Bezug auf die implizite Leistungsmotivation würde dies aber auch bedeuten, dass die benachteiligende Wirkung durch den sozio-ökonomischen Status weiterhin gegeben ist, sich in Bezug auf Ausbildung und Beruf von Frauen weiterhin zeigt und erhärtet, jedoch mit der Rollentransformationen bzw. -auflockerung teilweise sogar gemildert werden kann. Die Berufstätigkeit der Frau steht teilweise derart in der Kritik, dass diese zur Benachteiligung von Kindern und zu Lasten der Erziehung insgesamt führt (Tenzer, 2011), explizit in den Fällen, in denen beide Elternteile berufstätig sind. Mit dieser Argumentationsweise gerät jedoch aus dem Blick, dass eine günstige Ausbildungs- und Berufssituation der Frau sowohl positive bzw. synegoistische Effekte bezüglich der Erfolgshoffnung evoziert als auch zur Hemmung der Misserfolgsfurcht ihrer Kinder führen kann.

Die Analyse und Reflexion benachteiligender Determinanten der expliziten Leistungsmotivation zeigt hypothesenkonform, dass wenn das Alter fokussiert wird, erneut keine bedeutsamen Differenzen zwischen den einzelnen Jahrgängen der Probanden gegeben sind und stützt die Ergebnisse, die auch im Rahmen des Testmanuals publiziert wurden (Spinath et al., 2002).

Deutliche Unterschiede zeigen sich erneut bei Betrachtung des Geschlechts. Hier ist die theoretische und empirische Befundlage derweilen sehr indifferent. Während die einen Mädchen bessere Leistungen und bedingt höhere Erfolgshoffnung zusprechen und ihre starken Bildungsaspirationen und -chancen betonen, u.a. weil sie an Gymnasien überrepräsentiert sind (vgl. Cornelißen, 2005; Haeberlin, Imdorf & Kronig, 2004; Prenzel et al., 2008; Klieme et al., 2010), postulieren andere, dass gerade Männer eine stärker ausgeprägte Hoffnung auf Erfolg besitzen (vgl. Bauer et al., 2002; Kronprobst, 2005; Lukesch, 2007; Eder, 2006). In der vorliegenden Untersuchung wurde jedoch festgestellt, dass die eher motivationsförderlichen Dimensionen der Lern- und Leistungszielorientierung sowohl bei Männern und Frauen annähernd gleich ausgeprägt sind, männliche Probanden allerdings ausgeprägtere Kennwerte auf den für Leistungsmotivation hemmenden Skalen erzielten. Es wurde bereits angeführt, dass Mädchen generell disziplinierter und engagierter am schulischen Geschehen teilnehmen und Jungen vor allem infolge ihrer Verhaltensauffälligkeiten und ob ihres mangelnden Engagements demgegenüber oftmals in der Kritik stehen. Dies spiegelte sich sowohl in ihrer Arbeitsvermeidungsmotivation als auch Vermeidungs-Leistungszielorientierung wider. Ursächlich hierfür kann zum einen die Zuschreibung sein, dass männliche Schüler im Vergleich zu weiblichen fauler sind und sich gemäß dieser Attribuierungen und infolge sich selbst erfüllender Prophezeiungen so dann adäquat verhalten, zum anderen wäre es auch denkbar, dass die gesellschaftlichen Rollenerwartungen an den typischen Mann, sich vor allem im Berufsleben behaupten zu müssen, zu einer Vermeidung von gerade solchen Situationen führt, in denen dies vor den Augen anderer unter Beweis zu stellen ist und damit die Angst bzw. Motivation schürt, sich diesen zu entziehen.

Weitere, teilweise erhebliche Unterschiede zwischen den expliziten Leistungsmotivationsmaßen zeigten sich, wurde die zuletzt besuchte Schulform betrachtet. Die formulierten Hypothesen bestätigen sich durchgängig für die Gymnasiasten, da diese grundsätzlich die höchsten Kennwerte in den motivationsförderlichen Dimensionen erzielten und die Hauptschüler konträr jener Population die höchste Vermeidungs-Leistungszielorientierung sowie gemeinsam mit den Sonderschülern und Berufsschülern deutlich mehr Arbeitsvermeidungsmotivation besitzen (Klieme, 2010; Prenzel, 2008; Buch, Hell & Wydra-Somaggio, 2011; Rösner, 2007). Gerade in diesem Zusammenhang zeigt sich die Bedeutung von Attributionen, eigenen und fremden Erwartungshaltungen sowie dem Benachteiligtenstereotyp, da sich entsprechend der gesellschaftlichen Zuschreibungen tatsächlich auch eher passiv bzw. negativ und konform verhalten wird. Einen erneuten Beleg für die Wirksamkeit gesellschaftlicher Zuschreibungsprozesse liefert der Schultyp des Status Realschule, der von jenen Wirkmechanismen am unbeeinflusstesten ist und dessen Schüler erneut sehr hohe Werte bezüglich motivationsförderlicher und geringe in Bezug auf motivationshemmende Skalen besitzen. Die hohe Arbeitsvermeidungsmotivation von Berufsschülern lässt sich vor allem vor dem Hintergrund der Maßnahmenkarrieren und -biografien erklären, weil sich eine Bereitschaft zur Arbeitsvermeidung durch eine längere Verweildauer in den Benachteiligtenklassen verstärkt.

Erneut bleibt der Wirkeinfluss des Schulabschlusses auf die Leistungsmotivation eher unbedeutsam, was nicht zuletzt aus der bereits im Zusammenhang mit der impliziten Leistungsmotivation dargebotenen Begründung resultiert.

Interessanter und erneut den Prozess sowie Wirkmechanismus der Benachteiligtenstereotypisierung erhellender sind die Ergebnisse, fokussiert man den Mirgationsstatus. Theoriekonform zeigt sich, dass bezüglich der Lernzielorientierung und des Annäherungs-Leistungsziels keine bedeutsamen Differenzen gegeben sind, allerdings wirken hier die Stigmatisierungen in besonderer Weise im Bereich der eher motivationshemmenden Dimensionen (vgl. Nauck, Diefenbach & Petri, 1998; Baumert & Schümer, 2001; Prenzel et al., 2008; Klieme et al., 2010). Demgemäß zeigten Jugendliche, die einen Migrationshintergrund besitzen, eine höhere Vermeidungsleistungszielorientierung und deutlich stärker ausgeprägte Arbeitsvermeidungsmotivation. Verfiele man an dieser Stelle den gesellschaftlichen Stigmatisierungsmechanismen, würde man dies darauf zurückführen, dass es ihnen insgesamt an Motivation mangelt, sich in schulischen Leistungssituationen zu engagieren und an kulturellen und gesellschaftlichen Prozessen zu partizipieren. Reflektiert man der Benachteiligtenstereotypisierung, die den Migrationsstatus in den Vordergrund rückt, entgegen, ist die Begründung plausibler, dass sich Jugendliche eingewanderter Familie nicht nur den gesellschaftlichen Stigmatisierungen erlegen sehen müssen, sondern diese, teilweise ungerechtfertigten Zuschreibungen und Fehlattributionen, auch übernehmen, selbst weiter fortführen, internalisieren und sich schlussendlich auch demgemäß verhalten.

Des Weiteren zeigt sich erwartungsgemäß, dass vor allem der sozioökonomische Status über Ausbildung und Tätigkeit der Eltern wieder wirksam in der Leistungsorientierung und -vermeidung der Jugendlichen wird. Den Annahmen adäquat haben Schüler, deren Eltern akademisch ausgebildet sind, die höchste Lernzielorientierung und die geringste Vermeidungs-Leistungszielorientierung sowie Arbeitsvermeidungsmotivation (vgl. Prenzel et al., 2008; Klieme et al., 2010). Hier scheint der soziale Status in einer positiven Ausprägung „vererbt" zu werden, was jedoch indirekt zu einer Benachteiligung der Jugendlichen führt, deren Eltern keine Ausbildung besitzen, weil in diesem Fall der sozio-ökonomische Status sowohl mit dem am stärksten ausgeprägtesten Vermeidungs-Leistungsziel als auch der höchsten Arbeitsvermeidung einhergeht. Spannend wäre die Untersuchung der Frage, welchen Beitrag hierzu jeweils die durch das Individuum selbst angenommene Sozialstatusvererbung und die erlebte Benachteiligtenzuschreibung leisten.

Die gegenwärtig ausgeübte Tätigkeit der Eltern manifestiert sich nahezu identisch der impliziten Leistungsmotivation auch in der expliziten. Es zeigten sich die erwarteten bedeutsamen Unterschiede innerhalb der Konstrukte Lernzielorientierung und Arbeitsvermeidung (vgl. Klime et al., 2010; Prenzel et al., 2008). Gemäß der abgeleiteten Hypothesen ist die Lernzielorientierung von Schülern, deren Eltern akademisch tätig sind am höchsten und ihre Arbeitsvermeidungsmotivation im direkten Vergleich eher gering (vgl. Astone & Mc Lanahan, 1991; Fehrmann, Keith & Reimers, 1987). Der Status der Selbstständigkeit wirkt wieder negativ auf die Lernorientierung der Jugendlichen ein und begünstigt die Entstehung des Arbeitsvermeidungsverhaltens, was vermutlich mit der Spezifität jener beruflichen Rolle einhergeht. Die in diesem Metier arbeitenden Eltern, sind dort entsprechend des Volksmundes und der implizierten Semantik „ständig tätig" und das bei gleichzeitig größter existenzieller Unsicherheit und hoher extern bedingter Planungs- und Kontextabhängigkeit. Dies führt paradoxer Weise entgegen der Bezeichnung jener Tätigkeit zu einem verminderten Maß an selbstständiger Handlungsfähigkeit und -kontrolle. Die Schilderung dessen durch die Eltern, das Erleben dieses durch die Kinder sowie die Übertragung jener Wirkmechanismen innerhalb der sozialen Interaktion auf die Heranwachsenden, könnte ursächlich für die entsprechenden Motivausprägungen dieser sein.

Das Benachteiligtenphänomen samt seiner Determinanten wird vor allem bei einer gruppenspezifischen Betrachtung deutlich, wenn die Schüler der Arbeitsvorbereitung und der beruflichen Grundbildung von den Gymnasiasten getrennt fokussiert wurden.

In Bezug auf die implizite Leistungsmotivation zeigten sich bedeutsame Unterschiede in der Hoffnungs- und Furchtdimension zugunsten der Gymnasiasten. Jene weisen gemäß der Erwartungen deutlich mehr Hoffnung auf Erfolg und erheblich weniger Furcht vor Misserfolg auf. Dies ist mittels des aktuellen Schulstatus und der damit verbundenen zukünftigen Bildungs- und Ausbildungs- sowie Arbeitsmarktchancen begründbar, gleichzeitig kann auch die Benachteiligtenstereotypisierung erklärend herangezogen werden, so dass diese bei der stigmatisierten Klientel zusätzlich die Erfolgshoffnung hemmt und Misserfolgsfurcht begünstigt. Es wären diesbezüglich jedoch noch differenziertere Untersuchungen derart vonnöten, damit explizit geklärt werden kann, welcher Einfluss durch die Schulformspezifik evoziert und welche Limitierungswirkung auf beide Dimensionsausprägungen von der Etikettierungsproblematik ausgeht.

Des Weiteren wird postuliert, dass es mitunter schwierig ist, lediglich ein Motiv, z. B. das Leistungsmotiv, gesondert bzw. isoliert zu betrachten, auch wenn dies explizit für psychologische Fragestellungen und Untersuchungen sinnvoll und erkenntnisreich ist (vgl. Schmalt et al., 2000). Gerade bei Motiven wird angenommen, dass diese interdependent miteinander verbunden sind und sich wechselseitig beeinflussen. Dies ist im Rahmen dieser Arbeit in Bezug auf die Benachteiligtenthematik nicht ganz außer Acht gelassen worden, weil mittels des MMG neben dem Leistungsmotiv auch die Motive Anschluss und Macht in ihren Hoffnungs- und Furchtfacetten erhoben wurden und zu weiteren Forschungsbemühungen mit unterschiedlicher Akzentuierung anregen.

Es zeigte sich nämlich, dass sich zwischen Gymnasiasten und Benachteiligten keine bedeutsamen Unterschiede, weder in der Anschlusshoffnung noch in der Zurückweisungsfurcht, manifestieren. Sehr wohl sind aber deutliche Differenzen bezüglich des Machtmotivs gegeben. Gymnasiasten haben im Vergleich mehr Hoffnung auf Kontrolle, allerdings weisen sie ebenfalls höhere Werte auf der Subskala Furcht vor Kontrollverlust aus. Genau in diesem Punkt wird nicht nur die erkenntnistheoretische Brücke zum Leistungsmotiv, sondern auch zur Benachteiligtenproblematik geschlagen. Einerseits sollte sich der Habitus, als Benachteiligter zu gelten, negativ auf die empfundene Kontrollhoffnung auswirken, andererseits ist es plausibel, dass wenn Gymnasiasten mehr Hoffnung auf Macht besitzen, auch eher die Furcht hegen, diese wieder zu verlieren. Zusätzlich sind in der Benachteiligtendiskussion zu keiner Zeit Auswirkungen jenes Phänomens auf interpersonale Beziehungen und Interaktionsprozesse thematisiert worden – demgemäß zeigten sich auch diesbezüglich keine Unterschiede zwischen den Gruppen. Allerdings stehen Leistung und Macht nicht nur im Benachteiligtendiskurs, sondern ebenfalls in der psychologischen Reflexion in engem Zusammenhang zueinander, weshalb es auf der Hand liegt, dass die Benachteiligtenstereotypisierung zu Leistungseinbußen und der Schürung der Misserfolgsfurcht führt, sowie die Bewusstwerdung, weniger Macht und Kontrolle zu besitzen, begünstigt. Diese differentielle und unterschiedlich starke Ausprägung der drei Motive stützt damit das Postulat und die Wirkung der Benachteiligtenstereotypisierung und kann als zusätzlicher Beleg des interdependenten Wirkcharakters jener Elemente und Mechanismen gelesen werden.

Bezüglich der expliziten Leistungsmotivationsdimensionen zeigt sich bei gesonderter Betrachtung der Werte der Gymnasiasten gegenüber denen der Benachteiligten hypothesenkonform, dass die Schüler der gymnasialen Oberstufe auf den lern- und motivationsförderlichen Skalen bedeutsam bessere Kennwerte besitzen, während die als benachteiligt Bezeichneten auf den komplementären und damit für Leistungsmotivation eher hinderlichen und hemmenden Skalen höhere aufweisen. Die Gymnasiasten heben sich deutlich gegenüber den Benachteiligten ab, da sie vermehrt des Lernens wegen selbst Lernen und Arbeit nicht vordergründig aus einer Vermeidungsperspektive betrachten. Dieses Verhalten bzw. diese Merkmalsausprägungen begünstigen die intrinsische Motivation und schlagen sich auch in einem positiven Arbeitsverhalten nieder, tragen zu einer angenehmen Lern- und Leistungsatmosphäre bei und begünstigen langfristig intensiveres Engagement und stellen zudem bessere Leistungen sicher (Spinath et al., 2002). Der gegenteilige Fall ist bei der Gruppe der Benachteiligten präsent. Diese bringen dem Lernen selbst weniger Achtung und Wertschätzung entgegen, müssen verstärkt mittels extrinsischer Interventionen motiviert und damit insgesamt stärker external geführt werden (vgl. Spinath et al., 2002; Elliot & Church, 1997; Harackiewicz, Barron, Carter, Lehto & Elliot, 1997). Das vergleichsweise hohe Arbeitsvermeidungsniveau erklärt zusätzlich das als Absentisums bezeichnete Phänomen innerhalb dieser Population der Benachteiligten und stellt ein Indiz dar, warum jene Schüler nicht nur als eher verhaltensauffällig, sondern auch als faul, undiszipliniert und leistungsschwach stigmatisiert werden (vgl. Kluge, Drost & Farwick, 1975). Hinzu kommt, dass wie gezeigt wurde, diese Schüler eher aus einer sie pathologisierenden Perspektive betrachtet werden, weniger Zuspruch erfahren, nur bedingt allgemein bzw. leistungsbezogenes positives Feedback erhalten und sich damit jene negativen Zuschreibungs- und Wirkmechanismen zu Ungunsten der Benachteiligten verstärken.

Die Phänomene der sich selbst erfüllenden Prophezeiungen sowie fremd übernommenen und in der Folge selbst fortgeführten Fehlattributionen verschärfen und verfestigen diese Situation nachhaltig. In Kongruenz hierzu weisen die Benachteiligten auch eher ungünstige Motivausprägungen in den Leistungszielorientierungen auf. Zudem haben sie ein geringeres Annäherungs-Leistungsziel und besitzen ein höheres Vermeidungs-Leistungsziel. Dies ist einerseits durch die Nähe zu den artverwandten Konstrukten erklärbar, andererseits wird jener Effekt zusätzlich durch die Benachteiligtenstereotypisierung begünstigt. Damit impliziert dieser Zuschreibungsmechanismus unbewusste und teilweise reflektierte Aspekte und Stigmatisierungen, bedenkt man, dass Annährung und Vermeidung insbesondere von der Begutachtung in Leistungssituationen durch andere abhängig sind. Die Bewusstheit, das Stereotyp des Benachteiligten zu erfüllen, kann dazu führen, dass der Betroffene gerade deshalb jene Situationen scheut, in denen er die Befürchtung hegen muss, die Vorurteile der anderen zu bestätigen bzw. diese erst gar nicht aufsucht, weil er sich selbst die erfolgreiche Bewältigung der ihm gestellten Anforderungen nicht zutraut (vgl. Petersen & Six, 2008). Damit ist ein Benachteiligter nicht von sich aus unmotiviert, sondern wird mitunter erst durch die Zuschreibungen und deren Internalisierung zu jenem Verhalten bewegt.

Benachteiligung wird primär über Sprache durch den Migrationsstatus und den sozio-ökonomischen Status der Eltern vermittelt und führt sowohl auf impliziter und expliziter Leistungsmotivationsebene zu Prozessverlusten. Zusätzlich ist die Annahme der Stereotypisierung durch die Identifizierung bzw. Klassifizierung als solcher begründet. Damit sind bestimmte sozio-demografische Determinanten des Individuums im Stande, sich benachteiligend auf die Leistungsmotivation des Schülers auszuwirken, während eine Übervorteilung erst durch das Label selbst erfolgt. Das Ausbleiben eines Benachteiligungsaspektes kann durch das Vorhandensein eines anderen substituiert werden und damit die gleiche Wirkung evozieren. Des Weiteren ist der Prozess der Substereotypisierung gegeben, so dass man nicht direkt als Benachteiligter bezeichnet werden muss, um als jener zu gelten, weil diese Form der Zurücksetzung auch durch einen niedrigeren sozialen Status der Eltern und in diesem Zusammenhang sogar noch differenzierter, z. B. allein durch die mangelnde Ausbildung seitens der Mutter oder den Umstand der Arbeitslosigkeit des Vaters begünstigt und damit konstruierbar und zuschreibbar wird. Insgesamt wirken die Stereotype vor allem auf die negativen Leistungsmotivationsdimensionen, die sie verstärken, während sie nur einen geringen limitierenden Einfluss auf die als positiv zu bewertenden nehmen.

5 Studien 2: Die Wirkung eines Motivations-Primings

Im Rahmen der zweiten Untersuchung wurde eruiert, welche Auswirkungen ein experimentelles Priming und die Testbearbeitungsreihenfolge bzw. zeitliche Abfolge der eingesetzten Verfahren auf die implizite und explizite Leistungsmotivation der Probanden nehmen. Entsprechend der theoretischen Reflexion im Rahmen dieser Arbeit soll der TAT als Maß der impliziten, der RLMI-E als Maß der eher expliziten Leistungsmotivationsausprägung dienen. Als abhängige Variablen stehen dadurch im Rahmen des TAT die beiden Subskalen *Hoffnung auf Erfolg* und *Furcht vor Misserfolg* sowie die *Gesamtzahl verwendeter Wörter* zur Geschichtenverfassung zur Verfügung. Der RLMI-E steuert mittels seiner Gesamtskalen vier weitere abhängige Variablen, nämlich *Erfolgs-* und *Misserfolgshoffnung* sowie *Erfolgs-* und *Misserfolgsfurcht*, bei.

In einem ersten Schritt wurden im Rahmen uni- und multivariater Varianzanalysen bedeutsame Beziehungen zwischen den zuvor erwähnten Variablen aufgedeckt. Teilweise – wenn es notwendig und sinnvoll erschien – wurde auf die Einzelkategorien der Verfahren zurückgegriffen. In einem zweiten Schritt waren dann im Rahmen regressionsanalytischer Berechnungen *Alter*, *Geschlecht*, *Schule* und *Schulabschluss*, *Migrationshintergrund* sowie *sozio-ökonomischer Status der Eltern* neben den experimentellen Bedingungen als Prädiktoren aufgenommen worden, um Wechselwirkungen und mögliche Korrumpierungseffekte zwischen diesen als auch ihren Einfluss auf die verschiedenen Kriteriumsvariablen der Leistungsmotivation überprüfen zu können. Drittens galt es insbesondere diese Bedingungen samt der erhobenen mannigfachen Facetten der (Leistungs-) Motivationsausprägung sowie des Benachteiligtenphänomens zueinander in Relation zu stellen, um Gemeinsamkeiten und signifikante Differenzen bezüglich der Gruppenzugehörigkeit – *Gymnasiasten* versus *Benachteiligte* – auszuforschen.

Die Robustheit des Verfahrens wurde erneut anhand der Pillai-Spur abgeschätzt. Bei der Darstellung der Ergebnisse werden Effekte bis zum konventionellen Signifikanzniveau von 5 % als statistisch signifikant interpretiert. Darüber hinaus werden tendenziell bedeutsame Ergebnisse bis zu einem Niveau von 10 % erwähnt. Werden keine statistischen Bedeutsamkeiten festgestellt, findet dies Erwähnung, allerdings nicht in der zuvor vollzogenen Ausführlichkeit.

5.1 Voruntersuchungen

Bezüglich der 2. Studie waren allerdings aufgrund der theoretischen Reflexion zwei Voruntersuchungen notwendig, die sich zum einen auf die Rekrutierung und Auswahl der Versuchsleiter sowie zum anderen auf die Konzeption des Leistungsprimings und der Testung seiner Wirkung bezogen. Diese werden vor den eigentlichen Experimenten im Folgenden dargestellt.

5.1.1 Konzeption eines Kurzfragebogens zur Versuchsleiterauswahl

Es ist ausreichend belegt, dass bereits durch den Versuchsleiter bzw. sich unterscheidender äußerer Personenmerkmale eine (un-) bewusste Beeinflussung der Probanden gegeben ist. Unter anderem war dies ein Grund, weshalb involvierte bzw. den Schülern bekannte Lehrkräfte nicht als Versuchsleiter eingesetzt werden konnten, weil zwischen beiden Gruppen infolge der bisherigen unterrichtlichen Interaktion eine mehr oder weniger motivationsbeeinflussende Beziehung besteht und Fremdpersonen zu rekrutieren waren. Des Weiteren sollten diese Versuchsleiter auch nicht per Zufall ausgewählt werden, weil davon ausgegangen werden muss, dass einerseits nicht identisch aussehende Personen verschiedenen motivationsrelevanten Einfluss auf die Probanden ausüben und dass andererseits bereits äußere und damit optisch wahrnehmbare Merkmale der Person eine differentielle erfolgs- oder misserfolgsmotivierende Wirkung seitens der Probanden evozieren. Deshalb galt es nicht nur sich einander optisch ähnelnde Personen auszuwählen, sondern wurde auch ein Kurzfragebogen zur Einschätzung der von einer Person ausgehenden erfolgs- und misserfolgsmotivierenden Wirkung konstruiert. Durch diesen konnten die in Frage kommenden Versuchsleiter im Vorfeld bezüglich jener Merkmale durch eine von der Hauptuntersuchung unabhängige Stichprobe eingeschätzt und beurteilt werden, um auf dieser Grundlage die beiden Versuchsleiter zu bestimmen, die sodann die Studie durchführten, damit homogene Bedingungen gegeben waren.

In einem ersten Schritt wurden zehn potenzielle Versuchsleiter durch vier unabhängige Personen bezüglich ihrer optischen Ähnlichkeit zueinander verglichen und bewertet, bevor die vier am ehesten einander ähnlichen Personen im Hinblick auf ihre erfolgs- und misserfolgsmotivierenden Personenwirkung durch eine von der Hauptuntersuchung unabhängige Schulklasse beurteilt werden konnten.

Hierfür standen 22 Schüler eines Bildungsganges, der zum Erwerb der Fachhochschulreife im Bereich Wirtschaft und Verwaltung führt, im Alter von 18 bis 22 Jahren (M = 19.27, SD = .26) zur Verfügung. Von diesen waren 13 (59.1 %) weiblichen und 9 (40.9 %) männlichen Geschlechts. Über einen Migrationshintergrund verfügten 8 Probanden und damit 36.4 % der Stichprobe. Die Auswahl der Klasse aus jenem Bildungsgang erfolgte zufällig durch Auslosung.

In Anlehnung an die im Theorieteil dieser Arbeit dargestellten und reflektierten Motivationstheorien sowie eingesetzten Verfahren zur Erfassung bestimmter Facetten der Leistungsmotivation wurden 18 Items formuliert, die zur Einschätzung der erfolgs- und misserfolgsmotivierenden Personenwirkung geeignet waren und insgesamt einen Kurzfragebogen ergaben, welcher der endgültigen Versuchsleiterauswahl diente. Die Jugendlichen hatten hierfür jeweils vier Portraits der in Frage kommenden Personen sowie den eigenkonzipierten Fragebogen vorliegen. Im Rahmen der ursprünglich 18 Items zur Bestimmung der zuvor genannten Personenvariablen musste auf einer 5-stufigen Skala von „stimmt gar nicht“, über „stimmt eher nicht“ bis hin zu „stimmt eher“ und schlussendlich „stimmt genau“ entschieden werden, ob – und falls ja in welchem Ausmaß – jene Aspekte auf die einzelnen Person zutrafen. Zusätzlich war noch die Möglichkeit des Ankreuzens des Statements „weder/noch“ für den Fall der Entscheidungsindifferenz gegeben. Ein Ausschnitt des Fragebogens ist in Abbildung 14 wiedergegeben (siehe Anlage 2).

Die Person auf Foto Nr. ____ wirkt auf mich	stimmt genau	stimmt eher	stimmt eher nicht	stimmt gar nicht	weder noch
als ob sie oft Erfolg hat bzw. erfolgreich ist	□	□	□	□	□
faul und arbeits-/leistungsunmotiviert	□	□	□	□	□
als könne sie andere zu etwas motivieren	□	□	□	□	□
als ob sie oft Misserfolg hat	□	□	□	□	□

Abb. 14: Antwortformat und Beispielitems des Kurzfragebogens zur Einschätzung der erfolgs- und misserfolgsmotivierenden Personenwirkung

Den Jugendlichen wurde erläutert, dass es im Folgenden um die Einschätzung von vier Personen bezüglich ihrer Ähnlichkeit zueinander und vor allem ihrer erfolgs- bzw. misserfolgsmotivierenden Wirkung geht. In diesem Zusammenhang erhielt jeder Schüler die zuvor genannten Materialien. Auf der Rückseite des Kurzfragebogens selbst waren Alter, Geschlecht und Migrationsstatus zu vermerken. Die Beurteilung der Versuchsleiter wurde schließlich mittels der nachfolgenden 18 Einzelitems vorgenommen.

Durch Summation dieser erhielt man zwei Gesamtskalen zur Einschätzung der erfolgs- und misserfolgsmotivierenden Personenwahrnehmung (vergleiche Tabellen 21 und 22):

Tab. 21: Items zur Erfassung der erfolgsmotivierenden Personenwirkung

Items zur Erfassung der erfolgsmotivierenden Personenwirkung
- sympathisch (Item 1) - als ob sie Erfolg hat bzw. erfolgreich ist (Item 3) - als ob ihr Anschluss an andere wichtig ist (Item 4) - freundlich und herzlich (Item 5) - als ob sie andere unterstützen will (Item 6) - als ob sie andere zu etwas motivieren will (Item 8) - als könne sie andere zu etwas motivieren (Item 14) - klug und intelligent (Item 15) - fleißig und arbeits-/leistungsmotiviert (Item 17)

Tab. 22: Items zur Erfassung der misserfolgsmotivierenden Personenwirkung

Items zur Erfassung der misserfolgsmotivierenden Personenwirkung
- als wolle sie Kontrolle über andere haben (Item 2) - unsympathisch (Item 7) - faul und arbeits-/leistungsunmotiviert (Item 9) - als wolle sie Macht haben und ausüben (Item 10) - dumm und faul (Item 11) - als wenn sie oft Misserfolg hat (Item 12) - unfreundlich und eher beängstigend (Item 13) - als könne sie andere nicht motivieren (Item16) - als ob ihr der Erfolg anderer unwichtig ist (Item 18)

Im Rahmen der Bestimmung der internen Konsistenz fiel auf, dass zwei Items für diesen spezifischen Bewertungszweck weniger geeignet waren, weshalb zugunsten der Cronbachs Alpha Werte und damit insgesamt zur Erhöhung der Reliabilität diese eliminiert wurden. Hierbei handelt es sich um das Item 15, *klug und intelligent*, zur Erfassung der erfolgsmotivierenden Personenwirkung sowie Item 11, *dumm und faul*, zur Einschätzung der misserfolgsmotivierenden Wirkung. Die interne Konsistenz fiel sodann für die 8 Items der Skala *Erfolgsmotivierende Wirkung* jeweils durchweg mit guten bis sehr guten, für die 8 Items der Skala zur Erfassung der *Misserfolgsmotivierenden Wirkung* mit guten Werten aus. Die Einzelwerte können der Tabelle 23 entnommen werden.

Tab. 23: Interne Konsistenz der Skalen zur Einschätzung der Personenwirkung (n = 22)

	Cronbachs Alpha der Voruntersuchung			
Skala	**VL (1)**	**VL (2)**	**VL (3)**	**VL (4)**
Erfolgsmotivierende Wirkung	.91	.92	.86	.82
Misserfolgsmotivierende Wirkung	.79	.89	.77	.81

Anmerkung: VL = Versuchsleiter (Nummerierung der Einzelperson)

Tabelle 24 gibt die mittels des Kurzfragebogens vorgenommene Einschätzung der erfolgs- und misserfolgsmotivierenden Wirkung der Versuchsleiter, die durch die Probanden bewertet wurde, wieder.

Tab. 24: Mittelwerte und Standardabweichungen in der erfolgs- und misserfolgsmotivierenden Personenwirkung der Versuchsleiter (n = 22)

	Personenwirkung			
	erfolgs-motivierend		**misserfolgs-motivierend**	
VL	M	(SD)	M	(SD)
(1)	3.47	(.76)	2.81	(.83)
(2)	3.28	(.83)	3.29	(.94)
(3)	4.44	(.58)	2.15	(.69)
(4)	3.97	(.63)	2.44	(.73)

Anmerkung: VL = Versuchsleiter (Nr. der Einzelperson)

Folgend wurde im Rahmen von t-Tests das Versuchsleiterpaar bestimmt, das sich am wenigsten bezüglich seiner durch Versuchspersonen wahrgenommenen erfolgs- und misserfolgsmotivierenden Wirkung voneinander unterscheidet und dadurch als am homogensten bezüglich jener Merkmale beurteilt wird. Für diesen Zweck ergaben sich die in Tabelle 25 dargestellten Versuchsleiterkombinationen:

Tab. 25: Paarweise Kombination der vier potenziellen Versuchsleiter

Paar	**(1)**	**(2)**	**(3)**	**(4)**	**(5)**	**(6)**
Variablen	VL (1) VL (2)	VL (1) VL (3)	VL (1) VL (4)	VL (2) VL (3)	VL (2) VL (4)	VL (3) VL (4)

Anmerkung: VL = Versuchsleiter (Nr. der Einzelperson)

In t-Tests für verbundene Stichproben wurden jeweils gesondert die Kennwerte der *erfolgs-* und *misserfolgsmotivierenden Personenwirkung* der einzelnen Versuchsleiter gemäß der zuvor dargestellten möglichen Paarungskombinationen aufgenommen und zueinander in Beziehung gesetzt, um bestehende Differenzen zu erforschen.

Die Analyse der erfolgsmotivierenden Wirkung der Versuchsleiter bezüglich ihrer Differenz zueinander ergab, dass sich mit Ausnahme des ersten Versuchsleiterpaares alle anderen Paarungen in jenem Merkmal signifikant voneinander unterscheiden. Versuchsleiter (1) und (2) weisen damit den geringsten Unterschied im Hinblick auf ihre wahrgenommene erfolgsmotivierende Wirkung aus und besitzen damit die größte optische Homogenität zueinander.

Die Differenz in den Mittelwerten der misserfolgsmotivierenden Wirkung unterschied sich zwischen den Paaren (2), (4) und (5) signifikant. Am ähnlichsten in diesem Merkmal waren sich erneut die Versuchsleiter (1) und (2), (1) und (4) sowie (3) und (4). Die genauen Werte können Tabelle 26 entnommen werden.

Tab. 26: Differenz in den Mittelwerten, Standardabweichungen, t-Werte und Signifikanzniveaus der gepaarten Versuchsleiterkombinationen in ihrer Personwirkung (n = 22)

	Erfolgsmotivierende Personenwirkung			**Misserfolgsmotivierende Personenwirkung**		
Paar	M (SD)	t (21)	p	M (SD)	t (21)	p
(1)	.19 (1.10)	.80	n.s.	-.48 (1.48)	-1.53	n.s.
(2)	-.97 (.89)	-5.13	< .01	.66 (.96)	3.22	< .01
(3)	-.50 (.73)	-3.22	< .01	.36 (1.06)	1.61	n.s.
(4)	-1,16 (1.12)	-4.86	< .01	1.14 (1.40)	3.83	< .01
(5)	-.69 (.72)	-4.47	< .01	.85 (.99)	4.00	< .01
(6)	.47 (.92)	2.43	< .05	-.30 (.98)	-1.42	n.s.

Anmerkung: M = Differenz zwischen den gepaarten Mittelwerten

Demgemäß wurde sich für das Paar (1) und damit die Versuchsleiterkombination (1) und (2) zur Durchführung der Hauptuntersuchung entschieden, weil jene Paarung bezüglich beider Merkmalsausprägungen keine extremen Werte und die geringsten Differenzen zueinander aufwies, so dass diese als am äquivalentesten in den beiden wahrgenommenen Leistungsmotivationskomponenten zu bewerten waren. Zur besseren Veranschaulichung der jeweiligen Kennwerte sind die Differenzen in den Mittelwerten beider Motivationsfacetten in Abbildung 15 grafisch dargestellt.

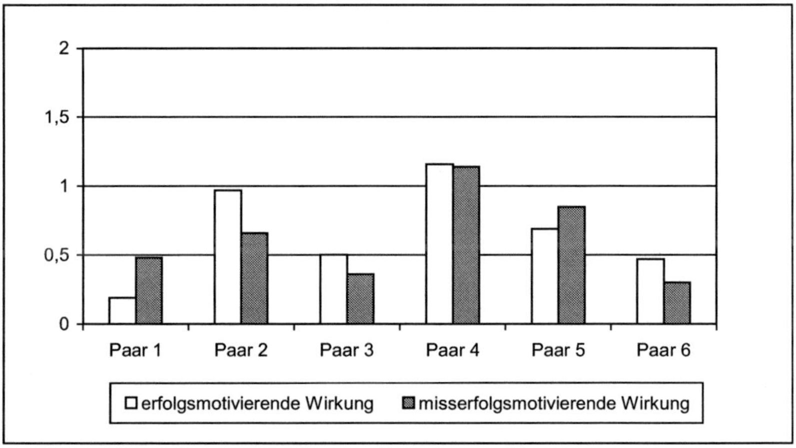

Abb. 15: Differenz in den Mittelwerten der einzelnen Versuchsleiterpaarungen bezüglich ihrer erfolgs- und misserfolgsmotivierenden Personenwirkung

Beide Versuchsleiter führten die vier zum Einsatz kommenden Verfahren selbst durch und arbeiteten sich sodann in die Testmanuale ein. Sie erklärten sich darüber hinaus dazu bereit, eine Praxis- bzw. Trainingsphase zu durchlaufen, in der sowohl die standardisierte Anwendung und Durchführung jener Verfahren als auch die der experimentellen Manipulation eingeübt wurden. Dies hatte den Nutzen, problematische Situationen und Verhaltensweisen zu erproben und zu reflektieren, die sich während der experimentalpsychologischen Erhebung ereignen könnten. Damit wurden die Wahrnehmung der Probanden, der Grad an Hilfestellungen und mögliche Interventionen innerhalb der Versuchsdurchführung – im Falle auftretender Störungen – dialogisch eingeübt und standardisiert festgelegt.

5.1.2 Primingkonzeption und -testung

Bereits im Theorieteil dieser Arbeit wurde ausführlich erläutert, dass Motivation, explizit die Hoffnung auf Erfolg des Leistungsmotivs mittels sprachlicher Interventionen gehemmt, aber auch in einem leistungs- und subjektförderlichen Sinne angeregt werden kann. Entsprechend der dieser Schrift zu Grunde liegenden Subjektbildungstheorie ist es notwendig, jene sprachliche Intervention nicht in einem utilitaristischen Sinne zu betreiben, sondern gemäß der ganzheitlichen Sicht auf das Individuum gleichermaßen Emotionen, Kognitionen sowie Motivation anzusprechen und damit schlussendlich das Selbst des Subjektes zu fordern und zu fördern. Die Reflexion der Benachteiligtensituation der Probanden bzw. jenes Phänomens führte dazu, dass zwei verschiedene Priming-Typen konstituiert wurden. Das erste, positive Priming, fokussiert nur leistungsmotivationsförderliche Aspekte, während das zweite, positive Priming mit Benachteiligtenphänomen dem ersten die explitize Ausführung und damit indirekte Quasireflexion des schulbezogenen Benachteiligtenphänomens voranstellt. Folgend galt es zu testen, ob diese beiden Priming-Typen schüleradäquat in der Sprache und darüber hinaus vor allem im Stande sind, Hoffnung auf Erfolg zu evozieren.

An das Priming selbst wurden diverse Anforderungen gestellt: Es musste der (bildungs-) theoretischen und psychologischen Konstitutionslogik gerecht werden, was demgemäß sprachlich zu codieren war. Zusätzlich war es an der Lebenswelt und dem Sprachduktus der Klientel zu orientieren und dadurch neu zu justieren bzw. zu konfigurieren, damit es für die Schüler authentisch, verstehbar und verhaltensleitend wird, bevor sich sein Einsatz im Rahmen einer zweiten Voruntersuchung ereignete, in der die differentielle Wirkung der verschiedenen Priming-Typen erforscht wurde.

Nachdem das Priming gemäß des (bildungs-) theoretischen Erkenntnisinteresses der Arbeit formuliert war, wurde es vier an einer Hochschule arbeitenden Psychologen vorgelegt, die zum einen die Wirkung des Primings einzuschätzen hatten und in der Folge zielführende Modifikationen bezüglich der anzuregenden emotionalen, kognitiven und motivationalen Dimensionen vornahmen. Im Anschluss daran wurde das Priming ausgewählten Pädagogen einer Fachkonferenz Deutsch des für die Untersuchung ausgewählten Berufskollegs vorgelegt, damit es sprachlich an den Habitus und die Lebenswelt der in der Hauptuntersuchung zu manipulierenden Schüler angepasst werden konnte.

Daraus ergaben sich schlussendlich die beiden folgenden Priming-Typen:

Typ 1: Positives Priming

Er hatte die Hoffnung nie aufgegeben, denn seine Lehrer glaubten an ihn.
Und schließlich hat er es geschafft und ist deshalb heute auch mein Lehrer.
Nun glaubt er an mich, so, wie sein Lehrer auch an ihn geglaubt hatte.

Er sagte mir, dass es egal ist, woher ich komme und wer meine Eltern sind und wer an mich glaubt. Wichtig ist, dass ich an mich glaube. Und das tu ich.
Ich glaube fest daran, dass ich es zu was bringen werde.

Er zeigt mir, wie ich mit Problemen und Schwierigkeiten umgehen kann.
Er bringt mich dazu, meinen Weg nicht aufzugeben und mein Ziel nicht aus den Augen zu verlieren. Das ist genau was ich will.

Natürlich gibt es auch schwierige Zeiten, aber er gibt mir das Gefühl, dass ich nicht alleine bin und unterstützt mich, wenn ich ihn brauche. Das freut mich und tut mir gut.

Ich bin mir sicher, dass ich nun genug Wissen habe, um in der Zukunft das zu schaffen, was ich möchte.

Ich freue mich nun, die mir gestellten Aufgaben anzupacken und zu erledigen.

Ich fühle, dass ich stark genug bin, dies auch zu tun. Das macht mich froh.

Ich weiß, dass ich es schaffen kann und zu etwas bringen werde!

Typ 2: Positives Priming mit Benachteiligtenphänomen

Heute fühlt sich mein Lehrer wohl, weil er weiß, was er erreicht hat.

Doch früher hatte er es in seinem Leben sehr schwer.
Oftmals war er benachteiligt und vielfach wurde er benachteiligt.
Sein Vater war Arbeiter, seine Mutter Hausfrau – beide konnten ihm in der Schule nicht helfen. Seine Familie war in Deutschland eingewandert und hatte wenig Geld.

Er war Hauptschüler und besuchte diverse berufsvorbereitende Maßnahmen.
Ihm wurde oft gesagt, dass er mit seiner Schulbildung und seinem Abschluss keinen Ausbildungsplatz erhalten und keine Arbeit finden werde.
In der Schule hatte er oft Misserfolg.

Doch er hatte die Hoffnung nie aufgegeben, denn seine Lehrer glaubten an ihn.
([...] siehe Priming-Typ 1)

Anschließend wurde eine von der Hauptuntersuchung unabhängige Stichprobe rekrutiert, die aus 32 Jugendlichen bestand, die entweder die Unterstufe der Höheren Berufsfachschule mit dem Schwerpunkt Wirtschaft und Verwaltung (n = 18; 56.3 %) besuchten oder sich im zweiten Lehrjahr im Ausbildungsverhältnis zum Verkäufer (n = 14; 43.7 %) befanden und zusätzlich zu dieser durch einen externen Bildungsträger weiteren Förderunterricht sowie ausbildungsbegleitende Unterstützung erhielten und dadurch ebenfalls als Benachteiligte bezeichnet werden konnten. An der Testung des Primings nahmen 11 Jungen (34.4 %) und 21 Mädchen (65.6 %) im Alter von 17 bis 23 Jahren (M = 19.03, SD=1.89) teil. Insgesamt besitzen 13 Probanden und damit 40.6 % einen Migrationshintergrund. Die genaue Verteilung der klassen- und personenbezogenen Daten ist Tabelle 27 zu entnehmen.

Tab. 27: Klassen-, Geschlechts- und Migrationshintergrundverteilung der Probanden der Stichprobe der Voruntersuchung (n = 32)

	Jungen		**Mädchen**		Gesamt
	EV	**HH**	**EV**	**HH**	
Migrations-hintergrund	n = 0	n = 4	n = 4	n = 5	n = 13 (40.6 %)
Kein Migrations-hintergrund	n = 3	n = 4	n = 7	n = 5	n = 19 (59.4 %)
Gesamt	n = 3 (9.4 %)	n = 8 (25.0 %)	n = 11 (34.5 %)	n = 10 (31.1 %)	n = 32 (100.0 %)

Anmerkung: EV = Verkäufer im Einzelhandel, HH = Höhere Handelsschule

Die Schüler hatten in Anlehnung an bzw. Vorbereitung auf die eigentliche Studie den Thematischen Apperzeptionstest zu bearbeiten. In diesem Zusammenhang galt es insgesamt sechs Geschichten – für jede waren fünf Minuten Zeit vorgesehen – unter Berücksichtigung bestimmter Fragestellungen zu Bildtafeln, die in Form von Folien via Overheadprojektor 20 Sekunden dargeboten wurden, zu verfassen. Damit Wirkungsunterschiede zwischen den Priming-Typen erforscht werden konnte, waren die in Tabelle 28 dargestellten Bedingungen gegeben.

Tab. 28: In der Voruntersuchung verwendete Kombination von Bildserie und Priming-Typ

Bilder	**1 und 2**	**3 und 4**	**5 und 6**
Priming-Typ	**(1)** kein Priming	**(2)** positives Priming	**(3)** positives Priming mit Benachteiligten-phänomen

In einem ersten Durchgang hatten die Probanden also nach den allgemeinen Instruktionen zum Verfahren jeweils eine Geschichte zu den ersten beiden Bildern des Thematischen Apperzeptionstest zu verfassen, ohne dass sie einem Priming ausgesetzt waren. Vor der Bearbeitung der Bildtafeln drei und vier wurden sie gebeten, sich entspannt zurückzulehnen und die folgende Kurzgeschichte aufmerksam zu verfolgen und auf sich wirken zu lassen. Bei dieser handelte es sich um das erste und damit positive Priming. Das gleiche Prozedere wiederholte sich für die zu den abschließenden Bildern fünf und sechs zu verfassenden Texte, allerdings wurde jenen das zweite und somit positive Priming mit Benachteiligtenphänomen vorgeschaltet. Abschließend war von den Schüler auf der Rückseite des letzten Blattes begründet festzuhalten, welche Priming-Geschichte authentischer bzw. motivierender auf sie wirkte.

Die Schülertexte wurden in Bezug auf die beiden Kategorien *Hoffnung auf Erfolg* und *Furcht vor Misserfolg* signiert und auszuwertet. Dabei ergaben sich zu den drei Messzeitpunkten bzw. für die drei Priming-Typen die in Tabelle 29 dargestellten Werte:

Tab. 29: Mittelwerte und Standardabweichung der Hoffnung auf Erfolg- und Furcht vor Misserfolgkategorien des TAT in Abhängigkeit vom Priming-Typ (n = 32)

	Hoffnung auf Erfolg		**Furcht vor Misserfolg**	
Priming-Typ	M	(SD)	M	(SD)
(1)	2.34	(1.64)	.84	(1.11)
(2)	1.84	(1.90)	1.19	(1.53)
(3)	3.38	(2.88)	1.41	(1.24)

Anmerkung zu den Priming-Typen: (1) = kein Priming; (2) = positives Priming und (3) = positives Priming mit Benachteiligungsphänomen

Zur Berechnung der Unterschiede zwischen den drei Bedingungen und damit der Wirkung des Priming-Typs zum einen auf die Ausprägung der *Hoffnungs-* und zum anderen auf die der *Furchkategorie* wurde in zwei gesonderten Varianzanalysen mit Messwiederholung jeweils der Innersubjektfaktor *Priming-Typ* aufgenommen. Im Rahmen der zu definierenden Stufen waren darüber hinaus die Summenwerte der drei Bildserien für *Hoffnung auf Erfolg* und *Furcht vor Misserfolg* zu fixieren, so dass die Mittelwerte jener Leistungsmotivationsdimensionen zwischen den Priming-Typen zueinander in

Beziehung gesetzt werden konnten. Dadurch ergaben sich die in Tabelle 30 abgebildeten Zusammensetzungen bzw. Kombinationen.

Tab. 30: Paarweiser Vergleich der verschiedenen Priming-Typen

Paar	(1)	(2)	(3)
Priming-Typen	(1) und (2)	(1) und (3)	(2) und (3)

Anmerkung zu den Priming-Typen: (1) = kein Priming; (2) = positives Priming und (3) = positives Priming mit Benachteiligungsphänomen

Die Analyse ergab hypothesenkonform einen in der Tendenz signifikanten Haupteffekt bezüglich des Faktors *Priming-Typ* für die Hoffnungskategorie (Pillai-Spur = .17; $F(2;30) = 3.14$; $p < .10$; $Eta^2 = .17$) – der das konventionelle Signifikanzniveau nur knapp verfehlte – nicht aber für die Furchtkategorie (Pillai-Spur = .11; $F(2;30) = 1.86$; $p = .17$; $Eta^2 = .11$).

Für die Einzelkategorie *Hoffnung auf Erfolg* wurde ein in der Tendenz signifikanter Unterschied ermittelt, wenn die Gruppe kein Priming erhielt, gegenüber dem Zeitpunkt, zu dem sie dem positiven Priming mit Benachteiligtenphänomen ausgesetzt war. Des Weiteren konnte ein bedeutsamer Effekt zwischen den beiden Messzeitpunkten festgestellt werden, zu denen die Gruppen jeweils einem anderen Priming-Typ ausgesetzt waren. Im Hinblick auf die Einzelkategorie *Furcht vor Misserfolg* zeigte sich lediglich ein statistisch tendenziell bedeutsamer Unterschied zwischen dem Testzeitpunkt ohne Priming gegenüber dem, wenn die Gruppe dem positiven Priming mit Benachteiligtenphänomen ausgesetzt war. Die genauen Werte sind in Tabelle 31 dargestellt.

Tab. 31: Differenz in den Mittelwerten, Standardabweichungen und Signifikanzniveaus der Erfolgs- und Misserfolgskategorie (TAT) in Abhängigkeit vom Priming-Typ (n = 32)

	Hoffnung auf Erfolg			Furcht vor Misserfolg		
Paar	M	(SD)	p	M	(SD)	p
(1)	.50	(2.40)	n.s.	-.34	(2.09)	n.s.
(2)	-1.03	(3.25)	< .10	-.56	(1.63)	< .10
(3)	-1.53	(3.41)	< .05	-.22	(1.98)	n.s.

Anmerkung: M = Differenz in den Mittelwerten des paarweisen Vergleichs

Infolge der statistisch bedeutsamen Unterschiede bezüglich der Erfolgs- und Misserfolgsmotivation zeigte sich, dass der Einsatz eines Primings zu differentiellen Wirkungen führt. Ob der Limitierung der Erfolgshoffnung wurde sich gegen die Verwendung des alleinig positiven Priming-Typs entschieden, so dass in der Hauptuntersuchung das Motivations-Priming eingesetzt worden ist, dem die Reflexion des Benachteiligtenphänomens vorgeschaltet war. Die Schüler formulierten auf der Rückseite des Verfahrens am Ende der Testung, dass das zweite Priming zudem erheblich authentischer und glaubwürdiger wirkte (27 Nennungen). Nur drei Jugendliche bevorzugten das lediglich positiv formulierte Priming.

5.2 Stichprobe

Wegen der differenzierten Hypothesen und Fragestellungen, einerseits zur Erforschung allgemeiner Erkenntnisse in Bezug auf die experimentelle Manipulation bzw. Initiierung von Hoffnung auf Erfolg und Hemmung der Furcht vor Misserfolg als primäre Dimensionen der Leistungsmotivation, andererseits aber auch infolge der theoretisch begründeten Notwendigkeit der Differenzierung in zwei Gruppen – Gymnasiasten vs Benachteiligte – empfiehlt es sich, in einem ersten Schritt kurz die Gesamtstichprobe der Hauptuntersuchung zu beschreiben, bevor in einem weiteren eine detailliertere Darstellung der beiden Substichproben Gymnasiasten und Benachteiligte erfolgt.

Für die Hauptuntersuchung des 2. Erhebungszeitpunktes wurde eine Stichprobe von N = 243 Schülern des selben Berufskollegs rekrutiert. Die Stichprobe setzt sich aus 140 Männern (57.6 %) und 103 Frauen (42.4 %) zusammen. Das mittlere Alter in Jahren lag für die Männer bei M = 17.73 (SD = 1.51) und für die Frauen bei M = 17.54 (SD = 1.62). 177 Probanden und damit 72.8 % hatten bereits bei der Erhebung im Rahmen der ersten Studie teilgenommen. Für drei weitere Schüler konnten keine ausreichenden biografischen und vor allem experimentalpsychologischen Daten erhoben bzw. gewonnen werden, so dass diese nicht in die Stichprobenbeschreibung und folgenden Analyse mit eingehen.

Der Untersuchungsschwerpunkt der Bildungsbenachteiligung erfordert es, die Stichprobe in zwei Gruppen einzuteilen: Schüler, die gegenwärtig die gymnasiale Oberstufe (Klasse 11) der Fachrichtung Wirtschaft und Verwaltung besuchen, und Schüler, die Klassen der beruflichen Grundbildung bzw. der Arbeitsvorbereitung aufsuchen und damit im zuvor genannten Sinne als klassische Benachteiligte gelten.

In der Gruppe der Gymnasiasten (n = 51) waren 25 Männer und 26 Frauen im Alter von 15 bis 21 Jahre zugegen. Das mittlere Alter der männlichen Probanden belief sich auf M = 17.00 (SD = 1.41), das der weiblichen auf M = 16.15 (SD = 0.73). Die Lernenden verteilten sich auf drei Schulklassen. Mit 48 Schülern (94.1 %) hatte bereits der Großteil an der 1. Erhebung teilgenommen. 39 Gymnasiasten sind deutscher Abstammung, so dass bei den Jugendlichen nur ein relativ geringer Anteil einen Migrationshintergrund besitzt. Die genauen Werte sind in Tabelle 32 abgebildet.

Tab. 32: Geschlechts- und Migrationshintergrundverteilung der Teilstichprobe der Gymnasiasten der Hauptuntersuchung (n = 51)

		Geschlecht		Gesamt
		männlich	**weiblich**	
Migration	**nein**	n = 20 (39.2 %)	n = 19 (37.3 %)	n = 39 (76.5 %)
	ja	n = 5 (9.8 %)	n = 7 (13.7 %)	n = 12 (23.5 %)
Gesamt		n = 25 (49.0 %)	n = 26 (51.0 %)	n = 51 (100.0 %)

Als häufigste zuletzt besuchte Schule wurde von 30 Probanden (58.8 %) die Realschule angegeben und zwar sowohl von 15 Männern (60.0 %) als auch von 15 Frauen (57.7 %). Die zweithäufigste Nennung war bei den Männern mit 24.0 % das Berufskolleg (n = 6), bei den Frauen mit 34.6 % das Gymnasium (n = 9). Von den männlichen Probanden besuchten lediglich drei (12.0 %) ein Gymnasium. Die Hauptschule wurde nur von zwei weiblichen Jugendlichen (7.7 %) besucht, während lediglich ein männlicher Teilnehmer (4.0 %) zuvor auf eine Gesamtschule ging und niemand eine Sonderschule besuchte. Alle Probanden haben die zuletzt besuchte Schule mit einem Schulabschluss verlassen – u. a. stellt dies auch die Zugangsvoraussetzung zur gymnasialen Oberstufe dar.

Bezüglich des Ausbildungsverhältnisses der Eltern ist feststellbar, dass mit 49 Nennungen bei den Vätern (95.1 %) und 48 bei den Müttern (93.3 %) die meisten über eine Ausbildung verfügen. Der größte Anteil beider Elternteile absolvierte eine kaufmännische Ausbildung, während ebenfalls bei den Vätern und Müttern am zweithäufigsten eine im gewerblichen, technischen oder dienstleistungsbezogenen Bereich abgeschlossen wurde. Des Weiteren verfügen etwas mehr Männer als Frauen über ein (Fach-) Hochschulstudium. Die genauen Werte der Ausbildungsklassifikation sowie der Verteilung der Eltern, getrennt nach Geschlecht, sind in Tabelle 33 abgebildet.

Tab. 33: Verteilung der Ausbildung der Eltern der Gymnasiasten der 2. Studie (n = 51)

	Elternteil	
Ausbildung	**Vater**	**Mutter**
keine	n = 2 (3.9 %)	n = 3 (5.9 %)
gew/techn/dienst	n = 12 (23.5 %)	n = 12 (23.5 %)
kaufmännisch	n = 16 (31.4 %)	n = 22 (43.1 %)
akademisch	n = 11 (21.6 %)	n = 8 (15.7 %)
keine Angabe	n = 10 (19.6 %)	n = 6 (11.8 %)
Gesamt	n = 51 (100.0 %)	n = 51 (100.0 %)

Zur gegenwärtigen Tätigkeit der Eltern wurden von allen Probanden Angaben gemacht. Die meisten Mütter arbeiteten im Bereich Büro oder Verwaltung, der zweitgrößte Anteil dieser war als Hausfrau tätig. Als dritthäufigstes wird die Beschäftigung als Fachkraft genannt. Nur die wenigsten Frauen arbeiteten entsprechend ihrer akademischen Qualifikation oder waren als Arbeiterin tätig. Zwei Mütter sind selbstständig gewesen. Bei den Vätern war ebenfalls der größte Anteil im Berufsfeld Büro und Verwaltung beschäftigt, ähnlich viele waren entweder als Arbeiter oder als Akademiker tätig gewesen. Am vierthäufigsten wurde angegeben, dass der Vater die Position eines Meisters bzw. einer Führungskraft bekleidete. Ein geringer Anteil der Männer war selbstständig, arbeitslos oder berentet. Eine genaue Verteilung jender Angaben für beide Elternteile ist in Tabelle 34 wiedergegeben.

Tab. 34: Verteilung der gegenwärtig ausgeübten Tätigkeit der Eltern der Gymnasiasten der 2. Studie (n = 51)

gegenwärtig ausgeübte Tätigkeit			
Vater		**Mutter**	
arbeitslos/Rentner	n =3 (5.9 %)	Keine/Hausfrau	n = 16 (31.4 %)
Arbeiter	n = 12 (23.5 %)	Arbeiterin	n = 2 (3.9 %)
Meister/Führungskraft	n = 9 (17.6 %)	Fachkraft	n = 10 (19.6 %)
Büro/Verwaltung	n = 13 (25.5 %)	Büro/Verwaltung	n = 17 (33.3 %)
Akademiker	n = 11 (21.6 %)	Akademikerin	n = 4 (7.8 %)
Sonst./selbstständig	n = 3 (5.9 %)	Sonst./selbstständig	n = 2 (3.9 %)
keine Angabe	n = 0 (0.0 %)	Keine Angabe	n = 0 (0.0 %)
Gesamt	n = 51 (100.0 %)	Gesamt	n = 51 (100.0 %)

In der Gruppe der Benachteiligten (n = 189) waren 114 männlichen und 75 weiblichen Geschlechts. Sie ließen sich wie folgt den nachstehenden Bildungsgängen bzw. Trägern zuordnen: 79 Schüler besuchten das Berufsgrundschuljahr des Berufskollegs und 113 eine arbeitsvorbereitende Maßnahme, die wiederum zusätzlichen theoretischen und praktischen Unterricht an drei verschiedenen externen Trägern bzw. Institution erhielten. Die Jugendlichen waren im Alter von 16 bis 24 Jahren, das mittlere Alter der männlichen Probanden belief sich auf M = 17.89 (SD = 1.48), das der weiblichen auf M = 18.01 (SD = 1.78). 128 Schüler (66.7 %) nahmen bereits an der 1. Erhebung teil. Der größere Anteil der Probanden gab an, dass er über einen Migrationshintergrund verfügte. Dementsprechend waren die meisten der männlichen und weiblichen Lernenden nicht deutscher Herkunft. Die genauen Angaben der Geschlechts- und Migrationsstatusverteilung sind in Tabelle 35 abgebildet.

Tab. 35: Geschlechts- und Migrationshintergrundverteilung der Teilstichprobe der Benachteiligten der 2. Studie (n = 189)

		Geschlecht		Gesamt
		männlich	**weiblich**	
Migration	**nein**	n =45 (23.8 %)	n = 45 (23.8 %)	n = 90 (47.6 %)
	ja	n = 69 (36.5 %)	n = 30 (15.9 %)	n = 99 (52.4 %)
Gesamt		n = 114 (60.3 %)	n = 75 (39.7 %)	n = 189 (100.0 %)

Als häufigste *zuletzt besuchte Schulform* wurde von 77 und damit den meisten Schülern (40.1 %) die Hauptschule angegeben, und zwar sowohl von den Männern mit 39.1 % (n = 45) als auch mit 41.6 % von den Frauen (n = 32). Das Berufskolleg war mit 64 Nennungen (33.3 %) der am zweithäufigste zuvor besuchte Schultyp, nämlich bei 30.4% der männlichen (n = 35) und 37.7 % der weiblichen Probanden (n = 29). Bei den Männern wurde an dritter Stelle die Gesamtschule am meisten besucht (n = 15; 13.0 %), gefolgt von der Sonderschule (n = 14; 12.2 %), während vier der männlichen Jugendlichen eine Realschule (3.5 %) und nur zwei ein Gymnasium (1.7 %) aufsuchten. Ähnlich gestaltet sich die Verteilung der Zubringerschulen bei den weiblichen Jugendlichen, als dritthäufigstes wurde die Angabe Gesamtschule (n = 11; 14.3 %) gemacht, während lediglich drei an einer Sonderschule (3.9 %) waren und jeweils nur eine Schülerin auf eine Realschule (1.3 %) und eine weitere auf ein Gymnasium (1.3 %) gingen. Über einen Schulabschluss verfügten 155 der Probanden (80.7 %), 26 der männlichen (22.6 %) und 11 der weiblichen Lernenden (14.3 %) erwarben demnach keinen Abschluss auf der zuvor besuchten Schulform.

Bezüglich der Ausbildung der Eltern war bei den Müttern erkennbar, dass der größte Teil keine Ausbildung absolvierte. Die häufigsten abgeschlossenen Ausbildungen lagen im gewerblichen, technischen oder dienstleistungsbezogenen, die zweitmeisten im kaufmännischen Bereich vor. Lediglich eine der Mütter hatte ein (Fach-) Hochschulstudium abgeschlossen. Bei den Vätern besaßen die meisten eine abgeschlossene gewerbliche, technische oder dienstleistungsbezogene Lehre, während der zweitgrößte Anteil über keine Ausbildung verfügte. Einige wenige schlossen eine Ausbildung im kaufmännischen Bereich ab, lediglich zwei Väter konnten einen akademischen Werdegang vorweisen. Die genauen Werte im Hinblick auf die absolvierten Ausbildungsformen, getrennt nach Elternteilen, sind in Tabelle 36 enthalten.

Tab. 36: Verteilung der Ausbildung der Eltern der Teilstichprobe der Benachteiligten der 2. Studie (n = 192)

	Elternteil	
Ausbildung	**Vater**	**Mutter**
keine	n = 60 (31.3 %)	n = 85 (44.3 %)
gew/techn/dienst	n = 82 (42.7 %)	n = 65 (33.9 %)
kaufmännisch	n = 9 (4.7 %)	n = 10 (5.2 %)
akademisch	n = 2 (1.0 %)	n = 1 (0.5 %)
keine Angabe	n = 39 (20.3 %)	n = 31 (16.1 %)
Gesamt	n = 192 (100.0 %)	n = 192 (100.0 %)

Im Zusammenhang mit der gegenwärtig ausgeübten Tätigkeit war seitens der Väter feststellbar, dass die meisten als Arbeiter tätig gewesen sind. Ein weiterer Großteil ist entweder arbeitslos oder bereits berentet gewesen. Lediglich ein geringer Anteil war im Bereich Büro oder Verwaltung, als Meister bzw. Führungskraft oder aber als Akademiker tätig. Seitens der Mütter wurde die Tätigkeit der Hausfrau am häufigsten angegeben. Ein weiterer Großteil ist als Facharbeiterin beschäftigt gewesen, ein anderer als Arbeiterin. Ebenfalls deutlich seltener erfolgte die Angabe, dass eine der Mütter im Bereich Büro und Verwaltung, im Rahmen einer Selbstständigkeit oder entsprechend der akademischen Vorbildung tätig war. Eine Übersicht bezüglich der Tätigkeitsklassifikation samt ihrer Verteilung auf beide Elternteile erfolgt in Tabelle 37.

Tab. 37: Verteilung der gegenwärtig ausgeübten Tätigkeit der Eltern der Teilstichprobe der Benachteiligten der 2. Studie (n = 192)

gegenwärtig ausgeübte Tätigkeit			
Vater		Mutter	
arbeitslos/Rentner	n = 41 (21.4 %)	Keine/Hausfrau	n = 97 (50.5 %)
Arbeiter	n = 108 (56.3 %)	Arbeiterin	n = 22 (11.5 %)
Meister/Führungskraft	n = 6 (3.1 %)	Fachkraft	n = 41 (21.4 %)
Büro/Verwaltung	n = 8 (4.2 %)	Büro/Verwaltung	n = 8 (4.2 %)
Akademiker	n = 3 (1.6 %)	Akademikerin	n = 1 (0.5 %)
So./Selbstständig	n = 5 (2.6 %)	So./Selbstständig	n = 7 (3.6 %)
Keine Angabe	n = 21 (10.9 %)	Keine Angabe	n = 16 (8.3 %)
Gesamt	n = 192 (100.0 %)	Gesamt	n = 192 (100.0 %)

5.3 Methode und Material

In der 2. Studie wurden das Regensburger Leistungs-Motiv-Inventar für Erwachsene sowie der Thematische Apperzeptionstest zur Erforschung ausgewählter Leistungsmotivationskennwerte eingesetzt. Das erste Verfahren erfasst schon allein infolge seiner leistungsbezogenen Instruktion die eher expliziten Dimensionen der Leistungsmotivation, während das zweite zur Erhebung der impliziten Leistungsmotivation diente. Über ein gesondertes Deckblatt wurden erneut die sozio-demografischen Angaben der Schüler abgefragt. Beide Verfahren werden nun vorgestellt.

5.3.1 Das Regensburger Leistungs-Motiv-Inventar für Erwachsene (RLMI-E)

Das Regensburger Leistungs-Motiv-Inventar für Erwachsene (RLMI-E) wurde von Lukesch und Peters-Häderle konstruiert und publiziert, um nicht nur die allgemeine Erfolgshoffnung und Misserfolgsfurcht im Rahmen der Leistungsmotivation diagnostizieren zu können. Zusätzlich wird es durch dieses Verfahren möglich, die Dimensionen der Hoffnung auf Misserfolg sowie Furcht vor Erfolg zu erfassen.

Die theoretische Grundlage des Verfahrens bildet vor allem das Risikowahlmodell von Atkinson (1958). Dieser erachtete die persönlichen Motive, Erfolg aufzusuchen und Misserfolg zu vermeiden, als wesentlich für Leistungshandlungen. Darüber hinaus werden weitere situative Parameter bedeutsam, nämlich der Anreiz des Erfolges selbst sowie die subjektive Wahrscheinlichkeit, Erfolg zu erzielen – vice versa für die Misserfolgssituation (vgl. Lukesch & Peters-Häderle, 2007, S. 5). Daraus ergibt sich insgesamt die Unterscheidung in erfolgs- und misserfolgsmotivierte Personen. „Die Tendenz, Erfolg aufzusuchen, wie auch die Tendenz, Misserfolg zu meiden, werden als multiplikative Verknüpfungen der drei Parameter Motiv, Anreiz und Wahrscheinlichkeit gesehen" (ebd., 2007, S. 5), woraus ein Annäherungs-Vermeidungs-Konflikt resultiert, der Leistungshandeln bestimmt. Erfolg und Misserfolg stellen in diesem Zusammenhang affektive Bewertungen des Erlebens jenes Konfliktes dar, die stark vom Anspruchsniveau und dem individuellen Leistungsvermögen abhängen. „Als motivierend werden die antizipierten Gefühle gesehen, die angesichts einer bevorstehenden Leistungssituation entstehen" (ebd., 2007, S. 8), während die gemachten Erfahrungen wiederum einen Einfluss auf das zukünftige Anspruchsniveau haben (Atkinson, 1975).

Das Konstrukt der Erfolgsfurcht ist vor allem auf Horner (1968) zurückzuführen, die jene Furchtfacette insbesondere bei Studentinnen untersuchte und nachweisen konnte. Ernst (1993) führte aus, dass die betroffenen Personen, die von jener Motivausprägung dominiert werden, vor allem die Last des Erfolges antizipieren, so dass der Erfolg selbst als Bedrohung erlebt wird. Die Betroffenen, die eine starke Furcht vor Erfolg verspüren, entwickeln u.a. negative Affekte und Erwartungen in Bezug auf Erfolg, erleben diesbezüglich innere Konflikte und hadern mit diesen, während sie vor allem die Konsequenzen, die aus möglichen Erfolgen resultieren, fürchten (Paludi, 1984).

Als vierte Facette der Leistungsmotivation formuliert Lukesch (2007) das Konstrukt der Hoffnung auf Misserfolg. Ursächlich hierfür erachtet er die mit diesem Motiv verbundene Möglichkeit, Verantwortung an andere abzugehen und sich selbst zurücklehnen zu können. Dies ist eine Haltung, die stark durch die zunehmende Erosion des Leistungsideals aufkommt (vgl. Lukesch & Peters-Häderle, 2007, S. 13). Eine ähnliche Sichtweise postulierte bereits Bock (1981) im Rahmen seiner kognitiven Theorie der Depression. Bezüglich dieser Klientel stellte er fest, dass diese sich durch irrationale Gedanken derart auszeichnen, als dass sie selektive Abstraktionen vornehmen, ein übertriebens Verantwortungsgefühl besitzen und vielerlei Zustände katastrophieren und damit insgesamt wesentliche Aspekte einer Misserfolgsorientierung zeigen.

Diese vier Motivationskomponenten sind sowohl eng mit dem Selbstkonzept einer Person als auch mit den von dieser verwendeten Kausalattribuierungen von Erfolg und Misserfolg verbunden. Es konnte gezeigt werden, dass Personen bemüht sind, in ihren Interaktionspartnern solche Rückmeldungen hervorzurufen, die auch mit ihrer Selbstsicht übereinstimmen. Demnach sind Personen mit einem positiven bzw. hohen Selbstkonzept darauf bedacht, Lob und Anerkennung zu erfahren, während ein niedriges Selbstbild Mitleid und Bedauern zu bevorzugen scheint, weil beide Strategien die eigene Selbstsicht stärken und damit nicht nur aufrecht, sondern auch internal stabil halten (Lukesch & Perters-Häderle, 2007; Swann, 1983). Darüber hinaus konnte Lukesch zeigen, dass unterschiedliche Leistungsmotive mit bestimmten Attribuierungsmustern verbunden sind, die im Falle eines hohen Erfolgsmotivs eher selbstwertdienlich und bei einer stark ausgeprägten Furcht- bzw. Misserfolgsmotiven eher selbstwertschädigend sind (vgl. Lukesch & Peters-Häderle, 2007).

Die Integration dieser theoretischen Ansätze ermöglicht es, die vier Facetten der Leistungsmotivation, im Sinne von *Hoffnung auf Erfolg*, *Furcht vor Misserfolg*, *Hoffnung auf Misserfolg* sowie *Furcht vor Erfolg* für die vier Inhaltsbereiche *Ausbildung, Beruf, Freizeit* und *Aussehen* (vgl. ebd.) zu erfassen. Darüber hinaus konnte im Rahmen der theoretischen Überlegungen und empirischen Überprüfungen „die Existenz bereichsübergreifender Motivausprägungen nachgewiesen" (ebd., S. 58) werden, die sich wiederum zusätzlich ermitteln lassen können.

Zur Erfassung dieser Aspekte werden jeweils sechs Situationen vorgegeben, in denen auf einer fünfstufigen Likert-Skala, von 1 = *trifft gar nicht zu* bis 5 = *trifft sehr zu,* Stellung bezogen werden muss (vgl. ebd., S. 58), inwieweit das einzelne Statement zutrifft, wozu „das Verfahren [...] in zwei auf Männer und Frauen abgestimmten Formen vor[liegt], deren Inhalte aber identisch blieben" (ebd., S. 58). Damit bewertet jeder Proband in sechs verschiedenen bereichsspezifischen Szenario-Situationen (Ausbildung, Beruf, Aussehen und Freizeit) und über insgesamt 96 Items deren Leistungsthematik (vgl. Beispielszenario in Abbildung 16), wodurch sich sodann die vier Motivkennwerte für Hoffnung auf Erfolg, Furcht vor Misserfolg, Furcht vor Erfolg sowie Hoffnung auf Misserfolg insgesamt, aber auch gesondert für die vier Inhaltsbereiche feststellen lassen.

Bei einer Schulung werden alle Teilnehmer in Gruppen eingeteilt und bekommen den Auftrag, gemeinsam eine Lösung für ein vorgegebenes Problem auszuarbeiten.

Wie verhalten Sie sich? 1 = trifft gar nicht zu 5 = trifft sehr zu

33. Ich behalte meine Ideen für mich, damit mich die anderen nicht für einen Angeber halten.	1	2	3	4	5
34. Ich hoffe, dass die anderen mit meinen Vorschlägen zufrieden sind, dann muss ich wenigstens nicht weiter nachdenken.	1	2	3	4	5
35. Ich arbeite gut mit, damit unsere Gruppe zu einer Lösung kommt.	1	2	3	4	5
36. Ich sage nichts, damit mich die anderen nicht für dumm halten.	1	2	3	4	5

Abb. 16: Szenario der Version für Männer des RLMI-E (Lukesch & Peters-Häderle 2007)

Infolge der durchgängigen Standardisierung des RLMI-E ist das Gütekriterium der Objektivität voll erfüllt. Ebenfalls konnte in diversen Validierungsstudien seine Gültigkeit nachgewiesen werden (vgl. Lukesch & Peters-Häderle, 2007). Die Reliabilität der Skalen der Einzelbereiche ist grundsätzlich als noch zufriedenstellend zu erachten, während die innere Konsistenz für die vier Gesamtskalen mit Alpha-Koeffizienten von .85 und .86 als gut beurteilt werden kann (vgl. ebd.).

Um die Reliabilität des RLMI-E für die vorliegende Stichprobe zu bestimmen, wurde für die Bereiche *Beruf*, *Ausbildung*, *Freizeit* und *Aussehen*, entsprechend ihrer *Hoffnungs-* und *Furcht-* sowie *Erfolg-* und *Misserfolgsausprägung*, ebenfalls die interne Konsistenz ermittelt.

Am zufriedenstellendsten fällt diese für die Skala Hoffnung auf Misserfolg im Bereich Ausbildung aus, während die der meisten anderen lediglich ausreichende bis befriedigende Werte ausweist. Die interne Konsistenz der Skala Furcht vor Erfolg im Bereich Freizeit ist am geringsten. In der nachstehenden Tabelle 38 sind die ermittelten Cronbachs Alpha Werte für die Stichprobe dargestellt.

Tab. 38: Überblick über die interne Konsistenz aller Bereiche und Subskalen des RLMI-E

	Cronbachs Alpha der 2. Hauptuntersuchung			
Skala **Bereich**	**Hoffnung auf Erfolg**	**Furcht vor Misserfolg**	**Hoffnung auf Misserfolg**	**Furcht vor Erfolg**
Beruf	.56 (n = 240)	.54 (n = 240)	.58 (n = 240)	.68 (n = 240)
Ausbildung	.64 (n =241)	.66 (n = 240)	.78 (n = 240)	.73 (n = 240)
Freizeit	.65 (n = 240)	.59 (n = 240)	.57 (n = 240)	.50 (n = 240)
Aussehen	.66 (n = 240)	.66 (n = 239)	.65 (n = 239)	.60 (n = 239)

Im Folgenden wurde nicht zuletzt wegen der teilweise doch für Fragebögen recht geringen internen Konsistenz, sondern auch ob der im Theorieteil dieser Arbeit vorgenommenen Ausführungen und Reflexion sowie der entsprechenden Hinweise des Test-Manuals, auf die Differenzierung in die vier Bereiche des RLMI-E weitestgehend verzichtet, so dass die Reliabilität nunmehr erneut für die Gesamtskalen *Hoffnung auf Erfolg*, *Furcht vor Misserfolg*, *Hoffnung auf Misserfolg* und *Furcht vor Erfolg* ermittelt worden ist. Diese weist insgesamt gute interne Konsistenzen, die der Tabelle 39 zu entnehmen sind, auf.

Tab. 39: Interne Konsistenz der Gesamtskalen des RLMIE (n = 239)

Gesamtskala	Cronbachs Alpha der 2. Hauptuntersuchung
Hoffnung auf Erfolg	.86
Furcht vor Misserfolg	.87
Hoffnung auf Misserfolg	.88
Furcht vor Erfolg	.87

5.3.2 Der Thematische Apperzeptionstest (TAT)

Mittels der Version des Thematischen Apperzeptionstests (TAT) nach Heckhausen (Heckhausen, 1963) zur Erhebung der Leistungsmotivation lässt sich diese, ausdifferenziert in ihre Facetten der Erfolgshoffnung sowie Misserfolgsfurcht, in ihrer impliziten Dimensionsausprägung erheben.

Seinen Ursprung findet dieses projektive Messverfahren zur Persönlichkeitsdiagnostik bei Morgan und Murray (1935), die von der Annahme ausgingen, dass grundlegende psychodynamische Prozesse, insbesondere ihre affektiven Komponenten, nicht bewusst repräsentiert würden und unverfälscht lediglich dann erfasst werden könnten, wenn sie nicht durch Selbstdarstellungstendenzen verzerrt würden, weshalb sie einen Umweg über die Fantasiegeschichten der Probanden wählte, die diese zu einer Serie vielfältiger und mehrdeutiger Bilder zu verfassen hatten.

In diesem Zusammenhang erwarteten Morgan und Murray, dass sich die einzelnen Personen zwar ihrer momentanen Bedürfnislage nicht bewusst seien, diese allerdings in den Geschichten zu Tage tritt, die zur Interpretation sozialer Situation verfasst wurden, so dass darüber indirekt Rückschlüsse auf die implizite Motivstruktur gezogen werden kann (vgl. Revers, 1979, S. 21). Demnach ist die Möglichkeit der Aufdeckung gegeben, welche Motivation den Probanden dominiert, welche Haltungen und Einstellungen ihn leiten und vor allem welche prägenden Einflüsse der Umwelt auf ihn einwirken, wie er diese erlebt und sich mit ihnen auseinandersetzt (vgl. ebd., S. 30f).

Von dieser Konzeption ausgehend versuchte die Forschungsgruppe um McClelland, Atkinson und später auch Heckhausen explizit eine Theorie der menschlichen Leistungsmotivation zu entwerfen, so dass ein motivspezifisches Apperzeptionsverfahren samt eines eigenen Auswertungssystems für das Achievement-Motiv entwickelt werden konnte (vgl. ebd., S. 32f).

Die in der Studie verwendete Version des TAT von Heckhausen besteht aus 6 Bildern mit verschiedenen Leistungssituationen aus Alltag, Schule und Beruf, die entsprechend ihrer erfolgs- und misserfolgsevozierenden Wirkung in alternierender Reihenfolge dargeboten wurden.

„Um ‚Hoffnung auf Erfolg' und ‚Furcht vor Mißerfolg' unabhängig und doch anhand der gleichen Gedankenstichprobe messen zu können, muß [...] beiden Motivtendenzen [...] die gleiche Chance gegeben werden, sich in den erzählten Phantasiegeschichten niederzuschlagen. [Die] Motivanregung wird im wesentlichen durch die vorgelegten Bilder" (Heckhausen, 1963, S. 49) bestimmt, so dass jeweils drei eher positive (siehe Abbildung 17) und drei eher negative Leistungssituationen (siehe Abbildung 28) dargeboten wurden.

Abb. 17: Bildtafel Á des TAT. Bildquelle: Heckhausen (1963)

Abb. 18: Bildtafel D des TAT. Bildquelle: Heckhausen (1963)

In Anlehnung an die Formulierung Revers (1979, S. 41) wurde die Instruktion laut Verwendungshandbuch gegeben, allerdings ersetzten die Versuchsleiter jeweils das Wort „Test" durch das Synonym „Verfahren" und anstelle der Aufforderung, eine „möglichst dramatische Geschichte zu erzählen", reduzierte man die Anweisung darauf, eine „möglichst fantasievolle Geschichte" niederzuschreiben. Eingangs wurden jeweils die verwendeten Bildtafeln immer für 20 Sekunden mittels eines Overhead-Projektors dargeboten, bevor die Probanden 5 Minuten Zeit hatten, ihre Texte zu verfassen. Um die Gestaltung der Geschichten zu erleichtern, waren auf den sechs Antwortblättern die vier Hauptfragen des TAT räumlich verteilt abgedruckt und zu beantworten, nämlich: „Was geschieht bzw. passiert auf dem Bild?", „Wie ist es zu der Situation gekommen?", „Was denken, fühlen und wollen die Personen?" sowie „Wie wird die Geschichte ausgehen?" (vgl. Heckhausen, 1963, S. 33f).

Die Berechnung der Cronbachs Alpha Werte erfolgte zur Bestimmung der Reliabilität der beiden Hauptskalen *Hoffnung auf Erfolg* und *Furcht vor Misserfolg* des TAT. In diesem Zusammenhang werden zwei Werte ausgewiesen, zum einen handelt es sich jeweils um die sechs bzw. sieben Subkategorien ohne die artifiziellen Verrechnungskategorien (Miss-) Erfolgsthema, zum anderen werden diese mit in die Bestimmung der internen Konsistenz aufgenommen, weil jene im Rahmen der Signierung auch zu berücksichtigen waren. Wie Tabelle 40 zu entnehmen ist, fallen die gefundenen Kennwerte für beide Skalen relativ befriedigend aus.

Tab. 40: Interne Konsistenz der Hauptskalen des TAT (n = 242)

	Cronbachs Alpha der 2. Hauptuntersuchung	
Skala	ohne Th/Thm	mit Th/Thm
Hoffnung auf Erfolg	.58	.68
Furcht vor Misserfolg	.62	.69

Anmerkung: Th = Erfolgsthema, Thm = Misserfolgsthema

Die Signierung der TAT-Geschichten erfolgte gemäß des „Inhaltsschlüssel[s] zur Erhebung von ‚Hoffnung auf Erfolg' und ‚Furcht vor Misserfolg' " (Heckhausen, 1963, S. 283-302) und sah sich den folgenden, „Allgemeinen Grundsätzen" (ebd., S. 283ff) verpflichtet.

Die Grundbedingung, dass eine Geschichte überhaupt verrechnet wird, ist das Vorliegen eines „leistungsbezogenen Handlungsverlaufes", so dass jede Kategorie beider Inhaltsschlüssel nur berücksichtigt wird, wenn die „betreffende Aussage leistungsbezogen bzw. in einen leistungsbezogenen Handlungsverlauf eingebettet ist" (ebd., S. 283), sich die geschilderten Tätigkeiten, Gedanken, Gefühle und Zielsetzungen also auf den Themenkomplex „Arbeit, Leistung und Beruf" (ebd.) beziehen. Ist der Handlungsverlauf einer Geschichte in den Kontext Beruf und/oder Schule eingebettet, „wird [zudem] ein leistungsbezogener Handlungsverlauf angenommen" (ebd.). Eine Ausnahme hiervon bilden allerdings die Tätigkeiten und Bedürfnisse von Lehrenden oder Begutachtenden in Unterweisungs- und Begutachtungs-situationen, da sich diese aus dem „typischen Sozialbezug" (ebd., S. 284) ergeben. Ebenfalls als nicht leistungsbezogen werden alle „Fälle von Pfuschen, Fälschungen und Täuschungen" (ebd.) erachtet. Wahrscheinliche und/oder Alternativaussagen werden „wie definitive Feststellungen behandelt und verrechnet" (ebd.), sofern sie in der Folge nicht zurückgenommen werden. Damit bestimmte Aussagen nicht doppelt oder mehrfach verrechnet werden, gibt es diesbezügliche Sonderregelungen (vgl. ebd., S. 284f), die bei den entsprechenden Einzelkategorien aufgeführt und dementsprechend zu berücksichtigen sind. Grundsätzlich müssen die Aussagen, um im Rahmen der Signierung Berücksichtigung zu finden, Gedanken, Gefühle und Verbalisierungen der Protagonisten darstellen, zudem kann jede Kategorie beider Inhaltsschlüssel nur einmal pro Geschichte verrechnet werden (vgl. ebd., S. 285).

Der Inhaltsschlüssel für „Hoffnung auf Erfolg" (HE), in seine sechs Kategorien ausdifferenziert, soll ebenfalls nur in äußerster Kürze und seinen allgemeinen Richtlinien wiedergegeben werden.

1. Das „Bedürfnis nach Leistung und Erfolg" (B) wird verrechnet, „wenn eine Person der Geschichte sich selbst ein positiv formuliertes Leistungs- bzw. Arbeitsziel setzt oder sich dazu angetrieben fühlt" (ebd., S. 287).
2. Die „Instrumentale Tätigkeit" (I) wird signiert, „wenn jemand [...] innerhalb einer [Leistungs- bzw.] Arbeitssituation [...] „selber etwas tut, etwas getan hat oder tun wird" (ebd., S. 289). Hiervon ausgenommen sind alle Tätigkeiten, die abgeschlossen werden, die Güte einer Arbeit feststellen, Hilfe und Belehrung implizieren oder lediglich Bagatellen darstellen (vgl. ebd., S. 289f).
3. Die Kategorie „Erfolgserwartung" (E) findet Berücksichtigung, wenn es eine Person erwartet, innerhalb eines leistungsbezogenen Handlungsverlaufes ein Ziel zu erreichen. Diese Zielrealisierung muss klar positiv formuliert sein, darf auch von einer Person für eine andere gehegt werden und muss von inneren und/oder äußeren Bedingungen losgelöst sein (vgl. ebd., S. 290).

4. „Lob“ (L) wird verrechnet, wenn ein Akteur der Geschichte offen von jemandem gelobt, ausgezeichnet oder materiell belohnt wird, „weil er gut gearbeitet oder eine gute Leistung vollbracht hat“ (ebd., S. 291). Berücksichtigung findet hierbei auch die Feststellung der Güte einer Tätigkeit oder aber auch nur die Möglichkeit eines Lobes (vgl. ebd.).

5. Ein „Positiver Gefühlszustand“ (G+) wird signiert, wenn sich jener „allgemein auf eine Arbeit, auf tätige Begeisterung, auf Leistung, auf Zielerreichung oder Erfolg“ (ebd., S. 291) bezieht, oder aber ein gehobenes Selbstwertgefühl sowie „positive Gefühlszustände wegen der guten Leistung oder des Erfolgs einer anderen Person“ (ebd., S. 292) empfunden werden.

6. Das „Erfolgsthema“ (Th) ist eine reine Gewichtungskategorie, die verrechnet wird, wenn an Erfolgskategorien mindestens B oder E gegeben ist und an Misserfolgskategorien keine außer G- und Em vorliegen. In jenen Fällen kann davon ausgegangen werden, dass die „Hoffnung auf Erfolg“ in der Geschichte dominiert (vgl. ebd., S. 292).

Der Inhaltsschlüssel für die sieben Kategorien „Furcht vor Misserfolg“ (FM) umfasst grundsätzlich die komplementären Kategorien der zuvor ausgeführten Hoffnungsbereiche und soll ebenfalls auf seine zentralen Verrechnungskategorien und sowie Richtlinien reduziert dargestellt werden.

1. Das „Bedürfnis nach Mißerfolgsmeidung“ (Bm) wird verrechnet, „wenn das Bedürfnis, die Absicht, der Wunsch oder die Hoffnung, Mißerfolg innerhalb eines eigenen leistungsbezogenen Handlungsverlaufs zu meiden, offen ausgesagt wird oder [...] erschlossen werden kann“ (ebd., S. 293).

2. Die Kategorie „Instrumentelle Tätigkeit, um Mißerfolg zu meiden“ (Im), wird signiert, wenn jemand einem selbstverursachten negativen Ausgang oder den mit diesem verbundenen Konsequenzen aus dem Wege zu gehen versucht (vgl. ebd., S 295), oder Kontrollen und Überprüfungen der eigenen Arbeit durchführt, um Misserfolge zu vermeiden (vgl. ebd.).

3. „Mißerfolgserwartung“ (Em) wird erfasst, wenn Zweifel geäußert werden, ein Ziel zu erreichen, oder aber die Erwartung gegeben ist, Misserfolg zu haben (vgl. ebd., S. 297). Diese Misserfolgserwartungen können auch für andere Personen gehegt werden.

4. Als „Tadel“ (T) wird jede Form der offen verbalisierten Kritik oder Bestrafung verstanden und signiert, die sich auf „Mängel in einem leistungsbezogenen Handlungsverlauf [...] bzw. auf einen Mißerfolg“ (ebd., S. 298) bezieht.

5. Die Kategorie „Negativer Gefühlszustand“ (G-) ist gegeben und wird verrechnet, wenn sich jener Zustand entweder auf einen Misserfolg, das Steckenbleiben in einem Handlungsverlauf oder aber ganz allgemein auf die

Themenkomplexe Arbeit und Leistung beziehen, wozu u. a. auch Selbstvorwürfe zählen (vgl. ebd., S. 299).

6. Ein „Mißerfolg“ (M) wird signiert, wenn eine Arbeits- oder Leistungssituation mit einem Misserfolg endet oder dieser möglich ist bzw. im Laufe der Geschichte erwähnt wird und nicht aus eigner Kraft oder durch Inanspruchnahme der Hilfe anderer behoben werden kann (vgl. ebd., S. 300f).

7. Wird eine Geschichte von der „Furcht vor Misserfolg“ dominiert, ist das „Mißerfolgsthema“ (Thm) zu verrechnen. Diese Gewichtungskategorie liegt vor, wenn an Misserfolgskategorien Bm oder M gegeben sind und an Erfolgskategorien nichts außer I signiert wurde (vgl. ebd., S. 302).

Bei der Signierung der Geschichten wurde sich grundsätzlich zu jeder Zeit streng an Heckhausens Inhaltsschlüssel zur TAT- Auswertung orientiert und intensiv mit dem „Übungskurs zur Einarbeitung in die inhaltsanalytische Auswertung“ (Heckhausen, 1963, S. 303-365) befasst. Die verrechnenden Experten einigten sich allerdings auf folgende Modifikationen bzw. Abweichungen, da die Geschichten selbst jenes Vorgehen sinnstiftend erscheinen ließen.

Als „Bedürfnis nach Leistung und Erfolg“ (B) wurde ebenfalls erfasst, wenn ein Lernender des Lernens selbst wegen lernt bzw. sich Arbeit oder Bildung selbst als inhaltliches Ziel setzt oder ein Lehrender seine Erfüllung im Lehr- und Bildungsprozess selbst erachtet bzw. empfindet. Dies entspricht der eingangs dargelegten Bildungstheorie sowie der u. a. daraus abgeleiteten experimentellen Beeinflussung, die das Priming zu evozieren im Stande sein soll. Die Kategorie „Erfolgserwartung“ (E) wird auch signiert, wenn es sich lediglich um den Kommentar des Erzählers handelt, sich dessen Äußerungen allerdings unmissverständlich auf den literarischen Protagonisten beziehen bzw. für diesen gehegt werden. Positiver und negativer Gefühlszustand (G+/-), aber auch Lob (L) und Tadel (T) werden ebenfalls signiert, wenn durch den Kontext eindeutig erschließbar ist bzw. wird, dass sie sich unmissverständlich auf einen leistungsbezogenen Handlungsverlauf oder die Themenkomplexe „Arbeit“ oder „Leistung“ beziehen und kein privates oder alternatives Thema genannt wird. Dies widerspricht nicht dem Inhaltsschlüssel Heckhausens, wird allerdings nicht explizit in den Signierungsgrundsätzen erwähnt, sondern lässt sich aus Beispielen des Übungskurses erschließen.

Damit eine hohe Auswertungszuverlässigkeit gewonnen werden konnte, wurde nicht nur der Kurs gemäß seiner Empfehlungen und Vorgaben absolviert, zusätzlich wurde die intensive und persönliche Anleitung eines Experten in Anspruch genommen, mit dem zu vier Terminen im Abstand von jeweils einer Woche zweimal 8 und zweimal 16 Geschichten parallel signiert und miteinander verglichen sowie diskutiert wurden. Hierbei handelte es sich primär um die im Rahmen der Voruntersuchung gewonnenen Geschichten. Diese dialogisch-kooperative Zusammenarbeit führte schlussendlich zu den gerade ausgeführten und vorgenommenen Modifikationen bzw. Erweiterungen des eigentlichen Auswertungsschlüssels, mittels dessen Hilfe nicht nur sämtliche Geschichten der Hauptuntersuchung selbst, sondern ebenfalls die zur Bestimmung der Auswertungsobjektivität und Inter-Rater-Reliabilität signiert und verrechnet wurden. Die Übereinstimmungen bewegten sich in der Größenordnung von Rho = .88 bis Rho = 1.00.

5.4 Experimentelles Design und Durchführung der Studie 2

Bei der zweiten Studie handelte es sich um ein Kontrollgruppendesign im realen berufsschulischen Kontext, in dem die Wirkung eines Motivations-Primings auf die implizite und explizite Leistungsmotivation getestet wurde. Insgesamt waren dadurch zwei mal zwei experimentelle Bedingungen gegeben, (1) die Setzung eines Primings (Experimentalgruppe) oder (2) keine experimentelle Manipulation (Kontrollgruppe) sowie die Testbearbeitungsreihenfolge der eingesetzten Verfahren (A) TAT und (B) RLMIE als in between-Faktoren, je nachdem, welcher Test zuerst bearbeitet wurde.

Die Abkürzungen (EX) und (KG) werden zur Unterscheidung, ob ein Motivations-Priming gesetzt wurde oder nicht, verwendet. Darüber hinaus ist die zeitliche Bearbeitungsabfolge der Verfahren variiert worden, weshalb jeweils nur noch der Test ausgewiesen wird, mit dessen Bearbeitung in der betrachteten Gruppe begonnen wurde. Das experimentelle Design ist in Tabelle 41 dargestellt:

Tab. 41: Experimentelles Design der 2. Studie

	Experimental-gruppe	**Kontroll-gruppe**
Bedingungen:	Priming	kein Priming
Bearbeitung: TAT (→ RLMI-E)	1 A	2 A
Bearbeitung: RLMI-E (→ TAT)	1 B	2 B

Die Versuchspersonen, die bereits bei der ersten Testung zugegen waren und von denen die Werte der SELLMO sowie die des MMG vorliegen, wurden gemäß ihrer Rohwerte der Skala *Lernziel* parallelisiert und den vier Bedingungen zugewiesen, damit bezüglich dieser Merkmalsausprägung homogene Gruppen gegeben sind. Da explizit in Bezug auf die Gruppe der als Benachteiligte bezeichneten Schüler mit einem starken Ausschuss – infolge der teilweise hohen Fehlzeiten, nicht vorliegender Einverständniserklärungen, seit der ersten Erhebung vorgenommener Ein- oder Ausschulung etc. – gerechnet werden muss, wurde eine Liste erstellt, die sämtliche Codes sowie die diesen zugeordneten Rohwerte der Lernzielskala enthält.

Die Klassen wurden am Testungstag durch den sie eigentlich unterrichtenden Fachlehrer zu den Klassenräumen begleitet, in denen die Experimente stattfanden. Eine halbe Stunde vor diesen trafen die Jugendlichen dort ein, so dass die Parallelisierung und Raumzuweisung auf jener Grundlage erfolgen konnte. Neuzugänge wurden per Zufall bzw. Losung den vier Bedingungen zugeteilt.

Die Parallelisierung der Probanden erfolgte über ihre Lernzielkennwerte, weil dieses Konstrukt – wie bereits im theoretischen Teil dieser Arbeit ausführlich erörtert und reflektiert wurde – zum einen insgesamt bedeutsame Implikationen für mannigfache Facetten des schulischen Lernens impliziert und zum anderen enge Beziehungen zur allgemeinen Leistungsmotivation sowie im Speziellen zu den Skalen der Erfolgshoffnung aufweist.

Um die tatsächliche Homogenität der Gruppen überprüfen zu können, ist eine univariate Varianzanalyse durchgeführt worden, in der als abhängige Variable die Rohwerte der Skala *Lernziel* eingingen und als unabhängige Variablen die vier experimentellen Bedingungen aufgenommen wurden. Entsprechend der weiteren Verwertung der Daten musste jenes Prozedere zum einen für die Gesamtstichprobe durchgeführt werden, zum anderen war darüber hinaus eine Differenzierung, getrennt nach den Gruppen Gymnasiasten und Benachteiligte, vorzunehmen.

Die Analyse zeigt, dass weder bei den Gymnasiasten ($F(3;44) = .12$; $p = .95$; $Eta^2 = .01$) noch bei den Benachteiligten ($F(3;124) = .97$; $p = .41$; $Eta^2 = .02$) und auch nicht innerhalb der Gesamtstichprobe ($F(3;172) = .73$; $p = .54$; $Eta^2 = .01$) signifikante Unterschiede bezüglich des Motivparameters *Lernziel* zwischen den vier experimentellen Bedingungen bzw. Gruppen gegeben waren und diese daher als homogen angesehen werden können. Tabelle 42 weist die Werte detailliert aus.

Tab. 42: Mittelwerte, Standardabweichungen und Stichprobengröße differenziert nach Gruppenzugehörigkeit und experimentelle Bedingungen (n = 176)

Bedingungen	Lernziel (SELLMO)					
	Gymnasiasten		Benachteiligte		Gesamtstichprobe	
	M (SD)	n	M (SD)	n	M (SD)	n
Gruppe 1 EX und TAT	34.92 (3.55)	13	31.50 (4.91)	34	32.45 (4.79)	47
Gruppe 1 EX und RLMI-E	34.33 (2.99)	12	32.38 (4.82)	29	32.95 (4.42)	41
Gruppe 2 KG und TAT	34.82 (3.34)	11	30.00 (6.33)	29	31.33 (6.03)	40
Gruppe 2 KG und RLMI-E	34.79 (3.10)	12	30.89 (5.89)	36	31.94 (5.57)	48

Anmerkung: EX = Experimentalgruppe (Priming) und KG = Kontrollgruppe (kein Priming); das genannte Verfahren, entweder TAT oder RLMI-E, verdeutlicht, mit der Bearbeitung welchen Tests begonnen wurde

Die Durchführung der 2. Studie ereignete sich ca. einen Monat nach der 1. Erhebung, diesmal allerdings an drei aufeinander folgenden Mittwochen, jeweils für den ersten Testungsdurchgang in der Zeit von 08.00 Uhr bis 9.30 Uhr sowie für den zweiten in der Zeit von 9.30 Uhr bis 11.00 Uhr. In der ersten Woche wurde erneut die Untersuchung mit den Schülern der gymnasialen Oberstufe begonnen, zeitlich fanden die einander komplementären Bedingungen statt – entweder wurde demnach immer erst die Experimental- oder die Kontrollgruppe getestet, zusätzlich wechselten die beiden Versuchsleiter bezüglich der experimentellen Bedingungen, so dass diese in der einen Erhebung entweder das Priming setzten oder aber in der anderen nicht und jeweils mit einer der beiden Formen der Testbearbeitungsreihenfolge konfrontiert waren, um möglichen Routine- und vor allem Konfundierungseffekten entgegenzuwirken. In der zweiten und dritten Woche erfolgte die Testung der Benachteiligten.

Die Schüler wurden aufgefordert, ihren Code erneut zu generieren und auf einem Zettel zu fixieren, damit sie anschließend anonymisiert über eine Liste mit den parallelisierten Lernzielrohwerten den Bedingungen zugeteilt werden konnten.

Diejenigen, die nicht im Rahmen der ersten Testung zugegen gewesen sind, wurden den Bedingungen via Zufall per Los zugewiesen. Räumlich waren einander identische und sich gegenüberliegende Klassenzimmer reserviert, die über dieselbe Ausstattung verfügten und für das Experiment einen

Tag zuvor derart vorbereitet wurden, dass jeder Schüler einen Sitzplatz bekam und in ausreichender Entfernung von seinem Nachbar positioniert war, damit keine störenden Zwischengespräche stattfinden konnten.

Im Rahmen der Testung der Experimentalgruppen wurden die Schüler begrüßt und kurz über die Erhebung informiert (siehe Anlage 3). Anschließend musste der individuelle Code neben den weiteren biografischen Angaben erneut auf dem Deckblatt festgehalten werden, bevor die Instruktionen (laut Manual) des zu bearbeitenden Tests vorgelesen wurden.

Die Probanden wurden dann gebeten, eine für sie entspannte Haltung auf dem Stuhl einzunehmen, die Augen zu schließen und aufmerksam der anschließend vorgetragenen Kurzgeschichte (dem Priming) zuzuhören. Im Anschluss an diese wurde direkt mit der Bearbeitung des jeweils ersten Tests begonnen. Das Priming wurde den Instruktionen nachgestellt, damit dessen Wirkung nicht bereits durch die Anweisungen beeinflusst bzw. beeinträchtigt wird. Nach einer kurzen Pause wurde dann mit den Instruktionen und der Bearbeitung des zweiten Tests fortgefahren. Das Prozedere für die Kontrollgruppen war identisch, allerdings wurde bei diesen kein Priming vor- bzw. zwischengeschaltet.

Die Auswertung des RLMI-E geschah ähnlich wie bei den zuvor eingesetzten Verfahren mittels Schablone und Profilbogen übersichtlich und standardisiert. Sehr aufwändig war allerdings die Auswertung des TAT.

In einem ersten Schritt galt es sämtliche Geschichten der Probanden – lediglich unter Hinzufügung des individuellen Codes – in ein Worddokument zu übernehmen. In diesem Zusammenhang wurden Fehler in der Orthografie und Interpunktion bereinigt, grammatikalische, syntaktische und stilistische Fehler, Jugendjargon sowie umgangssprachliche Formulierungen sind allerdings beibehalten worden, damit es zu keiner Veränderung des Sinnes der einzelnen Geschichten kam.

Anschließend erfolgte die Signierung der Schülerprodukte. Nach der Auswertung und Datenfixierung wurden alle Tests und Protokolle, die jeweils den identischen Schülercode auswiesen, einander zugeordnet, zusammengeheftet und archiviert.

5.5 Befunddarstellung der Studie 2

In der zweiten Studie galt es vornehmlich varianz- und regressionsanalytisch zu erforschen, welchen Einfluss bestimmte individuelle, schulische und familiäre Faktoren der Jugendlichen neben den beiden experimentellen Bedingungen *Testbearbeitungsreihenfolge* und vor allem der Setzung eines *Motivations-Primings* auf die implizite und explizite Leistungsmotivation (5.5.1 und 5.5.2) haben. Zusätzlich soll jenes Vorgehen entsprechend der theoretischen Reflexion im Rahmen dieser Schrift differenziert nach der Gruppenzugehörigkeit *Gymnasiasten* versus *Benachteiligte* (5.5.3) erfolgen.

5.5.1 Motivations-Priming und implizite Leistungsmotivation

Die Durchführung des TAT bereitete weder den Versuchsleitern noch den Probanden der Hauptuntersuchung Probleme. Die (subjektiv und objektiv gegebenen) Bedingungen wurden im Rahmen der Instruktion, der Gruppentestungen als solchen sowie bezüglich der Auswertung jeweils konstant gehalten. Teilweise galt es auf Nachfragen der Schüler derart zu intervenieren, dass durch die Versuchsleiter klargestellt wurde, dass mit dem Verfahren eine gewisse Unschärfe bzw. Mehrdeutigkeit der Bildsituationen intendiert ist, da genau diese Raum für die Entfaltung ihrer Kreativität bietet.

Korrelationsstatistisch wurde in einem ersten Schritt überprüft, inwieweit zum einen Übereinstimmung zwischen der Beurteilung zweier voneinander unabhängiger Rater sowie zum anderen eines Raters zu zwei verschiedenen Beurteilungszeitpunkten – in Bezug auf die Signierung und damit Bewertung der Subkategorien bzw. Gesamtskalen des TAT (*Hoffnung auf Erfolg* und *Furcht vor Misserfolg*) – gegeben war. Per Zufall wurden für diesen Zweck aus jeder Gruppe bzw. Bedingung Geschichten ausgewählt, so dass jenes Vorgehen an insgesamt 20 Schülerschriftstücken praktiziert worden ist.

Es zeigten sich durchgängig hoch signifikante positive Korrelationen zwischen den Beurteilungen der beiden Rater im Hinblick auf die sechs Subkategorien der TAT-Skala *Hoffnung auf Erfolg*. In Tabelle 43 sind die gefundenen Beziehungen dargestellt.

Tab. 43: Rangkorrelationen der Rater 1 und 2 bezüglich ihrer Signierung der TAT-Subskalen der Kategorie *Hoffnung auf Erfolg* (n = 20)

	Subkategorien *Hoffnung auf Erfolg*					
Kategorie	**B**	**I**	**E**	**G+**	**L**	**Th**
$r_{rater1 * rater2}$	.94**	.98**	1.00**	.91**	1.00**	.94**

** = p < .01; Anmerkung: B = Bedürfnis nach Leistung und Erfolg, I = instrumentelle Tätigkeit, E = Erfolgserwartung, G+ = positiver Gefühlszustand, L = Lob, Th = Erfolgsthema

Gleiches gilt für die sieben Subkategorien der TAT-Skala *Furcht vor Misserfolg*. Jene Beziehungen sind in Tabelle 44 abgebildet.

Tab. 44: Rangkorrelationen der Rater 1 und 2 bezüglich ihrer Signierung der TAT-Subskalen der Kategorie *Furcht vor Misserfolg* (n = 20)

	Subkategorien *Furcht vor Misserfolg*						
Kategorie	**Bm**	**Im**	**Em**	**G-**	**T**	**M**	**Thm**
$r_{rater\ 1 * rater\ 2}$	1.00**	.93**	.88**	.98**	1.00**	.90**	.90**

** = p < .01; Anmerkung: Bm = Bedürfnis nach Mißerfolgsmeidung, Im = instrumentelle Tätigkeit, um Mißerfolg zu meiden, Em = Mißerfolgserwartung, G- = negativer Gefühlszustand, T = Tadel, M = Mißerfolg, Thm = Mißerfolgsthema

Ebenfalls die Beurteilungen eines Raters zu zwei verschiedenen Messzeitpunkten (Intervall von 4 Wochen) wiesen durchgängig hoch signifikante positive Korrelationen für die sechs Subkategorien der TAT-Gesamtskala *Hoffnung auf Erfolg* (siehe Tabelle 45) sowie die jeweiligen Subkategorien der Gesamtskala *Furcht vor Misserfolg* (vergleiche Tabelle 46) auf.

Tab. 45: Rangkorrelationen der Signierungen des Raters 1 zu den Messzeitpunkten t1 und t2 bezüglich der TAT-Subskalen der Kategorie *Hoffnung auf Erfolg* (n = 20)

	Subkategorien *Hoffnung auf Erfolg*					
Kategorie	**B**	**I**	**E**	**G+**	**L**	**Th**
$r_{rater\ 1\ (t1 * t2)}$	1.00**	.94**	1.00**	.94**	1.00**	.95**

** = p < .01; Anmerkung: B = Bedürfnis nach Leistung und Erfolg, I = Instrumentelle Tätigkeit, E = Erfolgserwartung, G+ = positiver Gefühlszustand, L = Lob, Th = Erfolgsthema

Tab. 46: Rangkorrelationen der Signierungen des Raters 1 zu den Messzeitpunkten t1 und t2 bezüglich der TAT-Subskalen der Kategorie *Furcht vor Misserfolg* (n = 20)

	Subkategorien *Furcht vor Misserfolg*						
Kategorie	**Bm**	**Im**	**Em**	**G-**	**T**	**M**	**Thm**
$r_{rater\ 1\ (t1 * t2)}$	1.00**	.90**	.92**	.96**	1.00**	.91**	.95**

** = p < .01; Anmerkung: Bm = Bedürfnis nach Mißerfolgsmeidung, Im = instrumentelle Tätigkeit, um Mißerfolg zu meiden, Em = Mißerfolgserwartung, G- = negativer Gefühlszustand, T = Tadel, M = Misserfolg, Thm = Misserfolgsthema

In den Hypothesen wird begründet angenommen, dass die experimentellen Bedingungen einen Einfluss auf die implizite (Leistungs-) Motivationsausprägung haben. Zur Überprüfung dessen gehen deshalb die Bedingungen *Priming* und *Testbearbeitungsreihenfolge* als unabhängige Variablen in eine multivariate Varianzanalyse – mit den abhängigen Variablen des TAT, *Hoffnung auf Erfolg, Furcht vor Misserfolg* sowie *Gesamtzahl verwendeter Wörter* zur Geschichtenverfassung – ein.

Es zeigt sich sowohl ein hoch signifikanter Haupteffekt für die Bedingung des *Primings* (Pillai-Spur = .12; F(3;236) = 10.51; p < .01; Eta² = .12) als auch ein bedeutsamer Effekt für die der *Testbearbeitungsreihenfolge* (Pillai-Spur = .03; F (3;236) = 2.73; p < .05; Eta² = .03). Eine signifikante Interaktion konnte nicht festgestellt werden (Pillai-Spur = .02; F(3;236) = 1.68; p = .17; Eta² = .02).

Bei der Auswertung der Einzeleffekte wird deutlich, dass sich der Haupteffekt des *Primings* zum einen in der Variable *Hoffnung auf Erfolg* (F(1;238) = 17.72; p < .01; Eta² = .07) und zum anderen in der Variable *Gesamtzahl verwendeter Wörter* (F(1;238) = 25.38; p < .01; Eta² = .10) manifestiert. In Bezug auf die Variable *Furcht vor Misserfolg* ergab sich im Rahmen dieser Bedingung kein signifikanter Effekt (F(1;238) = 2.02; p = .16; Eta² = .01).

Beide Experimentalgruppen hatten die höchsten Werte der Erfolgshoffnung und produzierten im Rahmen der Geschichtenverfassung die meisten Wörter.

Die sich anschließende Einzeleffektanalyse des Haupteffektes *Testbearbeitungsreihenfolge* zeigte, dass dieser primär auf die Variable *Hoffnung auf Erfolg* (F (1;238) = 6.94; p < .01; Eta² = .03) zurückzuführen ist. Während die mit der Bearbeitung des TAT begonnene Experimentalgruppe die stärkste Erfolgshoffnung implizierte, ist diese bei der Kontrollgruppe, die den RLMI-E zuerst absolvierte, am geringsten.

Weitere signifikante Effekte ergaben sich in diesem Zusammenhang nicht, weder für die Variable *Furcht vor Misserfolg* (F(1;238) = .00; p = .95; Eta² = .00) noch für die *Gesamtzahl verwendeter Wörter* (F(1;238) = 1.50; p = .22; Eta² = .01) zur Geschichtenabfassung. Die Einzelwerte sind in Tabelle 47 aufgelistet, die grafische Darstellung jener Hauptergebnisses erfolgt in den Abbildungen 19 und 20.

Tab. 47: Mittelwerte und Standardabweichungen der TAT-Skalen sowie der Gesamtzahl verwendeter Wörter in Abhängigkeit von den experimentellen Bedingungen (n = 242)

			Hoffnung auf Erfolg	Furcht vor Misserfolg	Gesamtwortzahl
Bedingung 1	**Bedingung 2**	n	M (SD)	M (SD)	M (SD)
Experimentalgruppe	**TAT**	63	6.43 (3.43)	3.62 (3.01)	276.51 (118.19)
	RLMI-E	58	5.10 (3.09)	3.88 (3.07)	280.52 (149.70)
Kontrollgruppe	**TAT**	61	4.48 (2.87)	3.33 (2.70)	221.70 (103.39)
	RLMI-E	60	3.70 (2.96)	3.12 (2.74)	179.98 (103.71)

Anmerkung: Bedingung 1 = Priming (Experimentalgruppe) bzw. kein Priming (Kontrollgruppe) und Bedingung 2 = Testbearbeitungsreihenfolge (angeführt ist jeweils der Test, mit dessen Bearbeitung begonnen wurde)

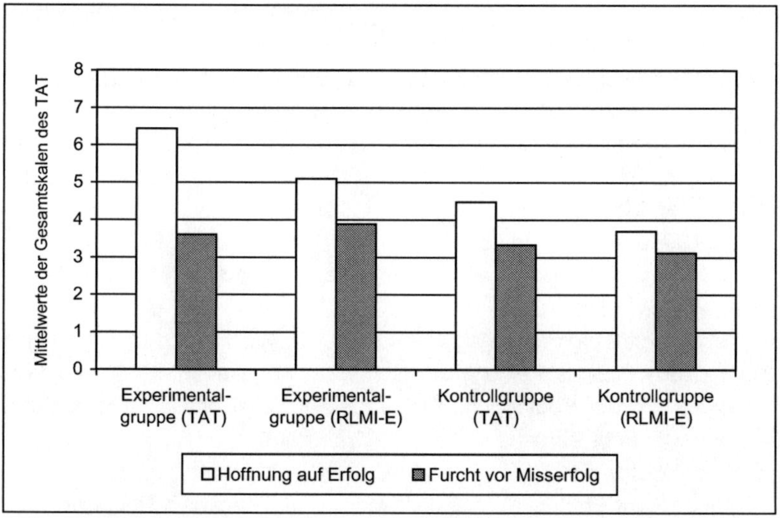

Abb. 19: *Hoffnung auf Erfolg* und *Furcht vor Misserfolg* (TAT) in Abhängigkeit von den experimentellen Bedingungen *Priming* und *Testbearbeitungsreihenfolge*

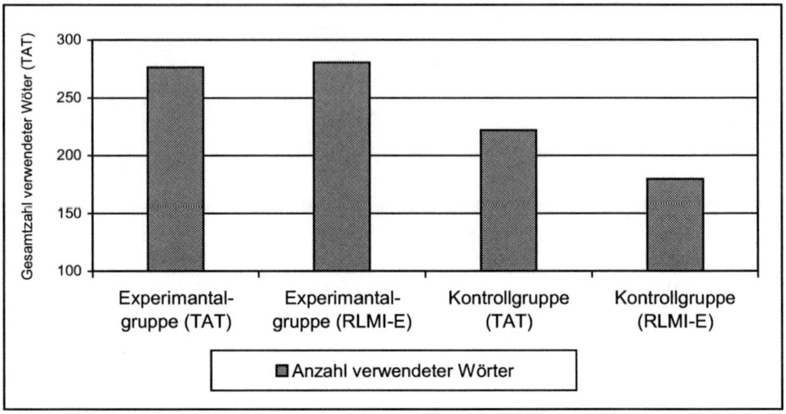

Abb. 20: Anzahl verwendeter Wörter bei Verfassung der TAT-Geschichten in Abhängigkeit von den experimentellen Bedingungen Priming und Testbearbeitungsreihenfolge

In einem weiteren Schritt wurde überprüft, ob sich die Einzelkategorien der Hoffnung- und Furchtskala des TAT signifikant zwischen den Bedingungen unterscheiden. In den Hypothesen wird von der Annahme ausgegangen, dass sich positive Effekte im Rahmen der Subkategorien der Hoffnungsskala zeigen, jedoch nicht für die Subkategorien der Furchtskalen. Um jenes zu überprüfen, gehen die Bedingungen *Priming* und *Testbearbeitungsreihenfolge* als unabhängige Variablen in eine multivariate Varianzanalyse ein. Die fünf Einzelkategorien der Hoffnungsskala sowie die sechs Einzelkategorien der Furchtskala bilden die abhängigen Variablen.

Im Rahmen der Analyse zeigt sich ein signifikanter Haupteffekt für die Bedingung *Priming* (Pillai-Spur = .13; $F(11;228) = 3.14$; $p < .01$; $Eta^2 = .13$). Für die *Testbearbeitungsreihenfolge* (Pillai-Spur = .05; $F(11;228) = 1.11$; $p = .35$; $Eta^2 = .05$) gibt es keine statistischen Auffälligkeiten. Eine Wechselwirkung zwischen den Bedingungen ist auch an dieser Stelle nicht gegeben (Pillai-Spur = .05; $F(11;228) = 1.19$; $p = .30$; $Eta^2 = .05$).

Bei der Überprüfung der Einzeleffekte wird der Haupteffekt des *Primings* für die Hoffnung auf Erfolgskala bei den abhängigen Variablen *Bedürfnis nach Leistung und Erfolg* (B), *Erfolgserwartung* (E), *Lob* (L) und *positiver Gefühlszustand* (G+) hoch signifikant, lediglich in Bezug auf die Einzelkategorie *Instrumentelle Tätigkeit* (I) konnten keine statistischen Besonderheiten festgestellt werden. Die Experimentalgruppe weist in allen fünf Einzelbereichen die höchsten Werte aus und hat damit in jedem Fall eine stärkere Erfolgshoffnung als die entsprechende Komplementär-stichprobe der Kontrollgruppe. Lediglich in zwei – allerdings statistisch nicht bedeutsamen – Ausnahmen weist innerhalb der beiden Bedingungen die Gruppe, die mit der Bearbeitung des RLMI-E begonnen hatte, die höheren Werte auf: Zum einen die Experimentalgruppe, bezüglich der Einzelkategorie *Bedürfnis nach Leistung und Erfolg (B)* und zum anderen die Kontrollgruppe, im Hinblick auf die Subskala *Erfolgserwartung (E)*. Die genauen Einzelwerte sind in Tabelle 48 dargestellt.

Tab. 48: Mittelwerte, Standardabweichungen und Signifikanz der Einzelkategorien Hoffnung auf Erfolg (TAT) in Abhängigkeit von den experimentellen Bedingungen (n = 242)

	Experimental-gruppe		**Kontroll-gruppe**				
	TAT (n = 63)	**RLMI-E** (n = 58)	**TAT** (n = 61)	**RLMI-E** (n = 60)			
Erfolgs-subskala	M (SD)	M (SD)	M (SD)	M (SD)	F (1;238)	p	Eta²
B	.71 (.91)	.72 (.87)	.41 (.67)	.23 (.62)	15.80	< .01	.06
I	2.76 (1.36)	2.28 (1.32)	2.48 (1.39)	2.25 (1.50)	.76	n.s.	.00
E	.31 (.53)	.19 (.44)	.05 (.22)	.08 (.33)	13.28	< .01	.05
L	.41 (.69)	.31 (.54)	.23 (.46)	.08 (.33)	9.30	< .01	.04
G+	1.44 (.96)	1.03 (.95)	.95 (.94)	.83 (.99)	7.87	< .05	.03

Anmerkung: B = Bedürfnis nach Leistung und Erfolg, I = Instrumentelle Tätigkeit, E = Erfolgserwartung, G+ = positiver Gefühlszustand, L = Lob, Th = Erfolgsthema

In Bezug auf die Einzelkategorien der *Furcht vor Misserfolgskala* zeigen sich lediglich moderate, tendenziell signifikante Effekte für die abhängigen Variablen *Tadel* (T) und *Mißerfolg* (M). In beiden Subkategorien haben hier die Probanden der Experimentalgruppe die höheren Werte, wobei dies im Falle der experimentell manipulierten Gruppe in beiden Fällen jeweils diejenige war, die mit der Bearbeitung des RLMI-E begonnen hatte – vice versa bezüglich der Werte der entsprechenden Probanden der Kontrollbedingungen. Kein Effekt konnte für die Einzelkategorien *Bedürfnis nach Mißerfolgsmeidung* (Bm), *Mißerfolgserwartung* (Em), *negativer Gefühlszustand* (G-) sowie *instrumentelle Tätigkeit, um Mißerfolg zu meiden* (Im) nachgewiesen werden. Tabelle 49 weist detailliert die gefundenen Effekte aus.

Tab. 49: Mittelwerte, Standardabweichungen und Signifikanz der Einzelkategorien Furcht vor Misserfolg (TAT) in Abhängigkeit von den experimentellen Bedingungen (n = 242)

	Experimentalgruppe		Kontrollgruppe				
	TAT (n = 63)	RLMI-E (n = 58)	TAT (n = 61)	RLMI-E (n = 60)			
Misserfolgssubskala	M (SD)	M (SD)	M (SD)	M (SD)	F (1;238)	p	Eta²
Bm	.06 (.30)	.16 (.41)	.10 (.35)	.08 (.28)	.18	n.s.	.00
Im	.42 (.71)	.53 (.68)	.38 (.55)	.38 (.67)	1.44	n.s.	.00
Em	.38 (.71)	.41 (.68)	.52 (.74)	.31 (.57)	.07	n.s.	.00
T	.47 (.67)	.53 (.60)	.38 (.55)	.37 (.55)	3.04	< .10	.01
G-	1.25 (1.08)	1.14 (.98)	1.07 (1.05)	1.23 (1.13)	.12	n. s.	.00
M	.57 (.71)	.59 (.77)	.46 (.70)	.37 (.61)	3.40	< .10	.01

Anmerkung: Bm = Bedürfnis nach Mißerfolgsmeidung, Im = instrumentelle Tätigkeit, um Mißerfolg zu meiden, Em = Mißerfolgserwartung, G- = negativer Gefühlszustand, T = Tadel, M = Mißerfolg, Thm = Mißerfolgsthema

Um die Bedeutung der neun – jeweils auf den Deckblättern der Verfahren erhobenen – biografischen Einflussfaktoren sowie der beiden experimentellen Bedingungen samt ihrer Beeinflussung der Facetten der impliziten Leistungsmotivation eruieren zu können, wurde eine lineare multiple Regressionsanalyse durchgeführt. Ihr Ziel ist es gewesen, die Beziehungen zwischen den individuellen, familiären und schulischen Faktoren sowie den Bedingungen Testbearbeitungsreihenfolge und insbesondere des Primings einerseits und den abhängigen Variablen des TAT (*Hoffnung auf Erfolg*, *Frucht vor Misserfolg* sowie *Gesamtwortzahl*) andererseits, aufzudecken. Deshalb gingen die sieben Prädiktoren *Alter*, *Geschlecht*, *Migrationshintergrund*, *Schultyp* und *-abschluss*, sowie *Ausbildung* und *Tätigkeit* von *Vater* und *Mutter* schrittweise in einen ersten Block ein, bevor in einem zweiten die beiden *experimentellen Bedingungen* ihre Berücksichtigung fanden.

Wie Tabelle 50 entnommen werden kann, erweisen sich zur Vorhersage der Kriteriumsvariablen *Hoffnung auf Erfolg* des TAT die unabhängigen Variablen *Priming*, *Ausbildung der Mutter*, *Tätigkeit der Mutter*, *Migrationshintergrund* und *Ausbildung des Vaters* als sehr gute Prädiktoren ($F(5;187) = 10.98$; $p < .01$; korrigiertes $R^2 = .21$). Insgesamt klärt das letzte Modell 20.6 % der

Gesamtvarianz auf, von denen 6.8 % alleinig auf die experimentelle Manipulation des Primings zurückzuführen sind.

Tab. 50: Bedeutsame Prädiktoren für *Hoffnung auf Erfolg* (TAT) der Gesamtstichprobe der Benachteiligten (n = 242 - 336)

Modell 5	B	Beta	T	p	r	Δ R²
Ausbildung des Vaters	.60	.15	1.90	< .10	.14	.074
Migrations-hintergrund	-1.06	-.16	-2.30	< .05	-.17	.031
Tätigkeit der Mutter	-.56	-.24	-3.12	< .01	-.22	.023
Ausbildung der Mutter	1.00	.26	2.84	< .05	.20	.031
Priming	1.70	.26	4.06	< .01	.29	.068
R = .476, R² = .227; adjustiertes R² = .206						

Anmerkung: r = partielle Korrelation

Gehen die zuvor genannten Prädiktoren erneut in eine Regressionsanalyse ein, diesmal zur Erklärung der abhängigen Variable *Furcht vor Misserfolg* (TAT), zeigt sich, dass lediglich die Faktoren *Schultyp*, *Ausbildung des Vaters* und das *Geschlecht* einen bedeutsamen Einfluss haben ($F(3;189) = 9.88$; $p < .01$; korrigiertes $R^2 = .12$). Jene Variablen klären 12.2 % der Varianz auf (siehe Tabelle 51).

Tab. 51: Bedeutsame Prädiktoren für Furcht vor Misserfolg (TAT) für die Gesamtstichprobe (n = 242 - 336)

Modell 3	B	Beta	T	p	r	Δ R²
Schule	.37	.23	3.44	< .01	.24	.068
Ausbildung des Vaters	.75	.21	3.11	< .01	.22	.049
Geschlecht	.80	.14	2.00	< .05	.14	.018
R = .368, R² = .136, adjustiertes R² = .122						

Anmerkung: r = partielle Korrelation

In einem weiteren Schritt wurden die neun zuvor genannten Prädiktorvariablen in eine Regressionsanalyse aufgenommen, diesmal allerdings zur Vorhersage der Kriteriumsvariable *Gesamtzahl verwendeter Wörter* (TAT).

Es zeigt sich, dass hierbei das *Priming*, das *Geschlecht*, der *Schultyp* sowie die *Ausbildung* der Mutter und des Vaters ($F(4;188) = 25.61$; $p < .01$; korrigiertes $R^2 = .34$) sehr gute Prädiktoren zur Vorhersage jenes Leistungsmaßes sind. Das Modell klärt insgesamt 33.9 % der Varianz auf, von denen 9.9 % alleinig durch das Priming beigetragen werden (vergleiche Tabelle 52):

Tab. 52: Bedeutsame Prädiktoren für die Gesamtwortzahl (TAT) für die Gesamtstichprobe (n= 242 - 336)

Modell 4	B	Beta	T	p	r	ΔR^2
Ausbildung der Mutter	43.15	.28	3.91	< .01	.27	.171
Geschlecht	58.54	.23	3.81	< .01	.27	.059
Ausbildung des Vaters	28.98	.19	2.60	< .05	.19	.022
Priming	80.25	.32	5.41	< .01	.37	.101
$R = .594$, $R^2 = .353$, adjustiertes $R^2 = .339$						

Anmerkung: r = partielle Korrelation

5.5.2 Motivations-Priming und explizite Leistungsmotivation

Hypothesenkonform wird erwartet, dass die beiden experimentellen Bedingungen einen Einfluss auf die explizite (Leistungs-) Motivationsausprägung nehmen. Zur Überprüfung dessen gingen die Bedingungen *Priming* und *Testbearbeitungsreihenfolge* als unabhängige Variablen in eine multivariate Varianzanalyse ein, diesmal mit den abhängigen Variablen des RLM-E, *Hoffnung auf Erfolg*, *Furcht vor Misserfolg*, *Hoffnung auf Misserfolg* sowie *Furcht vor Erfolg*.

Im Rahmen der Analyse zeigt sich erneut ein signifikanter Haupteffekt für die Bedingung des *Primings* (Pillai-Spur = .04; $F(4;232) = 2.62$; $p < .05$; $Eta^2 = .04$) sowie für die der *Testbearbeitungsreihenfolge* (Pillai-Spur = .05; $F(4;232) = 3.10$; $p < .05$; $Eta^2 = .05$). Eine bedeutsame Interaktion zwischen den Bedingungen ist nicht gegeben (Pillai-Spur = .02; $F(4;232) = .88$; $p = .48$; $Eta^2 = .02$).

Die Einzeleffektanalyse verdeutlicht sodann, dass der Haupteffekt des *Primings* zum einen aus dem signifikanten Effekt der Variable *Hoffnung auf Erfolg* (F(1;235) = 5.41; p < .05; Eta² = .02) und zum anderen aus dem in der Tendenz signifikanten Effekt der Variable *Hoffnung auf Misserfolg* (F(1;235) = 3.23; p < .10; Eta² = .01) resultiert. Während die Experimentalgruppe gegenüber der Kontrollgruppe die höchste Erfolgshoffnung aufweist, ist dies im Fall der Misserfolgshoffnung genau umgekehrt. Für die Gesamtskalen *Furcht vor Misserfolg* (F(1;235) = .10; p = .76; Eta² = .00) sowie *Furcht vor Erfolg* (F(1;235) = .21; p = .65; Eta² = .00) ergaben sich in diesem Zusammenhang keine signifikanten Effekte.

Darüber hinaus zeigte sich im Rahmen der differenzierten Einzeleffektanalyse des Haupteffektes *Testbearbeitungsreihenfolge* ein signifikanter Unterschied, der auf die Variable *Hoffnung auf Erfolg* (F(1;235) = 6.81; p < .05; Eta² = .03) zurückzuführen ist. Die Gruppe, die jeweils mit der Bearbeitung des TAT begonnen hatte, impliziert auch hier erneut die höchsten Werte. Signifikante Effekte für die weiteren Gesamtskalen *Furcht vor Misserfolg* (F(1;235) = .01; p = .91; Eta² = .00), *Hoffnung auf Misserfolg* (F(1;235) = 1.33; p = .25; Eta² = .01) sowie *Furcht vor Erfolg* (F(1;235) = .31; p = .58; Eta² = .00) ergaben sich nicht. Wechselwirkungen zwischen den Bedingungen waren ebenfalls nicht gegeben. Tabelle 53 listet die entsprechenden Einzelwerte detailliert auf. Zusätzlich wird jener Haupteffekt in Abbildung 21 visualisiert.

Tab. 53: Mittelwerte und Standardabweichungen der vier Gesamtskalen des RLMI-E in Abhängigkeit vom Priming und der Testbearbeitungsreihenfolge (n = 239)

			Hoffnung auf Erfolg	**Furcht vor Misserfolg**	**Hoffnung auf Misserfolg**	**Furcht vor Erfolg**
Bedingung 1	**Bedingung 2**	n	M (SD)	M (SD)	M (SD)	M (SD)
Experimental-gruppe	**TAT**	64	88.45 (13.38)	56.42 (15.42)	47.94 (12.68)	56.09 (14.31)
	RLMI-E	58	84.48 (13.20)	57.62 (15.55)	52.00 (16.04)	55.62 (15.62)
Kontroll-gruppe	**TAT**	58	84.98 (14.84)	58.41 (15.68)	53.19 (15.26)	57.52 (14.08)
	RLMI-E	59	79.76 (12.95)	56.80 (10.25)	53.39 (12.92)	55.90 (13.90)

Anmerkung: Bedingung 1 = Priming (Experimentalgruppe) bzw. kein Priming (Kontrollgruppe) und Bedingung 2 = Testbearbeitungsreihenfolge (angeführt ist jeweils der Test, mit dessen Bearbeitung begonnen wurde)

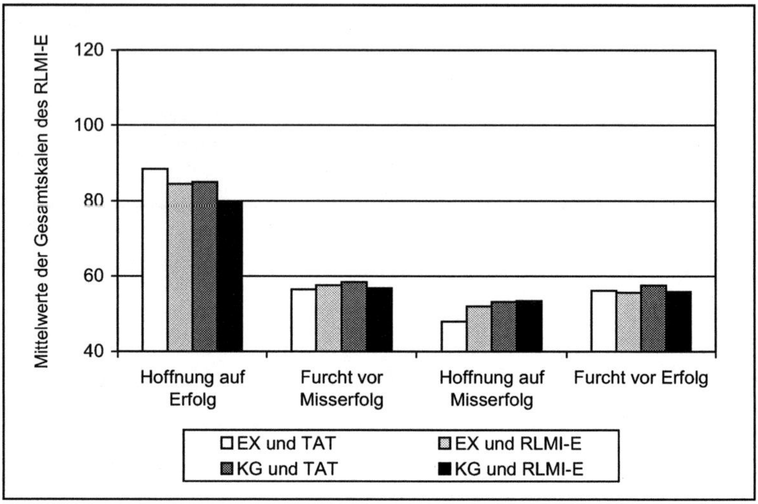

Abb. 21: Gesamtskalen des RLMI-E in Abhängigkeit von den beiden Bedingungen Priming und Testbearbeitungsreihenfolge

Dann wurde überprüft, ob sich die *16 bereichsspezifischen Einzelkategorien* der vier Gesamtskalen des RLMI-E signifikant zwischen den Bedingungen unterscheiden.

In den Fragestellungen wird von der Annahme ausgegangen, dass sich moderat positive Effekte im Rahmen der Einzelkategorie *Hoffnung auf Erfolg*, explizit in den Bereichen *Ausbildung* und *Beruf*, zeigen. Effekte in Bezug auf die Furchtkategorien werden nicht erwartet.

Um dies zu überprüfen, gingen die vierfach gestufte Bedingung, ob die Probanden der Experimental- oder Krontrollgruppe angehörten und ob sie in diesem Zusammenhang entweder mit der Bearbeitung des TAT oder der des RLMI-E begonnen haben, in eine Varianzanalyse ein. Zusätzlich wurden die *16 Einzelkategorien* des RLMI-E als abhängige Variablen in die Berechnung mit aufgenommen.

Die Analyse ergibt diverse signifikante Effekte, die sich im Wesentlichen, so die Einzelanalyse, aus unterschiedlichen Mittelwerten, jeweils explizit in den Dimensionen der *Hoffnung auf Erfolg* der Bereichsskalen, ergeben.

Durch das Priming konnten hoch bedeutsame Unterschiede in der Erfolgshoffnung in den Bereichen *Beruf* und *Ausbildung* evoziert werden, ebenfalls im Bereich *Aussehen* liegt ein bedeutsamer Effekt vor. Im Hinblick auf die Bereichsskala *Freizeit* ist lediglich noch ein tendenziell signifikanter Unterschied im Rahmen der Erfolgshoffnung gegeben. Die entsprechenden Einzelwerte, in welchen Bereichen der vier Gesamtskalen signifikante Effekte auftraten, können der Tabelle 54 entnommen werden.

Tab. 54: Übersicht bezüglich der F-Werte und bedeutsamer Effekte in den vier Bereichen der vier Gesamtskalen des RLMI-E (n = 239)

Gesamtskala	Bereich	F (3;236)	p
Hoffnung auf Erfolg	**Beruf**	4.65	< .01
	Ausbildung	2.98	< .05
	Freizeit	2.17	< .10
	Aussehen	4.77	< .01
Furcht vor Misserfolg	**Beruf**	.28	n.s.
	Ausbildung	.29	n.s.
	Freizeit	1.10	n.s.
	Aussehen	.41	n.s.
Hoffnung auf Misserfolg	**Beruf**	1.17	n.s.
	Ausbildung	1.18	n.s.
	Freizeit	1.63	n.s.
	Aussehen	2.35	< .10
Furcht vor Erfolg	**Beruf**	.27	n.s.
	Ausbildung	.53	n.s.
	Freizeit	1.86	n.s.
	Aussehen	.66	n.s.

Auf die genauere Analyse der beiden Furchtgesamtskalen soll mangels statistischer Bedeutsamkeit in der Folge verzichtet werden. Gleiches gilt für die vier Bereichsdimensionen der Gesamtskala *Hoffnung auf Misserfolg*, da in diesem Zusammenhang lediglich ein tendenziell bedeutsamer Effekt, allerdings in dem im Rahmen dieser Arbeit nicht fokussierten Bereich *Aussehen,* gegeben ist. Eine detaillierte Aufstellung der Mittelwerte der Gesamtskala *Hoffnung auf Erfolg* für die Bereiche Beruf und Ausbildung ist in Tabelle 55 enthalten.

Tab. 55: Mittelwerte und Standardabweichungen der Gesamtskala Hoffnung auf Erfolg, ausdifferenziert in die vier Unterbereiche, in Abhängigkeit vom Priming und der Testbearbeitungsreihenfolge (n = 239)

		Experimentalgruppe		Kontrollgruppe	
		TAT (n = 64)	RLMI-E (n = 58)	TAT (n = 59)	RLMI-E (n = 59)
Gesamtskala	**Bereich**	M (SD)	M (SD)	M (SD)	M (SD)
Hoffnung auf Erfolg	**Beruf**	21.76 (4.19)	20.90 (3.52)	21.34 (4.20)	19.27 (3.60)
	Ausbildung	23.72 (3.61)	23.02 (3.89)	23.20 (3.72)	21.73 (4.07)
	Freizeit	22.16 (4.32)	21.52 (4.17)	21.34 (5.02)	20.08 (4.80)
	Aussehen	21.23 (4.17)	19.05 (4.58)	18.69 (4.61)	18.72 (4.29)

Post hoc wurde mittels der Scheffe-Prozedur ermittelt, welche Gruppen sich bezüglich ihrer Erfolgshoffnung in den einzelnen Bereichen signifikant unterscheiden. Im Zusammenhang mit den Bereichen *Ausbildung* und *Beruf* ist auffällig, dass jeweils die Probanden der Experimentalgruppe, die mit der Bearbeitung des TAT begonnen haben, erwartungskonform die höchsten Werte in der Gesamtskala *Hoffnung auf Erfolg* besitzen und der Unterschied gegenüber den Jugendlichen, die der Kontrollbedingung angehörten und als erstes Verfahren den RLMI-E ausfüllten, signifikant wurde. Im Skalenbereich *Beruf* unterscheiden sich zusätzlich noch die beiden Kontrollgruppen in sehr bedeutsamen Maße zueinander.

Die Gruppe, die zuerst den TAT bearbeitete, weist eine deutlich höhere Erfolgshoffnung auf. Der Bereich *Freizeit* wurde in diesem Zusammenhang nicht mehr signifikant.

Ebenfalls im Bereich des *Aussehens* besitzen Probanden der experimentellen Bedingung, die eingangs Geschichten im Rahmen des TAT verschriftlichten, die höchste Erfolgshoffnung. Der Effekt gegenüber der anderen Experimentalgruppe ist tendenziell signifikant, während der Unterschied gegenüber beiden Kontrollgruppen bedeutsam wurde. Die Visualisierung der Verhältnismäßigkeiten zueinander erfolgt in Abbildung 22.

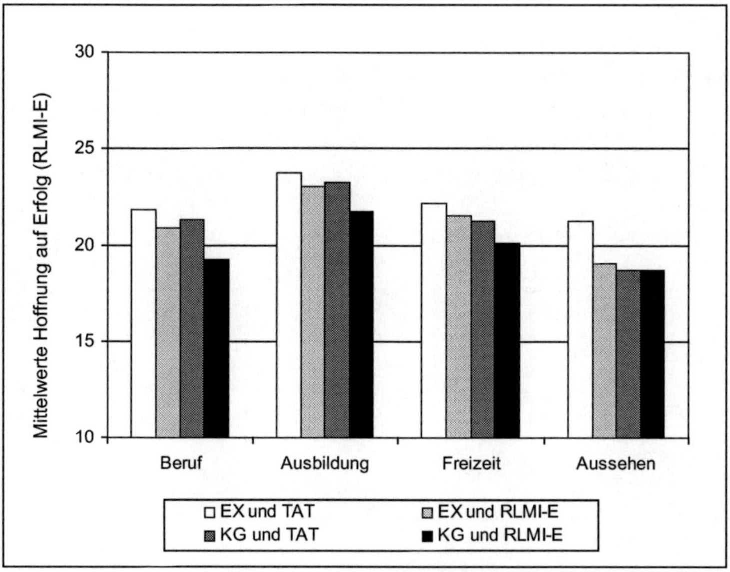

Abb. 22: Mittelwerte der Skala Hoffnung auf Erfolg der vier Bereiche des RLMI-E in Abhängigkeit von den experimentellen Bedingungen

Im Folgenden wurde überprüft, wie geeignet die sozio-demografischen Variablen neben den beiden experimentellen Bedingungen sind, um als Prädiktoren die Kriteriumsvariablen im Sinne der Gesamtskalen des RLMI-E vorherzusagen, so dass *Alter*, *Geschlecht*, *Migrationshintergrund*, *Schultyp* und *-abschluss* sowie *Ausbildung* und *Tätigkeit* der *Eltern* zusammen mit den Faktoren *Priming* und *Testbearbeitungsreihenfolge* in gesonderte Regressionsanalysen eingingen, um jeweils ihren Einfluss auf die expliziten Maße der Leistungsmotivation, *Hoffnung auf Erfolg, Furcht vor Misserfolg, Hoffnung auf Misserfolg* und *Furcht vor Erfolg*, eruieren zu können. In diesem Zusammenhang wurden jeweils die auf dem Deckblatt der eingesetzten Verfahren abgefragten Prädiktoren schrittweise in einem ersten Block aufgenommen, bevor in einem zweiten gesondert die beiden experimentellen Bedingungen ihre Berücksichtigung fanden, um die entsprechende Kriteriumsvariable vorherzusagen.

Tabelle 56 kann entnommen werden, dass sich lediglich die *Ausbildung der Mutter* sowie die beiden experimentellen Bedingungen als geeignete Prädiktoren zur Vorhersage von *Hoffnung auf Erfolg* erweisen (F(3;188) = 6.19; p < .01; korrigiertes R^2 = .08). Insgesamt klärt dieses Modell allerdings nur 7.5 % der Gesamtvarianz auf, von denen 2.2 % auf das Priming und 1.6 % auf die Testbearbeitungsreihenfolge zurückgeführt werden können.

Tab. 56: Bedeutsame Prädiktoren für *Hoffnung auf Erfolg* (RLMI-E) für die Gesamtstichprobe (n = 239 - 336)

Modell 3	B	Beta	T	p	r	ΔR^2
Ausbildung der Mutter	3.32	.20	2.84	< .05	.20	.042
Priming	4.43	.16	2.30	< .05	.17	.027
Testbearbeitungs-reihenfolge	4.06	.15	2.09	< .05	.15	.021
R = .300, R^2 = .090, adjustiertes R^2 = .075						

Anmerkung: r = partielle Korrelation

Zur Vorhersage der Kriteriumsvariable *Furcht vor Misserfolg* hat lediglich noch die Variable *Ausbildung des Vaters* eine moderate Bedeutsamkeit (F(1;190) = 4.29; p < .05; korrigiertes R^2 = .02). Dieses Modell klärt jedoch nur noch 1.7 % der Gesamtvarianz auf (vergleiche Tabelle 57).

Tab. 57: Bedeutsame Prädiktoren für *Furcht vor Misserfolg* (RLMI-E) für die Gesamtstichprobe (n = 239 - 336)

Modell 1	B	Beta	T	p	r	ΔR^2
Ausbildung des Vaters	-2.63	-.15	-2.07	< .05	-.15	.022
R = .149, R^2 = .022, adjustiertes R^2 = .017						

Anmerkung: r = partielle Korrelation

In einem weiteren Schritt gingen die neun Faktoren als Prädiktorvariablen in eine Regressionsanalyse ein, diesmal zur Vorhersage des Motivparameters *Hoffnung auf Misserfolg*. Es zeigt sich, dass hier lediglich noch die Variablen *Ausbildung des Vaters* sowie *Geschlecht* geeignete Prädiktoren zur Erklärung jener Kriteriumsvariable sind (F(2;189) = 10.22; p < .01; korrigiertes R^2 = .09). Das in Tabelle 58 dargestellte Modell klärt immerhin noch 8.8 % der Varianz auf.

Tab. 58: Bedeutsame Prädiktoren für *Hoffnung auf Misserfolg* (RLMI-E) für die Gesamtstichprobe (n = 239 - 336)

Modell 2	B	Beta	T	p	r	ΔR^2
Ausbildung des Vaters	-4.32	-.25	-3.53	< .01	-.25	.068
Geschlecht	-5.08	-.17	-2.51	< .05	-.18	.030
R = .312, R^2 = .098, adjustiertes R^2 = .088						

Anmerkung: r = partielle Korrelation

In einer abschließenden Analyse zur Vorhersage der Kriteriumsvariable *Furcht vor Erfolg* zeigt sich, dass erneut das *Geschlecht* sowie die *Ausbildung des Vaters* signifikanten Einfluss haben ($F(2;189) = 9.58$; $p < .01$; korrigiertes $R^2 = .08$). Insgesamt können 8.2 % der Gesamtvarianz mittels diesen Modells erklärt werden (siehe Tabelle 59).

Tab. 59: Bedeutsame Prädiktoren für Furcht vor Erfolg (RLMI-E) für die Gesamtstichprobe (n = 239 - 336)

Modell 2	B	Beta	T	p	r	ΔR^2
Ausbildung des Vater	-3.84	-.22	-3.11	< .01	-.22	.054
Geschlecht	-5.72	-.20	-2.80	< .05	-.20	.038
R = .303, R^2 = .092, adjustiertes R^2 = .082						

Anmerkung: r = partielle Korrelation

Mit Tabelle 60 ist eine detaillierte und differenzierte Übersicht gegeben, welche Determinanten im Sinne der sozio-demografischen Variablen der Probanden einen überzufälligen Einfluss auf die implizite und explizite Dimension der Leistungsmotivation nehmen. Des Weiteren enthält sie die Einflüsse der experimentellen Bedingungen auf jene Motivparameter.

Tab. 60: Übersicht der Beziehungen zwischen den Facetten bzw. Dimensionen der impliziten und expliziten Leistungsmotivation einerseits und den sozio-demografischen Determinanten der Probanden andererseits

		Leistungsmotivation					
		implizit (TAT)		explizit (RLMI-E)			
		HE	FM	HE	FM	HM	FE
sozio-demografische Determinanten	Alter	-	-	-	-	-	-
	Geschlecht	-	*	-	-	*	*
	Schultyp	-	**	-	-	-	-
	Schulabschluss	-	-	-	-	-	-
	Migrations-hintergrund	*	-	-	-	-	-
	Ausbildung Mutter	*	-	*	-	-	-
	Tätigkeit Mutter	**	-	-	-	-	-
	Ausbildung Vater	+	**	-	*	**	**
	Tätigkeit Vater	-	-	-	-	-	-
	Gruppen-zugehörigkeit	-	-	-	-	-	-
Bedingung	Priming	**	-	*	-	-	-
	Testbearbeits-reihenfolge	-	-	*	-	-	-

Anmerkung: HE = Hoffnung auf Erfolg; FM = Furcht vor Misserfolg; HM = Hoffnung auf Misserfolg; FE = Furcht vor Erfolg; - = nicht signifikant, * = signifikant (p < .05), ** = sehr signifikant (p < .01)

5.5.3 Motivations-Priming, Leistungsmotivation und Benachteiligung

Es wird davon ausgegangen, dass bedeutsame Unterschiede zwischen der Gruppe der *Gymnasiasten* und den *Benachteiligten* gegeben sind. Unter anderem wird erwartet, dass Hoffnung- und Furchtkomponente unterschiedlich stark ausgeprägt sind und die beiden experimentellen Bedingungen, explizit das Priming, einen deutlichen Einfluss auf die implizite (Leistungs-) Motivation haben bzw. die Erfolgshoffnung steigern. Zur Überprüfung dessen gehen die Bedingungen *Priming* und *Gruppenzugehörigkeit* (Gymnasiasten versus Benachteiligte) als unabhängige Variablen in eine multivariate Varianzanalyse ein. In einem ersten Schritt werden die abhängigen Variablen des TAT, *Hoffnung auf Erfolg, Furcht vor Misserfolg* sowie *Gesamtzahl der verwendeten Wörter* zur Geschichtenverfassung, mit aufgenommen.

Es zeigen sich sowohl hoch signifikante Haupteffekte für die Bedingung des *Primings* (Pillai-Spur = .09; $F(3;236) = 7.52$; $p < .01$; $Eta^2 = .09$) als auch für die der *Gruppenzugehörigkeit* (Pillai-Spur = .27; $F(3;236) = 29.05$; $p < .01$; $Eta^2 = .27$). Ein Interaktionseffekt zwischen den Bedingungen ist nicht gegeben (Pillai-Spur = .01; $F(3;236) = 1.05$; $p = .37$; $Eta^2 = .01$).

Bei der Auswertung der Einzeleffekte wird deutlich, dass der Haupteffekt des *Primings* erstens hoch signifikant auf die Variable *Hoffnung auf Erfolg* ($F(1;238) = 14.12$; $p < .01$; $Eta^2 = .06$), zweitens tendenziell signifikant auf die Variable *Furcht vor Misserfolg* ($F(1;238) = 3.16$; $p < .10$; $Eta^2 = .01$) und drittens erneut in einem hoch signifikanten Maß auf die Variable *Gesamtzahl verwendeter Wörter* ($F(1;238) = 17.70$; $p < .01$; $Eta^2 = .07$) zurückzuführen ist.

Bezüglich des Haupteffekts der Variable *Gruppenzugehörigkeit* zeigt die Einzeleffektanalyse, dass hoch signifikante Effekte bezüglich aller abhängigen Variablen gegeben sind: sowohl im Bereich der Erfolgshoffnung ($F(1;238) = 29,79$; $p < .01$; $Eta^2 = .11$) als auch in dem der Misserfolgsfurcht ($F(1;238) = 17.27$; $p < .01$; $Eta^2 = .07$) sowie im Hinblick auf die Gesamtzahl der verwendeten Wörter zur Geschichtenverfassung ($F(1;238) = 84,70$; $p < .01$; $Eta^2 = .26$). Die Gymnasiasten weisen unter beiden Bedingung die stärkste Erfolgshoffnung, aber auch die größte Misserfolgsfurcht auf und lieferten bei der Textproduktion die meisten Wörter. Die genauen Einzelwerte können Tabelle 61 entnommen werden. Die Visualisierung dieser Haupteffekte erfolgt mittels der Abbildungen 23 und 24.

Tab. 61: Mittelwerte und Standardabweichungen der Skalen des TAT sowie der Gesamtzahl verwendeter Wörter in Abhängigkeit von der Gruppenzugehörigkeit und dem Priming (n = 242)

			Hoffnung auf Erfolg	Furcht vor Misserfolg	Gesamt-wortzahl
Bedingung 1	**Bedingung 2**	n	M (SD)	M (SD)	M (SD)
Gymnasiasten	**Experimental-gruppe**	26	7.96 (3.22)	5.58 (3.58)	390.04 (117.53)
	Kontroll-gruppe	24	6.00 (3.98)	4.29 (2.53)	330.21 (105.42)
Benachteiligte	**Experimental-gruppe**	95	5.20 (3.12)	3.24 (2.67)	247.88 (121.43)
	Kontroll-gruppe	97	3.62 (2.41)	2.96 (2.70)	169.05 (77.28)

Anmerkung: Bedingung 1: Gruppenzugehörigkeit, Bedingung; 2: Priming bzw. kein Priming

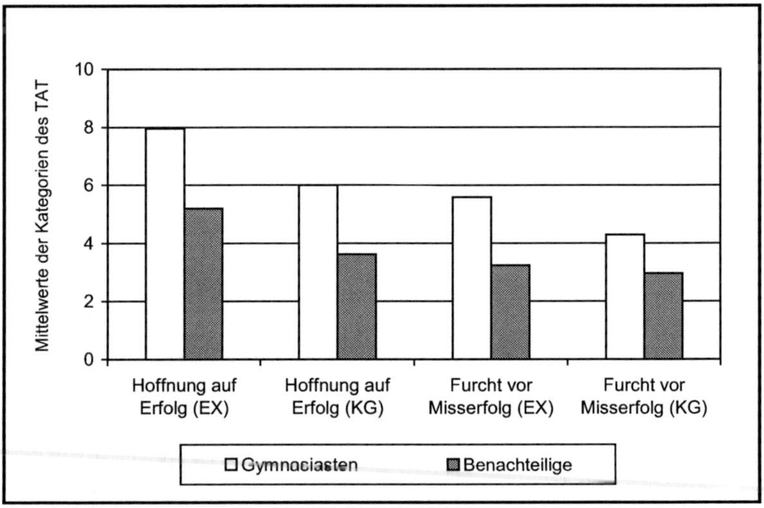

Abb: 23: Kategorien des TAT in Abhängigkeit vom Priming und der Gruppenzugehörigkeit

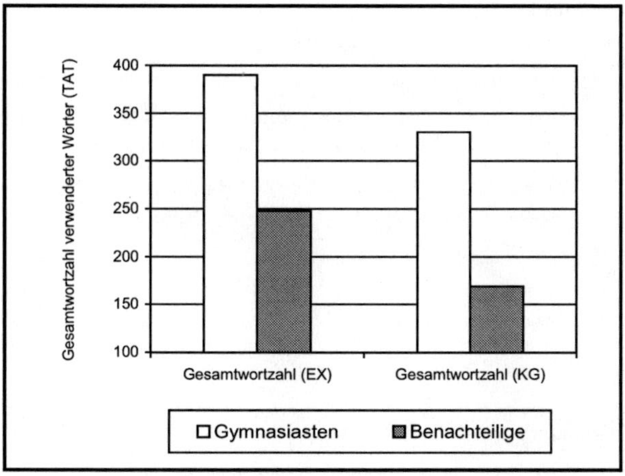

Abb: 24: Gesamtzahl verwendeter Wörter zur Geschichtenverfassung (TAT) in Abhängigkeit vom Priming und der Gruppenzugehörigkeit

Anschließend wurde eruiert, ob bezüglich der Einzelkategorien der Hoffnung- und Furchtskalen des TAT signifikante Unterschiede zwischen den Bedingungen der *Gruppenzugehörigkeit* und des *Primings* bestehen. Um dies zu überprüfen, werden als unabhängige Variablen das *Priming* sowie die *Gruppenzugehörigkeit* und jeweils als abhängige Variablen die fünf Subskalen der Erfolgshoffnung und die sechs der Misserfolgsfurcht des TAT in einer multivariate Varianzanalyse aufgenommen.

Die Auswertung zeigte, dass im Zusammenhang mit den fünf Subkategorien der Erfolgshoffnung sowohl hoch signifikante Haupteffekt bezüglich des *Primings* (Pillai-Spur = .12; $F(5;234) = 6.50$; $p < .01$; $Eta^2 = .12$) als auch für die *Gruppenzugehörigkeit* (Pillai-Spur = .14; $F(5;234) = 7.58$; $p < .01$; $Eta^2 = .14$) gegeben sind. Ebenfalls wurde die Interaktion der beiden Faktoren in diesem Zusammenhang tendenziell bedeutsam (Pillai-Spur = .05; $F(5;234) = 2.24$; $p < .10$; $Eta^2 = .05$).

Die nähere Betrachtung der Haupteffekte zeigt, dass sich der Unterschied im Hinblick auf das Priming in sämtlichen Subkategorien der Hoffnungsskala, mit Ausnahme der *Instrumentellen Tätigkeit (I)* manifestiert, da die Schüler der Experimentalgruppe immer höhere Erfolgswerte als die Jugendlichen der Kontrollgruppen besitzen. Gleiches verdeutlicht die Analyse der Einzeleffekte in Bezug auf die Gruppenzugehörigkeit. Diesbezüglich liegen im Rahmen sämtlicher Hoffnungssubkategorien signifikante Differenzen vor, wobei die Einzelkategorie *Erfolgserwartung* lediglich in der Tendenz signifikant ist und das konventionelle Signifikanzniveau knapp verfehlte. Die Gymnasiasten weisen in jedem Fall höhere Werte als die Jugendlichen der komplementären Kategorie bzw. Bedingung auf, die als Benachteiligte bezeichnet werden. Die Interaktion resultiert aus der Hoffnungssubskala *Bedürfnis nach Leistung und Erfolg (B)*, welche als einzige einen bedeutsamen Unterschied derart aufweist, dass die Gymnasiasten der Kontrollgruppe hier einmalig höhere Werte als die Benachteiligten der Experimentalgruppe besitzen. Eine detaillierte Aufstellung sämtlicher Werte ist in Tabelle 62 enthalten.

Tab. 62: Mittelwerte, Standardabweichungen, F-Werte und Signifikanzniveaus der Einzelkategorien Hoffnung auf Erfolg (TAT) in Abhängigkeit von Gruppenzugehörigkeit und Priming (Faktor 1 = Gruppenzugehörigkeit; Faktor 2 = Priming)

	Gymnasiasten		Benachteiligte		F-Werte und Signifikanzniveaus					
	EX (n = 26)	KG (n = 24)	EX (n = 95)	KG (n = 97)	Faktor 1		Faktor 2		Fak.1 * Fak.2	
Subskala	M (SD)	M (SD)	M (SD)	M (SD)	F(1;238)	p	F(1;238)	p	F(1;238)	p
B	1.46 (.86)	0.63 0.92	0.52 (0.78)	0.25 (0.54)	33.32	<.01	23.23	<.01	6.14	<.01
I	2.92 (0.98)	3.00 (1.67)	2.42 (1.43)	2.21 (1.35)	8.70	<.01	.10	<.10	0.44	n.s.
E	0.31 (.62)	0.21 (0.51)	0.24 (0.45)	0.03 (0.17)	3.68	<.10	6.01	<.05	0.78	n.s.
L	0.58 (0.70)	0.29 (0.62)	0.31 (0.58)	0.12 (0.33)	7.12	<.05	8.03	<.05	0.40	n.s.
G+	1.65 (1.06)	1.08 (1.06)	1.14 (0.93)	0.85 (0.94)	6.12	<.05	7.98	<.05	0.84	n.s.

Anmerkung: B = Bedürfnis nach Leistung und Erfolg, I = Instrumentelle Tätigkeit, E = Erfolgserwartung, L = Lob, G+ = positiver Gefühlszustand

Im Hinblick auf die sechs Einzelkategorien der *Furcht vor Misserfolgskala* zeigt sich für den Faktor *Priming* ein in der Tendenz signifikanter Effekt (Pillai-Spur = .05; F(6;233) = 2.02; p < .10; Eta^2 = .05), während bezüglich der *Gruppenzugehörigkeit* hoch bedeutsame Differenzen zwischen den Einzelkategorien gegeben sind (Pillai-Spur = .10; F(6;233) = 4.38; p < .01; Eta^2 = .10). Die Interaktion der beiden Faktoren blieb statistisch unbedeutsam (Pillai-Spur = .03; F(6;233) = 1.20, p = .20; Eta^2 = .03).

Für das *Priming* kann festgestellt werden, dass die Experimentalgruppen immer höhere Werte als die Kontrollgruppen aufweisen, bezüglich der Differenzen zwischen den Furchtskalen *Misserfolg* und *Tadel* sind diese sogar bedeutsam. Der Faktor *Gruppenzugehörigkeit* lässt in sämtlichen Furchtkategorien – mit Ausnahme der Einzelkategorie *Bedürfnis nach Misserfolgs-*

meidung – bedeutsam höhere Werte der Gymnasiasten gegenüber der entsprechenden Gruppe der Benachteiligten erkennen. Lediglich die Furchtsubskala *Tadel* weist eine nur in der Tendenz gegebene Bedeutsamkeit auf. Eine differenzierte Übersicht bezüglich jener Effekte und Unterschiede ist in Tabelle 63 gegeben.

Tab. 63: Mittelwerte, Standardabweichungen, F-Werte und Signifikanzniveaus der Einzelkategorien Furcht vor Misserfolg (TAT) in Abhängigkeit von Gruppenzugehörigkeit und Priming (Faktor 1 = Gruppenzugehörigkeit; Faktor 2 = Priming)

	Gymnasiasten		**Benachteiligte**		F-Werte und Signifikanzniveaus					
	EX (n = 26)	**KG** (n = 24)	**EX** (n = 95)	**KG** (n = 97)						
Sub-skala	M (SD)	M (SD)	M (SD)	M (SD)	Faktor 1		Faktor 2		Fak. 1 * Fak. 2	
					F(1;238)	p	F(1;238)	p	F(1;238)	p
Bm	0.19 (0.49)	0.13 (0.45)	0.08 (0.31)	0.08 (0.28)	1.96	n.s.	0.41	n.s.	.37	n.s.
Im	0.65 (0.70)	0.54 (0.66)	0.43 (0.69)	0.34 (0.59)	4.19	<.05	.97	n.s.	.01	n.s.
Em	0.77 (0.99)	0.75 (0,79)	0.29 (0.54)	0.34 (0.61)	17.96	<.01	.02	n.s.	.10	n.s.
T	0.77 (0.71)	0.38 (0.49)	0.43 (0.60)	0.37 (0.56)	3.35	<.10	5.93	<.05	3.20	<.10
G-	1.62 (0.90)	1.67 (1.01)	1.08 (1.04)	1.02 (1.07)	12.82	<.01	.00	n.s.	.12	n.s.
M	0.92 (0.93)	0.42 (0.72)	0.48 (0.65)	0.41 (0.64)	4.10	<.05	6.98	<.05	3.94	<.10

Anmerkung: Bm = Bedürfnis, Mißerfolg zu vermeiden, Im = instrumentelle Tätigkeit zur Mißerfolgsmeidung, Em = Mißerfolgserwartung, G- = negativer Gefühlszustand, T = Tadel, M = Mißerfolg

Die Beziehungen zwischen den individuellen Dispositionen, der schulischen Sozialisation und des familiären kulturellen Kapitals sowie der Wirkung des Primings einerseits und den beiden Facetten der impliziten Leistungsmotivation sowie der Gesamtzahl verwendeter Wörter andererseits, wurden in mehreren Regressionsanalysen, getrennt für die Gruppe der *Gymnasiasten* und die der *Benachteiligten*, überprüft.

Für diese Berechnungen wurden jeweils die biografischen Merkmale *Alter*, *Geschlecht* und *Migrationsstatus*, die Daten der schulischen Sozialisation mittels der Angaben zum *Schultyp* und *-abschluss* sowie der sozioökonomische Status der Eltern, codiert in den Variablen *Tätigkeit der Mutter* und *des Vaters*, schrittweise in einen ersten Block aufgenommen. Das experimentelle *Priming* fand seine Berücksichtigung in diesem Zusammenhang jeweils in einem gesonderten zweiten Block, damit die bereits zum Teil theoretisch begründeten sowie empirisch erhärteten für Motivation relevanten Faktoren und Determinanten erst ihren erklärenden Beitrag leisten, bevor schlussendlich der darüber hinausgehende und annähernd „wahre“ Einfluss des Primings eruiert werden kann. Die Variable *Schulabschluss* blieb bei der Stichprobe der *Gymnasiasten* unberücksichtigt, weil jener bei diesen Versuchspersonen Voraussetzung zum Besuch der gymnasialen Oberstufe war und damit bei allen identisch ist.

Diese neun bzw. zehn Variablen fungieren als Prädiktoren, um jeweils gesondert die Kriteriumsvariablen der Skalen *Hoffnung auf Erfolg* und *Furcht vor Misserfolg* des TAT sowie die *Gesamtwortzahl*, die zur Verfassung der Schülertexte verwendet wurde, vorherzusagen.

Wie Tabelle 64 entnehmbar, erweisen sich für die Gruppe der Benachteiligten der *Migrationshintergrund* sowie das *Priming* als sehr gute Prädiktoren zur Vorhersage des Motivparameters *Hoffnung auf Erfolg* ($F(2;150) = 12.58$; $p < .01$, korrigiertes $R^2 = .13$). Das Modell klärt 13.2 % der Gesamtvarianz auf, wobei sich die experimentelle Manipulation als einflussreichster Prädiktor auszeichnet und alleine 7.2 % zur Varianzaufklärung beiträgt.

Tab. 64: Bedeutsame Prädiktoren für *Hoffnung auf Erfolg* (TAT) für die Gruppe der Benachteiligten (n = 192 - 278)

Modell 2	B	Beta	T	p	r	Δ R^2
Migrationshintergrund	-1.51	-.26	-3,36	<.01	-.27	.066
Priming	1.61	.28	3.69	<.01	.29	.078
R = .379, R^2 = .144, adjustiertes R^2 = .132						

Anmerkung: r = partielle Korrelation

Bei den Gymnasiasten sind die Variablen *Tätigkeit der Mutter* und *Schultyp* signifikante Prädiktoren zur Vorhersage von *Hoffnung auf Erfolg* ($F(2;37) = 5.51$; $p < .01$; korrigiertes $R^2 = .19$). Hier können 18.8 % der Varianz durch das Modell aufgeklärt werden (siehe Tabelle 65).

Tab. 65: Bedeutsame Prädiktoren für Hoffnung auf Erfolg (TAT) für die Gruppe der Gymnasiasten (n = 47 - 58)

Modell 2	B	Beta	T	p	r	Δ R^2
Tätigkeit der Mutter	-1.03	-.43	-2.84	< .05	-.42	.107
Schule	1.14	.36	2.43	< .05	.37	.123
R = .479, R^2 = .229, adjustiertes R^2 = .188						

Anmerkung: r = partielle Korrelation

Zur Erklärung der *Furcht vor Misserfolg* erweisen sich für die Gruppe der Benachteiligten die Variablen *Schultyp* und *Geschlecht* als signifikante Prädiktoren ($F(2;150) = 8.41$; $p < .01$; korrigiertes $R^2 = .09$). Die Einzelwerte sind in Tabelle 66 abgebildet. Insgesamt werden durch das Modell 8.9 % der Varianz aufgeklärt.

Tab. 66: Bedeutsame Prädiktoren für Furcht vor Misserfolg (TAT) für die Gruppe der Benachteiligten (n = 192 - 278)

Modell 2	B	Beta	T	p	r	ΔR^2
Schultyp	.31	.23	2.91	< .01	.23	.061
Geschlecht	1.10	.20	2.56	< .05	.21	.039
$R = .318$, $R^2 = .101$, adjustiertes $R^2 = .089$						

Anmerkung: r = partielle Korrelation

Jene Analyse, durchgeführt für die Stichprobe der Gymnasiasten, verdeutlicht, dass lediglich der Faktor *Alter* – wenn auch in hoch signifikantem Maß – geeignet ist, um *Furcht vor Misserfolg* ($F(2;38) = 7.97$; $p < .01$; korrigiertes $R^2 = .15$) vorherzusagen. Ältere Jugendliche haben demnach in jener Gruppe weniger Angst vor Misserfolg. Wie aus Tabelle 67 ersichtlich wird, klärt die Variable 15.2 % der Varianz auf.

Tab. 67: Bedeutsame Prädiktoren für Furcht vor Misserfolg (TAT) für die Gruppe der Gymnasiasten (n = 47 - 58)

Modell 1	B	Beta	T	p	r	ΔR^2
Alter	1.08	.42	2.82	< .05	.42	.173
$R = .416$, $R^2 = .173$, adjustiertes $R^2 = .152$						

Anmerkung: r = partielle Korrelation

Folgend wurden in einer Regressionsanalyse die zuvor genannten Prädiktorvariablen mit dem Ziel aufgenommen, ihren Einfluss auf die Kriteriumsvariable *Gesamtwortzahl* zu ermitteln. Die Datenauswertung zeigt, dass insbesondere das *Geschlecht*, die *Ausbildung der Mutter*, das *Alter* und vor allem das *Priming* hoch signifikant zur Erklärung dessen für die Gruppe der Benachteiligten geeignet sind ($F(4;148) = 15.68$; $p < .01$; korrigiertes $R^2 = .28$). Insgesamt erklärt das Modell 27.9 % der Varianz auf, wovon allein 13.7 % auf die experimentelle Manipulation zurückzuführen sind. Die genauen Werte können der Tabelle 68 entnommen werden.

Tab. 68: Bedeutsame Prädiktoren für die Gesamtwortzahl (TAT) für die Gruppe der Benachteiligten (n = 192 - 278)

Modell 4	B	Beta	T	p	r	ΔR^2
Geschlecht	49.87	.22	3.16	< .01	.25	.092
Ausbildung der Mutter	37.48	.23	3.29	< .01	.26	.037
Alter	11.60	.18	2.62	< .05	.21	.031
Priming	80.97	.37	5.38	< .01	.40	.137
R = .546, R^2 = .298, adjustiertes R^2 = .279						

Anmerkung: r = partielle Korrelation

Im Rahmen derselben Analyse für die Gruppe der Gymnasiasten kann das Modell immerhin noch 9.5 % der Varianz bezüglich bedeutsamer Prädiktoren zur Vorhersage der *Gesamtwortzahl* leisten (vergleiche Tabelle 69). Hier ist für jenen Effekt ursächlich das *Geschlecht* verantwortlich ($F(1;38) = 5,10$; $p < .05$; korrigiertes $R^2 = .10$).

Tab. 69: Bedeutsame Prädiktoren für die Gesamtwortzahl (TAT) für die Gruppe der Gymnasiasten (n = 47 - 58)

Modell 1	B	Beta	T	p	r	ΔR^2
Geschlecht	78.27	.34	2.26	< .05	.34	.118
R = .344, R^2 = .118, adjustiertes R^2 = .095						

Anmerkung: r = partielle Korrelation

Des Weiteren wird in den formulierten Hypothesen davon ausgegangen, dass die *Gruppenzugehörigkeit* einen Einfluss auf die explizite (Leistungs-) Motivationsausprägung hat. Zur Überprüfung dessen gehen die Bedingungen *Priming* und *Gruppenzugehörigkeit* als unabhängige Variablen in eine weitere multivariate Varianzanalyse ein. Erneut wurden die abhängigen Variablen des RLMIE *Hoffnung auf Erfolg*, *Furcht vor Misserfolg*, *Hoffnung auf Misserfolg* sowie *Furcht vor Erfolg* bezüglich gegebener Effekte in Augenschein genommen. Im Rahmen der Analyse zeigte sich kein signifikanter Haupteffekt für die Bedingung des Primings (Pillai-Spur = .03; $F(4;232) = 1.90$; $p = .11$; $Eta^2 = .03$), allerdings ist dieser für die Gruppenzugehörigkeit (Pillai-Spur = .13; $F(4;232) = 8.45$; $p < .01$; $Eta^2 = .13$) gegeben. Ein Effekt in Bezug auf die Interaktion der beiden Faktoren besteht zudem nicht (Pillai-Spur = .02; $F(2;232) = 1.41$; $p = .23$; $Eta^2 = .02$).

Die Analyse der Einzeleffekte zeigt, dass sich die Gruppe der Gymnasiasten bedeutsam von den Benachteiligten in allen vier verwendeten Gesamtskalen des RLMIE unterscheidet. Signifikante Unterschiede sind demnach bezüglich der Skalen *Hoffnung auf Erfolg* ($F(1;235) = 11{,}40$; $p < .01$; $Eta^2 = .05$) und *Furcht vor Misserfolg* ($F(1;235) = 4{,}44$; $p < .05$; $Eta^2 = .02$) gegeben, die Betrachtung der Skalen *Hoffnung auf Misserfolg* ($F(1;235) = 20{,}76$; $p < .01$; $Eta^2 = .08$) sowie *Furcht vor Erfolg* ($F(1;235) = 14{,}42$; $p < .01$; $Eta^2 = .06$) lässt hoch signifikante Effekte erkennen. Tabelle 70 weist die einzelnen Werte detailliert aus (siehe auch Abbildung 25).

Tab. 70: Mittelwerte und Standardabweichungen der vier Gesamtskalen des RLMI-E in Abhängigkeit von der Gruppenzugehörigkeit und dem Priming (n = 239)

			Hoffnung auf Erfolg	**Furcht vor Misserfolg**	**Hoffnung auf Misserfolg**	**Furcht vor Erfolg**
Gruppe	**Bedingung**	n	M (SD)	M (SD)	M (SD)	M (SD)
Gymnasiasten	**EX**	27	91.04 (12.17)	55.89 (15.41)	43.81 (9.69)	49.22 (11.36)
	KG	23	89.39 (12.38)	51.04 (11.06)	43.52 (10.44)	49.87 (12.00)
Benachteiligte	**EX**	95	85.29 (13.51)	57.31 (15.50)	51.59 (15.16)	57.76 (15.28)
	KG	94	80.63 (14.02)	59.20 (13.22)	55.68 (13.84)	58.37 (13.94)

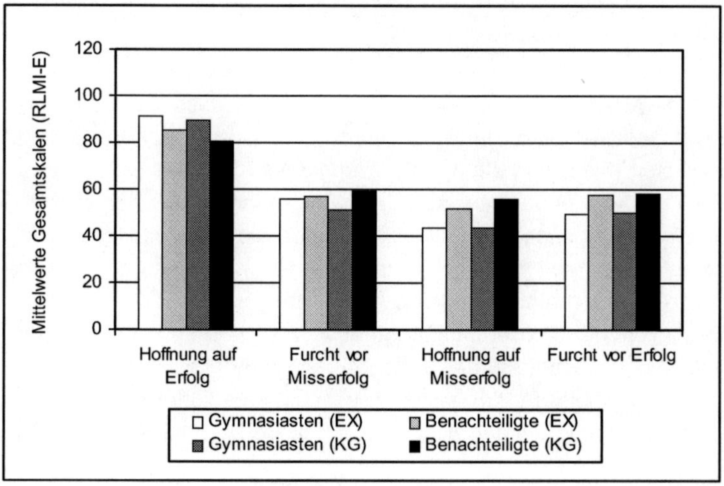

Abb: 25: Gesamtskalen des RLMI-E in Abhängigkeit von Gruppenzugehörigkeit und Priming

Folgend wurde für die explizite Leistungsmotivation regressionsanalytisch überprüft, inwieweit die individuellen Dispositionen (Alter, Geschlecht, Migrationshintergrund) samt schulischer Sozialisation (Schultyp und Schulabschluss) sowie die Variablen des familiären bzw. kulturellen Kapitals (Ausbildung und Tätigkeit jeweils von Mutter und Vater) und schließlich die experimentelle Manipulation des Primings geeignete Prädiktoren sind, um die vier Kriteriumsvariablen im Sinne der Gesamtskalen des RLMI-E vorherzusagen.

Die Regressionsanalysen, jeweils gesondert für beide Gruppen durchgeführt, erfolgten schrittweise, wobei die zuvor genannten Variablen immer in einem ersten Block aufgenommen wurden, mit Ausnahme des Primings, das seine Berücksichtigung in einem gesonderten zweiten Block fand.

In Bezug auf die Kriteriumsvariable *Hoffnung auf Erfolg* kann Tabelle 71 entnommen werden, dass sich für die Gruppe der *Benachteiligten* nur das Priming als mäßiger Prädiktor zur Vorhersage eignet. 2.2 % der Gesamtvarianz können in diesem Zusammenhang aufgeklärt werden ($F(1;150) = 4.36$; $p < .05$; korrigiertes $R^2 = .02$).

Tab. 71: Bedeutsame Prädiktoren für *Hoffnung auf Erfolg* (RLMI-E) für die Gruppe der Benachteiligten (n = 189 - 278)

Modell 1	B	Beta	T	p	r	Δ R²
Priming	4.67	.17	2.09	< .05	.17	.028
R = .168, R² = .028, adjustiertes R² = .022						

Anmerkung: r = partielle Korrelation

Für die Gruppe der Gymnasiasten zeigt sich, dass hier sämtliche Faktoren nicht geeignet sind, um eine bedeutsame Vorhersage der Erfolgshoffnung zu leisten ($F(1;39) = .32$; $p = .96$; korrigiertes $R^2 = .00$).

Gleiches wird deutlich, wenn die zuvor genannten Prädiktoren zur Erklärung der *Furcht vor Misserfolg* – für die Gruppe der Benachteiligten – in einer Analyse aufgenommen werden. Sie tragen erneut nicht zur Varianzaufklärung bei ($F(1;151) = .99$; $p =.45$, korrigiertes $R^2 = .00$).

Bezüglich der Misserfolgsfurcht erweist sich demgegenüber bei den Gymnasiasten insbesondere das *Alter* als sehr guter Prädiktor zur Vorhersage der Kriteriumsvariable ($F(1;38) = 10.52$; $p < .01$; korrigiertes $R^2 = .20$). 19.6 % der Varianzaufklärung werden alleinig durch diese Determinante erklärt (siehe Tabelle 72).

Tab. 72: Bedeutsame Prädiktoren für *Furcht vor Misserfolg* (RLMI-E) für die Gruppe der Gymnasiasten (n = 47 - 58)

Modell 2	B	Beta	T	p	r	Δ R^2
Alter	-5.22	-.466	-3.24	< .01	-.47	.217
R = .466, R^2 = .217, adjustiertes R^2 = .196						

Anmerkung: r = partielle Korrelation

Hoffnung auf Misserfolg innerhalb der Gruppe der *Benachteiligten* wird signifikant durch die unabhängigen Variablen *Geschlecht* und *Tätigkeit des Vaters* vorhersagbar (F(2;149) = 5.18 p < .01, korrigiertes R^2 = .05). Das Modell kann 5.2 % der Gesamtvarianz aufklären und ist in Tabelle 73 dargestellt.

Tab. 73: Bedeutsame Prädiktoren für *Hoffnung auf Misserfolg* (RLMI-E) für die Gruppe der Benachteiligten (n = 189 - 278)

Modell 3	B	Beta	T	p	r	Δ R^2
Geschlecht	-5,84	-.19	-2.45	< .05	-.20	.034
Tätigkeit des Vaters	-2.41	-.18	-2.21	< .05	-.18	.031
R = .255, R^2 = .065, adjustiertes R^2 = .052						

Anmerkung: r = partielle Korrelation

Zur Vorhersage der Misserfolgshoffnung der Gymnasiasten eignet sich demgegenüber keine der zuvor berücksichtigten Determinanten (F(1;39) = .99; p = .47, korrigiertes R^2 = .00).

Eine Regressionsanalyse zur Erforschung bedeutsamer Prädiktoren der *Furcht vor Erfolg* der Benachteiligten ergab, dass sich insbesondere das *Geschlecht* als auch die *Ausbildung des Vaters* zur Erklärung jener Kriteriumsvariable eignen (F(2;149) = 7.81; p < .01; korrigiertes R^2 = .08). 8.3 % der Varianz können durch das Modell aufgeklärt werden (siehe Tabelle 74).

Tab. 74: Bedeutsame Prädiktoren für Furcht vor Erfolg (RLMI-E) für die Gruppe der Benachteiligten (n = 189 - 278)

Modell 2	B	Beta	T	p	r	Δ R^2
Geschlecht	-7.40	-.25	-3.15	< .01	-.25	.067
Ausbildung des Vaters	-3.90	-.17	-2.17	< .05	-.18	.028
R = .308, R^2 = .095, adjustiertes R^2 = .083						

Anmerkung: r = partielle Korrelation

Schlussendlich sollte noch eruiert werden, welche der berücksichtigten unabhängigen Faktoren geeignet sind, um für die Gruppe der Gymnasiasten die *Furcht vor Erfolg* zu erklären. Es erwiesen sich vor allem das *Alter* und der *Migrationshintergrund* als ausgezeichnete Prädiktoren zur Vorhersage der Erfolgsfurcht ($F(2;37) = 11.65$; $p < .01$; korrigiertes $R^2 = .35$). Das Modell leistet 35.3 % Varianzaufklärung und ist in Tabelle 75 enthalten.

Tab. 75: Bedeutsame Prädiktoren für Furcht vor Erfolg (RLMI-E) für die Gruppe der Gymnasiasten (n = 47 - 58)

Modell 2	B	Beta	T	p	r	ΔR^2
Alter	-5.24	-.55	-4.26	< .01	-.57	.257
Migrations-hintergrund	-9.95	-.36	-2.79	< .05	-.42	.129
$R = .622$, $R^2 = .386$, adjustiertes $R^2 = .353$						

Anmerkung: r = partielle Korrelation

Tabelle 76 beinhaltet eine nach Gruppen getrennt detaillierte und differenzierte Aufstellung, welche soziodemografischen Variablen bzw. Determinanten und experimentellen Manipulationen einen Einfluss auf die implizite und explizite Dimension der Leistungsmotivation nehmen.

Tab. 76: Übersicht der Beziehungen zwischen den Facetten und Dimensionen der impliziten und expliziten Leistungsmotivation mit den sozio-demografischen Determinanten der Probanden und der experimentellen Manipulation, getrennt für die Gruppe der Benachteiligten und die der Gymnasiasten

		Leistungsmotivation (Benachteiligte)						Leistungsmotivation (Gymnasiasten)					
		implizit (TAT)		explizit (RLMI-E)				Implizite (TAT)		explizit (RLMI-E)			
		HE	FM	HE	FM	HM	FE	HE	FM	HE	FM	HM	FE
sozio-demografische Determinanten	Alter	-	-	-	-	-	-	-	*	-	**	-	**
	Geschlecht	-	*	-	-	*	**	-	-	-	-	-	-
	Schultyp	-	**	-	-	-	-	*	-	-	-	-	-
	Schulabschluss	-	-	-	-	-	-	-	-	-	-	-	-
	Migrations-hintergrund	**	-	-	-	-	-	-	-	-	-	-	*
	Ausbildung Mutter	-	-	-	-	-	-	-	-	-	-	-	-
	Tätigkeit Mutter	-	-	-	-	-	-	*	-	-	-	-	-
	Ausbildung Vater	-	-	-	-	-	*	-	-	-	-	-	-
	Tätigkeit Vater	-	-	-	-	*	-	-	-	-	-	-	-
	Gruppen-zugehörigkeit	-	-	-	-	-	-	-	-	-	-	-	-
Bedingung	Priming	**	-	**	-	-	-	-	-	-	-	-	-
	Testbearbeitungs-reihenfolge	-	-	-	-	-	-	-	-	-	-	-	-

Anmerkung: HE = Hoffnung auf Erfolg; FM = Furcht vor Misserfolg; HM = Hoffnung auf Misserfolg, FE = Furcht vor Erfolg; - = nicht signifikant, * = signifikant ($p < .05$), ** = sehr signifikant ($p < .01$)

5.6 Diskussion der 2. Studie

Die zweite Studie leiteten zwei für die Hauptuntersuchung vorbereitende Testungen ein. Einerseits wurde ein Kurzfragebogen zur erfolgs- und misserfolgsmotivierenden Personenwahrnehmung konzipiert und getestet, um die Versuchsleiter bestimmen zu können, die sodann die experimentelle Untersuchung durchführten, andererseits wurde die Wirkung zweier möglicher Priming-Typen getestet, damit entschieden werden konnte, ob eine Geschichten-Priming zur Leistungsmotivierung geeignet ist und welche differentielle Wirkung zwischen zwei Priming-Typen gegeben ist.

Es zeigte sich, dass die Konstruktion eines Kurzfragebogens zur Einschätzung der Versuchsleiter bezüglich ihrer motivierenden Wirkung erheblich dazu beitrug, äquivalente Untersuchungsbedingungen zu schaffen. Während in der Literatur primär darauf hingewiesen wird, dass es infolge der differentiellen Personenwahrnehmungen und mannigfacher Verzerrungen innerhalb der Personenwahrnehmung ratsam ist, einander optisch ähnliche Versuchsleiter auszuwählen und bezüglich der Untersuchungsdurchführung zu schulen (Huber, 2005; Rosenthal & Rosnow, 1975; Rosenthal & Jacobson, 1971; Bortz, & Döring, 2006; Aronson, Wilson & Akert, 2008), erhärtete sich zudem die Annahme, dass selbst von in der Optik als relativ homogen wahrgenommenen Personen eine mehr oder weniger stark motivierende Wirkung ausgeht. Deshalb wurde ein Fragebogen entwickelt, der jene Personeneinschätzung bzw. -bewertung gewährleisten sollte. Die Items dieses eigenkonstruierten Fragebogens wurden stark an den erfolgs- und misserfolgsmotivierenden Formulierungen der eingesetzten Verfahren orientiert (Spinath et al., 2002; Schmalt et al., 2000; Lukesch & Peters-Häderle, 2007). Schlussendlich konnte dadurch ein Kurzfragebogen konstituiert und eingesetzt werden, der den Ansprüchen der Reliabilität in besonderem Maße Rechnung trug. Die von der Hauptuntersuchung unabhängige Voruntersuchung zur Versuchsleiterauswahl zeigte, dass selbst auf den ersten Blick einander optisch ähnlich wirkende Personen in zwei für die Experimente bedeutsamen Motivationsfacetten noch stark differentiell wahrgenommen werden. Deshalb wurden nicht nur einander ähnliche Personen ausgewählt, diese galt es noch entsprechend ihrer hoffnungs- und furchtevozierender Wirkung zu bewerten, damit nicht bereits durch den Versuchsleiter motivationsförderliche oder -hemmende Effekte initiiert werden. Es zeigte sich, dass erhebliche motivationsrelevante Differenzen zwischen sich ähnelnden Personen bestanden. Auf Grundlage des Fragebogens konnten jedoch die bestimmt werden, deren Präsenz am wenigsten Erfolg oder Misserfolg induzieren.

Allein die Optik einer Person ist im Stande, andere Menschen leistungsthematisch zu beeinflussen, also Furcht zu evozieren, aber auch in einem förderlichen Sinne anzuregen und zu motivieren. Dies hat vor allem für schulische und pädagogische Praxisfelder derart bedeutsame Implikationen, dass das eigene Aussehen und Auftreten, das gezeigte Verhalten sowie der eigene Habitus auch ohne willentliches Zutun Motivation beeinflussen. Dies erfordert, dass man sich nicht nur jener Wirkung bewusst wird, sondern immer auch adäquat und vor allem professionell verhält. Ähnliches belegte auch bereits die Charisma- und Führungsforschung in vielfältiger Art und Weise (vgl. Meyer, Stanley, Herscovitch & Topolnytsky, 2002; Brown & Keeping, 2005; Felfe, 2006). Damit wird es erforderlich, neben dem lerninhaltlichen und unterrichtlichen Geschehen sowie der zwischenmenschlichen Interaktion auch das eigene Auftreten und die damit verbundene Modellhaltung und -wirkung selbstkritisch zu hinterfragen und bewusst zu steuern, damit sich z. B. die abnehmende Unterrichtslust eines Lehrers auch nach einem langen und anstrengendem Tag in der letzten Stunde nicht auf seine Schüler überträgt und diese leistungsthematisch hemmt.

Ebenfalls das durch die Versuchsleiter eingesetzte Priming wurde nicht willkürlich konstituiert. Es orientierte sich inhaltlich an der Stärkung des Subjektes und musste deshalb gleichermaßen Motivation, Emotionen und Kognitionen ansprechen. Allerdings war aufgrund der bisherigen Forschungsergebnisse nicht klar, ob der Einsatz eines positiv formulierten Geschichten-Primings allein ausreichend ist, die Motivation der Schüler zu fördern. Gerade die Erkenntnisse der Stereotype-Threat-Forschung legten nahe, dass ebenso eine Gegenreflexion des Benachteiligtenphänomens sinnvoll ist (vgl. Petersen & Six, 2008). Dieses Prinzip wird beispielsweise in den entsprechenden Interventionsprogrammen verfolgt (vgl. Bierhoff, 2008; Wagner & Farhan, 2008). Die Testung der beiden Priming-Typen erfolgte ebenfalls an einer Stichprobe, die von der Hauptuntersuchung unabhängig war, deren Teilnehmer jedoch klassischer Weise als Benachteiligte bezeichnet werden. Die Auswertung der Schülergeschichten zeigte, dass das Motivations-Priming mittels einer Geschichte im Stande war, differentielle Wirkungen zu evozieren. Der Einsatz eines lediglich positiven Primings hatte sich nicht bewährt, da es einerseits die Erfolgshoffnung negativ limitierte, andererseits zum Anstieg der Misserfolgsfurcht führte. Insgesamt wurden vermutlich infolge der eigenen Schulerfahrung und -sozialisation eine ausschließlich positive Lehrerinterventionen als nicht authentisch erachtet. Des Weiteren schien es keinen Raum zu bieten, dass sich die Schüler in diesen Fällen mit den Protagonisten identifizieren bzw. diese ob ihrer eigenen Situation schlichtweg blockiert werden, da ihre Realität weitestgehend ein konträres Interaktionsverhalten zeigt. Dies erklärt, warum die implizite Hoffnung auf Erfolg der Schüler nach dem Einsatz des nur positiven Primings sogar geringer war, als sie es ohne Priming gewesen wäre. Die Vorschaltung und Gegenreflexion des Benachteiligtenphänomens, wegen der gegenwärtigen Lebenssituation und -wirklichkeit der Maßnahmenschüler, erzeugte nicht nur mehr Authentizität, sondern motivierte sie auch leistungsthematisch. Die leichte Zunahme der Misserfolgsfurcht wurde nicht als schädlich erachtet, weil davon ausgegangen wird, dass die implizite Furcht vor Misserfolg einen allgemeinen Antriebsimpuls darstellt und deshalb beide Motivationsfacetten vor allem unbewusst in Richtung Zielerreichung antreiben. Bezüglich der expliziten Furchtfacette wird eine konträre Position bezogen, weil die bewusste und reflexionsfähige Furcht vor Misserfolg zur allgemeinen Hemmung der Wesenskräfte des Subjekts führt und damit sein Humanpotential negativ limitiert.

In der 2. Studie konnte gezeigt werden, dass ein Geschichten-Priming einen positiven Einfluss auf die Leistungsmotivation nimmt, die implizite Erfolgshoffnung fördert und die explizite Erfolgs- und Misserfolgsfurcht unbeeinflusst lässt. Zudem setzt sich das Motivations-Priming vor allem gegenüber den meisten Benachteiligtendeterminanten durch – ein Effekt, der am stärksten bei den als benachteiligt Geltenden auftrat. Zusätzlich motivierte das Priming derart, dass die Probanden, die ihm ausgesetzt waren, mehr Wörter zur Verfassung ihrer Geschichten frequentierten, was ein weiteres implizites Maß der Leistungsmotivation darstellt.

Die anregende Wirkung des Primings schlägt sich in der impliziten Erfolgshoffnung am deutlichsten nieder, wenn direkt mit der Bearbeitung des TAT begonnen wurde, zeigte sich jedoch auch noch, wenn der RLMI-E dem TAT vorgeschaltet wurde. Damit ist belegt, dass das Motivations-Priming nicht nur im Allgemeinen wirkt, sondern auch, dass sich seine Wirkung nicht wieder unmittelbar verliert, wie es oftmals der Fall bei herkömmlichen Priming-Untersuchungen ist (vgl. Meyer & Schvaneveldt, 1971; Perea, Rosa & Gomez, 2002; Raaijmakers, 2004; Halldorson & Singer, 2001). Dies sollte darin begründet sein, dass mittels des Primings u.a. die bewusste Reflexion nachhaltig angeregt und gefördert wurde und vielfältige innerpsychische Vorgänge aktiviert worden sind. Die initiierte implizite Erfolgshoffnung verliert sich allerdings zum Teil, wenn der RLMI-E vor dem TAT bearbeitet wurde. Dies kann einerseits den Wirkungsverlust infolge der verstrichenen Zeit sein, andererseits kommt hierfür unter Umständen sogar die Instruktion des RLMI-E in Betracht, da diese die Leistungsthematik wieder explizit in den Bewusstseinsfokus rücken und damit bedingt die automatische Motivationsaktivierung hemmen oder sogar das Benachteiligtenstereotyp initiiert. Weil die Hoffnung auf Erfolg von Jugendlichen, die einem Priming ausgesetzt waren und zuerst den RLMI-E bearbeiteten, höher als die Erfolgshoffnung derer gewesen ist, die kein Priming erhielten und zuerst die Geschichten im Rahmen des TAT abfassten, ist die Stärkung der Erfolgshoffnung nicht durch die zeitliche Abfolge der Verfahrensbearbeitung oder den Umstand, dass sich die Bearbeitungslust und -intensität mit dem zweiten Test verliert, erklärbar, sondern im wesentlichen auf das Priming zurückzuführen.

Furcht vor Misserfolg variierte nicht bedeutsam zwischen den Bedingungen, so dass die Anregung der Misserfolgsfurcht, wie sie noch in der Voruntersuchung gegeben war, ausblieb. Dies legt den Schluss nahe, dass die Abfolge zweier Motivations-Priming-Typen in der Voruntersuchung die Untersuchungsteilnehmer zwar leistungsthematisch zu aktivierten vermochte, eine zusätzliche Erwähnung des Benachteiligtenphänomens sodann aber dazu führte, dass der Aufmerksamkeitsfokus eher auf dieses als auf die Stärkung der Wesenskräfte gerichtet wurde und die damit verbundenen Misserfolgsbefürchtungen stärker anregte.

Besonders ersichtlich wird die Wirkung des Primings in Bezug auf die Anzahl der Wörter, welche die Jugendlichen zur Geschichtenverfassung benutzten. Hypothesenkonform zeigt sich damit vor allem das die implizite Leistungsmotivation anregende Potenzial der Sprachintervention. Unabhängig von der Testbearbeitungsreihenfolge verwendeten die Schüler der experimentellen Priming-Bedingung erheblich mehr Wörter als die der Kontrollbedingung. Besonders innerhalb der Kontrollgruppe zeigt sich erwartungsgemäß, dass der Bearbeitungsbeginn des TAT die Gesamtwortzahl quantitativ begünstigte. Vermutlich nimmt aber auch die generelle Motivation zur Verfahrensbearbeitung mit dem zweiten Test und dadurch mit der Zeit ab. Eventuell wäre ebenfalls denkbar, dass aber auch die explizite Leistungsanregung durch die Instruktion des RLMI-E dazu motivierten, qualitativ wertvollere Geschichten zu verfassen, weil die Leistungsthematik stark in den Vordergrund gerückt wird. Um dies erforschen zu können, müsste künftig zusätzlich der Fehlerquotient ermittelt werden und zur Wortanzahl in Relation gesetzt werden.

Im Rahmen einer detaillierten Analyse der Erfolgs- und Misserfolgssubkategorien wurde dann differenziert, auf welche originären Ursächlichkeiten der Priming-Effekt zurückgeführt werden kann. Mit Ausnahme der Kategorie Instrumentelle Tätigkeit zeigt sich die Wirkung des Motivations-Primings in jeder Subdimension. Am deutlichsten waren jedoch die Erfolgskategorien angeregt, die dem Humanpotenzial des Denkens, Fühlens und Wollens entsprachen. Das *Bedürfnis nach Leistung und Erfolg* sollte durch die motivationalen Passagen des Primings angeregt worden sein, *Erfolgserwartungen* hätten originär durch die kognitiven Aspekte der Sprachintervention gesteigert werden sollen, während die erhöhten Werte der Subskalen *Lob* und *positiver Gefühlszustand* primär auf die affektiven Formulierungen und damit die emotionale Anregung der Geschichte zurückzuführen sind. Diese Wirkung zeigt sich bei beiden Experimentalgruppen, unabhängig von der Testbearbeitungsreihenfolge. Dadurch wird nicht nur das Modell des psychodynamischen Implikationszusammenhangs der Lebenskräfte und Bedürfnisse belegt (vgl. Lisop & Huisinga, 2003), darüber hinaus zeigt sich auch, dass sich die inhaltliche sowie theoretische Konstitutionslogik des Primings bewahrheitet hat und insgesamt emotionale, kognitive und vordergründig rein motivationale Facetten gleichermaßen angeregt werden konnten. Diese Ergebnisse sprechen gerade für die Notwendigkeit einer ganzheitlichen Betrachtungsweise der Leistungsmotivation als interdependentes Prozess- und Wirkungsgefüge (vgl. Lisop & Huisinga, 2003).

Ein weiterer Beleg dafür wird geliefert, betrachtet man die Priming-Effekte der Misserfolgssubkategorien. Hier zeigten sich lediglich zwei moderate Wirkungen, allerdings in den Subkategorien Tadel und Misserfolg, die explizit im Passus der Benachteiligtenreflexion angesprochen werden. Insgesamt konnten postulierte Korrumpierungseffekte der Priming-Forschung nicht gefunden werden (vgl. Bargh, Chaiken, Govender & Pratto, 1992; Fazio, 1993), ganz im Gegenteil, die bewusste Verzahnung der motivationalen Aspekte führte zu einer multiplikativen und in der Summe positiven Wirkung auf komplexes leistungsthematisches Verhalten (vgl. Wilding, 1986; Humphreys, 1994; Ratcliff & McKoon, 1988; Klauer, 1997), selbst bei einem umfangreichen Geschichten-Priming (vgl. Lupker & Kinoshita, 2003 Ferretti, McRae & Hatherell, 2001; Halldorson & Singer, 2002). Zusätzlich zeigt sich, wenn auch nicht bedeutsam, dass das Priming zu einer Reduktion des Bedürfnisses nach Misserfolg sowie weniger starken Misserfolgserwartungen führt, wenn man seine unmittelbare Wirkung bei Schülern erfasst, die zuerst den TAT bearbeiteten. Dies spricht für eine positive und förderliche Manipulation selbst hoch komplexer innerpsychischer Prozesse und Einstellungen (vgl. Bargh, 1994, 1997; Bargh, Litt, Pratto & Spielman, 1989; Fazio, Sanbonmatsu, Powell & Krades, 1986; Greenwald & Banaji, 1995). Damit werden erstens die inhaltliche und theoretische Konzeption des Geschichten-Primings, zweitens die Orientierungsnotwendigkeit des Lehrenden am ganzheitlichen Humanpotenzial des Individuums und drittens die leistungsmotivierende Wirkung eines Primings und damit allgemein auch positiver sprachlicher Interventionen empirisch bestätigt.

Darauf aufbauend wurde die Klärung der Hypothesen wichtig, welche verstärkenden, substituierenden bzw. korrumpierenden Effekte die benachteiligenden Determinanten in ihrem Zusammenwirken mit sich bringen (vgl. Pütz, 1993; Riess 1997; Prüß, Binder & Helbig, 2004; Fischer, 2008) und inwieweit das Motivations-Priming in diesem Bedingungsgefüge noch motivationsförderliche Effekte in Bezug auf die implizite Leistungsmotivation evoziert und welcher Intensität diese sind.

Es zeigte sich für die zweite Stichprobe, dass einige benachteiligende Determinanten in ihrem Gesamtwirkgefüge an Einfluss verlieren bzw. weniger bedeutsam als andere sind, während das Motivations-Priming am deutlichsten auf die implizite Leistungsmotivation wirkt. Mehr als 20 % der Gesamtvarianz von Hoffnung auf Erfolg können mittels der einzelnen Prädiktoren erklärt werden. Von den sozio-ökonomischen Variablen hat vor allem die Ausbildung des Vaters ein deutliches Gewicht zur Vorhersage der impliziten Leistungsmotivation, gerade wenn diese formal betrachtet als höherwertig zu bezeichnen ist. Besonders günstig wirken hier ein Studium oder die Absolvierung einer kaufmännischen Ausbildung auf die Erfolgshoffnung. Dies rührt mutmaßlich daher, dass gemäß traditioneller Rollenverständnisse die Ausbildung männlicher Erziehungsberechtigter von Bedeutung sind, während Frauen üblicherweise oftmals unausgebildet blieben. Zusätzlich kann die Argumentation bekräftigt werden, dass die Art der väterlichen Ausbildung auch in die Sozialisation hineinspielt, und insgesamt der Stellenwert einer qualifizierten Ausbildung betont wird, während deren Fehlen die Ansprüche der Eltern an ihre Kinder diesbezüglich zu reduziert scheint und eine Ausbildung ggf. in diesen Kreisen nicht derart bedeutsam ist und als notwendige Voraussetzung für den weiteren beruflichen Erfolg erachtet wird. Der Einfluss der Ausbildung der Mutter und deren Tätigkeit sind weitere Prädiktoren, jedoch um einiges weniger bedeutsam. Zu zeigen bleibt, ob mit der weiteren Emanzipation der Frau und dem Alltäglichwerden ihrer Berufsergreifung und -ausübung auch diese Aspekte in den kommenden Jahren zunehmend gewichtiger in ihrem Einfluss auf die Leistungsmotivation der Kinder werden. Ebenfalls wirkt der Migrationsstatus derart auf die implizite Erfolgshoffnung ein, dass Nicht-Migranten mehr Hoffnung auf Erfolg besitzen, allerdings die Bedeutung jener Determinante augenscheinlich überschätzt wird. Entweder substituiert der sozio-ökonomische Status dessen Wirkung, oder aber das Priming war besonders geeignet, die Negativeffekte, die mit dem Migrationsstatus verbunden sind, zu substituieren. Trotz des konservativen Vorgehens in der Regressionsanalyse erweist sich nämlich das Motivations-Priming mit fast 7 % Varianzaufklärung als sehr guter und einer der besten Prädiktoren zur Vorhersage der impliziten Erfolgshoffnung, so dass jene sprachlich fordernden und fördernden Interventionen einerseits nicht nur unverzichtbar sind, sondern andererseits auch den Benachteiligungsdeterminanten wesentlich entgegenwirken.

Die implizite Misserfolgsfurcht wird durch die Prädiktoren Geschlecht, Schultyp und Ausbildung des Vaters relativ gut vorhergesagt. Diesbezüglich fällt auf, dass Art und Grad der Ausbildung des Vaters dann Misserfolgsfurcht begünstigen, wenn diese eher niedrigeren Niveaus ist bzw. gar keine absolviert wurde, während das Geschlecht nicht einmal 2 % zur Gesamtvarianzaufklärung beiträgt und damit vielfach überschätzt wird. Am stärksten wirkt der zuletzt besuchte Schultyp der Jugendlichen auf ihre Furcht vor Misserfolg ein. Dass dies vor allem auf den Sonder- und Hauptschultyp zurückführbar ist, verwundert nicht, weil gerade jene Schulformen in Misskredit geraten, diskutiert man die beruflichen Zukunftsperspektiven ihrer Schüler (vgl. Rösner, 2007; Klieme et al., 2010; Prenzel et al., 2008). Da sich diese vor allem im Sekundarstufenbereich I mindestens sechs Jahre und damit der längsten Schulzeit auf jenen Schulformen aufhalten, ist es nur normal, dass die stigmatisierenden Zuschreibungen habitualisiert werden und sich negativ auf ihre implizite Leistungsmotivation auswirken.

Besonders überraschend waren die Ergebnisse, analysierte man die Bedeutung der Prädiktoren zur Vorhersage der quantitativen Wortanzahl, die von den Schülern verwendet wurden, um die Geschichten im Rahmen des TAT abzufassen. Auch hier leisten erneut die Ausbildung des Vaters und das Geschlecht der Jugendlichen einen Betrag zur Gesamtvarianzaufklärung, allerdings bleibt dieser weit hinter den erwarteten Postulaten, sollen doch gerade Schülerinnen fleißiger und schreib- sowie sprachbegabter sein und damit auch lieber und intensiver Texte produzieren (vgl. Baumert et al., 2001; Klieme et al., 2010; Prenzel et al., 2008). In diesem Zusammenhang war es die Ausbildung der Mutter, die fast 20 % der Gesamtvarianz aufklärt. Zusätzlich konnte das Priming sogar noch mehr als 10 % an Varianzaufklärung beisteuern. Daraus wird ersichtlich, dass Mütter, die selbst akademisch oder kaufmännisch ausgebildet sind, einen positiven Einfluss auf ihre Kinder nehmen, sei es dadurch, dass sie ihre Sprösslinge mehr fordern und fördern oder aber deshalb, dass ihre Kinder ihnen nacheifern. Gerade im kaufmännischen Bereich ausgebildete und gegenwärtig tätige Frauen, müssen für dieses Berufsfeld über eine solide und eher sprach- und kommunikationsorientierte sowie -fundierte Ausbildung verfügen. Dies mag ein Grund sein, warum jene im Vergleich mehr Lust haben und eher im Stande sind, ihren Kindern in diesem Bereich unterstützend zur Seite zu stehen, nicht zuletzt deshalb, weil es ihnen gerade an jener Kompetenz nicht fehlt. Mütter, die nicht oder nur im verarbeitenden Sektor ausgebildet wurden, haben demgegenüber vielleicht nicht nur weniger Interesse am Schreiben und Schreibprozess selbst, möglich wäre auch, dass sie sich nicht ausreichend kompetent fühlen oder sich ihres mangelnden Kompetenzvermögens bewusst sind und deshalb weniger Wert auf die schriftsprachliche bzw. literarische Bildung legen (vgl. Baumert et al., 2001; Prenzel, 2008). Einige Studien führen diese u. a. auf das nicht Vorhandensein der entsprechenden Bücher in jenen Haushalten zurück (vgl. Klieme et al., 2010). Im Speziellen führen die eingesetzten sprachlichen Bekräftigungen seitens des Individuums also dazu, dass sie einerseits Hoffnung auf Erfolg begünstigt, andererseits sogar die implizite Leistungsmotivation produktionsorientiert fördert.

Damit wird die implizite Leistungsmotivation durch das Motivations-Priming ausschließlich positiv determiniert, während gleichzeitig der Einfluss des sozio-ökonomischen Status der Eltern und des Migrationshintergrundes als benachteiligende Determinanten gegeben sind und entweder überschätzt werden oder aber stark durch das Motivations-Priming kompensiert werden können.

In Bezug auf die eher expliziten Dimensionen der Leistungsmotivation zeigte sich, dass das Priming Erfolgshoffnung, bei gleichzeitiger Reduktion der Misserfolgshoffnung, evoziert. Zwar wurden Erfolgs- und Misserfolgsfurcht dadurch leistungsförderlich beeinflusst, allerdings nicht in bedeutsamen Maße. Erneut zeigt sich, dass das Motivations-Priming am stärksten wirkt, wenn mit der Bearbeitung des TAT begonnen wurde, während der Beginn mit diesem Verfahren insgesamt mit einem leicht erhöhten Maß an Hoffnung auf Erfolg einhergeht. Dies kann eventuell auch zu einem bestimmten Anteil auf den Umstand zurückgeführt werden, dass nach der fast einstündigen Bearbeitung des RLMI-E die Motivation, Texte zu verfassen, als weniger lustvoll erachtet wird. Das Priming konnte selbst der Hoffnung auf Misserfolg entgegenwirken, allerdings begünstigt der Bearbeitungsbeginn mittels des TAT jene Hemmung. Dies lässt sich stärker als bereits thematisiert vor allem auf die Instruktion des RLMI-E zurückführen, die Leistung betonen und anregen, weshalb nicht zuletzt die Testbearbeitungsreihenfolge in den Untersuchungen variiert und als zweite Experimentalbedingung eingeführt wurde. Die Instruktionen akzentuieren nämlich die kommenden Leistungssituationen, in denen es um individuelle Bewertungs- bzw. Entscheidungsprozesse geht. Diese primär kognitive Aktivierung vermag die positiven Wirkmechanismen des Primings in geringem Umfang zu hemmen, weil sie die Konzentration von jenem ablenken bzw. abziehen.

In den Einzelbereichen zeigte sich erwartungskonform, dass der in der Gesamtkategorie Erfolgshoffnung erlangte Wert, deutlich auf die Ausprägung der Hoffnung auf Erfolg in den Bereichen Ausbildung und Beruf zurückzuführen war. Dies verwundert nicht, da das Priming jene Bereiche fokussierte und genau in diesen motivieren und Erfolgshoffnung evozieren sollten. Die Wirkung des Primings war hier am stärksten, zusätzlich konnte sie auch in den anderen Bereichen und damit übergreifend festgestellt werden. Im Bereich der expliziten Leistungsmotivation zeigt sich auch der Effekt der Testbearbeitungsreihenfolge, der allerdings vor allem auf den zeitlichen Verlauf der Anstrengungsintensität zurückgeführt werden kann.

Bezüglich des interdependenten Wirkungsgefüges von sozio-demografischen Determinanten, experimentellen Bedingungen und expliziter Leistungsmotivation konnte erforscht werden, dass das Priming die explizite Erfolgshoffnung zwar begünstigt, aber weniger bedeutsam als es dies bei der impliziten Leistungsmotivation vermochte. Im Allgemeinen konnte bezüglich sämtlicher Prädiktoren zur Vorhersage der vier Kriteriumsvariablen zumeist nur ein eher geringwertiger Einfluss dieser ausfindig gemacht werden. Während Erfolgshoffnung erneut durch die Ausbildung der Mutter (bei akademisch oder kaufmännisch Tätigen) und die beiden experimentellen Bedingungen vorhersagbar ist, waren für sämtliche expliziten Misserfolgs- und Furchtdimensionen ausschließlich noch die Ausbildung des Vaters sowie das Geschlecht gewichtige Prädiktoren. Hier scheinen sich die gesellschaftlichen Postulate und Debatten zu bewahrheiten, weil ein ungelernter Status oder aber lediglich die Absolvierung einer produktionsorientierten Ausbildung Furcht vor Misserfolg, Hoffnung auf Misserfolg und Furcht vor Erfolg begünstigen. Darüber hinaus haben Frauen geringfügig, aber erwartungskonform sowohl mehr Hoffnung auf Misserfolg und Furcht vor Erfolg. Das Priming war nicht im Stande, neben der erfolgsmotivierenden Wirkung auch jenen Negativaspekten entgegenzuwirken. Allerdings ist es auch nicht explizit darauf ausgerichtet worden. Eine Variation des Primings, die primär die Furcht- und Misserfolgsorientierung thematisiert und diesen geeignet gegenreflektiert, könnte dazu jedoch in analoger Weise im Stande sein.

Damit hat das Priming insgesamt einen positiven Einfluss sowohl auf die implizite als auch explizite Hoffnung auf Erfolg, während es weder Misserfolgserwartungen noch Leistungsfurcht schürt. Auf diese eher negativen Dimensionen der expliziten Leistungsmotivation nehmen vor allem der Ausbildungsstatus des Vaters sowie das Geschlecht einen Einfluss, wenngleich die Bedeutung beider nicht in der postulierten Stärke nachweisbar war (vgl. Lukesch & Peters-Häderle, 2007; Klieme et al., 2010; Prenzel et al., 2008).

Bei der gruppenspezifischen Betrachtung des Motivations-Primings und seiner Beziehung zur impliziten und expliziten Leistungsmotivation zeigten sich ebenfalls die zuvor erzielten positiven Wirkungen sowohl für die Gymnasiasten als auch die Benachteiligten. Im Folgenden werden deshalb nur noch erforschte Besonderheiten dargestellt und vornehmlich diskutiert. Es zeigte sich nämlich, dass eine gruppenübergreifende Betrachtung der benachteiligenden Determinanten zur Abschwächung bzw. Korrumpierung einiger bedeutsamer Effekte führte und eher allgemein benachteiligende Aspekte hervorgehoben hatte. Unterscheidet man nämlich die Gruppe der Gymnasiasten von den Benachteiligten, wird nicht nur das eigentliche Phänomen der Bildungsbenachteiligung bestimmter Individuen und -gruppen deutlich, zudem zeigt nun die negative Limitierung der impliziten und expliziten Leistungsmotivation durch Stereotypisierung und Vorverurteilung über merkmalsbezogene Zuschreibungen und Stigmatisierungen in all seiner Tragweite.

Das sprachliche Priming führt in beiden Gruppen zu einer Erhöhung der impliziten Erfolgshoffnung und Misserfolgsfurcht. Gymnasiasten haben insgesamt mehr Hoffnung auf Erfolg, aber auch mehr Furcht vor Misserfolg. Dies ist darin begründet, dass im schulischen Kontext, vor allem im Rahmen der gymnasialen Laufbahn Erfolge stärker als in den anderen Referenzklassen betont werden, vermehrt erfahren werden und damit schlussendlich die Befürchtung einhergeht, diesen Erfolg verlieren zu können. Des Weiteren wurde erforscht, dass bei den benachteiligten Schülern ihre allgemeine schulische Sozialisation sowie die gesellschaftlichen Zuschreibungen erheblich dazu beitragen, Erfolgshoffnung stark zu limitieren. Darüber hinaus wird für beide Gruppen explizit am Berufskolleg die Leistungsheterogenität erheblich größer, ähnlich des Überganges von der Primarstufe in den Sekundarschulbereich (vgl. Allmendinger & Dietrich 2004; Maaz & Nagy, 2009; Kristen & Dollmann, 2009), weil nun die Klassenzusammensetzung nicht nur infolge der Bildungsbiografien enorm auseinander klaffen. Die Schulform selbst verstärkt diesen Effekt der Bezugsklassen noch, weil die Bildungsgänge von der Arbeitsvorbereitung bis hin zu angehenden Bankkaufleuten reichen, die zumeist bereits über die allgemeine Hochschulreife verfügen. Damit werden nicht nur Erfolgsdruck und -erwartungen seitens der Schüler beeinflusst, zusätzlich erleben auch Lehrkräfte ein extrem heterogenes Leistungsspektrum, da diese grundsätzlich in jedem Bildungsgang und jeder Klassenstufe unterrichten oder aber die Schilderungen ihrer Kollegen – vor allem in Bezug auf Benachteiligte – erleben.

Besonders deutlich wird der Effekt des Primings im Hinblick auf die Gesamtzahl verwendeter Wörter. Es unterscheiden sich nun nicht mehr nur

Experimental- und Kontrollgruppe voneinander, bezüglich der Gruppenzugehörigkeit fällt auf, dass die Gymnasiasten zwar wegen des Motivation-Primings insgesamt mehr Wörter schreiben, bei den Benachteiligten wurden allerdings extrem positive Effekte evoziert, weil die implizite Leistungsmotivation bei ihnen in beeindruckendem Maße erhöht werden konnte.

Ebenfalls innerhalb der Einzelkategorien zur Signierung der TAT-Geschichten konnten die positiven Priming-Effekte durchgehend bestätigt werden, allerdings trat die Besonderheit auf, dass entgegen der Erfolgshoffnung und Misserfolgsfurcht die Gymnasiasten in ihren Werten nicht mehr unter jeder Bedingung den Benachteiligten überlegen waren. Das Priming führte dazu, dass die als benachteiligt geltenden Jugendlichen der Experimentalbedingung im Vergleich höhere Erfolgserwartungen, mehr Lob und positive Gefühlszustände äußerten, so dass sie damit die Gymnasiasten in den Kontrollbedingungen bezüglich jener Merkmalsausprägungen übertrafen. Dies belegt einerseits die benachteiligtenspezifische Wirkung des Primings, andererseits wird auch spekulierbar, ob sich Jugendliche, die kognitiv einfacher strukturiert sind, gesellschaftlichen Stereotypisierungen passiv erlegen sind und in der schulischen Interaktion insgesamt eher abgewertet werden und damit einfacher und nachhaltiger – in diesem Falle positiv und leistungsförderlich – zu beeinflussen sind. Darüber hinaus spielt die Tatsache mit in diese Ergebnisse hinein, dass sich Schüler des Berufsgrundschuljahres und der Arbeitsvorbereitung eher mit der Benachteiligtensituation identifizieren, als dies der Fall bei gymnasialen Oberstufenschülern ist. Besucher des Gymnasiums haben vermutlich mehr positive Bekräftigungen im Laufe ihrer Schulkarriere erfahren, was bei diesen bereits zunehmend zur Sättigung führte oder aber einer Erhöhung der Anreizschwelle bezüglich jener Interventionen zu Folge hatte. Besonders extrem ist der gruppenspezifische Unterschied in Bezug auf das Bedürfnis nach Leistung und Erfolg. Dieses ist bei den Benachteiligten äußerst gering ausgeprägt, während es bei den Gymnasiasten – je nach Bedingung – mehr als doppelt so hoch war. Hier sind jenes Bedürfnis anregende und festigende Interventionen zwingend vonnöten.

Die berichteten Unterschiede innerhalb der beiden Leistungsmotivationsdimensionen zeigen sich natürlich – teilweise noch deutlicher – ebenfalls in den Subkategorien der Misserfolgsfurcht. Eine Besonderheit war hier allerdings bei der Kategorie Misserfolgserwartung gegeben. In dieser konnte sogar ein hemmender Effekt in der experimentellen Benachteiligtengruppe erzielt werden. Demnach führte das Priming bei jenen Jugendlichen dazu, dass ihre Erwartung bezüglich eintretender Misserfolge reduziert wurde. Dabei kann es sich um jene positiven Wirkmechanismen handeln, die auch im Rahmen der

Interventionen zum Abbau von Vorurteilen und Diskriminierung eingesetzt werden und Gegenreflexionen vorherrschender Stereotype darstellen (vgl. Petersen & Six, 2008). Des Weiteren hatte das Priming zur Folge, dass benachteiligte Jugendliche mehr Misserfolge berichten, als es die Gymnasiasten der Kontrollbedingung taten. Hier wäre vor allem zu überlegen, ob die Gegenreflexion und damit natürlich auch Aktivierung des Benachteiligtenphänomens an dieser Stelle nachhaltig wirksam wurde und das Motivations-Priming demgemäß noch umzuformulieren wäre.

Die nach den beiden Gruppen getrennte Betrachtung der möglichen Benachteiligungsfaktoren sowie experimentellen Manipulationen und deren Beziehungen auf die implizite Leistungsmotivation zeigt für die Gymnasiasten, dass sich die Tätigkeit der Mutter und der zuletzt besuchte Schultyp zur Vorhersage von Erfolgshoffnung in erheblichem Maße eignen. Die geringste Hoffnung auf Erfolg ist gegeben, wenn die Mütter arbeitslos sind oder aber lediglich in weniger qualifizierten Bereichen arbeiten. Dieser Faktor sagt mehr als 10 % der Gesamtvarianz voraus. Damit scheint es, als würden Mütter, die nicht nur einer Beschäftigung nachgehen, sondern diese im Bereich höher qualifizierter Tätigkeitsfelder agieren, nachhaltiger auf ihre Kinder einwirken und wegen ihres eigene Engagements zudem einen erfolgsinduzierenden Einfluss auf ihre Sprösslinge haben. Hypothesenkonform erwies sich der vorangegangene Besuch eines Gymnasiums als positivster Einflussfaktor zur Erhöhung der Erfolgshoffnung der Schüler und klärt insgesamt 12 % der Gesamtvarianz auf (vgl. Baumert et al., 2001; Klieme et al., 2010; Prenzel et al., 2008). Am günstigsten ist Hoffnung auf Erfolg dann ausgeprägt, wenn die Jugendlichen zuvor ein Gymnasium besuchten. Am geringsten, wenn eine Gesamtschule oder aber eine Berufsschule absolviert wurden. Bezüglich dieser Schulformen zeigt sich erneut das Auseinanderklaffen der Leistungsschere auf Grundlage der stereotypen Leistungslabels und -stigmatisierungen, weil Gymnasiasten im Vergleich generell positivere Aspekte und Eigenschaften zugeschrieben werden, einen tendenziell selbstbewussteren und leistungsorientierteren Habitus besitzen, während Schüler von Gesamt- und Berufsschule als nicht nur weniger leistungsstark und -motiviert beschrieben werden, sondern in ihrer Schulbiografie generell dem klassischen Gymnasium hinten angestellt werden. Das Leistungsspektrum am Berufskolleg ist insgesamt am heterogensten, wovon vor allem Gymnasiasten erneut profitieren. Bezüglich der Furcht vor Misserfolg ist auffällig, dass explizit das Alter geeignet ist, weil dieses allein fast 20 % der Varianz aufklärt. Jüngere Schüler haben verstärkt Misserfolgsfurcht, die mit der gymnasialen Schulerfahrung auf dem Berufskolleg allerdings wieder abnimmt. Dies ist plausibel, wird auch in Bezug auf den Übergang von der Primarstufe in den Sekundarbereich berichtet, dass Schüler anfangs infolge des Fischteicheffektes und der neuen, heterogeneren Zusammensetzung mehr Furcht als Hoffnung durch die neue Bezugsgruppe verspüren. Eine Tendenz, die dort auch relativ zügig wieder abflacht und sich zugunsten der Hoffnung auf Erfolg im Falle des Leistungs- und Kompetenzerlebens umkehrt. Abschließend ist noch die Gesamtzahl verwendeter Wörter zur Geschichtenverfassung als implizites Maß in Augenschein genommen worden. Für die Gymnasiasten zeigen sich die üblichen Forschungsergebnisse und allgemeinen Postulate bestätigt, denen nach Schülerinnen intensiver und engagierter im sprachlichen Bereich agieren. Allein das Geschlecht erklärt hier als einziger Prädiktor fast 12 % der Gesamtvarianz.

In der Gruppe der Benachteiligten stehen lediglich der Migrationsstatus und das Priming in deutlichem Zusammenhang mit der impliziten Hoffnung auf Erfolg. Während ein Migrationshintergrund diese Motivfacette negativ limitiert, klärt das Priming mit fast 8 % den größten Anteil der Gesamtvarianz auf. Einerseits wird hier die positive Wirkung der sprachlichen Intervention deutlich, andererseits findet die Stereotypisierung bzw. Benachteiligung über den Migrationsstatus hier einen erneuten Beleg, vor allem weil jene Unterschiede derart nicht bei der Vergleichsgruppe gegeben waren. Zudem zeigt sich bei der Misserfolgsfurcht, dass diese bei den Benachteiligten am geeignetsten durch den bisherigen Schultyp und bedingt noch durch das Geschlecht beeinflusst wird. Einerseits bestätigt sich – wenn auch nur mäßig – das Frauen mehr Furcht vor Misserfolg haben, andererseits wird deutlich, dass Schüler, die zuvor eine Sonderschule oder aber eine Hauptschule besuchten, im Vergleich am stärksten misserfolgsorientiert sind. Dies verwundert nicht, reflektiert man die für Sonderschüler neue Lernsituation, in der sie weniger entsprechend ihrer Besonderheiten individuell begleitet und gefördert werden, während sie nun deutlich leistungsstärkeren Bezugsgruppen ausgesetzt sind. Im Hinblick auf die Hauptschule wird hier vor allem der ihr negativ anhaftende Ruf wirksam und deutlich.

Als weiteres implizites Motivationsmaß diente die Gesamtzahl verwendeter Wörter zur Geschichtenverfassung. Fast 7 % der Gesamtvarianz können über die Prädiktoren Ausbildung der Mutter und Alter, weitere 9 % durch das Geschlecht und circa 14 % allein durch das Priming aufgeklärt werden. Erneut werden die stereotypen Erwartungen repliziert, dass jüngere und vor allem weibliche Schüler engagierter sind und mehr schreiben, während erneut die Wirksamkeit der positiven sprachlichen Verstärkungen sowie die Gegenreflexion des Benachteiligtenphänomens im Rahmen des Primings an dieser Stelle belegt und erhärtet werden. Ursächlich für die Altersdifferenzen könnte

u. a. sein, dass junge Schüler der Benachteiligtenklassen den Stereotypisierungen noch nicht in der Dauer und vor allem der Intensität älterer Schüler erlegen waren, zumal 16- bzw. 17-jährige Schüler die betroffenen Klassen erstmals besuchen und damit vermutlich noch weniger starke zukunftsgerichtete Ängste besitzen bzw. entwickelten, die sich allerdings vor allem bei älteren Maßnahmenkarrierenschülern in ihrer sinkenden quantitativen Leistung und damit insgesamt in der Reduktion ihres Engagement zeigen, während für die Gymnasiasten genau die gegenläufige Tendenz (in Bezug auf die Misserfolgsfurcht) gezeigt werden konnte.

Damit herrschen nicht nur im Speziellen gravierende Unterschiede in der Schreibkompetenz sowie im Schreibengagement vor, zudem zeigte sich damit im Allgemeinen, dass reifer werdende Gymnasiasten gegenüber den Benachteiligten indirekt über die Abnahme der Misserfolgsfurcht an Erfolgssicherheit gewinnen. Möglich ist auch, dass wie in der Deutsch- und Schreibdidaktik postuliert wird, mit zunehmendem Alter die allgemeine Lese- und Schreiblust abnimmt – allerdings zeigt sich dies bei den Gymnasiasten vergleichbaren Alters derart nicht. Dies wird unter Fokussierung weiterer Determinanten plausibel erklärbar. Absolvierten Mütter von als benachteiligt geltenden Schülern z. B. eine Ausbildung, zeigt sich dies in förderlicher Weise innerhalb der impliziten Leistungsmotivation. Es ist naheliegend, dass eben jene besonders daran interessiert sind, dass auch ihre Kinder einen Abschluss erwerben oder eine Ausbildung beginnen und sie dementsprechend anspornen und unterstützen. Traditionelle Klischees, dass Mütter die Rolle der Hausfrau bekleiden und sich verstärkt um die schulische Sozialisation ihrer Kinder kümmern, werden nicht bestätigt, da der Tätigkeitsstatus der Frauen nicht von nennenswerter Bedeutung war. Ebenfalls Ausbildung und Beruf des Vaters scheinen im Hinblick auf die implizite Leistungsmotivation gleichermaßen unbedeutsam. Dies könnte ein Hinweis darauf sein, dass die Etikettierung und Stigmatisierung über den sozio-ökonomischen Status der Eltern weniger wichtig für die eher unbewusste Leistungsmotivationsausrichtung im Sinne eines allgemeinen Antriebimpulses ist.

Aufschlussreich waren ebenfalls die Ergebnisse der expliziten Furcht- und Misserfolgsdimensionen im Falle einer getrennten Betrachtung für beide Populationen. Das Priming war im Stande, in beiden Gruppen Erfolgshoffnung zu evozieren, während die Benachteiligten in beiden Bedingungen geringere Werte als die Gymnasiasten aufwiesen. Allerdings führte das Priming bei den Schülern der gymnasialen Laufbahn sowohl zur Erhöhung der Furcht vor Misserfolg als auch der Hoffnung auf Misserfolg. Kein Einfluss war für die Erfolgsfurcht erkennbar. Hier zeigte sich, dass der Glaube an die Existenz eines Stereotyps bereits ausreicht, um bewusste bzw. kognitive Prozessverluste zu initiieren. Dieser führte zum Anstieg der Kennwerte der Furcht- und Misserfolgsfacetten, selbst bei einer Gruppe, die im Vergleich nur bedingt von den stigmatisierenden Zuschreibungen betroffen ist. Vermutlich führte die Reflexion des Benachteiligtenstereotyps zu affektiven und kognitiven Verarbeitungsprozessen, die einen kurzfristigen Anstieg der Misserfolgserwartungen nach sich zogen und die positive sowie motivationsförderliche Sprachintervention hemmten bzw. diese nicht mehr ausreichend intensiv wahrgenommen werden konnte. Diesbezüglich ist daran zu erinnern, dass auch die Gruppe der Gymnasiasten eines Berufskollegs bedingt benachteiligt sind, vergleicht man sie mit Absolventen klassischer Gymnasien. Darüber hinaus verfügen in jener Bildungsinstitution viele der gymnasialen Schüler über einen Migrationsstatus und besuchten in der Vergangenheit die als weniger anspruchsvoll geltenden Schulformen. Dies begünstigt die Mechanismen des Substereotypings.

Des Weiteren erleben Gymnasiasten in der Regel mehr Erfolg und stehen erheblich stärker unter Druck, Leistung zu erbringen. Daraus könnte man schlussfolgern, dass wenn erhöhte Erwartungen an Menschen gerichtet sind und Erfolge verstärkt erzielt werden, auch größere Ängste gegeben sind, die Erwartungen nicht zu erfüllen und Misserfolge zu erleiden. Zusätzlich ist nicht auszuschließen, dass sich eben jene Jugendlichen intensiver und reflexiver mit kritischen schulischen Lebensereignissen auseinandersetzen bzw. stärker in problematische Schulsituationen anderer hineinversetzen und mitfühlen, selbst wenn es sich dabei um die eines fiktiven Protagonisten handelt. Bei den Benachteiligten zeigt sich der genau gegenläufige Trend. Bei ihnen wird das Bildungsbenachteiligungsstereotyp zwar aufgenommen, muss aber nicht anstrengend kognitiv verarbeitet und bewertet werden, da es bereits als gültig erachtet wird. Deshalb kann sich ob der Identifikation verstärkt auf die positive Folgesituation eingelassen werden, so dass die motivationsförderlichen Interventionen wahrgenommen und innersubjektiv zu Gunsten der eigenen Leistungsmotivation bzw. des eigenen Selbst verarbeitet werden. Dies wird im Nachhinein auch auf Grundlage der Voruntersuchung bedingt plausibel, bedenkt man, dass ein lediglich positiv formuliertes Priming bei den Benachteiligten nicht geeignet war, um Erfolgshoffnung zu stärken und Misserfolgsfurcht abzuschwächen. In diesem Zusammenhang zeigte sich, dass aufgrund real erlebter konträrer Erfahrungen ein alleinig positives Priming Hoffnung auf Erfolg reduzierte. Es ist möglich, dass dieses jedoch besser für die Gruppe der Gymnasiasten gewesen wäre. Damit sind weitere Untersuchungen vonnöten, die genau jene asymmetrischen und gruppenspezifischen Wirkmechanismen eruieren.

Des Weiteren zeigten sich bezüglich der eher expliziten Leistungsmotivationsdimensionen insgesamt eher mäßige Einflüsse sowohl durch das Priming als auch durch die sozio-demografischen Determinanten in ihrem Gesamtwirkgefüge. Für die Gymnasiasten konnten mangels aufklärender Varianz keine bedeutsamen Prädiktoren in Bezug auf Erfolgs- und Misserfolgshoffnung ausgeforscht werden. Lediglich im Bereich der Misserfolgsfurcht erwies sich entgegen der theoretischen Annahmen und empirischen Befunde das Alter mit fast 20 % Varianzaufklärung als überdurchschnittlich wirksame individuelle Determinante (vgl. Spinath et al., 2002; Eder 2006; Hausbeck, 2005; Lukesch & Peters-Häderle, 2007). Auch die Erfolgsfurcht wurde sehr stark durch Alter und Migrationsstatus vorhersagbar. Beide Prädiktoren klären mehr als 35 % der Gesamtvarianz auf. Gerade jüngere Schüler hatten eine hohe Erfolgs- und Misserfolgsfurcht (Kronprobst, 2005; Wildenauer, 2006), während die Furcht vor Erfolg zusätzlich bei Schülern mit Migrationshintergrund besonders stark ausgeprägt war. Ursächlich hierfür könnte vor allem die gesellschaftliche Zuschreibung des Einwanderungsstatus sein, da Schüler ausländischer Abstammung in der gymnasialen Laufbahn im Vergleich am stärksten als benachteiligt gelten (vgl. Baumert & Maaz, 2006). Der Migrationsstatus ist einer der wenigen benachteiligenden Determinanten, die explizit für das Gymnasium genannt werden (vgl. Klieme et al., 2010; Prenzel et al., 2008). Die Alterseffekte sind vornehmlich auf die bereits ausführlich diskutierte Übergangssituation zurückzuführen, nach der sich die Jugendlichen verschiedener Schulformen nun in einem Leistungsspektrum verorten bzw. platzieren und behaupten müssen, das eine enorme Spanne aufweist. Dass sich dies mit zunehmendem Alter und mit anhaltender Schulerfahrung und Selbstwirksamkeit wieder legt, ist in Einklang mit den Ergebnissen und Postulaten anderer Studien bezüglich des ersten Übergangsbereichs (vgl. Maaz & Nagy, 2009; Schneider, 2011).

Bei den Benachteiligten konnte lediglich das Priming als Prädiktor zur Vorhersage ihre Hoffnung auf Erfolg erforscht werden, wenn auch nur mit bedingter Wirkintensität. Dies stützt die Annahmen, dass infolge der bewussten, allgegenwärtigen Thematisierung und infolge des überdauernden Charakters der Stereotypisierung, eine einmalige sprachliche Motivierungs-Intervention noch nicht ausreicht, um das Individuum nachhaltig zu stärken. Dennoch wurde ein Einfluss erzeugt. Dies legt nahe, dass es sinnvoll ist, Motivations-Primings beispielsweise kontinuierlich in der schulischen Praxis einzusetzen, damit diese von stärkerer Bedeutung für die Betroffenen werden, sodann in der Summe größere Effekte erreichen, mit dem Ziel, schlussendlich den Zugang zum überdauernden Selbstkonzept zu finden, wo sie sich gegenüber der Benachteiligtenstereotypisierung behaupten und durchsetzen sollten. Um die explizite Furcht vor Misserfolg vorherzusagen, war für die Benachteiligten keine Variable bedeutsam. Eventuell wäre es wegen der den Individuen bewussten Repräsentation jenes Wirkzusammenhangs und -gefüges auf die explizite Leistungsmotivation viel versprechender gewesen, den Glauben an die Zuschreibungen bzw. das Wissen bezüglich der Stereotypisierung zu erfragen und entsprechend mit in Bezug zu setzen. In diesem Zusammenhang wäre auch die Eruierung des akademischen und allgemeinen Selbstkonzeptes sowie des Selbstwertgefühls von Belang gewesen, da die benachteiligenden Vorurteile auf einer bewussten Kommunikationsebene präsent sind, damit internalisiert und reflektiert werden, und mutmaßlich einen starken Einfluss auf die bewussten Konstrukte des Selbst der Betroffenen nehmen. Die eher bewusste Hoffnung auf Misserfolg wird, wenn auch nur mäßig, durch das Geschlecht und die aktuelle Tätigkeit des Vaters limitiert. Dies verwundert nicht, bedenkt man einerseits die These der sozialen Statusvererbung (vgl. BMBF, 2005; Klieme et al., 2010; Prenzel et al., 2008) und andererseits die Tatsache, dass die Mehrheit der Mütter benachteiligter Jugendlicher arbeitslos bzw. als Hausfrau tätig ist und ihre Väter zum großen Teil arbeitslos, berentet oder lediglich als ungelernte Arbeiter beschäftigt sind. Im direkten familiären Umfeld werden damit Übervorteilung und Perspektivlosigkeit vorgelebt und erlebt und dadurch vermutlich mit der Hoffnung auf schulische und berufliche Misserfolge in Verbindung gebracht. Ähnliches zeigt sich im Hinblick auf die Furcht vor Erfolg. Die Ausbildung des Vaters und das Geschlecht klären nahezu 10 % der Gesamtvarianz auf. Das Fehlen einer qualifizierten Ausbildung der Eltern, mangelnde berufliche Erfolgserlebnisse in der Familie insgesamt – was zusätzlich in der eigenen schulischen Biografie der Jugendlichen erlebt wurde – begünstigt die Furcht vor möglichen Erfolgen, die selbst zunehmend als unwahrscheinlich erachtet werden.

6 Studie 3: Ausgewählte diagnostische Aspekte der Leistungsmotivation

Diesen Abschnitt beginnt die Darstellung und Analyse der Signierungskategorie *Erfolgssicherheit und -gewissheit* (6.1). Bei dieser handelt es sich um eine Erweiterung des Signierungsschlüssels nach Heckhausen (1963) zur Auswertung der TAT-Geschichten, die im Rahmen der Hauptuntersuchung und auf Grundlage der in dieser gewonnenen Erkenntnisse konstituiert wurde. Der theoretischen Konzeption jener Subkategorie der Erfolgshoffnung folgen psychometrische Analysen der Gütebestimmung, bevor in varianz- und regressionsanalytischen Untersuchungen die Bedeutung dieser Kategorie in Anlehnung an das Vorgehen bzw. den inhaltlichen Aufbau der ersten und zweiten Studien eruiert wird.

Im Rahmen der vorangegangenen Studien wurden vier unterschiedliche Verfahren zur Erhebung teilweise identischer, komplementärer und mitunter auch divergierender Motivmaße eingesetzt. Es ist von großem theoretischen und praktischen Interesse, in welcher strukturellen Beziehung die verwandten Motivmaße zueinander stehen und ob sich die postulierte Aufteilung in explizite und implizite Maße in diesen Variablensätzen abzeichnet (6.2). Zu diesem Zweck wurden die Summenwerte der verschiedenen beteiligten Motivmaße zunächst einer explorativen und dann einer konfirmatorischen Faktorenanalyse unterzogen.

Explizit im Rahmen der konfirmatorischen Faktorenanalyse kann darüber hinaus überprüft werden, ob das im Theorieteil dieser Arbeit eigenkonzipierte ganzheitliche Modell der Leistungsmotivation bzw. -motivierung seine Bestätigung findet.

Darüber hinaus wird zusätzlich auf Grundlage dieser Datenbasis im Rahmen einer Clusteranalyse ermittelt (6.3), welche Typen von Jugendlichen bezüglich dieser unterschiedlichen impliziten und expliziten erfolgs- und misserfolgsorientierten Leistungsmotivationsausprägungen und –konstellationen gebildet und beschrieben werden können.

6.1 Erfolgssicherheit und -gewissheit (ESG)

Bei der Signierung der Geschichten der 2. Studie und damit der experimetalpsychologischen Untersuchung fiel auf, dass einige Schüler bestimmte hoffnungsintendierte Aussagen formulierten und schriftlich fixierten, die im Rahmen des Signierungsschlüssels nach Heckhausen zu keiner Signierung und damit auch keiner Verrechnung geführt hätten. Hierbei handelt es sich um Aussagen, die den Protagonisten der Geschichten einen vergangenen Erfolg zuschreiben bzw. einen künftigen als gewiss und damit sicher erachten. Dies manifestiert sich beispielsweise in Aussagen wie „Der Junge hatte seine Schule und Prüfungen mit großem Erfolg abgeschlossen und nun wird er alles schaffen“ oder „Er hatte eine Idee, konnte ein Buch mit vielen Kurzgeschichten daraus machen, das jeder haben will und ein Bestseller wird“ oder „Die beiden Wissenschaftler haben ein neues Medikament erfunden, das in Zukunft allen Menschen helfen wird und sie berühmt und reich macht“.

Es liegt die Vermutung nahe, dass jene erfolgsgewissen Aussagen primär durch das Priming initiiert bzw. verstärkt wurden. Insgesamt zeichnen sich die Aussagen in diesem Zusammenhang dadurch aus, dass Erfolge nicht nur erwartet werden, sondern als bereits eingetreten erzählt oder als künftig sicher angenommen dargestellt werden. Diese Aussagen lassen sich dementsprechend unter der erfolgsorientierten Thematik *Erfolgssicherheit und -gewissheit* subsumieren und stellen damit quasi das komplementäre Pendant zur Furchtsubkategorie *Mißerfolg* dar.

Auf Grundlage der vorliegenden Schülergeschichten, der darin enthaltenen expliziten Aussagen zur dargestellten Erfolgssicherheit und -gewissheit der Akteure sowie unter Berücksichtigung einer Negation der Misserfolgskategorie wurde diese positive Dimension der Leistungsmotivation bzw. der Hoffnung auf Erfolg im Folgenden betitelt, detailliert ausformuliert und bezüglich ihrer Konstitution sowie ihres Erkenntnisgehalts entsprechend der Fragestellungen dieser Arbeit in jenem gesonderten Kapitel analysiert und folgend interpretiert. Dieses Vorgehen war erforderlich, damit die Ergebnisse, die über den bereits etablierten Signierungsschlüssel nach Heckhausen erzielt werden, nicht verfälscht würden. Gründe für das Aussparen jener Hoffnungssubkategorie – bzw. der in ihr enthaltenen Aussagen – konnten auch nach intensivster Literaturrecherche nicht gefunden werden.

6.1.1 Konstitution der Erfolgshoffnungskategorie (ESG)

Erfolgssicherheit und -gewissheit wird verrechnet, wenn ein leistungsbezogener Handlungsverlauf mit einem Erfolg endet, dieser definitiv in Aussicht gestellt ist oder wenn ein zurückliegender Erfolg erwähnt wird, der von der betreffenden Person erreicht wurde und dieser Erfolg jeweils einem bestimmten Gütemaßstab entspricht. Wenn es z. B. in der Geschichte heißt: „Seine Erfindung wird ein Erfolg und boomt den Markt“, „Er erledigt seine Arbeit zur vollsten Zufriedenheit seines Vorgesetzten“ oder „Er war gut in der Schule, macht seine Ausbildung und wird übernommen“.

Nicht als Erfolgssicherheit und -gewissheit wird verrechnet, wenn jemand lediglich seine „Aufgabe abschließt“ oder „zu Ende arbeitet“, weil hier kein selbst oder fremd zugeschriebener Erfolg vorliegt.

ESG wird ebenfalls nicht verrechnet, wenn...

- der Erzähler einen Erfolg als Alternativmöglichkeit offen lässt („Er wird es entweder alles gut schaffen oder vielleicht auch nicht“)
- der Erzähler den Erfolg von einer Bedingung abhängig macht („Wenn sein Chef ihm gut gesonnen ist, wird seine tolle Arbeit auch belohnt werden“)
- es sich um einen bagatellisierten bzw. unspezifischen Erfolg handelt („und alles wird gut“ oder „alle sind glücklich und zufrieden“)

Der Erfolg muss sich in jedem Fall auf die Leistung einer Person in der Geschichte beziehen, darf nicht auf Zufall basieren und ist deutlich zu nennen. Lediglich die Feststellung, dass die Geschichte „gut“ ausgeht, ist nicht ausreichend, weil hier nicht konkretisiert wird, dass sie infolge der Leistungsbemühungen einer Person „gut“ ausgeht. Unerheblich ist, ob der Erfolg von einer Person in der Geschichte gehegt wird („Er ist sich sicher, dass er mit seiner Erfindung berühmt wird und viel Geld verdient“) oder ob es sich dabei um den Kommentar des Erzählers handelt („Die Erfindung wird ein Erfolg und alle wollen sie haben. Die Männer werden reich“).

6.1.2 Psychometrische Analyse der neuen Kategorie ESG

Erneut wurden die Geschichten der 2. Hauptuntersuchung bezüglich der Kategorie *Erfolgssicherheit und -gewissheit* signiert und ausgewertet, um diese anschließend bezüglich bedeutsamer Effekte zu untersuchen. In Anlehnung an den Aufbau und die Logik der vorliegenden Arbeit wurden deshalb in einem ersten Schritt psychometrische Messungen vorgenommen, bevor in einem zweiten die zentralen Annahmen bezüglich des Einflusses der soziodemografischen Determinanten, des Benachteiligtenphänomens sowie des Primings auf die Kategorie *Erfolgssicherheit und -gewissheit* erforscht werden konnten.

Korrelationsstatistisch galt es zu überprüfen, ob und inwieweit zum einen ein positiver Zusammenhang zwischen den Beurteilungen zweier unabhängiger Rater sowie zum anderen eines Raters zu zwei verschiedenen Beurteilungszeitpunkten im Bezug auf die Subkategorie *Erfolgssicherheit und -gewissheit* der Hoffnungsgesamtskala des TAT gegeben ist. Zur Überprüfung dessen wurden erneut die 20 per Zufall ausgewählten Geschichten der Hauptuntersuchung herangezogen und diesbezüglich ausgewertet.

Es konnte sowohl eine hoch signifikante positive Korrelation zwischen den Beurteilungen der beiden Rater 1 und 2 sowie des Raters 1 zu zwei verschiedenen Mess- bzw. Signierungszeitpunkten im Abstand von 4 Wochen ermittelt werden. Die gefundenen Beziehungen enthält Tabelle 77.

Tab. 77: Rangkorrelationen der Signierungen des Raters 1 zu zwei Messzeitpunkten zueinander sowie zu Rater 2 bezüglich der Subskala Erfolgssicherheit und -gewissheit (ESG) des TAT (n = 20)

Kategorie	**ESG**
$r_{rater\ 1\ (t1*\ t2)}$	.96**
$r_{rater\ 1\ *\ rater\ 2}$	.90**

** = p < .01

Darüber hinaus wurde korrelationsstatistisch ausgewertet, inwieweit *Erfolgssicherheit und -gewissheit* mit den anderen Subkategorien und Gesamtskalen des TAT in Zusammenhang steht. Es zeigten sich durchgängig signifikante Beziehungen, sowohl in Bezug auf die Einzel- als auch auf die beiden Gesamtskalen *Hoffnung auf Erfolg* und *Furcht vor Misserfolg,* weshalb in der Folge regressionsanalytisch berechnet wurde, inwieweit die ursprünglichen Subkategorien des Signierungsschlüssels zur TAT-Auswertung zur Vorhersage der Kriteriumsvariable ESG geeignet sind. Infolge der Korrelationen zwischen der Einzelkategorie Erfolgssicherheit und -gewissheit mit den Subkategorien der Erfolgshoffnung und der Misserfolgsfurcht wurden alle 11 Kategorien des Signierungsschlüssels als Prädiktoren schrittweise in einem Block in die Regressionsanalyse aufgenommen.

Die Analyse zeigt, dass die Einzelkategorien der Hoffnungsdimension, *positiver Gefühlszustand, Lob, Bedürfnis nach Leistung und Erfolg* sowie *Erfolgserwartung*, neben der Einzelkategorie *Instrumentelle Tätigkeit zur Misserfolgsvermeidung* der Furchtdimension, bedeutsame Kriterien ($F(5;241) = 48{,}01$; $p < .01$; korrigiertes $R^2 = .49$) zur Vorhersage der *Erfolgssicherheit und -gewissheit* sind und insgesamt 49.4 % der Gesamtvarianz aufklären (siehe Tabelle 78).

Tab. 78: Bedeutsame Prädiktoren der Subskalen *Hoffnung auf Erfolg* und *Furcht vor Misserfolg* (TAT) für die Einzelkategorie *Erfolgssicherheit und -gewissheit* (n = 242)

Modell 5	**B**	**Beta**	**T**	**p**	**r**	**Δ R²**
G+	.41	.34	6.91	<.01	.41	.283
L	.65	.29	5.67	<.01	.35	.136
B	.28	.19	3.68	<.01	.23	.050
E	.46	.16	3.17	<.01	.20	.019
Im	.23	.13	2.66	<.05	.17	.015
R = .710, R² = .504, adjustiertes R² = .494						

Anmerkung: r = partielle Korrelation; G+ = positiver Gefühlszustand, L = Lob, B = Bedürfnis nach Leistung und Erfolg, E = Erfolgserwartung, Im = Instrumentelle Tätigkeit, um Misserfolg zu meiden

Die neue Kategorie weist demnach relativ hohe Zusammenhänge mit den Werten der *Hoffnung auf Erfolg* sowie eine mittelstarke Beziehung zu einer Subkategorie der *Furcht vor Misserfolg* auf und stellt demnach eine eigenständige Information dar.

Die sich anschließende Berechnung der Cronbachs Alpha Werte erfolgte zur Bestimmung der Reliabilität der Hauptskala *Hoffnung auf Erfolg*, erweitert um die sechste Subkategorie *Erfolgssicherheit und -gewissheit*. Die interne Konsistenz wird mittels zweier Werte ausgewiesen, zum einen handelt es sich jeweils um die fünf Subkategorien ohne die artifiziellen Verrechnungskategorie *Erfolgsthema*, zum anderen wird diese mit in die Bestimmung aufgenommen, weil jene auch im Rahmen der Signierung zu berücksichtigen war.

Wie Tabelle 79 zu entnehmen ist, fallen die gefundenen Kennwerte für beide Skalen unter Einbezug der Variable ESG nun erheblich höher und damit insgesamt sehr zufriedenstellend aus.

Tab. 79: Interne Konsistenz der Gesamtskala *Hoffnung auf Erfolg* (TAT), erweitert um die neue Subkategorie *Erfolgssicherheit und -gewissheit* (n = 242)

	Cronbachs-Alpha der 2 Hauptuntersuchung	
Skala	ohne Th	mit Th
Hoffnung auf Erfolg	.70	.75

Anmerkung: Th = Erfolgsthema

Zum Vergleich: Ohne die neue Kategorie lag die innere Konsistenz des Thematischen Apperzeptionstests lediglich bei .58 (ohne die Subkategorie Erfolgsthema) bzw. bei .68 mit der artifiziellen Subkategorie Th.

6.1.3 Determinanten der Erfolgssicherheit und -gewissheit

Zur Überprüfung des Einflusses sowie der Bedeutsamkeit der soziodemografischen Variablen des Benachteiligtenphänomens und der experimentellen Manipulation auf die neu konstituierte Subkategorie *Erfolgssicherheit und -gewissheit* wurden in einem ersten Schritt univariate Varianzanalysen gerechnet, in die jeweils als unabhängige Variablen die Faktoren *Alter*, *Geschlecht*, *Schule* und *Schulabschluss*, *Migrationshintergrund* sowie *Ausbildung* und *Tätigkeit* jeweils von *Mutter* und *Vater* neben der *Gruppenzugehörigkeit* und den *experimentellen Manipulationen* aufgenommen wurden.

In diesem Zusammenhang wird das Alter über die einzelnen Jahresangaben, das männliche bzw. weibliche Geschlecht, der zuletzt besuchte Schultyp entsprechend der Schulformen Sonder-, Haupt-, Real- oder Gesamtschule bzw. Gymnasium und bezüglich des Schulabschlusses, ob ein solcher erreicht oder nicht erreicht werden konnte, berücksichtigt. Zusätzlich differenziert die Variable Migrationshintergrund, ob ein solcher vorhanden ist oder nicht. Über die Klassenbezeichnung kann festgestellt werden, ob der Einzelne der Gruppe der Benachteiligten oder der Gymnasiasten angehört. Bezüglich der Ausbildung der Eltern wurde unterschieden, ob Vater und Mutter jeweils keine, eine gewerbliche, technische bzw. dienstleistungsbezogene oder kaufmännische sowie akademische Ausbildung besitzen. Im Hinblick auf die gegenwärtig ausgeübte Tätigkeit der Mutter wurden die Antworten nach den

Kategorien Hausfrau, Arbeiterin, Facharbeiterin, Selbstständige, Angestellte im Bereich Büro und Verwaltung oder Akademikerin klassifiziert, während für die Väter eine Differenzierung in die Bereiche arbeitslos und Rentner, Arbeiter, Meister bzw. Führungskraft, Büro und Verwaltung, Akademiker oder selbstständige Tätigkeit vorgenommen wurde. Die experimentellen Manipulationen werden einerseits über die Zugehörigkeit zur Kontroll- bzw. Experimentalgruppe und andererseits über den Bearbeitungsbeginn, entweder mit TAT oder RLMI-E, berücksichtigt.

Bei der Darstellung der Ergebnisse werden Effekte bis zum Signifikanzniveau von 1 % als sehr bedeutsam, bis 5 % als statistisch signifikant und darüber hinausgehend bis zu einem Niveau von 10 % als tendenziell bedeutsam interpretiert. Die vorgenommene Differenzierung im Rahmen einzelner Variablen erfordert zusätzliche Berechnungen bezüglich bestehender Gruppenunterschiede, die wiederum post hoc im Rahmen der Scheffe-Prozedur ermittelt und dementsprechend dargestellt werden.

Wurde die unabhängige Variable *Alter* sowie die abhängige Variable *Erfolgssicherheit und -gewissheit* in einer univariaten Varianzanalyse berücksichtigt, ergab sich ein tendenziell signifikanter Effekt zwischen den Jahrgängen ($F(6;227) = 1.95$; $p < .10$), der allerdings mittels des sich anschließenden Scheffe-Tests nicht mehr repliziert werden konnte. Insgesamt wiesen die 15-jährigen die höchste *Erfolgssicherheit und -gewissheit* aus, diese nahm grundsätzlich mit zunehmenden Alter ab, stieg ab dem 19. Lebensjahr erneut an, während sie sodann einer unregelmäßigen Zu- und Abnahme unterlag. Die genauen Werte sind in Tabelle 80 wiedergegeben.

Tab. 80: Mittelwerte und Standardabweichungen der Einzelkategorie *Erfolgssicherheit und -gewissheit* (ESG) des TAT in Abhängigkeit vom Alter (n = 242)

	Alter								
	15 (n=4)	**16** (n=59)	**17** (n=71)	**18** (n=52)	**19** (n=24)	**20** (n=15)	**21** (n=9)	**22** (n=4)	**23** (n=4)
Subskala	M (SD)	M (SD)	M (SD)	M (SD)	M (SD)	M (SD)	M (SD)	M (SD)	M (SD)
ESG	2.50 (1.29)	1.29 (1.23)	1.01 (1.10)	.98 (1.09)	1.08 (1.10)	1.80 (1.15)	1.33 (1.41)	.75 (.96)	2.00 (2.16)

Es zeigten sich keine signifikanten Unterschiede mehr ($F(1;240) = 2.33$; $p = .13$; $Eta^2 = .01$), wenn die unabhängige Variable *Geschlecht* mit in die Berechung aufgenommen wurde.

Demgegenüber ergab sich ein sehr bedeutsamer Effekt, berücksichtigte man den Faktor *Schule* und damit die Schultypzugehörigkeit in der Analyse (F (5;236) = 3,25; p < .01). Der Scheffe-Test wies allerdings erneut keine signifikanten Einzeleffekte bzw. Differenzen zwischen den Gruppen aus. Dennoch soll Erwähnung finden, dass die Gymnasiasten im Vergleich die höchste *Erfolgssicherheit und -gewissheit* haben, wohingegen diese bei den Sonderschülern am wenigsten ausgeprägt ist. Die Einzelwerte können der Tabelle 81 entnommen werden.

Tab. 81: Mittelwerte und Standardabweichungen der Einzelkategorie *Erfolgssicherheit und -gewissheit* (ESG) des TAT in Abhängigkeit von der zuletzt besuchten Schulform (n = 242)

	Zuletzt besuchte Schulform					
	Sonder-schule (n = 17)	**Haupt-schule** (n=79)	**Real-schule** (n=35)	**Gesamt-schule** (n=27)	**Gym-nasium** (n=14)	**Berufs-kolleg** (n=70)
Subskala	M (SD)	M (SD)	M (SD)	M (SD)	M (SD)	M (SD)
ESG	.59 (.94)	.89 (.97)	1.31 (1.23)	1.44 (1.25)	1.71 (1.38)	1.37 (1.28)

Ein weiterer, in der Tendenz signifikanter Effekt konnte ermittelt werden, als in einer Berechnung neben der abhängigen Variable *Erfolgssicherheit und -gewissheit* die unabhängige Variable *Schulabschluss* mit aufgenommen worden ist (F(1;240) = 3,62; p < .10; Eta^2 = .02). Schüler mit Abschluss (M = 1.24, SD = 1.22) zeichnen sich durch eine stärker ausgeprägte *Erfolgssicherheit und -gewissheit* als jene ohne Abschluss (M = .84, SD = .96) aus.

Zudem zeigt sich ein bedeutsamer Unterschied (F(1;238) = 8.57; p < .01), wurde der Faktor *Migrationshintergrund* mit in der univariaten Varianzanalyse berücksichtigt. Schüler, die einen Migrationshintergrund haben (M = .96, SD = 1.04), weisen deutlich geringere Werte in ihrer *Erfolgssicherheit und -gewissheit* gegenüber denen aus, die einen solchen nicht besitzen (M = 1.40, SD = 1.27).

Gingen jeweils die *Ausbildung* der *Mutter* sowie die des *Vaters* als unabhängige Variable in zwei getrennten Berechnungen ein, ergab die Auswertung, dass sowohl bezüglich der Ausbildung der Mutter ein signifikanter (F(3;204) = 2.70; p < .05) als auch im Hinblick auf die des Vaters ein hoch bedeutsamer Effekt gegeben war (F(3;192) = 5.61; p < .01). In der sich anschließende Post-hoc-Testung zeigten sich für die Variable *Ausbildung der Mutter* allerdings keine signifikanten Einzeleffekte mehr. Den mit Abstand höchsten Mittelwert auf dieser Skala wiesen die Kinder von Hochschulabsolventinnen aus, den niedrigsten die von Frauen, die unausgebildet blieben. Demgegenüber erbrachte der Scheffe-Test bezüglich der Variablen *Ausbildung des Vaters* einen statistisch hoch bedeutsamen Effekt. Jugendliche, deren Väter ein Studium absolvierten, besitzen gegenüber allen anderen drei Klassifizierungen die höchste Erfolgssicherheit und -gewissheit. Eine detaillierte Aufstellung der Werte entsprechend der vorgenommenen Klassifizierung erfolgt in Tabelle 82.

Tab. 82: Mittelwerte und Standardabweichungen der Einzelkategorie (ESG) des TAT in Abhängigkeit von der Ausbildung der Mutter (n = 205) und des Vaters (n = 193)

Ausbildung der Mutter			**Ausbildung des Vaters**		
Klassifizierung	M (SD)	n	**Klassifizierung**	M (SD)	n
keine	1.09 (1.17)	88	keine	.97 (1.09)	62
gewerbl./ techn./ Dienstleistung	1.13 (1.26)	77	gewerbl./ techn./ Dienstleistung	1.19 (1.22)	94
kaufmännisch	1.52 (1.21)	31	kaufmännisch	1.20 (1.15)	25
Studium	2.11 (1.27)	9	Studium	2.50 (1.47)	12

Wurden sodann als unabhängige Variablen jeweils die *gegenwärtige Tätigkeit* von *Mutter* und *Vater* in zwei weiteren univariaten Varianzanalysen berücksichtigt, zeigte sich, dass durch die aktuellen Beschäftigung der Mutter keine statistisch bedeutsamen Unterschiede gegeben sind ($F(5;220) = .91$; $p = .48$), obgleich die Kinder von Akademikerinnen erneut die höchsten und die selbstständig tätiger Mütter die niedrigsten Mittelwerte besitzen. Sehr wohl besteht aber ein signifikanter Effekt für das Beschäftigungsverhältnis des Vaters ($F(5;215) = 2.87$; $p < .05$). Jene statistische Bedeutsamkeit findet allerdings in der sich anschließenden Post-hoc-Testung nach Scheffe keine Aufklärung. Erneut wiesen jedoch die Probanden die am stärksten ausgeprägte Erfolgssicherheit und -gewissheit aus, deren Väter entsprechend ihrer akademischen Qualifikation tätig waren. Die Jugendlichen mit selbstständigen Vätern haben in diesem Zusammenhang die geringsten Werte (vergleiche Tabelle 83).

Tab. 83: Mittelwerte und Standardabweichungen der Einzelkategorie Erfolgssicherheit und -gewissheit (ESG) des TAT in Abhängigkeit von der Tätigkeit des Vaters (n = 221)

	Tätigkeit des Vaters					
	arbeitslos/ Rentner (n = 44)	**Arbeiter** (n = 120)	**Meister/ Fürhungs -kraft** (n = 15)	**Büro und Verwaltung** (n = 21)	**Aka-demiker** (n = 13)	**selbst-ständig** (n = 8)
Sub-Skala	M (SD)	M (SD)	M (SD)	M (SD)	M (SD)	M (SD)
ESG	1.32 (1.27)	1.10 (1.15)	1.07 (1.03)	1.19 (1.03)	2.31 (1.49)	.75 (.89)

In einer weiteren Analyse wurde eruiert, ob zwischen Gymnasiasten und Benachteiligten statistisch bedeutsame Unterschiede in Bezug auf die Einzelkategorie *Erfolgssicherheit und -gewissheit* gegeben sind. Zur Überprüfung dessen wurde die unabhängige Variable *Gruppenzugehörigkeit* sowie die abhängige *Erfolgssicherheit und -gewissheit* aufgenommen. Erwartungskonform zeigt sich, dass ein hochsignifikanter Effekt zwischen den Gruppen besteht ($F(1;240) = 9.92$; $p < .01$), der sich aus der Differenz des Mittelwertes der Gymnasiasten ($M = 1.64$, $SD = 1.27$) gegenüber des Mittelwerts der Benachteiligten ($M = 1.06$, $SD = 1.14$) erklärt.

Folgend sollte bestimmt werden, inwieweit die experimentellen Bedingungen einen Einfluss auf die *Erfolgssicherheit und -gewissheit* nehmen, so dass diese Subskala als abhängige Variable neben den unabhängigen Faktoren *Priming* und *Testbearbeitungsreihenfolge* berücksichtigt wurde.

Die univariate Varianzanalyse ergibt, dass sowohl bezüglich der *Testbearbeitungsreihenfolge* ein signifikanter ($F(1;238) = 5.30$; $p < .05$; $Eta^2 = .04$) als auch ein höchst bedeutsamer Unterschied im Hinblick auf das *Priming* ($F(1;238) =19.76$; $p < .01$; $Eta^2 = .08$) gegeben war, während keine signifikante Interaktion zwischen den Bedingungen gefunden werden konnte ($F(1;238) = .19$; $p = .67$; $Eta^2 = .00$).

Die Experimentalgruppen weisen unabhängig von der Testbearbeitungsreihenfolge jeweils die höchsten Erfolgssicherheits- und -gewissheitswerte auf, wohingegen innerhalb der Gruppen jeweils die Probanden die höchsten Werte in jener Erfolgssubkategorie besitzen, die mit der Bearbeitung des TAT begonnen haben. Die Einzelwerte können der nachstehenden Tabelle 84 entnommen werden, zugleich visualisiert Abbildung 26 diesen Effekt.

Tab. 84: Mittelwerte und Standardabweichungen der Subkategorie *Erfolgssicherheit und -gewissheit* (ESG) des TAT in Abhängigkeit von den experimentellen Bedingungen (n = 242)

			ESG
Bedingung 1	**Bedingung 2**	n	M (SD)
Experimental-gruppe	**TAT**	63	1.63 (1.30)
	RLMI-E	58	1.36 (1.07)
Kontroll-gruppe	**TAT**	61	1.05 (1.10)
	RLMI-E	60	.65 (1.04)

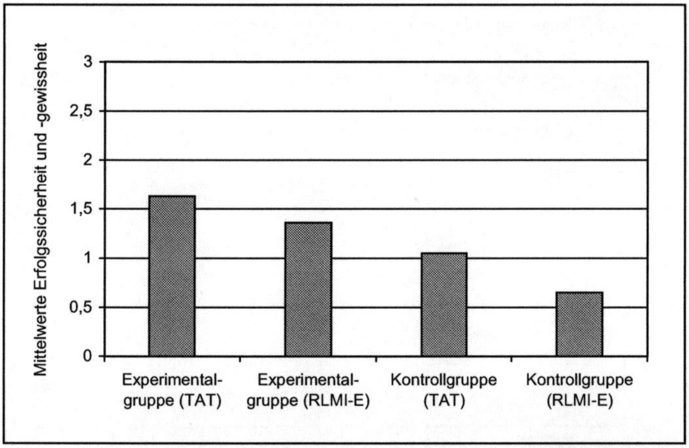

Abb. 26: Subskala ESG des TAT in Abhängigkeit von den beiden experimentellen Bedingungen. Die Angabe (TAT) oder (RLMI-E) verdeutlicht, mit der Bearbeitung welchen Verfahrens begonnen wurde.

Schließlich wurde berechnet, inwieweit das *Priming* und die Differenzierung nach der *Gruppenzugehörigkeit* der Probanden einen Einfluss auf die abhängige Variable *Erfolgssicherheit und -gewissheit* nehmen. Die Auswertung mittels univariaten Varianzanalyse ergab sowohl einen sehr bedeutsamen Effekt bezüglich des *Primings* ($F(1;242) = 12.19$; $p < .01$, $Eta^2 = .05$) als auch einen im Hinblick auf die *Gruppenzugehörigkeit* ($F(1;242) = 10.10$; $p < .01$; $Eta^2 = .04$).

Eine signifikante Wechselwirkung zwischen den Bedingungen war erneut nicht gegeben (F(1;242) = .04, p = .85; Eta² = .00). Die höchste Erfolgssicherheit und -gewissheit weisen die Gymnasiasten der Experimentalgruppe auf, die zweithöchsten die Benachteiligten, die der experimentellen Manipulation ausgesetzt waren. Innerhalb der Gruppen waren jeweils die Mittelwerte der Probanden der Experimentalgruppe höher als die der entsprechenden Kontrollgruppe (vergleiche Tabelle 85 und Abbildung 27).

Tab. 85: Mittelwerte und Standardabweichungen der Subkategorie Erfolgssicherheit und -gewissheit (ESG) des TAT in Abhängigkeit vom Priming und der Gruppenzugehörigkeit (n = 242)

			ESG
Bedingung 1	**Bedingung 2**	n	M (SD)
Gymnasiasten	**EX**	26	1.92 (1.09)
	KG	24	1.33 (1.40)
Benachteiligte	**EX**	95	1.39 (1.21)
	KG	97	.73 (.96)

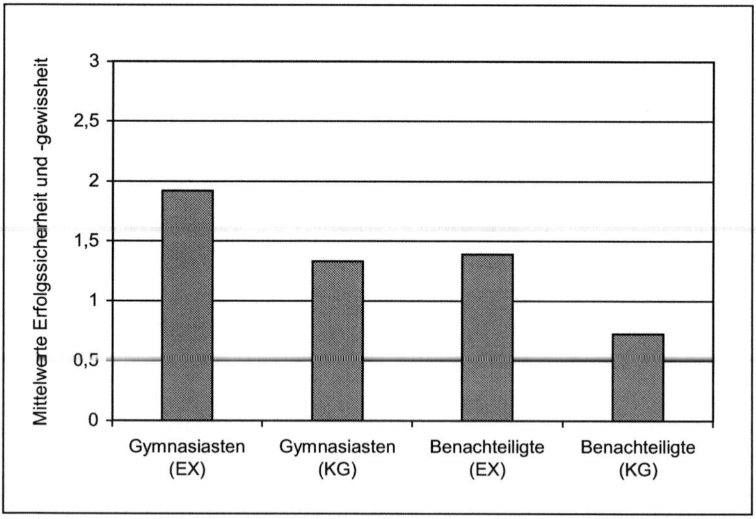

Abb. 27: Subskala ESG in Abhängigkeit vom Priming und der Gruppenzugehörigkeit

6.1.4 Benachteiligung und Erfolgssicherheit und -gewissheit

Wie bereits im Rahmen der Hauptuntersuchungen geschehen, sollte zum einen für die Gesamtgruppe und zum anderen getrennt für die Gruppe der *Benachteiligten* und die der *Gymnasiasten* eruiert werden, welche Beziehungen zwischen den individuellen Dispositionen, der schulischen Sozialisation und dem Einfluss des familiären kulturellen Kapitals der Eltern sowie der Wirkung des Primings einerseits und der *Erfolgssicherheit und -gewissheit* andererseits bestehen. Hierfür sind entsprechend der Gruppenfokussierung drei getrennte lineare Regressionsanalysen durchgeführt worden.

In einem ersten Block wurden für die Analysen jeweils schrittweise die Determinanten *Alter, Geschlecht, Migrationsstatus, Schultyp* und *-abschluss* neben den Variablen *Ausbildung* und *Tätigkeit der Mutter* und *des Vaters* aufgenommen. Das experimentelle *Priming* sowie die *Testbearbeitungsreihenfolge* fanden ihre *Berücksichtigung* immer erst in einem gesonderten zweiten Block, um sämtliche anderen erhobenen Einflussfaktoren bereits vorab bezüglich ihres Erklärungscharakters zu berücksichtigen.

Bei der Gesamtstichprobe ergab die Regressionsanalyse, dass vor allem die *Ausbildung des Vaters*, der *zuletzt besuchte Schultyp* sowie das *Priming* gute Prädiktoren zur Vorhersage der Kriteriumsvariable *Erfolgssicherheit und -gewissheit* sind ($F(1;189) = 12.76$; $p < .01$; korrigiertes $R^2 = .16$). Das Modell klärt 15.5 % der Gesamtvarianz auf (vergleiche Tabelle 86).

Tab. 86: Bedeutsame Prädiktoren der *Erfolgssicherheit und -gewissheit* (ESG) des TAT für die Gesamtstichprobe der Hauptuntersuchung (n = 242 - 336)

Modell 3	B	Beta	T	p	r	ΔR^2
Ausbildung des Vaters	.34	.23	3.46	< .01	.24	.054
Schultyp	.12	.18	2.74	< .05	.20	.037
Priming	.66	.28	4.22	< .01	.29	.078
$R = .410$, $R^2 = .168$, adjustiertes R^2 = 155						

Anmerkung: r = partielle Korrelation

Bei der Gruppe der Benachteiligten erwiesen sich die unabhängigen Variablen *Schultyp*, *Migrationshintergrund* und explizit das *Priming* als signifikante Prädiktoren ($F(3;152) = 9,35$; $p < .01$; korrigiertes $R^2 = .14$) zur Vorhersage von *Erfolgssicherheit und -gewissheit*. Insgesamt können 14.1 % der Varianz durch das Modell aufgeklärt werden (siehen Tabelle 87).

Tab. 87: Bedeutsame Prädiktoren für *Erfolgssicherheit und -gewissheit* (ESG) des TAT für die Gruppe der Benachteiligten (n = 192 - 278)

Modell 3	B	Beta	T	p	r	Δ R^2
Schultyp	.11	.04	2.53	< .05	.19	.038
Migrations-hintergrund	-.44	-.20	-2.60	< .05	-.20	.036
Priming	.66	.29	3.86	< .01	.29	.084
R = .398, R^2 = .158, adjustiertes R^2 = 141						

Anmerkung: r = partielle Korrelation

Im Hinblick auf die Gruppe der Gymnasiasten konnte ob mangelnder Varianzaufklärung kein bedeutsamer Prädiktor zur Erklärung der berücksichtigten Kriteriumsvariable ausgeforscht werden (F(9;39) = .89; p = .55; korrigiertes R^2 = .00).

Tabelle 88 beinhaltet einen Überblick bezüglich des Einflusses und der Effektstärken der sozio-demografischen Determinanten sowie der experimentellen Bedingungen auf die neue Kategorie Erfolgssicherheit und -gewissheit.

Tab. 88: Übersicht der Beziehungen zwischen der neu konstituierten Erfolgssubkategorie *Erfolgssicherheit und -gewissheit* (ESG) des TAT einerseits und den sozio-demografischen Determinanten der Probanden sowie den experimentellen Manipulationen andererseits

	Alter	Geschlecht	Schultyp	Schulabschluss	Migrationshintergrund	Ausbildung der Mutter	Ausbildung des Vaters	Tätigkeit der Mutter	Tätigkeit des Vaters	Gruppenzugehörigkeit	Priming	Testbearbeitungsreihenfolge
ESG	+	-	**	+	**	*	**	-	*	**	**	*

Anmerkung: - = nicht signifikant, + = tendenziell signifikant (p < .10), * = signifikant (p < .05), ** = sehr signifikant (p < .01)

6.2 Faktorenstruktur der Leistungsmotivationsmaße

Die in diesem Zusammenhang durchgeführten diagnostischen Analysen bezüglich der Faktorenstrukturen der verschiedenen Motivmaße beziehen sich auf die Daten der Stichproben der ersten und zweiten Studie.

6.2.1 Dimensionsreduzierung der einzelnen Motivmaße

Eingangs wird eine explorative Faktorenanalyse über die Sub- und Gesamtskalen der verschiedenen Verfahren zur Erfassung der unterschiedlichen Motiv- und Motivationsparameter durchgeführt.

Infolge der theoretischen Reflexion dieser Arbeit sowie der mannigfachen Itemkonstellation zur Erhebung dieser verschiedenen (Leistungs-) Motiv- und Motivationskennwerte wird von einer vierfaktoriellen Lösung ausgegangen, wobei zwei Faktoren die explizite Motivation jeweils in ihrer bewusst zugänglichen Hoffnungs- und Furchtdimension beschreiben und die beiden anderen primär die impliziten und damit eher unbewussten Komplementärkonstrukte erfassen sollten.

Um die Eignung der Daten für eine Faktorenanalyse zu überprüfen, wurden zunächst die Voraussetzungen nach dem Kaiser-Meyer-Olkin-Verfahren (KMO) und nach dem Bartlett-Test geprüft. Für die 12 Skalen zur Erfassung der verschiedenen (Leistungs-) Motiv- und Motivationsdimensionen ergab sich zum einen ein mittlerer KMO-Wert von .70 und zum anderen erbrachte der sich anschließende Bartlett-Test einen Chi^2-Wert von 795.39. Dieser ist somit hoch signifikant (66 df; $p < .01$), so dass die Voraussetzungen für eine weitere Faktorenanalyse erfüllt sind.

Faktorenanalytisch konnte sodann überprüft werden, welche Skalen der verwendeten Verfahren eher artverwandte und welche vordergründig unterschiedliche Konstrukte erheben. Zu diesem Zweck gingen die vier Skalen der SELLMO (*Lernziel*, *Annäherungs-* und *Vermeidungs-Leistungsziel* sowie *Arbeitsvermeidung*), die vier Gesamtskalen des RLMIE (*Hoffnung auf Erfolg, Furcht vor Misserfolg, Hoffnung auf Erfolg und Furcht vor Erfolg*) sowie jeweils die beiden identisch lautenden Leistungsmotivskalen bzw. -kategorien des MMG und TAT (*Hoffnung auf Erfolg* und *Furcht vor Misserfolg*) in eine explorative Faktorenanalyse ein.

Die durchgeführten Hauptkomponentenanalysen mit Varimax-Rotation (Eigenwerte über 1.0) und Kaiser-Normalisierung bietet – wie aus dem Screeplot ersichtlich (vergleiche Abbildung 28) – die bereits angenommene vierfaktorielle Lösung an. Aufgrund der Eigenwertkriterien konnte insgesamt ein sehr zufriedenstellendes Modell, das insgesamt 68.17 % der Varianz aufklärt, ermittelt werden.

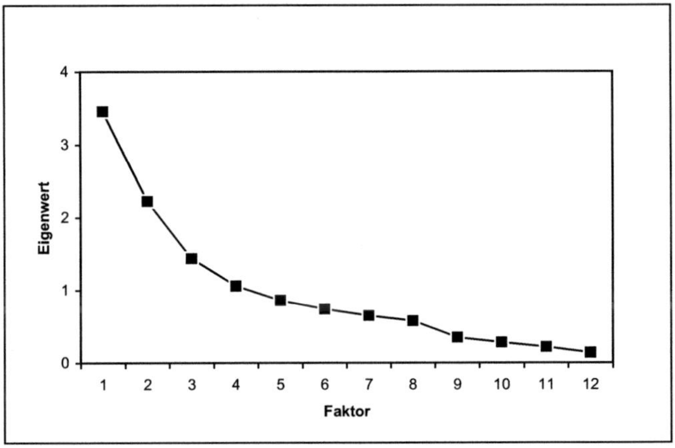

Abb. 28: Scree-Test über die Subskalen der vier Verfahren zur Erfassung der verschiedenen Leistungsmotivationsdimensionen

Der erste Faktor, der 28.87 % der Gesamtvarianz aufklärt, enthält primär die Gesamtskalen des RLMI-E. Der zweite, auf den 18.47 % der Gesamtvarianz zurückzuführen sind, umfasst die SELLMO, während der dritte insbesondere die beiden Kategorien des TAT ausweist und 12.03 % Varianzaufklärung leistet. Der 4. Faktor, der schlussendlich noch 8.81 % der Varianzaufklärt, wird mittels eines Konglomerates aus drei Skalen der verschieden eingesetzten Verfahren beschrieben. Tabelle 89 weist die rotierte Strukturmatrix über die 12 Hoffnungs- und Furchtskalen detailliert und differenziert aus.

Tab. 89: Strukturmatrix der Hauptkomponentenanalyse über die Motivskalen des RLMIE, der SELLMO, des TAT sowie des MMG (sortiert nach der Höhe der Faktorladungen)

	Faktor			
	1	2	3	4
RLMIE: Furcht vor Misserfolg	**.910**			
RLMIE: Hoffnung auf Misserfolg	**.905**			
RLMIE: Furcht vor Erfolg	**.850**			
SELLMO: Vermeidungs-Leistungsziel		**.867**		
SELLMO: Annäherungs-Leistungsziel		**.659**		.501
SELLMO: Arbeitsvermeidung		**.792**		
TAT: Hoffnung auf Erfolg			**.753**	
TAT: Furcht vor Misserfolg			**.680**	
MMG: Furcht vor Misserfolg			**-.687**	
MMG: Hoffnung auf Erfolg			-.313	**.745**
SELMMO: Lernziel				**.757**
RLMIE: Hoffnung auf Erfolg	-.438			**.459**

Es zeigt sich, dass insbesondere die Gesamtskalen des RLMI-E, welche auf dem ersten Faktor laden, die explizite furcht- bzw. misserfolgsausgerichtete Dimension der Leistungsmotivation beschreiben. Ein negativer Zusammenhang ist zudem mit der komplementären Skala *Hoffnung auf Erfolg* des entsprechenden Verfahrens gegeben.

Die Skalen, die auf dem 2. Faktor laden, stellen lediglich Dimensionen der SELLMO dar, nämlich die beiden Ausprägungen *Annäherungs-* und *Vermeidungs-Leistungsziel* sowie die Skala *Arbeitsvermeidung*. Im Zentrum dieses Faktors steht insbesondere der externe Leistungseinfluss sowie das Bemühen, die eigene Anstrengung von anderen abhängig zu machen bzw. zur generellen Vermeidung jener Leistungsanstrengungen.

Neben den beiden Skalen *Hoffnung auf Erfolg* und *Furcht vor Misserfolg* des TAT ist zudem ein starker negativer Zusammenhang mit der Skala *Furcht vor Misserfolg* des MMG auf der 3. Komponente erkennbar. Hier werden offensichtlich Faktoren erfasst, die eine allgemeine und primär implizite Leistungsmotivation beschreiben.

Der letzte Faktor wird durch die als eher leistungsförderlichen und erfolgsorientierten Skalen der eingesetzten Verfahren beschrieben. Hierbei handelt es sich jeweils um die Erfolgshoffnung des RLMI-E sowie die des MMG neben dem *Lernziel* und erneut dem *Annäherungs-Leistungsziels* der SELLMO.

Auf Grundlage der Ergebnisse dieser Faktorenanalyse wurden dementsprechend vier Faktorenwerte bzw. -variablen im Sinne von Motivationssubskalen durch Subsumtion der jeweiligen Einzelskalen gebildet, die folgendermaßen benannt worden sind:

1. Faktor: Skala Explizite Leistungsfurcht
2. Faktor: Skala Explizite Leistungsorientierung
3. Faktor: Skala Implizite Gesamtleistungsmotivation
4. Faktor: Skala Explizite Lern- und Leistungshoffnung

Damit wird deutlich, dass eine Gliederung der Motivation in Untersysteme sinnvoll ist, dass aber eine Einteilung der Leistungsmotivation, lediglich in ein implizites und explizites System oder aber die Klassifikation in ausschließlich erfolgs- und misserfolgsorientiert, zu kurz greif. Dadurch konnten erste Hinweise erlangt werden, die das eigenkonzipierte Modell zunehmend plausibler erscheinen lassen. Dieses wird im nächsten Abschnitt untersucht.

6.2.2 Analyse des Prozessmodells einer ganzheitlichen Leistungsmotivation

Auf Grundlage der explorativen Faktorenanalyse konnte eine Reduktion der Daten bzw. Variablen vorgenommen werden. Aussagen über die in der theoretischen Reflexion angenommenen Strukturzusammenhänge können auf dieser Basis allerdings nicht getroffen werden. Zur Überprüfung der Passung der eigenen Annahmen bezüglich einer differenzierteren Betrachtungsweise der Leistungsmotivation (siehe Abbildung 29) – als Ausschnitt aus dem eigenkonzipierten Modell und Prozess einer ganzheitlich betrachteten Leistungsmotivation – auf die empirischen Daten ist es allerdings erforderlich, die Modellgüte im Rahmen einer konfirmatorischen Faktorenanalyse abzuschätzen, weil jene die Frage der Gesamtstruktur anhand von Kriterien der Modellanpassung eruiert.

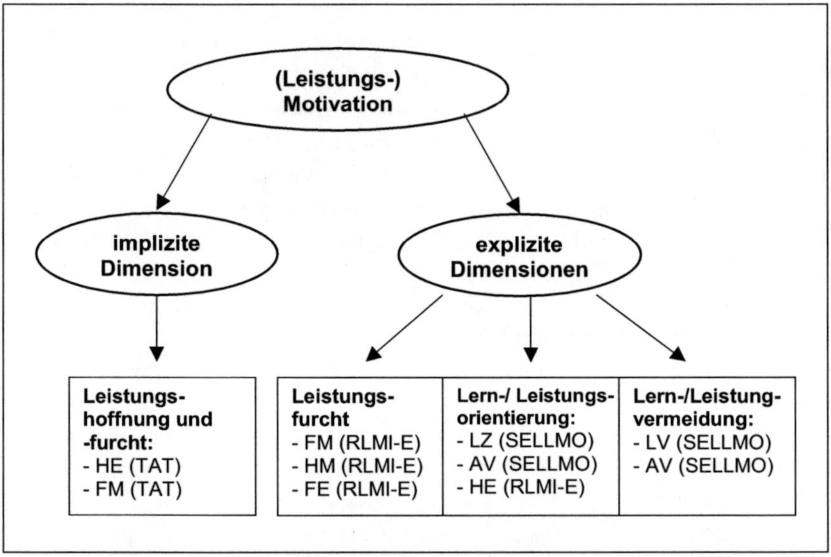

Abb. 29: Verbales Pfaddiagramm des Strukturgleichungsmodells einer ganzheitlichen Leistungsmotivation bzw. -motivierung (Ausschnitt)

Durch den Modelltest im Rahmen einer konfirmatorischen Faktorenanalyse mittels der Software Mplus wird nun konkret geprüft, ob die modelltheoretische Kovarianz- bzw. Korrelationsmatrix signifikant von der beobachteten bzw. empirischen abweicht (vgl. Brown, 2006). Zur abschließenden Beurteilung der Modellgüte sind verschiedene Kriterien heranzuziehen.

Mit Hilfe des Chi²-Tests wird die Hypothesen geprüft, ob das Modell zu den empirischen Daten passt oder ob dies im signifikanten Falle von der vorliegenden Datenstruktur abweicht. Der Chi²-Wert wurde als erster Fit-Index für die Modellpassung entwickelt und ist zudem in Relation zum Verhältnis der Freiheitsgrade zu betrachten. Die Freiheitsgrade (df) berechnen sich dabei aus der Differenz der Varianzen, Kovarianzen und Mittelwerte der manifesten Variablen abzüglich der Anzahl der geschätzten Modellparameter (vgl. Geiser, 2010; Hu & Bentler, 1999). Grundsätzlich wird von einem guten Modell-Fit ausgegangen, wenn der Chi²-Wert also nicht signifikant und im Verhältnis zu den Freiheitsgraden mindestens kleiner bzw. gleich 3.00 bzw. 2.00 ist (Kline, 1998; Ullman, 2001).

Jener Wert geriet allerdings als Prüfverfahren in Kritik, da er einige Nachteile aufweist. Er reagiert u.a. sehr sensibel auf eine Verletzung der Normalverteilung und ist stark von der Stichprobengröße abhängig (Brown, 2006; Jöreskog, 1986), so dass er im Rahmen dieser Arbeit mit Vorsicht interpretiert werden sollte, da er infolge der Stichprobengröße N > 200 zunehmend sensibler wird und bereits bei kleinen Abweichungen von einem perfekten Modell zur Ablehnung der Nullhypothese führt. Somit wird die Betrachtung weiterer Fit-Indizes notwendig (vgl. Jöreskog, 1986; Backhaus, Erichson, Plinke & Weiber, 2003).

Hierbei handelt es sich um die Beurteilung einer Reihe von unabhängigen Maßzahlen, die unterschiedliche Facetten des Gütebegriffs beleuchten (Baumgarten, 1995). Einen Überblick über die Kriterien zur Beurteilung der Güte des Gesamtmodells mit ihren jeweiligen Grenzwerten gibt die Tabelle 90, nachdem diese im Folgenden kurz erläutert werden. Von einer guten Modellpassung kann gesprochen werden, wenn mehrere der nachstehenden vier Kriterien voll bzw. annähernd erfüllt sind (Geiser, 2010).

Erstens der Comparative-Fit-Index (CFI), der den Fit des Zielmodells mit dem eines Baseline- bzw. Unabhängigkeitsmodells vergleicht, in dem angenommen wird, dass die beobachteten Variablen zwar Varianzen, aber keine Kovarianzen haben. Der CFI gibt also an, inwieweit das Zielmodell besser auf die Daten passt, und sollte über einem Wert von .90 liegen (Hu & Bentler, 1999). Zweitens der Tucker-Lewis-Index (TLI), der ebenfalls die Überprüfung des Zielmodells mit einem Baseline-Modell vornimmt und einen Wert von .90 nicht unterschreiten sollte (Hu & Bentler, 1999). Drittens der Root-Mean-Square-Error-of-Approximation (RMSEA), der überprüft, ob das angenommene Modell die Realität hinreichend approximiert, und der kleiner als .08 sein sollte, um als akzeptabel zu gelten, bzw. kleiner als .05, damit von einem guten Wert gesprochen werden kann (Browne & Cudeck, 1993; Hu & Bentler, 1998). Zusätzlich zu diesem wird auch der p-Wert für den Test der Nullhypothese ausgegeben. Viertens gilt es noch den Standardized-Root-Mean-Square-Residual (SRMR) zu prüfen, der ein standardisiertes Maß zur Gesamtbewertung der Residuen darstellt und im Falle eines Wertes von kleiner als .08 als günstig erachtet wird (Hu & Bentler, 1999).

Tab. 90: Übersicht über die Fit-Indizes bzw. Cut-off-Richtwerte zur Beurteilung der Modellgüte

Fit-Indizes	χ^2	p	χ^2/df	CFI	TLI	RMSEA	SRMR
Cut-off-Richtwerte	-	> .05	< 3.0	> .90	> .90	< .08	< .08

Das erste Modell ist ein 1-Faktorenmodell, in dem Leistungsmotivation einen Generalfaktor bildet. Damit wird angenommen, dass alle 10 Skalen nur auf diesem einen Faktor laden und lediglich eine einzige latente Merkmalsdimension messen. Im Rahmen der konfirmatorischen Faktorenanalyse ergaben sich die in Tabelle 91 abgebildeten Fit-Indizes für dieses Modell:

Tab. 91: Übersicht über die Fit-Indizes des 1-Faktorenmodells der Leistungsmotivation

Fit-Indizes	χ^2	p	χ^2/df	CFI	TLI	RMSEA	SRMR
Cut-off-Richtwerte	237.747	< .01	8.81	.756	.662	.152	.111

Die Analyse zeigt, dass das 1-Faktorenmodell einen hohen Chi²-Wert aufweist und dieser signifikant von den Daten abweicht. Damit wurde jenes Kriterium nicht erfüllt. Die Betrachtung der weiteren Fit-Indizes verdeutlicht des Weiteren, dass in keinem Fall die gesetzten Cut-off-Werte auch nur annähernd erreicht werden. Daraus lässt sich schließen, dass die Annahme eines einzelnen Generalfaktors Leistungsmotivation, der mittels aller Indikatoren beschrieben wird, nicht haltbar ist und das Modell verworfen werden muss.

Folgend gehen dieselben Skalen – in Anlehnung an das eigenkonzipierte Prozessmodell einer ganzheitlich zu betrachtenden Leistungsmotivation und damit im Sinne des eingangs dargestellten Strukturmodells – in eine weitere konfirmatorische Faktorenanalyse ein. Es wird angenommen, dass vier latente Faktoren existieren, die zwar miteinander in Beziehung stehen, aber klar voneinander zu unterscheiden sind: Erstens ein impliziter Leistungsmotivationsfaktor, der mit den manifesten Variablen *Hoffnung auf Erfolg* und *Furcht vor Misserfolg* des TAT erklärt wird. Zweitens ein weiterer, allerdings expliziter Furchtfaktor, auf dem die Skalen *Furcht vor Misserfolg*, *Hoffnung auf Misserfolg* und *Furcht vor Erfolg* des RLMI-E laden. Drittens ein expliziter Faktor, der die Lern- und Leistungsorientierung beschreibt und durch die Skalen *Lernziel* (SELLMO), *Annäherungs-Leistungsorientierung* (SELLMO) sowie *Hoffnung auf Erfolg* (RLMI-E) konstituiert wird sowie ein vierter, der einen Faktor im Sinne einer expliziten Lern- und Leistungsvermeidung darstellt. Dieser wird mittels der manifesten Variablen *Vermeidungs-Leistungsziel* und *Arbeitsvermeidung* der SELLMO gebildet.

Im Rahmen der Analyse zeigte sich, dass zwar erneut ein relativ hoher Chi²-Wert für das Zielmodell gegeben war, der signifikant wurde, gegenüber dem 1-Faktorenmodell weist das 4-Faktorenmodell jedoch sehr akzeptable bis hin zu guten Fit-Werten im Rahmen sämtlicher Gütekriterien aus.

Damit passt es erheblich besser auf die empirischen Daten und bekräftigt die Sinnhaftigkeit sowie Gültigkeit des eigenkonzipierten Prozessmodells einer ganzheitlichen Leistungsmotivation (siehe Tabelle 92).

Tab. 92: Übersicht über die Fit-Indizes des 4-Faktorenmodells der Leistungsmotivation

Fit-Indizes	χ^2	p	χ^2/df	CFI	TLI	RMSEA	SRMR
Cut-off-Richtwerte	89.751	< .01	2.84	.927	.908	.068	.046

Abbildung 30 enthält das 4-Faktorenmodell samt der aufgenommenen 10 Motivskalen bzw. Indikatoren. Es ist im Einklang mit der Annahme, dass die Gesamtskalen der vier Verfahren voneinander abgrenzbare Subdimensionen messen. Neben den latenten Faktorkorrelationen enthält es zudem die Faktorladungen und Residualvarianzen des standardisierten Modells.

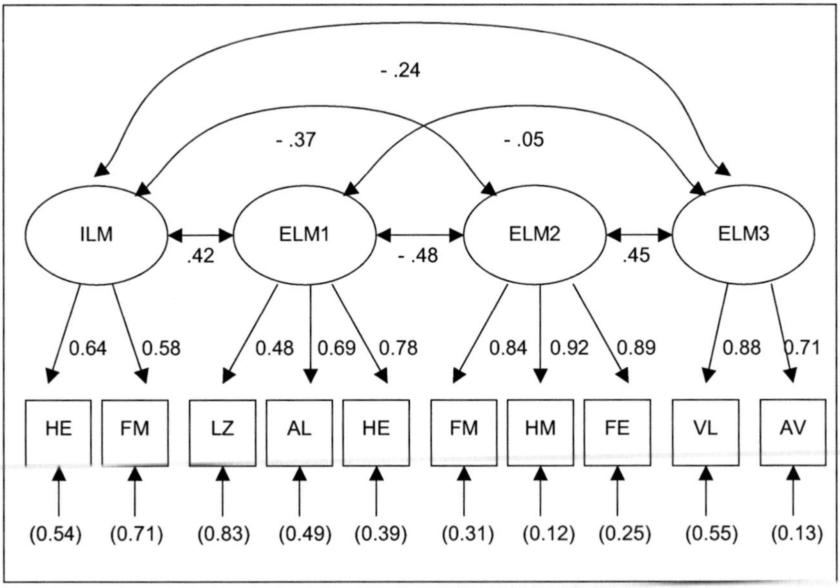

Anmerkung: ILM = implizite Leistungsmotivation mit HE = Hoffnung auf Erfolg (TAT); FM = Furcht vor Misserfolg (TAT); ELM1 = explizite Leistungsmotivation (Lern-/Leistungsorientierung) mit LZ = Lernziel (SELLMO) und AL = Annährungs-Leistungsziel (SELLMO) und HE = Hoffnung auf Erfolg (RLMI-E); ELM2 = explizite Leistungsmotivation (Leistungs- und Misserfolgsfurcht) mit FM = Furcht vor Misserfolg (RLMI-E) und HM = Hoffnung auf Misserfolg (RLMI-E) und FE = Furcht vor Erfolg (RLMI-E); ELM3 = explizite Leistungsmotivation (Lern-/Leistungsvermeidung) mit VL = Vermeidungs-Leistungsziel (SELLMO) und AV = Arbeitsvermeidung (SELLMO)

Abb. 32: 4-Faktorenmodell der 10 Skalen der impliziten und expliziten Leistungsmotivation

6.3 Clusteranalyse der Leistungsmotivmaße

In einem weiteren Schritt wurde mittels der Clusteranalyse eine Typenbildung vorgenommen. Dieses Analyseverfahren erlaubt es, die einzelnen Facetten der Leistungsmotivation zueinander in Beziehung zu setzen und zu gruppieren.

In diesem Zusammenhang werden die einzelnen Fälle derart klassifiziert, dass die Unterschiede innerhalb eines Clusters eher gering und zwischen den einzelnen Clustern möglichst groß sind, während sich eine nahezu optimale Lösung dann erzielen lässt, wenn in diesem Analyseprozess die Anzahl der vorgegebenen Cluster eingangs noch zusätzlich variiert wird (vgl. Bortz, 1993, S. 522ff). Die einzelnen Fälle werden dann anhand ihrer Mittelwerte derart verlagert und gebündelt, bis zum einen eine optimale Anzahl an Cluster bzw. Typen und zum anderen eine ideale Verteilung der Einzelfälle gegeben ist.

In der vorliegenden Arbeit konnte mittels Erprobung und der daraus resultierenden Erkenntnis durch die Vorgabe und Bildung von fünf Clustern bzw. Typen ein sehr gutes Ergebnis erzielt werden, denen die nachfolgend abgebildeten Probanden zugeordnet wurden – vergleiche Tabelle 93.

Tab. 93: Cluster und Anzahl der diesen zugeordneten Fälle (n = 336)

Cluster	**1**	**2**	**3**	**4**	**5**
Anzahl der Fälle	98	83	81	20	54

Insgesamt unterscheiden sich die Cluster, denen die einzelnen Fälle und damit (Leistungs-) Motiv- und Motivationsausprägungen bzw. -facetten zugewiesen wurden, durchgängig signifikant voneinander. Die genauen Werte können der Tabelle 94 entnommen werden. Tabelle 95 beinhaltet die gebildeten fünf Cluster samt ihrer jeweiligen Clusterzentren. Zusätzlich wurde zwecks Klassifizierungsvereinfachung zu den einzelnen Mittelwerten immer auch der jeweilige Rang angegeben.

Tab. 94: Unterschiede zwischen den Clustern

Skala	F	df1	df2	p
TAT: Hoffnung auf Erfolg	3.29	4	237	< .05
TAT: Furcht vor Misserfolg	3.39	4	237	< .05
RLMIE: Hoffnung auf Erfolg	98.53	4	234	< .01
RLMIE: Furcht vor Misserfolg	100.79	4	234	< .01
RLMIE: Hoffnung auf Misserfolg	144.76	4	234	< .01
RLMIE: Furcht vor Erfolg	108.84	4	234	< .01
SELMMO: Lernziel	20.50	4	264	< .01
SELLMO: Vermeidungs-Leistungsziel	38.08	4	264	< .01
SELLMO: Annäherungs-Leistungsziel	18.27	4	264	< .01
SELLMO: Arbeitsvermeidung	32.99	4	264	< .01
MMG: Hoffnung auf Erfolg	4.78	4	265	< .01
MMG: Furcht vor Misserfolg	2.50	4	265	< .05

Tab. 95: Clusterzentren und Rangordnungen der Motivationsskalen der 4 Verfahren (n = 336)

	Clusterzentren der endgültigen Lösung				
Cluster	**1**	**2**	**3**	**4**	**5**
Skala	M (Rang)	M (Rang)	M (Rang)	M (Rang)	M (Rang)
TAT: Hoffnung auf Erfolg	5.12 (4)	4.68 (3)	4.23 (2)	3.33 (1)	6.35 (5)
TAT: Furcht vor Misserfolg	3.68 (3)	3.84 (4)	2.67 (2)	1.17 (1)	4.25 (5)
RLMIE: Hoffnung auf Erfolg	80.89 (3)	91.33 (4)	72.32 (2)	68.67 (1)	103.45 (5)
RLMIE: Furcht vor Misserfolg	51.19 (2)	62.82 (3)	66.32 (4)	98.83 (5)	40.67 (1)
RLMIE: Hoffnung auf Misserfolg	43.67 (2)	56.49 (3)	62.49 (4)	95.00 (5)	35.75 (1)
RLMIE: Furcht vor Erfolg	45.51 (2)	65.62 (4)	64.62 (3)	94.83 (5)	44.70 (1)
SELMMO: Lernziel	32.46 (3)	32.96 (4)	30.02 (2)	24.12 (1)	34.95 (5)
SELLMO: Annäherungs-Leistungsziel	23.05 (2)	27.18 (5)	23.91 (3)	18.82 (1)	26.80 (4)
SELLMO: Vermeidungs-Leistungsziel	16.59 (1)	26.22 (5)	23.15 (4)	17.06 (2)	21.00 (3)
SELLMO: Arbeitsvermeidung	16.82 (1)	26.61 (5)	22.33 (4)	21.59 (3)	17.60 (2)
MMG: Hoffnung auf Erfolg	7.22 (3)	8.27 (5)	7.07 (2)	6.06 (1)	8.05 (4)
MMG: Furcht vor Misserfolg	4.20 (2)	5.03 (4)	5.06 (5)	4.47 (3)	3.90 (1)

Anmerkung: Bildung von Rangplätzen innerhalb der Werte der einzelnen Subskalen, wobei (1) den niedrigsten und (5) jeweils den höchsten Skalenwert repräsentiert.

Weil jeder Cluster als ein bestimmter Typ aus der Kombination verschiedener (Leistungs-) Motiv- und Motivationsfacetten samt unterschiedlich starker Ausprägung verstanden werden kann, gilt es in der Folge diese zu benennen und ihre charakteristischen Eigenschaften detaillierter zu beschreiben und dadurch voneinander abzugrenzen. In diesem Zusammenhang wird immer auf die Gesamtgruppe als relative Referenzrahmung Bezug genommen. Die Aussagen zu den expliziten und impliziten Leistungsmotivationsausprägungen erfolgen unter Angabe des jeweiligen Verfahrens und seiner Einzel- bzw. Gesamtskalen. Zusätzlich wird neben der Ausweisung der Mittelwerte immer auch die Angabe des Rangplatzes mit angeführt, um eine übersichtliche Vergleichbarkeit zwischen den Gruppen bzw. Clustern und damit Typen zu gewährleisten. Rangplatz (1) codiert den geringsten bzw. schwächsten, (2) einen eher unterdurchschnittlichen, (3) den durchschnittlichen, (4) einen eher überdurchschnittlichen und (5) den extremsten bzw. stärksten Wert der entsprechenden Merkmalsausprägung.

Cluster 1	Die Ausbalancierten

Das erste Cluster umfasst mit 98 Schülern die meisten Jugendlichen und kann derart typisiert werden, als dass es die vermutlich gängigste Verteilung der (Leistungs-) Motiv- und Motivationswerte impliziert. Die Schüler dieses Clusters weisen in den meisten Bereichen durchschnittliche Werte aus und werden deshalb als die Ausbalancierten bezeichnet.

Die Probanden dieser Kategorie haben ein durchschnittlich stark ausgeprägtes Lernziel (SELLMO: Lernziel (3) M = 32.46) und lernen weniger infolge externer bzw. extrinsischer Einflüsse. Sie suchen dementsprechend Leistungssituationen nicht primär auf, um ihr Können unter Beweis zu stellen (SELLMO: Annäherungs-Leistungsziel (2) M = 23,05), und haben darüber hinaus auch die geringste Furcht, in solchen Situationen durch mangelnde Leistung aufzufallen (SELLMO: Vermeidungs-Leistungsziel (1) M = 16.59). Insgesamt sind sie die Fleißigsten und am wenigsten stark bemüht, Arbeit zu vermeiden (SELLMO: Arbeitsvermeidung (1) M = 16.82). Bezüglich ihres Leistungsmotivs ist feststellbar, dass sie auch in diesem Bereich den Durchschnitt bilden (MMG: Hoffnung auf Erfolg (3) M = 7.22) und damit ein gesundes Maß an Leistungsantrieb besitzen, wohingegen ihre Misserfolgshoffnung eher unterdurchschnittlich repräsentiert ist (MMG: Furcht vor Misserfolg (2) M = 4.20).

Auch die explizite Leistungsmotivation ist bei ihnen ebenfalls durchschnittlich stark ausgeprägt (RLMI-E: Hoffnung auf Erfolg (3) M = 80.89), wohingegen sämtliche eher hemmenden Skalen im direkten Vergleich mit den anderen primär unterdurchschnittliche Werte aufweisen. Demgemäß werden sie weder durch Gedanken blockiert, sie müssten einen Misserfolg befürchten (RLMI-E: Furcht vor Misserfolg (2) M = 51.19) noch durch die Hoffnung bestimmt, Misserfolge mit hoher Wahrscheinlichkeit zu erfahren (RLMI-E: Hoffnung auf Misserfolg (2) M = 43.67). Auch ihre Erfolgsfurcht ist unterdurchschnittlich stark ausgeprägt, so dass die Schüler dieses Clusters Erfolg eher anstreben anstatt ihn zu fürchten (RLMI-E: Furcht vor Erfolg (2) M = 45.51).

Ein kongruentes Bild hierzu spiegeln auch die impliziten Leistungsmotivationskennwerte dieser Probanden wider. Im Gruppenvergleich verfügen sie über eine überdurchschnittlich ausgeprägte Erfolgshoffnung (TAT: Hoffnung auf Erfolg (4) M = 5.12), die sie unbewusst zu Leistungsbemühungen antreibt. Zusätzlich wird dieser Antrieb noch mittels einer eher unreflektierten und durchschnittlichen Misserfolgsfurcht (TAT: Furcht vor Misserfolg (3) M = 3.68) unterstützt.

Cluster 2	Die Ambivalent-optimistischen

Das zweite Cluster beinhaltet 81 Probanden, die ihrerseits Lernmotivation stark von anderen abhängig machen und dementsprechend zwischen hoher Erfolgs- und Misserfolgshoffnung bzw. -furcht hin und her gerissen sind. Deshalb werden sie als die ambivalent-optimistischen Leistungszielorientierten bezeichnet.

Jener zweitgrößte Teil Jugendlicher, der zwar einerseits insbesondere des Lernens selbst wegen zu lernen scheint bzw. dem Lernen als solches einen hohen Wert zuschreiben (SELLMO: Lernziel (4) M = 32.96), tut dies andererseits vordergründig entweder, um sein Können vor anderen zu demonstrieren (SELLMO: Annäherungs-Leistungsziel (5) M = 27.18), oder aber weil er befürchtet, in Leistungssituationen vor den anderen versagen zu können (SELLMO: Vermeidungs-Leistungsziel (5) M = 26.22). In beiden Leistungszieldimensionen weist diese Gruppe die extremsten Kennwerte auf. Entsprechend dieser eher externen bzw. extrinsischen Motivationsanregung und -steuerung sind sie auch am stärksten bemüht, Arbeits- und Leistungsbemühungen zu umgehen (SELLMO: Arbeitsvermeidung (5) M = 26.61).

Ebenfalls weisen die eher impliziten Motiv- und Motivationswerte tendenziell eher extreme Verhältnisse auf. Einerseits verfügen sie über das am stärksten ausgeprägte Leistungsmotiv bezüglich ihrer Erfolgshoffnung (MMG: Hoffnung auf Erfolg (5): 8.27), andererseits verspüren sie zusätzlich aber auch eine überdurchschnittlich starke Erfolgsfurcht (MMG: Furcht vor Misserfolg (4)

M = 5.03). Die Werte des TAT verdeutlichen, dass in diesem Bereich eine durchschnittlich starke Erfolgshoffnung (TAT: Hoffnung auf Erfolg (3) M = 4.68) gegeben ist, während die Jugendlichen dieser Gruppe eher durch Misserfolgsfurcht dominiert zu sein scheinen (TAT: Furcht vor Misserfolg (4): M = 3.84) und überdurchschnittlich hohe Werte aufweisen.

Ein gleichermaßen ambivalentes Bild verdeutlicht auch die Ausprägung der expliziten Leistungsmotivation. Zum einen besitzen jene Jugendlichen eine durchschnittliche Furcht vor bzw. Hoffnung auf Misserfolg (RLMI-E: Furcht vor Misserfolg (3) M = 62.86, Hoffnung auf Misserfolg (3) M = 56.49), zum anderen kommt erneut zu ihrer überdurchschnittlich stark bzw. bewussten Erfolgshoffnung eine gleichermaßen stark ausgeprägte Erfolgsfurcht hinzu (RLMI-E: Hoffnung auf Erfolg (4) M = 91.33, Furcht vor Erfolg (4) M = 65.62).

Cluster 3	Die Ambivalent-pessimistischen

Die 81 Jugendlichen des dritten Clusters charakterisiert ebenfalls eine starke extern orientierte Leistungsbereitschaft, die aber stärker von Leistungsfurcht und Misserfolgshoffnung als von Erfolgsmotivierung bestimmt ist. Deshalb werden die Schüler dieser Gruppe als die ambivalent-pessimistisch Leistungszielorientierten tituliert.

Die Probanden dieser Kategorie besitzen im Vergleich eine eher unterdurchschnittlich ausgeprägte Motivation, sich des Lernens wegen anzustrengen (SELLMO: Lernziel (2) M = 30.02), während sie durchschnittlich rege bemüht sind, in Leistungssituationen ihr Können unter Beweis zu stellen (SELLMO: Annäherungs-Leistungsziel (3) M = 23.91) und überdurchschnittlich stark befürchten, in öffentlichen Leistungssituationen zu versagen (SELLMO: Vermeidungs-Leistungsziel (4) M = 23.15). Hinzu kommt eine hohe Bereitschaft, um Bemühungen anzustellen, damit Leistung vermieden werden kann (SELLMO: Arbeitsvermeidung (4) M = 22.33).

Auf der eher impliziten Leistungsdimension werden sie nur bedingt von Erfolgshoffnung angetrieben (MMG: Hoffnung auf Erfolg (2) M = 7.07), wohingegen ihr stärkster Antrieb die Furcht vor möglichen Misserfolgen ist. In diesem Bereich weisen sie die höchsten Werte auf (MMG: Furcht vor Misserfolg (5) M = 5.06). Ob der auch unterdurchschnittlichen Ausprägung der TAT-Kennwerte (TAT: Hoffnung auf Erfolg (2) M = 4.23 und Furcht vor Misserfolg (2) M = 2.67) müssen sie als insgesamt eher antriebsarm beschrieben werden.

Auf der primär bewussten bzw. reflektierten Leistungsmotivationsebene schreibt sich diese Gruppe selbst eher unterdurchschnittliche Erfolgshoffnung zu (RLMI-E: Hoffnung auf Erfolg (2) M = 72.32) und zeichnet sich durch ein durchschnittliches Maß an Erfolgsfurcht aus (RLMI-E: Furcht vor Erfolg (3) M = 64.62). Insgesamt scheinen sie in erster Linie von der Überzeugung geprägt zu sein, Misserfolg nicht nur verstärkt befürchten zu müssen, sondern erachten sein Eintreten auch als am wahrscheinlichsten (RLMI-E: Furcht vor Misserfolg (4) M = 66.32 und Hoffnung auf Misserfolg (4) M = 62.49).

Cluster 4	Die hoch Leistungsängstlichen

Die vierte Kategorie umfasst jene 20 Schüler, die extreme Werte in den Facetten der Furcht- und Misserfolgsmotivierung besitzen und komplementär hierzu über die am schwächsten ausgeprägten positiven Motivationsparameter verfügen. Bei diesen handelt es sich damit um die hoch Misserfolgs- und Furchtmotivierten.

Diese Gruppe scheint den Lernprozess als solchen lediglich als extern bestimmt bzw. aufgetragenen zu verstehen (SELLMO: Lernziel (1) M = 24.12). Demgemäß haben sie auch nur die am geringsten ausgeprägte Motivation, Situationen aufzusuchen, in denen sie andere von ihrer Leistung überzeugen können (SELLMO: Annäherungs-Leistungsziel (1) M = 18.82), hegen allerdings auch nur eine relativ geringe Furcht, öffentlich in leistungsthematischen Situationen zu versagen (SELLMO: Vermeidungs-Leistungsziel (2) M = 17.06). Tendenziell sind diese Jugendlichen eher bemüht, Arbeit und Anstrengung zu vermeiden (SELLMO: Arbeitsvermeidung (3) M = 21.59).

Bezüglich ihres Leistungsmotivs fällt auf, dass sie von einer überdurchschnittlichen Furcht vor Misserfolg angetrieben werden (MMG: Furcht vor Misserfolg (3) M = 4.47), während der eher unbewusste Hoffnungsantrieb, Erfolg zu erzielen, nur geringfügig gegeben ist (MMG: Hoffnung auf Erfolg (1) M = 6.06). Dies spiegelt sich auch in ihrer mangelnden Bewusstheit wider, Erfolgshoffnung in Leistungssituationen zu hegen (RLMI-E: Hoffnung auf Erfolg (1) M = 68.67). Auffällig ist insbesondere ihre Misserfolgsorientierung, die weit über dem üblichen Durchschnitt liegt (RLMI-E: Furcht vor Misserfolg (5) M = 98.83 und Hoffnung auf Misserfolg (5) M = 95.00). Erschwerender Weise zeichnen sie sich zusätzlich noch durch starke Angst vor möglichen Erfolgen aus (RLMI-E: Furcht vor Erfolg (5) M = 94.83).

Jene Eigenschaften bzw. Verhaltensweisen zeigen sich auch bezüglich ihrer impliziten Leistungsmotivation, hier werden mit Abstand die geringsten Werte im Gruppenvergleich erzielt, so dass weder Erfolgshoffnung noch Misserfolgsfurcht als weitere motivierende Kraft vorhanden sind (TAT: Hoffnung auf Erfolg (1) M = 3.33 und Furcht vor Misserfolg (1) M = 1.17).

Cluster 5	Die hoch Erfolgsmotivierten

Die 54 Jugendlichen der fünften Gruppe zeichnen sich sowohl bezüglich ihrer stark ausgeprägten impliziten als auch expliziten Leistungsmotivation gegenüber den Schülern der anderen Cluster aus. Sie stellen somit im Vergleich die hoch Erfolgs- und Hoffnungsmotivierten dar.

Sie sind aus sich heraus hoch motiviert, lernen primär des Lernens selbst wegen (SELLMO: Lernziel (5) M = 34.95) und suchen dementsprechend auch bevorzugt Situationen auf, in denen sie ihr Können bzw. ihre Leistung gegenüber anderen unter Beweis stellen können (SELLMO: Annäherungs-Leistungsziel (4) M = 26.80). Allerdings vermeiden sie solche Situationen, in denen ihr Bemühen nicht den gewünschten Erfolg verspricht (SELLMO: Vermeidungs-Leistungsziel (3) M = 21.00). Insgesamt scheuen sie weder Arbeit noch Anstrengung (SELLMO: Arbeitsvermeidung (2) M = 17.60).

Des Weiteren sind sie offensichtlich im Stande, ihre stark ausgeprägte Leistungsmotivation zu reflektieren, sind sich jener bewusst und können diese dadurch in gewinnbringender Form zur Motivierung nutzen (RLMI-E: Hoffnung auf Erfolg (5) M = 103.45), fürchten augenscheinlich zu keiner Zeit Misserfolg (RLMI-E: Furcht vor Misserfolg (1) M = 40.67), hegen auch nicht die Hoffnung auf einen solchen (RLMI-E: Hoffnung auf Misserfolg (1) M = 35.75) und verbinden Furcht nur bedingt bis gar nicht mit möglichen Erfolgen (RLMI-E: Furcht vor Erfolg (1) M = 44.70).

Dieser Habitus findet sich auch in dem sie primär unbewusst antreibenden Leistungsmotiv wieder – dies impliziert eine starke Erfolgshoffnung (MMG: Hoffnung auf Erfolg (4) M = 8.05), während Misserfolgsfurcht bei ihnen – im Gruppenvergleich – am geringsten ausgeprägt ist (MMG: Furcht vor Misserfolg (1) M = 3.90).

Ein derart kongruentes Bild spiegelt auch ihre implizite und eher unbewusste Leistungsmotivation wider. Ebenfalls in diesem Bereich zeichnen sie sich durch die am stärksten ausgeprägte Erfolgshoffnung aus (TAT: Hoffnung auf Erfolg (5) M = 6.35), die durch die Misserfolgsfurcht zusätzlich unterstützt wird (TAT: Furcht vor Misserfolg (5) M = 4.25).

6.4 Diskussion der 3. Studie

Bezüglich des Signierungsschlüssels nach Heckhausen (1963) ist anzumerken, dass sich dieser nach einem intensiven Studium zur Auswertung der impliziten Leistungsmotivation bewährt hat und der dialogische Austausch zwischen den unabhängig Signierenden erheblich zur Auswertungsobjektivität beiträgt, so dass die ermittelten Werte den Ergebnissen der meisten standardisierten Testverfahren bezüglich jenes Gütekriteriums nicht nachstehen. Allerdings bedarf diese Auswertungsform eines erheblichen Zeitpensums.

Beim Studium des Signierungsschlüssels und im Rahmen seiner Auswertungsanwendung fiel auf, dass unter Umständen einige Modifikationen sinnvoll sind und zeitgemäß wären. Erstens betrifft dies die Subkategorie *Bedürfnis nach Leistung und Erfolg*. Diesbezüglich sieht das Original nicht vor, Arbeit oder Bildung als individuelles Erfolgsbedürfnis zu signieren, gesetzt den Fall, der Akteur der Geschichte widmet sich diesen Aspekten um ihrer selbst willen, wenn diese dann nämlich das originäre inhaltliche Ziel darstellen. In jenen Fällen lernt der Schüler, weil er das Lernen als solches attraktiv findet und es ihm Freude bereitet. Gleiches gilt für die unterrichtende oder prüfende Tätigkeit eines Lehrers. Jene Aspekte werden gemäß des Originals nicht verrechnet (Heckhausen, 1963, S. 281ff), weil sie typische Beschäftigungen eines Unterrichtenden darstellen. Erachtet ein Lehrer allerdings das Unterrichten und die damit verbundenen Planungs- sowie Reflexionsprozesse als Profession, weil er die Jugendlichen nicht nur zum Fach erziehen will, da er sie durch dieses bilden möchte, sollten ebenfalls diese Aspekte als signierungsfähig erachtet und demnach verrechnet werden. Zweitens zeigte die Auswertung, dass auch der Signierungsschlüssel selbst einem zeitlichen und gesellschaftlichen Wandel unterliegt und dementsprechend bedingt neu zu konfigurieren ist. Wegen technischer Entwicklungen und Innovationen, neuer Arbeits- und Organisationsformen sowie des gesellschaftlichen Wandels insgesamt ergeben sich leistungsthematische Situationen, die während der Konstitutionsphase des Auswertungsinstrumentariums in den 1960-er Jahren noch nicht gegeben bzw. abzusehen waren. Dem zur Folge wäre unter gewissen Umständen auch der Aspekt der Arbeitslosigkeit zu signieren, z. B. wenn jemand Leistungsbemühungen unternimmt, um dieser vorzubeugen oder aber um dieser Situation zu entkommen. Dann müssten auch negative Gefühlszustände, Tadel oder Erfolgs- sowie Misserfolgserwartungen, die damit verbunden sind, erfasst werden. Darüber hinaus ist fraglich, ob Täuschungsversuche wirklich zu keiner Verrechnung führen sollten. Galt jenes Verhalten in der Ursprungsphase des Signierungsschlüssels noch als unmoralisch, ist gegenwärtig fraglich, ob jene Bemühungen, ein schulisches oder berufliches Ziel zu erreichen, nicht sogar verstärkt willentlich unternommene und zunehmend geduldete Strategien der Lern- und Arbeitsbewältigung darstellen. Drittens scheint es Jugendlichen – explizit aus der Gruppe der Benachteiligten – zunehmend schwerer zu fallen oder sogar unauthentisch zu sein, sich mit literarischen Protagonisten zu identifizieren und sich in diese hinein zu versetzen. Deshalb sollte es in Erwägung gezogen werden, die Signierungsempfehlungen derart aufzulockern, dass z. B. Erfolgserwartungen, positiver und negativer Gefühlszustand sowie Lob und Tadel ebenfalls erfasst werden, auch wenn sie nicht direkt vom Akteur geäußert werden oder Kommentare eines fiktiven Erzählers darstellen. Allerdings nur in den Fällen, in denen sie sich unmittelbar auf die Themenkomplexe Arbeit und Leistung beziehen, diese als Hauptthemen genannt werden, während private Bezüge ausgeschlossen werden können. Insgesamt erhärten derartige Überlegungen jene Meinungen, die postulieren, dass das Leistungsmotiv unter Umständen in starkem Maße sprachlich und sozial bzw. gesellschaftlich vermittelt und determiniert ist.

Die Subkategorie Erfolgssicherheit und -gewissheit (ESG) wurde infolge der Auswertung der Geschichten der Hauptuntersuchung und auf Grundlage der Vorgaben Heckhausens konstituiert. Diese Kategorie enthält leistungsthematische Aspekte, die im Rahmen des ursprünglichen Signierungsschlüssels zu keiner Verrechnung geführt hätten, aber einen leistungsthematischen Erfolg entweder als bereits eingetreten schildern oder diesen als sicher eintretend in Aussicht stellen. Damit stellt jene Kategorie quasi das komplementäre Pendant der Misserfolgssubkategorie dar. Um jedoch eine Vermengung dieser Kennwerte mit denen des bereits etablierten Signierungsschlüssel nach Heckhausen zu vermeiden, erfolgte eine erneute Verrechnung der TAT-Geschichten samt gesonderter Auswertung und Analyse, um den Wert dieser Subkategorie eruieren zu können. Die vorgenommenen Untersuchungen konnten einerseits die Güte jener Kategorie bekräftigen, andererseits gesonderte Erkenntnisse in Erfahrung bringen, welche sozio-demografischen Determinanten Erfolgssicherheit und -gewissheit bedingen und welche Unterschiede zwischen Gymnasiasten und Benachteiligten bestehen.

Das Studium der Erfolgssubkategorie zweier unabhängiger Anwender bzw. Auswerter führte dazu, dass zwischen diesen eine sehr gute und zufriedenstellende Auswertungsübereinstimmung (r = .90) erzielt wurde. Ein und derselbe Rater erreichte diesbezüglich sogar adäquate Ergebnisse zwischen zwei Messzeitpunkten (r = .95) – im Abstand von einem Monat – die derer von Fragebogenverfahren in keinster Weise nachstehen. Damit sind deutliche

Hinweis bezüglich der Objektivität und Reliabilität (bei Wiederholung des Ratings) dieser Kategorie gegeben.

Des Weiteren zeigte sich, dass die Aufnahme dieser Kategorie erheblich zur Steigerung der Reliabilität des Thematischen Apperzeptionstests beitrug, so dass Cronbachs Alpha für die Gesamterfolgskategorie unter Einbezug von Erfolgssicherheit und -gewissheit einen Wert von .75 erreichte (ohne ESG .58) und jenes Verfahren sodann eine interne Konsistenz auszuweisen vermag, die als sehr akzeptabel zu bewerten ist und gleich der durchschnittlichen Verlässlichkeit von Fragebögen und Selbstreportverfahren.

Darüber hinaus steht Erfolgssicherheit und -gewissheit in Zusammenhang mit den anderen Subkategorien des Signierungsschlüssels und kann durch die Prädiktoren positiver Gefühlszustand, Lob, Bedürfnis nach Leistung und Erfolg, Erfolgserwartung und instrumentelle Tätigkeit, um Misserfolg zu vermeiden, zufriedenstellend (R^2 = .49), aber nicht ausschließlich erklärt bzw. vorhergesagt werden. Damit stellt diese Kategorie nicht nur eine eigenständige Information dar, zusätzlich bestätigen die gegebenen Zusammenhänge insgesamt auch die Validität jener Subkategorie.

Die vornehmlich varianz- und regressionsanalytischen Berechnungen der Kategorie Erfolgssicherheit und -gewissheit zeigten, dass diese durch mannigfache sozio-demografische Determinanten beeinflusst ist. Auch wenn keine bedeutsamen altersbezogenen Unterschiede erforscht wurden, erzielten die mit 15 Jahren jüngsten Schüler die höchsten Werte, welche grundsätzlich bis zum 20. Lebensjahr wieder stark abfielen, sich dann allerdings ab diesem Zeitpunkt auf einem mittleren Niveau stabilisierten. Vermutlich ist mit dem Eintritt in eine neue Schulform auch die erneute Hoffnung gegeben, Erfolge zu erringen, allerdings scheint sich diese erste Hoffnungseuphorie mit der weiteren schulischen Sozialisation wieder zu verlieren. Dies zeigt sich besonders stark bei den Benachteiligten insgesamt, vermutlich weil diese im berufsschulischen Kontext als schwächste Klientel gelten und stigmatisiert sind. Bezüglich des Geschlechts, betrachtet man dies in Analogie zur Erfolgshoffnung und Misserfolgsfurcht, zeigte sich, dass Schülerinnen entgegen der Erwartungen nicht benachteiligt sind. Dies könnte ein Indiz dafür sein, dass Erwartungen und Hoffnungen eher extern determinierte Wahrscheinlichkeiten darstellen, während Gewissheit und Sicherheit eher in der Person zu lokalisierende Variablen darstellen, eng mit dem Selbstkonzept verknüpft sind und vor allem durch die familiäre und schulische Sozialisation vermittelt werden. Der sich verändernde gesellschaftliche Geschlechterhabitus, die zunehmende schulische Partizipation explizit am gymnasialen Sektor sowie das Erfahren der eigenen Bildungswirksamkeit infolge der tatsächlich erbrachten

Leistungen sollten damit zunehmend das Gefühl der Erfolgssicherheit bei Frauen evozieren. Erwartungskonform haben Schüler der Sonder- und Hauptschule mit Abstand die geringste Erfolgssicherheit und -gewissheit, während Gymnasiasten hier die höchsten Werte besitzen. Dass Jugendliche der Berufsschule in dieser Kategorie nicht unterhalb des Durchschnittes liegen, kann damit begründet werden, dass ein gewichtiger Anteil jener Schüler den gymnasialen Bildungsgang dort besucht. Zudem führt ebenfalls das Vorhandensein eines Schulabschluss zu einer stärkeren Ausprägung der Erfolgsgewissheit, was ursächlich darin begründbar ist, dass in Zeiten hoher Jugendarbeitslosigkeit, Ausbildungsstellenplatzmangel und einer starken Ausbildungsabbrecherquote vor allem Sicherheit durch einen allgemeinbildenden Schulabschluss gestiftet wird. Bezüglich des Migrationsstatus zeigt sich erneut, dass dieser stark benachteiligendes Potenzial impliziert, weil er die fokussierte Subkategorie enorm limitiert. Gleiches gilt auch in Bezug auf Ausbildung und gegenwärtig ausgeübter Tätigkeit von Vater und Mutter. Nahezu stereotyp steht ein hohes sozio-ökonomisches Kapital der Eltern in enger Beziehung mit einer stark ausgeprägten Erfolgssicherheit und -gewissheit ihrer Sprösslinge, da Kinder akademisch ausgebildeter Eltern im Mittel um ein Zweifaches höhere Werte als Kinder unausgebildeter bzw. arbeitsloser Mütter und Väter besitzen. Diese Erfolgssubkategorie spiegelt die vorherrschenden Benachteiligtenstereotypisierungen am deutlichsten wieder.

Demnach verwundert es nicht, dass auch die Gruppe der Gymnasiasten im Mittel eine erheblich höhere Erfolgssicherheit und -gewissheit gegenüber den allgemein als benachteiligt bezeichneten Jugendlichen besitzt. Hierfür werden nicht nur die zuvor betrachteten Determinanten, sondern vor allem die mit diesen verbundenen Stigmatisierungen als wesentlich verantwortlich erachtet. Darüber hinaus konnte die fokussierte Erfolgshoffnungssubkategorie deutlich durch das Priming angeregt werden. Allerdings zielen sämtliche Passagen des Primings auch genau auf die für Erfolgssicherheit und -gewissheit konstituierenden Elemente ab und explizieren diese teilweise sogar. Zudem zeigte die gruppenspezifische Betrachtung in Verbindung mit den experimentellen Bedingungen, dass die Benachteiligten – wenn sie einem Motivations-Priming ausgesetzt waren – mehr Erfolgssicherheit und -gewissheit aufwiesen, als es die Gymnasiasten der Kontrollbedingungen taten.

Als in einem abschließenden Schritt sämtliche Faktoren und Determinanten im Hinblick auf Erfolgssicherheit und -gewissheit zueinander in Beziehung gesetzt wurden, zeigten sich für die Gymnasiasten keine bedeutsamen Prädiktoren. Vermutlich resultiert die Ausprägung der Subkategorie aus der Wechselwirkung sämtlicher bedeutsamer Faktoren und geht eine multiplikative

Verbindung mit diesen ein, so dass die einzelnen Determinanten allein nicht ausreichen, um signifikant zu werden. Demgegenüber zeigte sich bei den Benachteiligten, dass die meiste Varianz in Höhe von mehr als 8 % durch das Motivations-Priming erklärt wurde. Zusätzlich besitzen noch Schultyp und Migrationsstatus einen weiteren Einfluss. Erwartungsgemäß limitiert der Migrationshintergrund Erfolgssicherheit, während sie mit aufsteigendem Schultyp positiv beeinflusst wird.

Insgesamt kann Erfolgssicherheit und -gewissheit als eigenständige Information bewertet werden, die den psychometrischen Untersuchungen standhielt und einen gewichtigen Beitrag zur internen Konsistenz des TAT leistet, die für gewöhnlich stark in der Kritik steht. Darüber hinaus spiegelt diese Erfolgssubkategorie in fast trivialer Art und Weise vorherrschende Benachteiligungsdeterminanten und Stereotypisierungen wider. Dieses Sicherheitsgefühl stellt eine Randfacette der impliziten Leistungsmotivation dar, deren positiver Zusammenhang, beispielsweise mit dem Selbstkonzept oder deren negative Beziehung zu Komplementärkonstrukten, z. B. allgemeiner Ängstlichkeit, noch im Rahmen weiterführender Arbeiten zu erforschen wäre. Allerdings ist es auch denkbar, dass infolge der idealtypischen Ergebnisse, mittels der Kategorie Erfolgssicherheit und -gewissheit indirekt der internalisierte bzw. empfundene Grad an Benachteiligung des Individuums erfasst wird.

Im Rahmen der vier eingesetzten Verfahren wird postuliert, dass diese einerseits zwar allesamt Facetten der Leistungsmotivation, teilweise sogar identische Dimensionen erfassen, andererseits ist demgegenüber vielfach belegt worden, dass diese und ähnliche Motivationstests nur bedingt und unter Umständen gar nicht miteinander korreliert sind und unterschiedliche Aspekte des Leistungsmotivs bzw. seiner Ausprägungen erheben.

In dieser Arbeit wurden die SELLMO sowie das RLMI-E eingesetzt, um die explizite Leistungsmotivation zu messen, während das MMG und der TAT parallel hierzu die implizite Leistungsmotivation erfassen sollten. Die SELLMO widmen sich zwar nicht ausdrücklich der Erhebung von Erfolgshoffnung und Misserfolgsfurcht, allerdings geben sie die Erfassung zweier artverwandter Dimensionen vor, zum einen die für Motivation förderlichen Dimensionen Lernziel und Annäherungs-Leistungsziel sowie zum anderen die motivationshemmenden des Vermeidungs-Leistungsziels und der Arbeitsvermeidung (vgl. Spinath et al., 2002). MMG, TAT und RLMI-E erheben explizit Hoffnung auf Erfolg und Furcht vor Misserfolg, darüber hinaus forscht das MMG jene dualistischen Polaritäten noch für die Motive Anschluss und Macht aus (vgl. Schmalt et al., 2000). Das RLMI-E ermittelt differenzierter die Negativkomponenten des

Leistungsmotivs (vgl. Lukesch & Peters-Häderle, 2007). Einerseits muss zwar Obacht gegeben werden, dass nicht ähnlich klingende Konstrukte miteinander vermengt werden, u. a. wenn Leistungsmotiv, Leistungsmotivation, Lernziel, Annäherungs-Leistungsziel und Hoffnung auf Erfolg einander gleichgesetzt werden, andererseits sind diese Konstrukte – wie die theoretische Reflexion und ihre Operationalisierung zeigte – teilweise eng miteinander verwoben. Daraus resultierte die Erwartung, sie müssten zumindest artverwandte Komponenten der Leistungsmotivation eruieren.

Eine alleinige Unterscheidung in explizite und implizite Leistungsmotivation, die entweder durch Fragebögen oder mittels projektiver Verfahren erfasst werden können, erscheint als zu kurz gegriffen (vgl. Schultheiss & Brunstein, 2001; deCharms, Morrison, Reitman & McClelland, 1955; Niitamo, 1999; Heckhausen, 1963; Schmalt & Sokolowski, 2000; Bilsky, 1999). Im Forschungskontext werden die SELLMO als typisches Instrumentarium zur Eruierung der expliziten und der TAT als Prototyp zur Erfassung der impliziten Leistungsmotivation dargestellt (vgl. Spinath et al., 2002; Kuhl, 1977; Schmalt et al., 2000; Heckhausen, 1963). Dies ist beim MMG und RLMI-E weniger klar (vgl. Schmalt et al., 2000; Lukesch & Peters-Häderle, 2007). Das MMG wird wegen seiner mäßigen Korrelationen zu den anderen Verfahren zwischen diesen verortet und als semi-projektives Verfahren bezeichnet (vgl. Brunstein & Schmitt, 2003; Schmalt & Sokolowski, 2000). Im Rahmen dieser Arbeit diente es allerdings der Erfassung der impliziten Motivationstendenzen, da es infolge der Bildsituationen und unterschiedlichen Statements den Schülern zu keiner Zeit bewusst war, dass mittels des MMG u.a. ihr Leistungsmotiv erfasst wurde. Zudem hieß es in den Instruktionen lediglich, in der Folge ginge es um die Einschätzung sozialer Situationen. Darüber hinaus bedient es sich einem dem TAT ähnlichen Prinzip, nämlich der bildbezogenen Anregung eines Motivs. Zwar ist das Ankreuzen vorgefertigter Antworten einengender als das Prinzip der freien Textproduktion, dennoch wird dem Individuum die Möglichkeit gegeben, diversen Alternativaussagen entweder zuzustimmen oder diese abzulehnen.

Dem gegenüber wird das RLMI-E laut Manual bzw. seiner Autoren als implizites Leistungsmotivationsmaß bezeichnet (Lukesch & Peters-Häderle, 2007). Im Rahmen dieser Arbeit wurde es jedoch als eher explizites Verfahren erachtet und demgemäß frequentiert. Dies rührt daher, dass sich der Test zwar einer illustrierenden und fast imaginativen bildhaften Szenario-Technik bedient, er jedoch explizit erwähnt, dass „Einstellungen gegenüber verschiedenen Aspekten des Erfolgs untersucht werden“ (ebd.). Zusätzlich wird sogar mittels Fettschrift hervorgehoben, der Proband solle sich vorstellen, er wäre selbst in dieser Situation. Die Testinstruktionen schließen darüber hinaus mit dem Beispielitem ab, „Ich bin mir sicher, dass ich alles richtig machen werde" (ebd.). Dadurch sollte der Proband nicht nur zusätzlich leistungsthematisch aktiviert werden, des Weiteren ist damit eine explizite Verwebung von Subjekt und Erfolgs- bzw. Leistungsthematik formuliert und initiiert. Zudem weisen nahezu alle 96 Einzelitems das Personalpronomen der ersten Person Singular aus, womit ebenfalls eine Identifikation mit den Situationen und dadurch insgesamt auch mit der Erfolgs- und Misserfolgsthematik begünstigt und gefördert wird. Die Thematik bleibt dem Probanden dadurch nicht verborgen.

Der Einsatz der vier Verfahren samt ihrer insgesamt 12 Sub- bzw. Gesamtskalen zur Erfassung unterschiedlicher Leistungsmotivfacetten und Leistungsmotivationsdimensionen führte naheliegender Weise zu den berechtigten Fragen, ob sich die Unterscheidung in ein implizites und ein explizites Leistungsmaß aufrechterhalten lässt, ob weitere Differenzierungen der Leistungsmotivation notwendig bzw. sinnvoll sind und in welcher Beziehung die teilweise äquivalent, aber teilweise auch unterschiedlich formulierten und benannten Skalen zueinander stehen. Erwartungsgemäß zeigte sich, dass die Bildung vierer Gesamtskalen nicht nur ob der theoretischen Reflexion sinnvoll ist, sondern dies auch die optimalste Lösung war, die im Rahmen der explorativen und konfirmatorischen Faktorenanalysen erreicht werden konnte.

Die Unterscheidung der meisten Autoren in ein implizites und ein explizites Leistungsmotivationssystem wurde auch im Rahmen dieser Arbeit bestätigt (vgl. McClelland, Koestner & Weinberg, 1989; McClelland, 1995; Rheinberg, 2000). Einerseits laden Erfolgshoffnung und Misserfolgsfurcht des TAT auf einem Faktor und beschreiben die implizite Dimension (vgl. Heckhausen, 1963, 1977; Schultheiss & Brunstein, 2005), andererseits laden Hoffnung auf Erfolg sowohl von MMG und RLMI-E als auch das Lernziel und Annäherungs-Leistungsziel der SELLMO auf einem weiteren, eher als explizit beschreibbaren Faktor (Snyder et al., 1996; Abele, 1999), während sowohl die beiden Leistungszielausprägungen als auch die Arbeitsvermeidung der SELLMO auf einem weiteren dritten Faktor laden. Damit wurde eine Skala gebildet, mittels derer die eigentliche implizite Leistungsmotivation, im Sinne eines allgemeinen Triebimpulses erfasst wird, während darüber hinaus zwei weitere, eher explizite Skalen zu- bzw. voneinander abgrenzbar wurden. Eine, die vor allem die intrinsische Lern- und Leistungsorientierung impliziert und eine weitere, die eher die external bzw. extrinsisch determinierte Lern- und Leistungsorientierung samt ihrer Vermeidung darstellt. Viertens zeichnete sich am deutlichsten ein Faktor ab, auf dem sämtliche Furcht- und Misserfolgsdimensionen des RLMI-E luden (vgl. Kronprobst, 2005; Wildenauer, 2006).

Diese bilden damit insbesondere eine Dimension, die explizite leistungsthematische Ängste erfasst. Diese Annahme wird durch die negative Korrelation mit dem entsprechenden Erfolgshoffnungspendant des ursprünglichen Verfahrens gestützt. Darüber hinaus korreliert dieser Faktor mäßig bis mittelstark mit allen weiteren Dimensionen. Eine Sonderstellung nahmen allerdings die Skalen des MMG ein, da diese keinem Faktor derart direkt und eindeutig zuzuweisen waren. Eigentlich sollte es als semi-projektives Maß mit mäßigen Korrelationen zwischen den einzelnen und angrenzenden Skalen liegen. Die Faktorenanalyse zeigte jedoch, dass sowohl Hoffnung auf Erfolg schwach und Furcht vor Misserfolg mittelstark negativ zu den beiden impliziten Dimensionen des TAT in Beziehung stehen. Zusätzlich ist eine starke Korrelation sowohl mit dem Lernziel der SELMO als auch eine mittelstarke mit der Skala Annäherungs-Leistungsziel der SELLMO und der Skala Hoffnung auf Erfolg des RLMI-E gegeben. Damit unterstützt diese Analyse die Aussagen, welche die Existenz zweier Leistungsmotivationssysteme postulieren, allerdings ist zudem die begründete Vermutung gegeben, dass vor allem die explizite Leistungsmotivation noch einer differenzierteren Betrachtung bzw. Unterscheidung bedarf. Zusätzlich können die negativen Korrelation der einzelnen Subskalen als ein Beleg dafür gelesen werden, dass beide Motivsysteme nicht nur unabhängig voneinander existieren, sondern teilweise miteinander verbunden sind und damit bedingt einen förderlichen oder hemmenden Einfluss aufeinander nehmen (vgl. Snyder et al., 1996; Schmalt et al., 1994; Schmalt & Sokolowski, 2000; Abele et al., 1999). Denkbar wäre ebenfalls, dass das Individuum zwei parallele Motivationssysteme unterschiedlicher Dimensionen besitzt. Ein individuelles, das sowohl die subjektive und aufsuchende Erfolgshoffnung als auch die vermeidende Misserfolgsfurcht impliziert, während das andere ein Konstrukt gesellschaftlicher Erwartungen, Restriktionen und Zwänge beinhaltet, das kollektive Vorstellungen darüber enthält, welche Motivationstendenz in welcher Ausprägung in bestimmten Situationen sinnvoll wäre und welche nicht.

Ein weiterer Beleg der diskutierten Leistungsmotivstruktur konnte im Rahmen der Überprüfung eines Ausschnittes des eigenkonzipierten Modells einer ganzheitlich betrachteten Leistungsmotivation mittels konfirmatorischer Faktorenanalyse erzielt werden. Diese erhärtet die eigenen theoretischen Annahmen und Reflexionen, während ein Modell, dem ein Generalfaktor der Motivation unterstellt wurde, der durch sämtliche Skalen erklärt wird, infolge der unbefriedigenden Ergebnisse abgelehnt und verworfen werden musste. Die Analyse bekräftigt die Annahmen verschiedener Leistungsmotivationsdimensionen, allerdings führten Mehrebenemodelle, in denen Leistungsmotivation jeweils ein impliziter und ein expliziter Faktor untergeordnet wurden, die sich wiederum aus den summierten Einzelskalen der verschiedenen Verfahren konstituierten, in keinem Fall zu einem Ergebnis. Damit liegt die Vermutung nahe, dass Leistungsmotivation ein Konglomerat verschiedener Motivationsdimensionen darstellt, die teilweise mehr oder weniger miteinander verbunden sind. Im Rahmen dieser Arbeit wurde ein Modell angenommen und bestätigt, das vier latente Faktoren impliziert. Einer von ihnen enthält die impliziten Maße des TAT und beschreibt damit einen generellen Leistungsmotivationsantrieb. Ein weiterer Faktor konstituiert sich aus den negativen Leistungsmotivationsfacetten des RLMI-E und stellt damit eine eher explizite Leistungsfurcht bzw. -ängstlichkeit dar. Darüber hinaus sind noch zwei weitere Faktoren gegeben, die als eher explizite Maße erachtet werden. Einer davon konstituiert sich vor allem aus Skalen, die der Lern- und Leistungsvermeidung gewidmet sind, während der andere das lern- und leistungsorientierte Pendant hierzu darstellt. Damit ist ein weiterer Beleg einer differenzierten Betrachtung der Leistungsmotivation gegeben, während die explizite und reflexionsfähige Leistungsmotivationsdimension zusätzlich noch detaillierter und differenzierter betrachtet werden muss. Hier ist nicht nur eine Unterscheidung in eine Lern- und Erfolgsorientierung sowie Lern- und Misserfolgsmeidung sinnvoll, darüber hinaus besteht erheblicher Forschungsbedarf, ob beispielsweise auch ein mentales Konstrukt gesellschaftlich erwünschter Leistungsmotivation internalisiert und wirksam ist. Des Weiteren wäre zu überprüfen, inwieweit Leistungsfurcht tatsächlich eine eigenständige Dimension beschreibt oder aber insgesamt über Furcht bzw. Ängstlichkeit allgemein beschreibbar ist. Insgesamt scheint die Integration impliziter und expliziter Maße gewinnbringender und erkenntnisreicher, als die Präferierung eines Systems bzw. einer Art von Messverfahren alleinig.

Für praktische Fragestellungen und schulische Anwendungsimplikationen sind die Ergebnisse der durchgeführten Clusteranalyse hoch interessant. In ihrem Rahmen wurden die verschiedenen Leistungsmotivationsdimensionen mit dem Ziel der Bildung von Schüler-Typen aufgenommen und zueinander in Beziehung gesetzt. Bisher liegen relativ gesicherte Kenntnisse vor, dass Leistungsmotivation insgesamt individuell unterschiedlich stark ausgeprägt ist und zusätzlich die Dimensionen Hoffnung auf Erfolg und Furcht vor Misserfolg voneinander zu unterscheiden sind, Individuen verschiedene Bezugsnormen bevorzugen sowie unterschiedlich schwierige und andersartige Aufgaben präferieren. Die verschiedenen Leistungsmotivmaße sind allerdings noch nicht derart miteinander kombiniert worden, dass implizite und explizite Dimensionen sowie Erfolgs- und Misserfolgsfacetten gleichzeitig samt ihrer

Interdependenzen betrachtet wurden. Auf Grundlage der Clusteranalyse für die 12 Skalen der verschiedenen Verfahren ließen sich fünf verschiedene Schülertypen bilden. Erstens ausbalanciert motivierte Schüler, die eine relativ hohe implizite und explizite Erfolgshoffnung besitzen, während sie ein geringeres Maß an Misserfolgsfurcht aufweisen. Zusätzlich scheinen diese weniger für Außenwirkungen empfänglich zu sein und lernen primär des Lernens selbst wegen. Damit stehen auch ihre impliziten Motive in Einklang. Hierbei handelt es sich um einen aus schulischer Sicht sehr erwünschten Schüler-Typ. Ein zweiter Typ weist diese Motivationsausrichtung sogar in ihrer Extremform aus. Dieser ist derart hoch erfolgs- und hoffnungsmotiviert, dass alle förderlichen Motivmaße Extremwerte aufweisen und implizite sowie explizite Furcht lediglich minimalen Ausmaßes sind. Allerdings wird dieser auch sehr stark vom Umfeld determiniert, derart, dass es ihm wichtig ist, Erfolg vor den Augen anderer zu erzielen und Misserfolge in diesem Zusammenhang zu vermeiden bzw. zu verbergen. Demgegenüber existiert eine dritte Gruppe Jugendlicher, die fast ausschließlich hohe implizite und explizite Erfolgs- und Misserfolgsfurchtwerte besitzt, während die komplementären, eher förderlichen Motivmaße bei ihnen am geringsten sind. Lernen und Leistung können mit solchen Voraussetzungen quasi nur als Last und Qual empfunden werden. Glücklicherweise stellt dieser Typ die kleinste Probandengruppe dar. Die beiden weiteren Schülerklassifikationen implizieren quasi sämtliche Mittelwerte der impliziten und expliziten Leistungsmotivation, die einen allerdings tendenziell eher Richtung Erfolgshoffnung und die anderen stärker gen Misserfolgsfurcht. Sie umfassen mehr als die Hälfte der Schüler der Gesamtstichprobe und beinhalten nicht nur den größten Anteil an Jugendlichen, sondern eher den motivationalen Durchschnitt im direkten Vergleich. Der davon eher pessimistisch orientierte vierte Typ erachtet das Lernen weniger als inhaltliches Ziel, hofft mäßig auf Erfolg, besitzt insgesamt weniger Furcht und zeichnet sich verstärkt durch die Motivation aus, Lernsituationen vermeiden zu wollen. Der fünfte, eher optimistische Typ, empfindet bedingt Lust am Lernen und weist sowohl stärkere Hoffnungs- als auch Furchtwerte aus. Beiden ist gemeinsam, dass sie relativ stark external bzw. extrinsisch orientiert sind und ihre impliziten und expliziten Leistungsmotivationsfacetten stärker als bei den anderen drei Gruppen variieren. Hier zeigt sich am deutlichsten die Ambivalenz zwischen Lernen zu wollen oder zu müssen bzw. Lernen als Lust oder Last zu empfinden.

Diese Analyse verdeutlicht damit, dass lediglich die Gruppierung der Schüler nach niedrig- oder hochmotivierten sowie eher erfolgs- oder misserfolgsmotivierten zu kurz gegriffen ist. Insbesondere bei den extrem Hoffnungs-

und Erfolgsmotivierten ist zu berücksichtigen, dass ihre stark extrinsische Motivation zunehmend in eine intrinsische überführt wird, damit diese nicht nur des Erfolges und der anderen wegen lernen, sondern an diesem Prozess selbst Lust empfinden. Bei den hoch Furcht- und Misserfolgsorientierten sind vor allem kleinschrittige und kurzweilige Erfolge zu ermöglichen, damit dieser insgesamt ungesunden Motivationskonstellation entgegengewirkt werden kann. Günstig scheinen in diesem Zusammenhang individuelle Lernerfolgskontrollen zu sein, die weniger unter den Augen der Öffentlichkeit vollzogen werden. Bei den ambivalent-optimistischen und -pessimistischen Jugendlichen ist zu beachten, dass hier vielfältige intrinsische und extrinsische Wirkmechanismen gegeben sind, die allerdings teilweise in komplementärer Beziehung zueinander stehen. Legen beide Typen relativ starken Wert auf Leistungsrückmeldung, besitzen die einen jedoch eher höhere Erfolgs- und Misserfolgswerte, während die anderen diese beiden Maße tendenziell eher unterdurchschnittlich stark ausgeprägt haben. Damit sind die zuerst genannten schneller zu begeistern und agieren zügiger, verlieren vermutlich mitunter aber schnell wieder die Lust, wenn sie auf Hindernisse stoßen oder eine Tätigkeit ihnen als solche nicht abwechslungsreich genug erscheint. Problematisch wird es bei ihnen, wenn ihre Motivausprägungen nicht miteinander in kongruenter Beziehung stehen. Die anderen müssen demgegenüber anfangs stärker und öfter motiviert werden, so dass sie in der Folge, wenn auch noch nicht in der gewünschten Intensität, Lern- und Arbeitsprozesse vollziehen. Diese werden zumeist nicht als besonders bedeutsam erachtet und vordergründig aufgrund des Pflichtgefühls bewerkstelligt. Dabei neigen sie dazu, den Bildungsprozess bei mangelnder Kontrolle einzustellen. Beide Typen erfordern damit unterschiedliche Formen und Intensität der Anleitung, der Leistungsrückmeldung und Prozessbegleitung. Eine Diskussion des ausbalancierten Schülertyps unterbleibt an dieser Stelle, da er den Prototyp eines in der Schule erwünschten Jugendlichen darstellt, der gerne lernt, nicht zu stark external bzw. extrinsisch determiniert ist, reichlich Erfolgshoffnung besitzt, während seine Misserfolgsfurcht und Arbeitsvermeidungsmotivation recht gering sind und damit insgesamt im Sinne bisheriger Erkenntnisse und Postulate relativ unproblematisch gefordert und gefördert werden kann.

7 Zusammenfassende Diskussion

Das Phänomen der Benachteiligung stellt, folgt man der Argumentationslogik dieser Arbeit, ein gesellschaftliches Problem dar, dass anhand individueller Merkmale abgelesen wird. Auf dieser Grundlage wird ein Benachteiligtenstereotyp konstituiert und bestimmten Personen und Gruppen zugeschrieben. Dieses Stereotyp avanciert sodann zu einem Vorurteil und ist vermutlich wesentlich für das Motivationsdefizit der Betroffenen verantwortlich. Eine Behebung dieses originär sprachlichen Wirkprozesses mit lediglich an den Kognitionen orientierten Fördermaßnahmen greift zu kurz und führt insgesamt noch zur Verschärfung jener Problemlage.

Im schulischen und bildungspolitischen Kontext werden vielfältige benachteiligende Determinanten postuliert und tradiert. Insgesamt wird die Wirkung einiger jedoch unter- bzw. überschätzt. In ihrem Wirkgefüge zeigt sich, dass einige Benachteiligungsmerkmale der Substitution anderer fähig sind oder aber noch zusätzlich verstärken. Primär dienen der Schultyp sowie Migrationshintergrund und sozio-ökonomischer Status als äußerst benachteiligende Zuschreibungsdimensionen, die sich originär in der Erhöhung der Misserfolgsfurcht der Individuen widerspiegeln und nur zum Teil die Erfolgshoffnung negativ limitieren.

Des Weiteren konnte empirisch gezeigt werden, dass einem sprachabhängigen Phänomen im Sinne eines gesellschaftlich konstruierten Stereotyps, welches sich infolge der Stigmatisierung mittels bestimmter intentional aufgeladener Begriffe hemmend auf die Lern- und Leistungsmotivation sowie das Selbst des Subjektes auswirkt, auf gleiche Art und Weise auch entgegengewirkt werden kann. Darüber hinaus ist ein Motivations-Priming geeignet, um einerseits die Erfolgshoffnung und implizite Leistungsmotivation zu erhöhen, andererseits ist es im Stande, den negativen Stereotypisierungen entgegen zu wirken und diese zum Teil sogar zu substituieren. Jene sprachlichen bzw. intervenierenden Maßnahmen wären grundsätzlich allerdings schon in der familiären Sozialisation wahrzunehmen, weil die gesellschaftlichen Stereotypisierungen bereits dort aufgegriffen und fortgeführt werden. Ist dies nicht der Fall, dann hat der Lehrende in seinen Schülern durch gezielte emotionale Stabilisierungsinterventionen und die Reflexion gesellschaftlicher Missstände und -verhältnisse etwas zu initiieren, das ihre Selbstregulationskräfte aktiviert, die ihn zunehmend zur Auseinandersetzung mit gesellschaftlichen Phänomenen im Sinne negativer Zuschreibungen und Stereotypisierungen – nicht nur in Bezug auf die eigene Person – befähigen, damit für den Heranwachsenden vielleicht erstmals etwas erfahrbar wird, das im Folgenden ein fruchtbares Potenzial darstellt, um sich über allgemein-gesellschaftliche Problemlagen erheben zu können, damit diese nicht nur wahrgenommen, sondern auch durchdrungen und in sozialer Verantwortung gestaltbar werden. Wesentlich für diese Sicht ist demnach nicht die unreflektierte Diagnose und Zuschreibung eines Defizits, im Sinne der Pathogenese (z. B. Benachteiligung, die es durch Förderung zu beheben gilt), sondern ein salutogenetischer Ansatz, der die individuelle Sozialisation, die das Individuum kennzeichnet, wahrnimmt, ohne bestimmten Stereotypen zu verfallen und damit auf dem Vorhandenen, positiv zu Gestaltenden, aufgebaut werden kann. Dann werden auch dem Lernenden seine Besonderheiten bewusst, die ein Motivationspotenzial freisetzen, statt sich weiter mit Vorurteilen auseinander setzen zu müssen und damit in ein vorgefertigtes Korsett der Perspektivlosigkeit abdrängen und pressen zu lassen. Dadurch ermöglicht man es dem Schüler, seine kognitiven Kapazitäten nicht in der Auseinandersetzung mit den Stereotypen und Stereotype-Threat-Mechanismen verbrauchen zu müssen und insgesamt in kongruenten Einklang mit seinen Emotionen und seiner Motivation zu bringen. Erst so erscheint es möglich, Identität auszubilden und den individuellen Lernprozess nutzbar zu machen.

Mit der empirischen Beweisführung bestätigt sich einerseits die Richtigkeit des Modells des psychodynamischen Implikationszusammenhanges der Lebenskräfte und Bedürfnisse, welches eingebettet ist in das grundlegende bildungstheoretische Erkenntnisinteresse der Arbeitsorientierten Exemplarik, andererseits die Verpflichtung eines Lehrers auf den öffentlichen Bildungsauftrag und diesem durch pädagogisch professionelles Handeln gerecht zu werden. Schließlich zeigt er auch, dass Präventions- und Interventionsmaßnahmen nicht nur im Bereich der Benachteiligtenproblematik, sondern in genereller Absicht von Bedeutung sind.

Eine sinnvolle Integration und Förderung Jugendlicher kann erfolgen, wenn die zugrunde gelegte Bildungstheorie die Subjektentfaltung als übergeordnetes Leitziel reflektiert und dementsprechend den Lernenden nicht instrumentell zum Fach erzieht, sondern unter Fokussierung seines Humanpotenziales durch die Auseinandersetzung mit der Sache bildet, während neben seinen Kognitionen vor allem emotionale und motivationale Determinanten ganzheitlich entwickelt und entfaltet werden. Subjektentfaltung bedeutet dann, dass sich Lehrender und Lernender als Subjekte gestaltend und reflexiv so mit der sie umgebenden Umwelt in Beziehung setzen, dass im Wesentlichen nicht nur die Konstitution der Welt durch das Individuum – vice versa – sondern auch die mindestens zweier Subjekte untereinander in ihrer Abhängigkeit von den sachlichen Objekten mitgedacht werden muss. Die hieraus resultierenden

Forderungen verlangen bereits eine Reflexion der Auswahl der Bildungsinhalte im Rahmen der Schüler- und Lehrerausbildung.

Versteht man Subjektentfaltung wie zuvor ausgeführt, dann ermöglicht sie dem Einzelnen Weltverfügung. Damit das Individuum Welt erkennt, sich diese aufschließt, um sie anschließend gestalten zu können, muss es innerhalb des Bildungsprozesses mit Kompetenzen ausgestattet werden, die im weitesten Sinne als „Befähigung zur freien Verfügung über Kräfte, Kenntnisse, Erfahrungen, Werte, Fertigkeiten" (vgl. Huisinga & Lisop 2004, S. 436) gelten. Ein Potenzial, das selbst bei fachwissenschaftlich ausgebildeten Akademikern, die im Anschluss an ihr Studium den Erziehungs- und Bildungsauftrag realisieren, nicht zwangsläufig vorausgesetzt werden kann. Die geforderte Weltverfügung ermöglicht es dem Subjekt nicht nur, gesellschaftliche Prozesse wahrzunehmen, sondern befähigt es zudem, mittels sinnerfüllender Tätigkeit aktiv an diesen mitzuwirken, was ihm wiederum der Identitätsfindung dient und zu gesellschaftlicher Integration führt.

Das Ziel der Subjektbildung sollte nicht nur bildungspolitischer Natur sein, es muss vor allem auch materiell werden, damit es realisiert werden kann. Die Lehrkräfte müssen nicht nur über wissenschaftliche Rückbezüge und umfassende theoretische Kenntnisse ihrer zu unterrichtenden Fakultas verfügen, um die Vermittlung zwischen den individuellen Interessen der Subjekte und den gesellschaftlichen Anforderungen realisieren zu können, sondern haben gleichermaßen auch die Erziehungswissenschaft und ihre Bezugsdisziplinen in ihrer inneren Logik zu durchdringen, um sie theoretisch geleitet reflexiv aufbereiten und anwenden zu können. Nicht zuletzt deshalb sollten die Erziehungswissenschaften als ein Fokus des Lehramtstudiums erachtet werden.

So betrachtet ist auf Basis der Studie also auch das Curriculum der Lehrerausbildung neu zu konfigurieren bzw. zu erweitern. An dieser Stelle kommt jedoch erschwerend hinzu, dass der Bildungsauftrag zunehmend in private Institutionen verlagert wird, während „keine allgemein verbindliche oder gar kodifizierte pädagogische Berufsethik [und] keine verbindlichen Regeln für den Rückgriff pädagogischen Handelns auf wissenschaftliche Erkenntnisse" (Huisinga & Lisop, 2004, S. 69) gesellschaftlich festgeschrieben sind, während „das Ausmaß der beruflichen Autonomie" zudem strittig ist (ebd., S. 69). Ob die Konzipierung des Curriculums auf Bachelor- und Master-Studiengänge dieser Sicht zuträglich ist, wird sich u. a. am Aufblühen oder aber am Niedergang des deutschen Bildungswesens erweisen.

Damit die Benachteiligtenproblematik nicht eine gesellschaftliche und pädagogische Handlungslogik aushebelt, sollte der professionell agierende

Pädagoge sein Selbstverständnis nicht in die Benachteiligtenförderung und Sonderpädagogik abschieben. Er müsste im Rahmen eines verstärkt zu professionalisierenden erziehungswissenschaftlichem Studiums die Grundlagen der Möglichkeiten und Verfahren zur Stärkung der Identität und Subjektentwicklung des Schülers kennen lernen, weil die Benachteiligtenproblematik ein multifaktorielles Gefüge darstellt, für das die Erziehungswissenschaft als Ganzes zu bemühen ist. Ein bildungstheoretisches Gesamtverständnis ist, wie gezeigt, zudem unabdingbar.

Lehramtsstudenten sollen auf der Basis wissenschaftlicher Theorien und empirischer Forschung im erziehungswissenschaftlichen Studium des Lehramts die folgenden Kompetenzen erwerben, um „Voraussetzungen und Bedingungen sowie Risikofaktoren für Erziehungs- und Bildungsprozesse mit geeigneten diagnostischen Mitteln zu erfassen, zu berücksichtigen sowie Fördermaßnahmen zu skizzieren", „Heterogenität als Chance wahrzunehmen, Möglichkeiten reflektierter Koedukation, interkultureller sowie integrativer Erziehung und Bildung zu beschreiben und einzuschätzen", „Konfliktsituationen bzw. Kommunikationsstörungen in Unterricht und Erziehung wahrzunehmen und damit in angemessener Weise umzugehen sowie Beratungssituationen zu planen und zu erproben", als auch „Schule und pädagogische Tätigkeiten sowie Lehrerberuf und Professionalität in größeren historischen und gesellschaftlichen Zusammenhängen reflektieren" zu können.

Diese Studieninhalte sind in besonderem Maße dafür geeignet, um z. B. dem gesellschaftlich bewirkten Phänomen der Benachteiligung im schulischen Kontext entgegenzuwirken, doch leider fehlt es den Studierenden nicht selten am grundlegenden Wissen und der Performanz, damit sie geltend gemacht werden können. Attributionsprozesse, Stereotype und Motivation lassen sich nur dann wahrnehmen, erkennen und gestalten, wenn man ihre Ursachen bestimmen kann. Deshalb wären stärker und eindeutiger Inhalte der Allgemeinen, Differentiellen sowie Entwicklungs- und Sozialpsychologie in den Studienordnungen zu verankern, die das Wissen von menschlichen Verhaltens- sowie Erlebensprozessen schulen und dadurch erst das Reflexionsvermögen ausbilden, das Lehramtsstudenten scheinbar von und mit dem Beginn des Studium an automatisch zugeschrieben wird. Die nachstehenden Gegenstandsbereiche stellen auf Grundlage dieser Arbeit notwendige Bestandteil der akademischen Ausbildung angehender Lehrer dar. Inhalte der (1) *Allgemeinen Psychologie:* Kognitionen (Wahrnehmung, Erkennen, Aufmerksamkeit), Lernen (explizit die Informationsverarbeitung), Emotions- und Motivationstheorien sowie ihre Interdependenzen sollten (auch aus physiologischer Perspektive betrachtet) zentraler Bestandteil der Ausbildung werden. Der (2)

Differentiellen Psychologie: Warum sich Menschen unterscheiden, inwieweit individuelle Eigenschaften stabil und veränderbar sind und welchen Einfluss Umwelt- und Anlagefaktoren auf interindividuelle Unterschiede haben und welche Auswirkungen diese auf die mannigfachen psychischen Prozesse ausüben. Der (3) *Entwicklungspsychologie:* Wie Entwicklung verläuft, welche Veränderung des Verhaltens und Erlebens es über die Zeit hinweg gibt, die Klärung, welche Bedeutung Anlageeinflüsse, soziale und kulturelle Bedingungen für die Entwicklung haben. Und schließlich vor allem Inhalte der (4) *Sozialpsychologie:* Was in der sozialen Umwelt das Erleben und Verhalten beeinflusst und welche Konsequenzen soziale Einflüsse auf psychische Prozesse haben. Wie man sich diese Einflüsse zunutze machen oder aber was man gegen sie unternehmen kann.

Damit hierbei jedoch nicht dem Utilitarismus verfallen wird, den die Psychologie in Anbetracht ihres Erkenntnisinteresses betreiben muss, gilt es über diese Bildungsinhalte hinaus eine Bildungstheorie bzw. die Kompetenz der Konstruktion und Reflexion einer solchen curricular zu verorten, damit die einzelnen Erkenntnisse miteinander verzahnt und subjektorientiert ausgerichtet werden können, so dass einzelne Wissenselemente nicht isoliert und unreflektiert bleiben, sondern immer in ihrem übergeordneten Sinnzusammenhang und in Bezug auf das zu fordernde und fördernde Individuum betrachtet werden.

Würde dieser Komplex den formalen Rahmen der Lehrerausbildung sprengen, sind eventuell Überlegungen dahingehend anzustellen, ob es nicht sinnvoll wäre, einer Auswahl angehender Pädagogen die Möglichkeit zu gewähren, neben ihrem Erstfach die Erziehungs- bzw. Bildungswissenschaft, als eigenständige Fakultas zu studieren, so dass neben der beruflichen Fachrichtung eine psychologisch-sonderpädagogische Ausbildung absolvierbar ist. Insbesondere an Berufskollegs wird es zunehmend bedeutsamer, sozial- und sonderpädagogisch ausgebildetes Lehrpersonal zu haben

Mit der Frage nach dem Phänomen *Benachteiligung* und seiner Behebung, wurde mittels der durchgeführten Studien ein Problem pädagogisch-professionellen Handelns besonders deutlich, das die Subjektentfaltung über die Kognitionen, aber vor allem die Emotionen und den damit verbundenen positiven Rückkopplungseffekten auf die Motivation, hat klarer werden lassen. Zudem wurde an diesem Exemplum etwas zusätzlich Allgemeines deutlich, nämlich dass Lehrer zum Teil selbst benachteiligt und juristisch behindert werden, ihren Bildungsauftrag wahrzunehmen.

7.1 Forschungsdesiderate

Es zeigte sich, dass der Einsatz verschiedener Verfahren zur Eruierung der Leistungsmotivation im schulischen Kontext relativ problemlos möglich ist. Dieser Umstand wird jedoch erschwert, wenn Lehrer psychologisch und vor allem diagnostisch nicht befriedigend und umfassend ausgebildet sind, um die erhobenen Kennwerte auch zielführend verwenden und innerhalb eines ganzheitlichen Referenzrahmens einordnen zu können. Schließt man sich der in der Forschung postulierten Präferierung entweder impliziter oder expliziter Verfahren an, resultiert daraus eine verkürzte Motivationsdiagnose. Deshalb wäre es künftig vonnöten, eine Testbatterie zu entwickeln, welche die mannigfachen Facetten der Motivation insgesamt erhebt und in ihrem Wirkgefüge darzustellen weiß. Dies käme auch einer ganzheitlichen Subjektbildung zugute, weil gleichermaßen auch emotionale und kognitive Dimensionen der Leistungsmotivation mit erfasst würden.

Bezüglich des Motivations-Primings konnte ebenfalls seine deutlich positive Wirkung in Erfahrung gebracht werden. Damit bestätigt sich die Annahme, dass Individuen mittels eines Geschichten-Primings angeregt werden können und die bewusste Reflexion jener Prozesse diese zusätzlich begünstigt. Es besteht diesbezüglich jedoch weiterer Forschungsbedarf, inwieweit verschiedene Priming-Typen unterschiedliche Wirkungen evozieren. So bleibt noch zu klären, ob Schüler, die nicht stigmatisiert werden, besser durch ein Priming zu motivieren sind, das eben gerade nicht die Reflexion benachteiligender Aspekte beinhaltet. Zusätzlich wäre zu untersuchen, ob die Wirkung des Primings durch die inhaltliche Konzentration auf eine Facette, z. B. lediglich emotionale Elemente, noch verstärkt werden kann. Des Weiteren sollte der Fokus noch auf das Selbstkonzept gerichtet werden, damit ersichtlich wird, welchen Einfluss Benachteiligung und sprachliche Leistungsmotivierung auf dieses nehmen. Wegen der zeitlichen und inhaltlichen Begrenzung dieser Arbeit konnte sich nicht mehr damit befasst werden, die Intensität der Folgen und zeitlichen Wirkungen pädagogisch-professioneller Interventionen zu evaluieren. Dementsprechend wäre eine weitere Erhebung mit den gleichen Schülern bzw. mit anderen Stichproben aufschlussreich, damit die Dauerhaftigkeit des Primings auf das Subjekt-Ich (explizit dessen Emotionen und Einstellungen sowie der hieraus resultierenden Leistungsmotivation) aufgedeckt werden kann.

Weil davon ausgegangen wird, dass eine einmalige literarische Motivierung nicht zu Langzeiteffekten führt, wäre ein auf dieser Arbeit aufbauendes Design sinnvoll, das erhebt, welche Wirkung z. B. die dauerhafte sprachliche

Bekräftigung im Sinne des Primings zu entfalten im Stande ist. Hierfür könnte der von Greenwald et al. (1995, 1998) entwickelte Implicit Association Test (IAT) zum Einsatz kommen, der jene unbewusste Wirkungen erfassen soll. Er erhebt die impliziten Einstellungen des Subjekts, worunter man Beurteilungen und vor allem Einstellungen versteht, deren Bewertung außerhalb des Bewusstseins liegt und die von automatischen Mechanismen (affektive Komponenten) initiiert werden. Damit erhält man Aufschluss über relativ konstante Prozesse, die kaum intentional beeinflussbar sind, und es lassen sich vor allem die emotionalen Einstellungen zu sich selbst (u. a. Leistungsmotivation) und die im Hinblick auf das unbewusste Zugehörigkeitsgefühl zu stereotypisierten Minoritäten erfassen. Zusätzlich birgt der IAT die Vorteile in sich, dass er am Computer durchgeführt wird, weshalb seine Nähe zu den o. a. Erhebungsverfahren verschlüsselt ist und zudem genau die Motive erhoben werden können, die durch das Priming manipuliert und mittels des TAT ausgeforscht wurden. Hierfür können Bildsituationen oder Wortlisten gewählt werden, die von den Schülern bestimmten Kategorien zuzuordnen sind. Als Indikator für die Messung der fokussierten Einstellungen wird die Assoziationsstärke zwischen zwei Kategorien herangezogen. Die Lernenden sind in diesem Zusammenhang aufgefordert, leistungsthematische Begriffe (jeweils in positiver und negativer Ausprägung) dem „Ego“ oder dem „Alter“ zuzuschreiben – die Bewertung lässt dann Rückschlüsse auf das Selbst des Einzelnen zu. Dass die Schüler auch in diesen Leistungssituationen von Stereotypen beeinflusst werden, ist ihnen nicht bewusst. Bei diesem Vorgehen ließen sich dann selbst verschiedene Modalitäten der Manipulation und Verhaltenserfassung realisieren. Dadurch ließen sich dann sowohl exakte und gesonderte Einzeleffekte, aber auch, entsprechend der Variation der Bedingungen, Wirkweisen innerhalb eines komplexeren Gefüges messen.

Schließlich wäre die Konstitution eines Verfahrens, das die subjektiv empfundene Benachteiligung eines Individuums misst, nicht nur wünschenswert, sondern zwingend notwendig, will man Erkenntnis erlangen, inwieweit der Einzelne sein mangelndes Leistungsvermögen selbst verschuldet und damit vertreten muss oder dieses durch Stereotypisierungen anderer limitiert wird, da beide Aspekte unterschiedliche Maßnahmen der Präventionen und Interventionen erfordern.

7.2 Praxisimplikationen

Die Ableitung möglicher Implikationen und Konsequenzen aus der theoretischen Diskussion und den empirischen Studien für die konkrete unterrichtliche Praxis sind vielfältig und betreffen sowohl Planungs-, Durchführungs- und Reflexionsprozesse, als auch die zwischenmenschliche Interaktion und die kritische Hinterfragung der eigenen professionellen Einstellung. Diese können hier nicht umfassend ausgeführt werden, zumal die in diversen Einzelstudien und -beiträgen an anderer Stelle bereits in der notwendigen Ausführlichkeit angedacht oder erschöpfend thematisiert wurden. Es besteht hier allerdings noch die Möglichkeit einen bunten Blumenstrauß an pädagogischen Interventionen zur Verfügung zu stellen, der zu weiteren Anregungen motiviert.

Bereits im Rahmen der Unterrichtsplanung sind dann genau solche Bildungsinhalte auszuwählen, die nicht lediglich den Sachaspekt fokussieren, sondern immer auch zur kritischen Reflexion und gesellschaftlichen Partizipation anregen. Damit erfahren Selbst- und Sozialdimensionen eine Aufwertung, weil sie notwendig sind, um Missverhältnisse zu erfahren, verantwortungsvolles Handeln einzuüben und in der zwischenmenschlichen Interaktion entäußern zu können. Sachverhalte und Themen, die Zuschreibungsmechanismen, Stereotypisierung und Diskriminierung mit aufgreifen, sind zwingend vonnöten. Einerseits um die Betroffenen durch Maßnahmen der Gegenreflexion zu stärken, andererseits um auch die Initiatoren jener Wirkmechanismen für diese zu sensibilisieren. Eine Verkürzung des Unterrichts auf rein inhaltliche Gegenstände würde das Prinzip der Bildung zur pädagogischen Mündigkeit konterkarieren.

In der Durchführung des Unterricht sind mannigfache Möglichkeiten, um den verschiedenen Motiv- und Motivationstypen gerecht zu werden, vor allem in den ausgewählten kooperativen Lehr- und Lernformen gegeben. Allein die Darbietung verschieden schwerer Aufgaben ist nicht ausreichend und in keinem Falle dem Individuum gerecht werdend. Individuelle Förderung bedeutet dann, dass dem Anspruch Rechnung getragen wird, dass die Einzelnen intra- und interindividuelle Besonderheiten in ihrem Humanpotenzial aufweisen. Dann müssen dem Schüler derart adäquate Angebote unterbreitet werden, dass er sich, egal ob er Erfolge wünscht oder fürchtet bzw. Misserfolgsängste hegt, und ganz gleich ob er es bevorzugt, seine Leistungen von anderen unter Beweis zu stellen oder nicht, entsprechend seiner Fasson entfalten kann. Dabei sind permanente Begleitungsprozesse unabdingbar. Den Jugendlichen muss die Möglichkeit geboten werden, kurzfristige und damit motivierende Erfolge erzielen zu können. Zusätzlich ist es ratsam Erfolgssicherungen einzuplanen, die eine schriftliche Fixierung aller zulassen, damit sich jeder einbringen und beteiligen kann, was im öffentlichen Plenum derart nicht erfolgte. Positive Verstärkungen bekommen damit eine nachhaltige Bedeutung, weil sich ob der Motivlagen der Schüler das Prinzip, nichts gesagt ist genug gelobt, nicht mehr bewährt. In den Arbeitsformen selbst sollte darauf geachtet werden, dass hoch Erfolgsmotivierte keine alleinige Leaderfunktion übernehmen und die Misserfolgshoffnung und -furcht der anderen dadurch noch verstärken. Der Einsatz von Methoden, die zur Perspektivübernahme anregen, wird vor allem bei benachteiligten Schülern notwendig, da diese in jenem Bereich der Sozialkompetenz teilweise noch erhebliche Schwierigkeiten haben.

Bei der Auswertung der Unterrichtsprozesse ist selbstkritisch zu prüfen, inwieweit der Lehrende bei der Wahrnehmung und Bewertung anderer stereotyp geleitet wird und jene Prozesse noch zusätzlich begünstigt und verstärkt. An dieser Stelle nimmt eine Vokabel, die bereits viel zu häufig im Rahmen dieser Arbeit verwendet wurde, einen übergeordneten Stellenwert ein – nämlich die Fähigkeit der Reflexion, explizit der Selbstreflexion. Diese kann, wie gezeigt wurde, selbst bei akademisch ausgebildeten Lehrkräften nicht einfach vorausgesetzt werden. Diese gilt es nachhaltig auch in ihrer Ausbildung zu stärken, damit sie zu einem Aktivposten eines professionellen Habitus avanciert, der gesellschaftliche und individuelle Missstände aufdeckt und dazu befähigt, diesen verantwortungsvoll zu begegnen. Insgesamt zeigte sich nämlich, dass mannigfache Verzerrungen das eigene Handeln leiten und bestimmen. Bereits das nebulöse Verständnis, was Benachteiligung meint, kann dazu führen, dass die Betroffenen demgemäß behandelt werden und ein Teufelskreislauf initiiert wird, der dazu führt, dass sich die Rezipienten auch entsprechend der Erwartungen verhalten.

Der Lehrende darf jene Problematik nicht in die bisweilen eher unzureichende Benachteiligtenförderung oder die Sonderpädagogik abschieben. Er muss ein professionelles Verständnis entwickeln, das ihm gestattet, angemessen sensibel und fachtheoretisch reflektiert, mit solchen und ähnlichen Problemlagen umzugehen. Dies ist nicht nur für das schulische, sondern auch das allgemeine Interaktionsgeschehen von Bedeutung, bedenkt man, dass allein das Auftreten die Motivation der Schüler erfolgs- oder misserfolgsevozierend beeinflusst, während die meisten, primär negativen Zuschreibungsmechanismen, weitestgehend ohne bewusstes Zutun des Einzelnen ablaufen und dadurch konserviert werden.

Und um die Rahmung dieser Arbeit an jener Stelle zu schließen: Nur dann erfährt der Wortgebrauch auch eine angemessen subjektorientierte und humanistische Bedeutung und nur dann kann in unserem Land von sozialer Gerechtigkeit gesprochen werden, das Teilhabe und Chancengleichheit verbindet, und in dem es nicht geduldet wird, dass Kinder ihre Talente eben gerade nicht entfalten können.

Literaturverzeichnis

Abels, H. (2001). Einführung in die Soziologie. Die Individuen in ihrer Gesellschaft (Band 2). Wiesbaden: Westdeutscher Verlag.

Abel, H. (1960). Die Beschulung der Jugendlichen ohne Lehrverhältnis. In F. Blättner, L. Kiehn, O. Monsheimer & S. Thyssen (Hrsg.), *Handbuch für das Berufsschulwesen*. Heidelberg.

Abele, A. E., Andrä, M. S. & Schute, T. (1999). Wer hat nach dem Hochschulexamen schnell eine Stelle? Erste Ergebnisse der Erlanger Längsschnittstudie (BELA-E). *Zeitschrift für Arbeits- und Organisationspsychologie*, 43, 95-101.

Abele, A. (1999). Motivationale Mediatoren von Emotionseinflüssen auf die Leistung: Ein vernachlässigtes Forschungsgebiet. In M. Jerusalem & R. Pekrun (Hrsg.), *Emotion, Motivation und Leistung* (S. 31-49). Göttingen: Hogrefe.

Ach, N. (1935). Analyse des Willens. In E. Abderhalden (Hrsg.), *Handbuch der biologischen Arbeitsmethoden* (Band 6). Berlin: Urban & Schwarzenberg.

Alexander, K. L., Entwisle, D. R. & Olson, L. S. (2007). Lasting consequences of the summer learning gap. *American Sociological Review*, 72, 167-180.

Allmendinger, J. & Dietrich, H. (2004). PISA und die soziologische Bildungsforschung. *Zeitschrift für Erziehungswissenschaften*, Beiheft 3, 7, 201-210.

Allport, G. W. (1935). Attitudes. In C. M. Murchison (Hrsg.), *Handbook of Social Psychology* (pp. 792-844). Worcester, MA: Clark University Press.

Allport, G.W. (1954). The nature of prejudice. Reading, MA: Addison-Wesley.

Aronson, E., Wilson, T. D. & Akert, R. M. (2004). Sozialpsychologie (4. Auflage). München: Pearson Studium.

Aronson, E., Wilson, T. D. & Akert, R. M. (2008). Sozialpsychologie (6. Auflage). München: Pearson Studium.

Aronson, J (2002). Stereotype threat: Contending and coping with unnerving expectations. In J. Aronson (Ed.), *Improving academic achievement. Impact of psychological factor on education* (pp. 279-301). Amsterdam: Academic Press.

Aronson, J., Quinn, D. M. & Spencer S. J. (1998). Stereotype Threat and the academic underperformance of minorities and women. In J. K. Swim & C. Stangor (Eds.), *Prejudice: The target's perspective* (pp. 83-103). San Diego, CA: Academic Press.

Asch, S. E. (1946). Forming impressions of personality. *The journal of Abnormal and Social Psychology*, 1,258-290.

Astone, N. M. & McLanahan, S. S. (1991). Family structure, parental practice and high school completition. *American Sociological Review*, 56, 309-320.

Atkinson, J. W. (1957). Motivational determinants of risk-taking behavior. *Psychological Review*, 64, 359-372.

Atkinson, J. W. (1964). An introduction to motivation. Princeton, NJ: Van Nostrand.

Atkinson, J. W. & Birch, D. (1970). The dynamic theorie of action. New York: Wiley.

Atkinson, J. W., Bongort, K. & Price, L. H. (1977). Explorations using computer simulation to comprehend TAT measurement of motivation. *Motivation and Emotion,* 1, 1-17.

Atkinson, J. W. (1981). Studying personality in the context of an advanced motivational psychology. *American Psychologist*, 36, 171-178.

Au, T. K. F. (1986). A verb is worth a thousand words: The causes and consequences of international events implicit in language. *Journal of Memory and Language*, 25,104-122.

Austin, J. L. (1962 & 1968 dt.). Performative und konstatierende Äußerung. In R. Bubner (Hrsg), *Sprache und Analysis.* Göttingen. Original: Royaumont, C. de (Ed.), Philosophie, La philosophie analytique. Paris.

Autorengruppe Bildungsberichterstattung (2008). Bildung in Deutschland 2008. Ein indikatorengestützter Bericht mit einer Analyse zu Übergängen im Anschluss an den Sekundarbereich I. Bielefeld.

BA & KMK Bundesagentur für Arbeit & Kultusministerkonferenz (2004). Rahmenvereinbarung über die Zusammenarbeit von Schule und Berufsberatung zwischen der Kultusministerkonferenz und der Bundesagentur für Arbeit. Mettlach-Ohrscholz. Zugriff am 28.10.2010 von www.kmk.org/aktuell/ RV_Schule_Berufsberatung

Bach, H. (1972). Zur Situation der Jungarbeiter in der Berufsschule unter dem Gesichtspunkt ihrer möglichen Integration. In Kollegstufe NW, Strukturförderung im Bildungswesen des Landes Nordrhein-Westfalen (Band 17). Ratingen.

Backhaus, K., Erichson, B., Plinke, W., & Weiber, R. (2003). Multivariate Analysemethoden. Eine anwendungsorientierte Einführung (10. Auflage). Berlin: Springer.

BBiG Berufsbildungsgesetz (1969) vom 14.08.1969 (BGBl. I S. 1112) in der Fassung des Änderungsgesetzes vom 12.03.1971 (BGBl. I S. 185).

BIBB Bundesinstitut für Berufsbildung (Hrsg.). (2005). 25 Jahre berufliche Benachteiligtenförderung – vom Modellprogramm zur Daueraufgabe. Bonn

BA Bundesagentur für Arbeit (Hrsg.). (2010). Arbeitsmarktstatistik. Nürnberg.

BA Bundesagentur für Arbeit (2005). Nationaler Pakt für Ausbildung und Fachkräftenachwuchs in Deutschland. Kriterienkatalog zur Ausbildungsreife. BA Marketing und Interne Kommunikation. Zugriff am 15.04.2011 von http://www.bibb.de/ dokumente/pdf/a21_ PaktfAusb-Kriterienkatalog-AusbReife.pdf

Baldwin, A. L. (1969). A cognitive theory of socialization. In D. A. Goslin (Ed.), *Handbook of sozialization theory and research*. Chicago: Rand McNally.

Balota; D. A. & Paul, S. T. (1996). Summation of activation: Evidence from multiple primes that converge and diverge within semantic memory. *Journal of Experimental Psychology: Learning, Memory and Cognition*, *22,* 827-845.

Bargh, J. A., Litt, J., Pratto, F. & Spielman, L. A. (1989). On the preconscious evaluation of social stimuli. In A. E. Bennett & K. M. McConkey (Eds.), *Cognition on individual and social contexts* (pp. 357-370). Amsterdam: Elsevier.

Bargh, J. A. (1994). The four horsemen of automaticity: Awareness, intention, efficiency, and control in social cognition. In R. S. Wyer & T. Srull (Eds.), *Handbook of Social Cognition. Basic Processes* (Volume 2, pp. 1-41). Hillsdale, NJ: Erlbaum.

Bargh, J. A., Chaiken, S., Govender, R., & Pratto, F. (1992). The generality of the automatic attitude activation effect. *Journal of Personality and Social Psychology*, *62,*893-912.

Bargh, J. A. & Chartrand, T. L. (2000). The Mind in the Middle: A Practical Guide to Priming and Automaticity Research. In H. T. Reis & C. M. Judd (Eds.), *Handbook of research methods in social and personality psychology* (pp. 253-285). Cambridge: Cambridge University Press.

Bauer, C., Friedrich, V. & Wimber, M. (2002). Furcht vor Erfolg – Zusammenhang mit sozialer Angst und Furcht vor Kritik. Unveröffentlichter Bericht. Universität Regensburg.

Baumert, J., Klieme, E., Neubrand, M., Prenzel, M., Schiefele, U., Schneider, W., Stanat, P., Tillmann, K.-J. & Weiß, M. (2001). PISA 2000: Basiskompetenzen von Schülerinnen und Schülern im internationalen Vergleich. Opladen: Leske & Budrich.

Baumert, J., Artelt, C., Klieme, E., Neubrand, M., Prenzel, M., Schiefele, U., Schneider, W., Tillmann, K.-J. & Weiß, M. (Hrsg.). (2003). PISA - 2000. Ein differenzierter Blick auf die Länder der Bundesrepublik Deutschland. Opladen: Leske & Budrich.

Baumert, J. & Schümer, G. (2001). Familiäre Lebensverhältnisse, Bildungsbeteiligung und Kompetenzerwerb. In J. Baumert et al. (Hrsg.), *PISA 2000. Basiskompetenzen von Schülerinnen und Schülern im internationalen Vergleich* (S. 323-407). Opladen: Leske & Budrich.

Baumert, J. & Maaz, K. (2006). Bildungsungleichheit und Bildungsarmut – Der Beitrag von Large-Scale-Assessments. In G. Quenzel & Hurrlemann, C. (Hrsg.), *Bildungsverlierer. Neue Ungleichheiten*. Wiesbaden: VS Verlag für Sozialwissenschaften.

Baumgarten, H. (1995). Beurteilung von Kausalmodellen. *Marketing – Zeitschrift für Forschung und Praxis*, 3, 162-176.

Becker, H. S. (1963). Outsiders: Studies in the Sociology of Deviance. New York.

Berg, C. (1991). Von der Reichsgründung bis zum Ende des ersten Weltkrieges. In A. Buck, C. Führ., C.-L. Furck, N. Hammerstein, U. Herrmann, G. Jäger, K.-E. Jeismann, D. Langewiesche, P. Lundgreen, D. K. Müller, K. Stratmann, H.-E. Tenorth & R. Vierhaus (Hrsg.), *Handbuch der deutschen Bildungsgeschichte* (Band 4). München: Verlag C. H. Beck.

BA Bundesanstalt für Arbeit (1975). Bestandsaufnahme und kritische Analyse sowie Vorschläge für Maßnahmen zum Abbau der Arbeitslosigkeit Jugendlicher und zur Verbesserung der Lage auf dem Ausbildungsstellenmarkt. Nürnberg.

BIBB Bundesinstitut für Berufsbildung (2010). Datenreport zum Berufsbildungsbericht 2010. Informationen und Analyse zur Entwicklung der beruflichen Bildung. Bonn.

Bierhoff, H.-W. (2008). Solidarität gegenüber Fremdgruppenmitgliedern. In L. E. Petersen & B. Six (Hrsg.), *Stereotype, Vorurteile und soziale Diskriminierung. Theorien, Befunde und Interventionen* (S. 301- 310). Weinheim, Basel: Beltz Verlag.

Biermann, H. & Rützel, J. (1991). Benachteiligte in der beruflichen Bildung – eine alte Gruppe mit neuen Risiken? Berufsbildung, 45, 414-421.

Biermann, H. & Rützel, J. (1999). Didaktik der beruflichen Bildung Benachteiligter. In H. Biermann, B. Bonz & J. Rützel (Hrsg.), Beiträge zur Didaktik der Berufsbildung Benachteiligter. Beiträge zur Pädagogik für Schule und Betrieb (S. 11-37). Stuttgart: Holland & Josenhans.

Biermann, H., Bonz, B. & Rützel, J. (Hrsg.). (1999). *Beiträge zur Didaktik der Berufsausbildung Benachteiligter. Beiträge zur Pädagogik für Schule und Betrieb*. Stuttgart: Holland & Josenhans.

Biernat, M. (1989). Motives and values to achieve: Different constructs with different effects. *Journal of Personality*, 57, 69-95.

Bilsky, W. (1999) Investigation into the common structure of motives and values. In R. Meyer Schweizer (Ed.), Design and analysis. Proceedings of the Seventh Facet Theory Conference 25.-28.7.1999 at Berne Unversity (pp. 97-109). Bern: FTA.

Blankenship, V. (1984). Computer anxiety and self-concept of ability. In R. Schwarzer (Ed.), *The self in anxiety, stress, and depression* (pp. 151-158). London: Elsevier Science.

Blankenship, V. (1987). A computer-based measure of resultant achievement motivation. *Journal of Personality and Social Psychology*, 53, 361-372.

Blankertz, H. (1960). Die Ungelernten als Problem der Berufsschule. Erziehung und Schule in Theorie und Praxis. Weinheim: Beltz Verlag.

BMBF Bundesministerium für Bildung und Forschung (Hrsg.) (2009). Gutachten zur Systematisierung der Fördersysteme, -instrumente und -maßnahmen in der beruflichen Benachteiligtenförderung (Band 3 der Reihe Berufsbildungsforschung). Bonn/Berlin.

BMBF Bundesministerium für Bildung und Forschung (Hrsg.). (2010). Berufsbildungsbericht 2010. (Hrsg.) Bundesministerium für Bildung und Forschung. Bonn/Berlin. Zugriff am 14.02.2012 von http://www.bmbf.de/pub/bbb_2010.pdf

BMBF Bundesministerium für Bildung und Forschung (2005). Berufliche Qualifizierung Jugendlicher mit besonderem Förderbedarf – Benachteiligtenförderung. Bonn/Berlin.

BMBF Bundesministerium für Bildung und Forschung (2004). Berufsbildungsbericht 2004. Bonn/Berlin.

BMBF Bundesministerium für Bildung und Forschung (2006). Berufsbildungsbericht 2006. Bonn/Berlin.

BMJ Bundesministerium der Justiz (2008). Sozialgesetzbuch III – Arbeitsförderung – (Artikel I des Arbeitsförderungs-Reformgesetztes – AFRG, vom 24. März 1997, BGBl. I S. 594) – zuletzt geändert durch Artikel 1 des Siebten Gesetzes zur Änderung des Dritten Buches Sozialgesetzbuch (BGBl. 1 S. 681).

Bock J. K. (1986). Syntactic persistence in language production. *Cognitive Psychology*, 18, 355–387.

Bojanowski, A., Eckardt, P. & Ratschinski, G. (2004). Forschung in der Benachteiligtenförderung. Sondierung in einer unübersichtlichen Landschaft. *Zeitschrift für Berufs- und Wirtschaftspädagogik*, 6; Zugriff am 29.06.2011 von http://www.bwpat.de/ausgabe6/bojanowski_eckardt_ratschinski_bwpat6.pdf

Bojanowski, A.; Ratschinski, G. & Straßer, P. (Hrsg.). (2005). *Diesseits vom Abseits – Studien zur beruflichen Benachteiligtenförderung*. Bielefeld: W. Bertelsmann Verlag.

Bollenbeck, G. (1994). Bildung und Kultur. Glanz und Elend eines deutschen Deutungsmusters. Frankfurt/M: Insel Verlag.

Bollenbeck, G. (1999). Tradition Avantgarde Reaktion. Deutsche Kontroverse um die kulturelle Moderne. Frankfurt/M: Fischer Verlag.

Borkenau, P. & Ostendorf, F. (1993). NEO-Fünf-Faktoren-Inventar (NEO-FFI). Nach Costa und McCrae: Handanweisung. Göttingen: Hogrefe.

Bornewasser, M. & Waage, M. (2006). Rassismus. In H.-W. Bierhoff & D. Frey (Hrsg.), *Handbuch der Sozialpsychologie und Kommunikationspsychologie. Handbuch der Psychologie* (Band 3, S. 764-771). Göttingen/Bern/Wien.

Borowsky R. & Besner D. (1993). Visual word recognition: A multistage activation model. *Journal of Experimental Psychology: Learning, Memory, and Cognition*, 19, 813-840.

Borris, M. (1972). Die Benachteiligung der Mädchen in Schulen der Bundesrepublik und Westberlin. Frankfurt: Europäische Verlagsanstalt.

Bortz, J. & Döring, N. (2006). Forschungsmethoden und Evaluation für Human- und Sozialwissenschaftler (4. Auflage). Berlin, Heidelberg: Springer.

Bosson, J. K., Haymovitz, E. L. & Pinel, E. C. (2004). When saying and doing diverge: The effects of stereotype threat on self-reported versus non-verbal anxiety. *Journal of Experimental Social Psychology*, 40, 247-255.

Bradley, S. & Nguyen, A. N. (2004). The school-to-work transition. In G. Johnes & J. Johnes (Eds.), *International Handbook on the Economics of Education* (pp. 484-521). Cheltenham, Northampton.

Brandt, M. (1996). Berufschancen von Absolventen der Schule für Lernbehinderte. In H. Eberwein (Hrsg.), *Handbuch Lernen und Lern-Behinderungen* (S. 212-227). Weinheim: Beltz Verlag.

Branigan, H. P., Pickering, M. J. & Cleland, A. A. (2000). Syntactic coordination in dialogue. *Cognition*, 75, 13-25.

Braun, F., Lex, T. & Rademacher, H. (1999). Probleme und Wege der beruflichen Integration von benachteiligten Jugendlichen und jungen Erwachsenen. Arbeitspapiere aus dem Forschungsschwerpunkt Übergänge in Arbeit, Expertise (Deutsches Jugendinstitut). München.

Browne, M. W. & Cudeck, R. (1993). Alternative ways of assessing model fit. In K. A. Bollen & J. S. Long (Eds.), *Testing structural equation models* (pp. 136-162). Newsbury Park, CA: Sage.

Brown, D. J. & Keeping, L. M. (2005). Elaborating the construct of transformational leadership: The role of affect. *Leadership Quarterly, 16*, 245-272.

Brown, R. & Fish, D. (1983). The psychological causality implicit in language. *Cognition*, 14, 237-273.

Brown, T. A. (2006). Confirmatory factor analysis for applied research. New York: The Guilford Press.

Bruck, R. (1985). Prime theory: An integrated view of motivation and emotion. *Psychological Review*, 92, 389-413.

Brüning, G. (2002). Benachteiligte in der Weiterbildung. In G. Brüning & H. Kuwan (Hrsg.), *Benachteiligte und Bildungsferne – Empfehlungen für die Weiterbildung*. Deutsches Institut für Erwachsenenbildung (S. 7-117). Bielefeld: Bertelsmann.

Brunstein, J. C., Lautenschlager, U., Nawroth, B., Pöhlmann, K. & Schultheiss, O. C. (1995). Persönliche Anliegen, soziale Motive und emotionales Wohlbefinden. *Zeitschrift für Differentielle und Diagnostische Psychologie*, 16, 1-10.

Brunstein, J. C., Schultheiss, O. C. & Maier, G. W. (1999). The pursuit of personal goals: A motivational approach to well-being and life adjustment. In J. Brandtstädter & R. M. Lerner (Eds.), *Action and self-development: Theory and research through the life span* (pp. 169-196). London: Sage.

Brunstein, J. C. (2001). Persönliche Ziele und Handlungs- versus Lageorientierung: Wer bindet sich an realistische und bedürfniskongruente Ziele? *Zeitschrift für Differentielle und Diagnostische Psychologie*, 22, 1-12.

Brunstein, J. C. & Hoyer, S. (2002). Implizites versus explizites Leistungsstreben: Befunde zur Unabhängigkeit zweier Motivationssysteme. *Zeitschrift für Pädagogische Psychologie*, 16, 51-62.

Brunstein, J. C. (2003). Implizite Motive und motivationale Selbstbilder: Zwei Prädiktoren mit unterschiedlicher Gültigkeit. In J. Stiensmeier- Pelster & F. Rheinberg (Hrsg), *Diagnostik von Motivation und Selbstkonzept. Tests und Trends* (Band 2, S. 59-88). Göttingen: Hogrefe.

Brunstein, J. C. & Schmitt, C.H. (2003). Prüfung der konvergenten, diskriminanten und prädiktiven Validität von Leisungsmotiv-IATs, -TATs und -Fragebögen. DFG- Bericht. Universität Potsdam.

Brüß, J. (2002). Akzeptanz oder Ablehnung? Vorurteile und soziale Distanz bei Jugendlichen türkischer und deutscher Herkunft. Wiesbaden: Deutscher Universitäts-Verlag.

Buch, T., Hell, S. & Wydra-Somaggio (2011). Stigma Hauptschulabschluss. Der Einfluss der Schulbildung auf das Arbeitslosigkeitsrisiko an der zweiten Schwelle. *Zeitschrift für Erziehungswissenschaften*, 14, 3, 421-443.

Buchholz, S., Hofacker, D., Mills, M., Blossfeld, H.-P., Kurz, K. & Hofmeister, H. (2009). Life Courses in the Globalization Process: The Development of Social Inequalities in Modern Societies. *European Sociological Review*, 1, 25. Jahrgang, 53-71.

Bühler, K. (1934). Sprachtheorie: Die Darstellungsform der Sprache (S. 52-107). Stuttgart: G. Fischer.

Butler, R. & Neuman, O. (1995). Effects of task and ego achievement goals on help seeking behaviors and attitudes. *Journal of Educational Psychology*, 87, 261-271.

Bylinski, U. (2002). Ein Leben mit Beschäftigungsrisiken. *Berufsbildung*, 56, 37-40.

Cadinu, M., Maass, A., Rosabianca, A. & Kiesner, J. (2005). Why do woman underperform under stereotype Threat? Evidence for the role of negativ Thinking. *Psychological Sciene*, 16,572-578.

Cadinu, M., Maass, A., Frigerio, S., Impagliazzo, L. & Latinotti, S. (2003). Stereotype threat: The effects of expectancy on performance. *European Journal of Social Psychology*, 33, 267-285.

Cattell, R. B. (1957). Personality and Motivatioin Structure and Measurement. New York: World Book.

Christe, G. (2004). Berufliche und soziale Integration junger Sozialhilfeempfänger und Sozialhilfeempfängerinnen durch die Einrichtung von Jugendbüros – Ergebnisse eines niedersächsischen Modellprogramms. Zeitschrift für Berufs- und Wirtschaftspädagogik,6, 2004. Zugriff am 16.05.2010 von http://www.bwpat.de/ausgabe6/christe_bwpat6.pdf

Christe, G. (2011). Notwendig, aber reformbedürftig! Die vorberufliche Bildung für Jugendliche mit Migrationshintergrund. Expertise im Auftrag des Gesprächskreises Migration und Integration der Friedrich-Ebert-Stiftung. Bonn. Zugriff am 12.03.2012 von http://library.fes.de/pdf-files/wiso/08037.pdf

Collins, A. M. & Quillian, M. R. (1969). Retrieval time from semantic memory. *Journal of Verbal Learning and Behaviour*,8, 24-247.

Corneließen, W. (2005). Gender-Datenreport 1. Datenreport zur Gleichstellung von Frauen und Männern in der Bundesrepublik Deutschland im Auftrag des Bundesministeriums für Familie, Senioren, Frauen und Jugend. München.

Costa, P. T. & McCrae, R. R. (1988). From catalogue to classification: Murray´s needs and the five-factor model. *Journel of Personality and Social Psychology*, 55, 258-265.

Crosnoe, R. (2009). Family-school connections and the transitions of low-income youths and English language learners from middle school to high school. *Development Psychology*, 45, 4, 1061-1076.

Dahme, G., Jungnickel, D. & Rathje, H. (1993). Güteeigenschaften der Achievement Motivation Scale (AMS) von Gjesme und Nygard (1970) in der deutschen Übersetzung von Göttert & Kuhl: Vergleich der Kennwerte norwegischer und deutscher Stichproben. *Diagnostica*, 39, 257-270.

Damian M. F. & Rahman R. A. (2003). Semantic priming in the name retrieval of objects and famous faces. *British Journal of Psychology*, 94, 517-527.

Davies, P. G., Spencer, S. J., Quinn, D. M. & Gerhardstein, R. (2002). Consuming imagines: How television commercials that elicit stereotype thret can restrain women academically and professionally. *Personality and Social Psychology Bulletin*, 28, 1615-1628.

Davis, E. E. (1964). Zum gegenwärtigen Stand der Vorurteilsforschung. In Vorurteile – ihre Erforschung und Bekämpfung. Politische Psychologie (Band 3). Frankfurt/ M: Europäische Verlagsanstalt.

DeCharms, R., Morrison, H. W., Reitmann, W. R. & McClelland, D. C. (1955). Behavioral correlates of directly measured and indirectly measured achievement motivation. In D. C. McClelland (Ed.), *Studies in motivation.* New York: Appleton-Century-Crofts.

Deutsches PISA-Konsortium (Hrsg.). (2004). PISA 2003. Der Bildungsstand der Jugendlichen in Deutschland. Ergebnisse des zweiten internationalen Vergleichs. Münster, New York: Waxmann.

Devine, P. G. (1989). Stereotypes and predjudice: Their automatic and controlled componente. *Journal of Personality and Social Psychology*, 56, 5-18.

Duden (2011). Online-Version. Zugriff am 13.06.2011 von http://www.duden.de

Dweck, C. S. & Leggett, E. L. (1988). A social-cognitive approach to motivation and personality. *Psychological Review*, 95, 256-273.

Dweck, C. S. (1986). Motivational processes affecting learning. *American Psychologist*, 41, 1040-1048.

Eagly, A. & Chaiken, S. (1993). The Psychology of Attitudes. Fort Worth: Harcourt Brace Jovanovich.

Eberhard, V., Krewerth, A. & Ulrich, J. G. (2007). Mangelware Lehrstelle. Zur aktuellen Lage der Ausbildungsplatzbewerber in Deutschland. Berichte zur beruflichen Bildung (Nr. 279). Bonn.

Eckert, M., Rost, C, Böttcher, I., Geißler, U. & Malling, K. (2000). Die Berufsschule vor neuen Herausforderungen. Darmstadt: Westdeutscher Verlag.

Eder, M. (2006). Erfolgsfurcht und Depression – eine Interventionsstudie. Unveröffentlichte Diplomarbeit. Universität Regensburg.

Elliot, A. J., & Church, M. A. (1997). A hierarchical model of approach and avoidance achievement motivation. *Journal of Personality and Social Psychology, 72*, 218-232.

Elliott, E. S. & Dweck, C. S. (1988). Goals: An approach to motivation and achievement. *Journal of Personality and Social Psychology*, 54, 5-12.

Elliot, A. J. & McGregor, H. A. (1999). Test anxiety and the hierarchical model of approach and avoidance achievement motivation. *Journal of Personality and Social Psychology*, 76, 628-644.

Elliot, A. J. (1999). Approach and avoidance motivation and achievement goals. *Educational Psychologist*, 34, 169-189.

Emmons, R. A. & McAdams, D. (1991). Personalstrivings and motive dispositions: Exploring the links. *Personality ans Social Psychology Bulletin*, 17, 648-654.

Enggruber, R., Euler, D., Gidion, G. & Wilke, J. (2003). Pfade für Jugendliche in Ausbildung und Betrieb. Gutachten zur Darstellung der Hintergründe der unzureichenden Ausbildungs- und Beschäftigungschancen von benachteiligten Jugendlichen in Baden-Württemberg sowie deren Verbesserungsmöglichkeiten. Stuttgart: Wirtschaftsministerium Baden-Württemberg.

Entin, E. E. (1974). Effects of achievement-oriented and affiliative motives on private and public performance. In J. W. Atkinson & J. O. Raynor (Eds.), *Motivation and achievement* (pp. 219-236). Washington, DC: Winston.

Entwisle, D. R. (1972). To dipel fantasies about fantasybased measures of achievement motivation. *Psychological Bulletin*, 77, 377-391.

Epstein, J. L. (1986). Parents' reactions to teacher practices of parent involvement. *The Elementary School Journal*, 86, 3, 277-294.

Erban, T. (2011). Das Berufsvorbereitungsjahr als Übergang von der Schule zum Beruf: Eine Längsschnittuntersuchung zum Verbleib eines Absolventenjahrgangs und zur Wirksamkeit des Berufsvorbereitungsjahres. *Zeitschrift für Berufs- und Wirtschaftspädagogik*, 5, 2011. Zugriff am 04.02.2012 von http://www.bwpat.de/content/ht2011/kv/erban/

Estel, B. (1983). Soziale Vorurteile und soziale Urteile - Kritik und wissens-soziologische Grundlegung der Vorurteilsforschung. Opladen: Westdeutscher Verlag.

Fasching, H. & Niehaus, M. (2004). Berufliche Integration von Jugendlichen mit Behinderung: Synopse zur Ausgangslage an der Schnittstelle von Schule und Beruf. *Zeitschrift für Berufs- und Wirtschaftspädagogik*, 6. Zugriff am 25.08. 2010 von http://www.bwpat.de/ausgabe6/txt/fasching-niehaus-bwpat6-txt.htm

Fazio, R. H., Sanbonmatsu, D. M., Powell, M. C., & Kardes, F. R. (1986). On the automatic activation of attitudes. *Journal of Personality and Social Psychology*, 50, 229-238.

Fazio, R. H. (1990). Multiple processes by which attitudes guide behavior: the MODE model as an integrativ framework. *Advances in Experimental Social Psychology*, 23, 75-109.

Fazio, R. H. (1993). Variability in the likelihood of automatic attitude activation: Data reanalysis and commentary on Bargh, Chaiken, Govender & Pratto (1992). *Journal of Personality and Social Psychology*, 18, 753-758.

Fazio, R. H., Jackson, J. R., Dunton, B.C. & Williams, C. J. (1995). Variability in automatic activation as an unobtrusive measure of racial attitudes: A bona fide pipeline? *Journal of Personality and Social Psychology*, 69, 1013-1027.

Fazio, R. H. (2001). On the automatic activation of associated evaluations: An overview. *Cognition & Emotion*, 15, 2, 115-141.

Fehrmann, P. G., Keith, T. Z. & Reimers, T. M. (1987). Home influence on school learning: Direct and indirekt effects of parental involvement on high school grades, *Journal of Educational Research*, 6, 330-337.

Felfe, J. (2006). Transformationale und charismatische Führung – Stand der Forschung und aktuelle Entwicklungen. *Zeitschrift für Personalpsychologie*, 5, 4, 163-176.

Ferretti, T. R., McRae, K. & Hatherell, A. (2001). Integrating verbs, situation schemas, and thematic role concepts. *Journal of Memory and Language*, 44, 516-542.

FES Friedrich-Ebert-Stiftung (Hrsg.) (2006). Übergänge zwischen Schule und Beruf und darauf bezogene Hilfesysteme in Deutschland. Bonn.

Festinger, L. (1954). A theory of social comparison processes. *Human Relations*, 7, 117-140.

Fischer, M. (2008). Problemstellungen beruflicher Entwicklung: Problemschüler und ihre Förderung. Zugriff am 16.05.2009 von http://itb.uni-remen.de/Downloads/Studium/Fischer/Sozialisation6.ppt

Förster, H. & Skrobanek, J. (2004). Leben am Rande? Dimensionen der Benachteiligung von Jugendlichen. *Zeitschrift für Erziehungswissenschaft,* 8, 1, 518-536.

Freise, J. (2005). Interkulturelle Soziale Arbeit: Theoretische Grundlagen – Handlungsansätze – Übungen zum Erwerb interkultureller Kompetenz (2. Auflage). Schwalbach/Ts.: Wochenschau Verlag.

Frieze, I. H., & Weiner, B. (1971). Cue utilization and attributional judgments for success and failure. *Journal of Personality*, 39, 591-606.

Freud, S. (1915a). Das Unbewußte. Gesammelte Werke (Band 10). Frankfurt/M: Fischer.

Freud, S. (1915b). Triebe und Triebschicksale. Gesammelte Werke (Band 10). Frankfurt/M: Fischer.

Freud, S. (2000). Siegmund Freud Studienausgabe. Frankfurt/M: Fischer Taschenbuch Verlag.

Frings, C., & Wentura, D. (2003). Who is watching "Big Brother"? TV consumption predicted by masked affective Priming. *European Journal of Social Psychology*, 33, 779-791.

Fülbier, P. & Schaefer H.-P. (2002). Jugendsozialarbeit im kommunalen Kontext. In P. Fülbier & R. Münchmeier (Hrsg.), *Handbuch Jugendsozialarbeit. Geschichte, Grundlagen, Handlungsfelder, Organisation* (2. Auflage, Band 1, S. 281-294). Münster: Votum Verlag.

Fülbier, P. (2002). Quantitative Dimensionen der Jugendberufshilfe. In P. Fülbier & R. Münchmeier (Hrsg.). *Handbuch Jugendsozialarbeit. Geschichte, Grundlagen, Handlungsfelder, Organisation* (2. Auflage, Band 1, S. 486-503). Münster: Votum Verlag.

Fülbier, P. (2005). Fachtagung: europa ist weit – jugndpolitik in der europäischen union. Formun 3: Benachteiligte Jugendlich: Zielgruppenbestimmung, Programme und politische Lobbyarbeit. Zugriff am 28.09.2010 von http://www.mehrchancen.de/archiv/downloads/fuelbier.pdf

Galuske, M. (1998). Abkehr von der „Heiligen Kuh"! Jugendberufshilfe nach dem Ende der Vollbeschäftigungsillusion. *Jugend, Beruf, Gesellschaft*, 1, 6-14.

Gauck, J. (2012). Bundespräsident Joachim Gauck nach seiner Vereidigung zum Bundespräsidenten im Deutschen Bundestag am 23. März 2012 in Berlin. Berlin: Bundespräsidialamt. Zugriff am 02.04.2012 von http://www.bundes praesident.de/SharedDocs/Downloads/DE/Reden/2012/03/120323-Vereidigung-des-Bundespraesidenten.pdf?__blob=publicationFile

Gaupp, N., Hofmann-Lun, I., Lex, T., Mittag, H. & Reißig, B. (2004). Schule - und dann? Erste Ergebnisse einer bundesweiten Erhebung von Hauptschülerinnen und Hauptschülern in Abschlussklassen. München, Halle: Deutsches Jugendinstitut e. V.

Geiser, C. (2010). Datenanalyse mit Mplus: Eine anwendungsorientierte Einführung. Wiesbaden: VS Verlag für Sozialwissenschaften.

Geffert, B. (2006). Metaphern von Schule. Welche Metaphern und metaphorischen Konzepte generieren Benachteiligte von Schule. Hamburg: Verlag Dr. Kovac.

Goffman, E. (1988). Stigma – Über Techniken der Bewältigung beschädigter Identität. Frankfurt/M: Suhrkamp.

Graf, P., Squire, L. R. & Mandler, G. (1984). The information that amnesic patients do not forget. *Journal of Experimental Psychology: learning, memory and cognition*, 10, 1, 164-178

Greenwald, A. G., & Banaji, M. R. (1995). Implicit social cognition: Attitudes, self-esteem, and stereotypes. *Psychological Review*, 102, 4-27.

Greitemeyer, T. (2008). Sich selbst erfüllende Prophezeiungen. In L. E. Petersen & B. Six (Hrsg.), *Stereotype, Vorurteile und soziale Diskriminierung. Theorien, Befunde und Interventionen* (S. 80-87). Weinheim, Basel: Beltz Verlag.

Grimm, J. & Grimm, W. (1854). Deutsches Wörterbuch. Leipzig.

Grieger, D., Schmidt-Hackenberg, D., Schweikert, K. & Waninger, W. (1975). Zur Frage der Ausbildungspflicht für Jugendliche ohne Ausbildungsvertrag. In K. Schweikert & D. Grieger, Jugendliche ohne Berufsausbildung - ihre Herkunft, ihre Zukunft. Hannover: Schroedel.

Gogolin, I. (2008). Förderung von Kindern mit Migrationshintergrund im Elementarbereich. *Zeitschrift für Erziehungswissenschaft*, Sonderheft 11, 79-90.

Greene, B. A. & Miller, R. B. (1996). Influences on achievement: Goals, perceived ability, and cognitive engagement. *Contemporary Educational Psychology*, 21, 181-192.

Gulliksen, H. (1950). Theory of mental tests. New York: Wiley.

Haeberlin, U., Imdorf, C. & Kronig, W. (2004). Chancenungleichheit bei der Lehrstellensuche. Der Einfluss von Schule, Herkunft und Geschlecht. Schweizerischer Nationalfonds, Bildung und Beschäftigung, 43. Bern: Aarau.

Halisch, F. & Heckhausen, H. (1989). Motive-dependent vs. Ability-dependent valence functions for success and failure. In F. Halisch & J. van den Bercken (Eds.), *International perspectives on achievement and task motivation*. Lisse: Swets & Zeitlinger.

Halldorson M. & Singer M. (2002). Inference processes: Integrating relevant knowledge and text information. *Discourse Processes*, 34, 145-161.

Harackiewicz, J. M., Barron, K. E., Carter, S. M., Lehto, A. T. & Elliot, A. J. (1997). Predictors and consequences of achievement goals in the college classroom: Maintaining interest and making the grade. *Journal of Personality and Social Psychology*, 73, 1284-1295.

Harackiewicz, J. M., Barron, K. E., Tauer, J. M., Carter, S. M. & Elliot, A. J. (2000). Short-term and long-term consequences of achievement goals: Predicting interest and performance over time. *Journal of Educational Psychology*, 92, 316-330.

Haunert, F. & Lang, R. (1994). Arbeit und Integration. Zur Bedeutung von Arbeit in der Jugendsozialarbeit am Beispiel von Projekten freier Träger. Frankfurt/M: Lang.

Hausbeck, E. (2005). Erfolgsfurcht und Depression – eine Interventionsstudie. Unveröffentlichte Diplomarbeit. Universität Regensburg.

Heckhausen, H. (1963). Hoffnung und Furcht in der Leistungsmotivation. Meisenheim: Hain.

Heckhausen, H. (1967). The anatomy of achievement motivation. New York: Academic Press.

Heckhausen, H. (1977). Achievement motivation and its constructs: A cognitive model. *Motivation and Emotion*, 1, 283-329.

Heckhausen, H. (1980). Motivation und Handeln. Lehrbuch der Motivationspsychologie. Berlin, Heidelberg: Springer Verlag.

Heckhausen, H. (1989). Motivation und Handeln (2. Auflage). Berlin, Heidelberg: Springer Verlag.

Heckhausen, J. & Heckhausen, H. (2010). Motivation und Handeln (4. Auflage). Berlin, Heidelberg: Springer Verlag.

Heider, F. & Simmel, M. (1944). An experimental study of apparent behaviour. *American Journal of Psychology*, 57, 243-259.

Heider, F. (1946). Attitudes and cognitive organisation. *Journal of Psychology*, 21, 107-112.

Heider, F. (1958). The psychology of interpersonal relations. New York: Wiley&Sons.

Heisler, D. (2005). Die Einbindung der Berufsbildungsvorbereitung in betriebliche Leistungsprozesse. Gegenüberstellung betrieblicher und außerbetrieblicher berufsvorbereitender Bildungsmaßnahmen. In *Zeitschrift für Berufs- und Wirtschaftspädagogik*, 9. Zugriff am 29.07.2011 von http://www.bwpat.de/ausgabe9/heisler_bwpat9.pdf

Herder, J. G. (1976). Selbstkonzept. Lexikon Pädagogik. Freiburg im Breisgau: Verlag Herder KG.

Hiller, G. G. (1994). Ausbruch aus dem Bildungskeller. Pädagogische Provokationen (3. Auflage). Langenau, Ulm: Armin Vaas Verlag

Hillmert, S. (2004). Soziale Ungleichheiten im Bildungsverlauf: Zum Verhältnis von Bildungsinstitutionen und Entscheidungen. In R. Becker & W. Lauterbach (Hrsg.), *Bildung als Privileg?* (S. 69-97). Wiesbaden: VS Verlag für Sozialwissenschaften

Hippach-Schneider, U., Krause, M. & Woll, C. (2007). Berufsbildung in Deutschland. Kurzbeschreibung. Europäisches Zentrum für die Förderung der Berufsbildung (Hrsg.). Cedefop Panorama series 136. Luxemburg: Amt für amtliche Veröffentlichungen der Europäischen Gemeinschaften

Konsortium Bildungsberichterstattung (2006). Bildung in Deutschland. Ein indikatorengestützter Bericht mit einer Analyse zu Bildung und Migration. Im Auftrag der Kultusministerkonferenz (KMK) und des Bundesministeriums für Bildung und Forschung (BMBF). Bielefeld.

Horner, M. (1968). Sex differences in achievement motivation and performance in competitive and noncompetitive situations. University of Michigan.

Horner, M. S. (1974). The measurement and behavioral implications of fear of success in woman. In J.W. Atkinson & J. O. Raynor (Eds.), *Motivation and achievement* (pp. 91-117). Washington, DC: Winston.

Hort, R. (2007). Vorurteile und Stereotype – Soziale und dynamische Konstrukte. Saarbrücken: Verlag Dr. Müller.

Hu, L. T., & Bentler, P. M. (1995). Evaluating model fit. In R. H. Hoyle (Ed.), *Structural equation modeling: Concepts, issues, and applications* (pp. 76-99). Thousand Oaks, CA: Sage.

Hu, L. T. & Bentler, P. M. (1998). Fit indices in covariance structure modeling: Sensitivity to underparameterized model misspecification. *Psychological Methods*, 3, 424-453.

Hu, L. T. & Bentler, P. M. (1999). Cutoff criteria for fit indexes in covariance structure analysis: Conventional criteria versus new alternatives. *Structural Equation Modeling*, 6, 1-55.

Huber, O. (2005). Das psychologische Experiment. Eine Einführung. Mit dreiundfünfzig Cartoons des Autors (4. Auflage). Bern: Huber.

Huisinga, R. & Lisop, I. (1999). Wirtschaftspädagogik. Ein interdisziplinär orientiertes Lehrbuch. München: Vahlen.

Huisinga, R. & Lisop, I. (2004). Arbeitsorientierte Exemplarik. Subjektbildung – Kompetenz – Professionalität. Frankfurt/M: G.A.F.B.

Hupka-Brunner, S., Sacchi, S. & Stalder, B. E. (2010). Social Origin and Access to Upper Secondary Education in Switzerland: A Comparison of Company-Based Apprenticeship and Exclusively School-Based Programmes. *Schweizerische Zeitschrift für Soziologie*, 3. Jahrgang, 5-35.

Hupka, S., Sacchi, S. & Stalder, B. E. (2006). Herkunft oder Leistung? Analyse des Eintritts in eine zertifizierende nachobligatorische Ausbildung anhand der Daten des Jugendlängsschnitts. Bern: TREE.

Jacobs, A.M. & Grainger, J. (1994). Models of visual word recognition - Sampling the state of the art. *Journal of Experimental Psychology: Human Perception and Performance*, *20*, 1311-1334.

James, W. (1890). The principles of psychology (2 Volume). New York: Holt.

Jones, J. M. (1997). Prejudice and racism (2. Volume). New York: Mc Graw-Hill.

Jöreskog, K. G. (1986). Lisrel VI. Analyses of Linear Structural Relationships by the Method of Maximum Likelihood. User's Guide. Mooresville Indiana: Scientific Software.

Jöreskog, K. G. (1993). Testing structural equation models. In K. A. Bollen & J. S. Long (Eds.), *Testing structural equation models* (pp. 294-316). Newbury, CA: Sage.

Kandel, E. R., Schwartz, J. H. & Jessell, T. M. (2000). Principles of neuronal Science (4. Edition). New York: McGraw-Hill.

Katz, D. & Braly, K. (1933). Racial stereotypes in one hundred college students. *Journal of Abnormal and Social Psychology*, 28; 280-290.

Keller, J. & Dauenheimer, D. (2003). Stereotype threat in the classroom: Dejection mediates the disrupting threat effect on women's math performance. *Personality and Social Psychology Bulletin*, 29, 371-381.

Keller J. & Bless, H (2005). When negative expectancies turn into negative performance: The role of ease of retrieval. *Journal of Experimental Social Psychology*, 41, 535-541.

Kelley, H. H. (1973). The process of causal attribution. *American Psychologist*, 28, 107-128.

Kelley, H. H. & Michela, J. L. (1980). Attribution theory and research. *Annual Review of Psychology*, 31, 457–501.

Keenan, J. M. & Jennings, T. M. (1995). Priming of inference concepts in the construction-integration model. In C. A. Weaver, S. Mannes & C. R. Fletcher (Eds.), *Discourse comprehension: Essays in honor of Walter Kintsch* (pp. 233-244). Hillsdale: Erlbaum.

Kipp, M. & Seyd, W. (2004). Förderung benachteiligter und behinderter Jugendlicher. *Zeitschrift für Berufs- und Wirtschaftspädagogik*, Sammelband, 6.

Kirsten, C. & Jörg Dollmann (2009). Sekundäre Effekte der ethnischen Herkunft: Kinder aus türkischen Familien am ersten Bildungsübergang. *Zeitschrift für Erziehungswissenschaften,* Sonderheft 12, 205-229.

Klauer, K. C. (1998). Affective Priming. *European Review of Social Psychology*, 8, 67-103.

Klauer, K. C., Roßnagel, & Musch, J. (1997). List-context effects in evaluative priming. *Journal of Experimental Psychology: Learning, Memory, and Cognition*, 23, 246-255.

Klauer K. C. & Wegener, I. (1998) Unraveling social categorization an fit detection under cognitive load: Efficient or effortful? *European Journal of Social Psychology*, 35, 493-516.

Klauer, K. C., Mierke, J., & Musch, J. (2003). The positivity proportion effect: A list context effect in masked affective priming. *Memory & Cognition*, 31, 953–967.

Klauer, K. C., & Musch, J. (2003). Affective priming: Findings and theories. In J. Musch & K. C. Klauer (Eds.), *The psychology of evaluation: Affective processes in cognition and emotion* (pp. 7–50). Mahwah, NJ: Lawrence Erlbaum.

Klauer, K.C. (2008). Soziale Kategorisierung und Stereotypisierung. In L. E. Petersen & B. Six (Hrsg.), *Stereotype, Vorurteile und soziale Diskriminierung. Theorien, Befunde und Interventionen* (S. 23-32). Weinheim, Basel: Beltz Verlag.

Klein, M., Schindler, S., Pollak, R. & Müller, W. (2009). Soziale Disparitäten in der Sekundarstufe und ihre langfristige Entwicklung. *Zeitschrift für Erziehungswissenschaften*, 47-73.

Klieme, E., Artelt, C., Hartig, J., Jude, N., Köller, O., Prenzel, M., Schneider, W. & Stanat, P. (Hrsg.). (2010). PISA 2009. Bilanz nach einem Jahrzehnt. Münster: Waxmann.

Klinger, E. (1992). Motivation and imagination. *Psychologische Beiträge*, 34, 127-142.

Kluge, K.-J., Drost, K. P. & Farwick, A. (1975). Aggressiv – clownenhaft – deprimiert: Verhaltensauffällige Berufsschüler (Band 8). Rheinstetten: Schindele-Verlag.

Kluge, K.-J. & Majoli, W. (1978). Abbrecher - Verzichter - Umsteiger und ihre soziale Benachteiligung. Pädagogische „Versorgungs"probleme in Berufsschulen und in der Ausbildung sowie Modelle der Problemlösung. Rheinstetten: Schindele-Verlag.

Kline, R. B. (1998). Principles and practice of structural equation modeling. New York: Guilford Press.

KMK Kultusministerkonferenz (2011). Das Bildungswesen in der Bundesrepublik Deutschland 2010/11. Darstellung der Kompetenzen, Strukturen und bildungspolitischen Entwicklungen für den Informationsaustausch in Europe. Herausgeber Sekretariat der Ständigen Konferenz der Kultusminister der Länder (KMK). Bonn.

Koch, M. (2008). Gelingen Habitustransformationen in der „Unterschicht"? *Zeitschrift für Berufs- und Wirtschaftspädagogik*, Spezial 4.

Koestner, R. & McClelland, D. C. (1990). Perspectives on competence motivation. In L. Pervin (Ed.), *Handbook of personality theory and research* (pp. 527-548). New York: Guilford Press.

Köppl, J. (2007). Leisungsmotive, Kausalattribuierung, Anspruchsniveau und Arbeitszufriedenheit – Eine Validierungsstudie zum RLMI. Unveröffentlichte Diplomarbeit. Universität Regensburg.

Kornprobst, N. (2005). Validierung der Regensburger LM-Skalen für junge Erwachsene. Unveröffentlichte Diplomarbeit. Universität Regensburg.

Korte, P. (2006). Der Benachteiligtendiskurs als Interdiskurs? Zur Kommunikation über Benachteiligung zwischen den einzelnen Teildisziplinen der Erziehungswissenschaft aus allgemeinpädagogischer Perspektive. In A. Spies, A. & D. Tredop, D. (Hrsg.), *„Risikobiografien". Zwischen Ausgrenzung und Förderprojekten* (S. 6-18). Wiesbaden: VS Verlag für Sozialwissenschaften.

Kray, L. J., Galinsky, A. & Thompson, L. (2002). Reversing the gender gap in negotiations: An exploration of stereotype regeneration. *Organizational Behavior and Human Decision Processes*, 87, 386-409.

Krupitschka, M. (1990). Selbstbild und Schulleistung. Salzburg: Otto Müller.

Kuhl, J. (1977). Miß- und prozeßtheoretische Analysen einiger Person- und Situationsparameter der Leistungsmotivation. Bonn: Bouvier.

Kukla, A. (1972). Foundations of an attributional theory of performance. *Psychological Review*, 79, 454-470.

Kunda, Z. & Oleson, K.C. (1995). Maintaining stereotypes in the face of disconfirmation: Constructing grounds for subtyping deviants. *Journal of Personality and Social Psychology*, 68, 565-579.

Kunda, Z. & Thagard, P. (1996). Forming impressions from stereotypes, traits, and behavior: Aparallel-constraint-satisfaction theory. *Psychological Review*, 103, 284-308.

Lämmle, L. (2004). Erfolgsfurcht – Entwicklung und Validierung eines Fragebogens. Unveröffentlichte Diplomarbeit. Universität Regensburg.

Langens, T. A. & Schüler, S. (2002). Die Messung des Leistungsmotivs mittels des Thematischen Auffassungstests. In J. Stiensmeier-Pelster & F. Rheinberg (Hrsg.), *Motivation und Selbstkonzept.* Göttingen: Hogrefe.

Langens, T.A., Schmalt, H.-D. & Sokolowski, K. (2005). Motivmessung: Grundlagen und Anwendungen. In R. Vollmeyer & J.C. Brunstein (Hrsg.), *Motivationspsychologie und ihre Anwendung* (S. 70-89). Stuttgart: Kohlhammer.

La Turner, S. (1975). Bundesanstalt zur Verschleierung von Arbeitslosihkeit. In S. La Turner & B. Schön (Hrsg.), *Jugendarbeitslosigkeit*. Reinbeck: Rowohlt.

LeDoux, J. E. (1995). Emotion: Clues from the brain. *Annual Review of Psychology*, 46, 209-235.

Leeker, W. (2008). Zur Konzeption und Wirksamkeit von Maßnahmen zur Verbesserung des Übergangs von benachteiligten Jugendlichen von der Schule in den Beruf in Niedersachsen seit 1970. Paderborn: Eusl.

Lehmann, R. H., Peek, R & Gänsfuß, R. (1997). Aspekte der Lernausgangslage von Schülerinnen und Schülern der fünften Klasse an Hamburger Schulen, Bericht über die Untersuchung im September 1996. Hamburg: Behörde für Bildung und Sport.

Levy, B. R. (1996). Improving memory in old age through implicit self-stereotyping. *Journal of Personality and Social Psychology*, 71, 1092–1107.

Leiprecht, R. (2007). Zur Problematik von Stereotypen über ‚Kulturen', ‚Ethnien' und ‚Nationen': Begriffe, Mechanismen und Funktionen. In M. Biechele & R. Leiprecht (Hrsg.). *Interkulturelles Lernen durch Erlebte Landeskunde. Ein Handbuch für Fortbildungsseminare mit Deutschlehrern aus mehreren Ländern* (S. 40-53). München.

Levin, S. & van Laar, C. (Eds.). (2006). Stigma and group inequality: Social psychological perspectives. Mahnwah, NJ: Lawrence Erlbaum.

Lewin, K. (1926). Untersuchungen zur Handlungs- und Affektpsychologie. Vorbemerkungen über die psychischen Kräfte und Energien und über die Struktur der Seele. *Psychologische Forschung*, 7, 294-329, 330-385.

Lewin, K. (1935). A dynamic theory of personality. Selected papers. New York: Mc Graw-Hill.

Lex, T. (2002). Individuelle Beeinträchtigung und soziale Benachteiligung – Eine empirischfundierte Bestimmung. In P. Fülbier & R. Münchmeier (Hrsg.): *Handbuch Jugendsozialarbeit* (Band 1, S. 469-485). Münster: Votum-Verlag.

Lex, T. (1997). Berufswege Jugendlicher zwischen Integration und Ausgrenzung, Arbeitsweltbezogene Jugendsozialarbeit. München: DJI-Verlag.

Lex, Z. & Zimmermann, J. (2012). Wege in Ausbildung. Befunde aus einer schrittweisen Betrachtung des Übergangsprozesses. *Zeitschrift für Erziehungswissenschaften*, 14, 4, 603-627.

Liede, M. (1973). Jugend ohne Berufsausbildung. *Deutsche Jugend*, 21,553-559.

Lippegaus, P. (2003). DIAgnose- und TRAINingseinheit für benachteiligte Jugendliche im Üergang Schule – Beruf". In INBAS GmbH (Hrsg), *Entwicklungsinitiative Neue Förderstrukturen – Werkstattbericht*. Offenbach.

Lippmann, W. (1922). Public opinion. New York: Hartcourt, Brace, Jovanovich.

Lippmann, W. (1964). Die öffentliche Meinung. München. Original: Lippmann, W. (1922). Public Opinion. New York.

Logan, G. D. (1990). Repetition priming and automaticity: Common underlying mechanisms? *Cognitive Psychology*, 22, 1-35.

Lüddecke, J. (2007). Ethnische Vorurteile - Entwicklung eines Konzepts im Rahmen Interkultureller Pädagogik. Frankfurt/M, London: IKO.

Lukesch, H. (1998). Einführung in die pädagogisch-psychologische Diagnostik. Psychologie in der Lehrerausbildung (Band 3). Regensburg: Roderer.

Lukesch, H. & Peters-Häderle, K. (2007). Regensburger Leistungs-Motiv-Inventar für Kinder und Jugendliche – RLMI-K/J. Universität Regensburg.

Lukesch, H. & Peters-Häderle, K.-E. (2007). RLMI-E. Regensburger Leistungs-Motiv-Inventar für Erwachsene. Hogrefe: Göttingen.

Lundy, A. (1988). Instructional set and Thematic Apperception Test validity. *Journal of Personality Assessment*, 52, 309-320.

Lupker S. J. & Kinoshita S. (Hrsg.) (2003). Masked Priming: The State of the Art. New York: Psychology Press.

Maass, A., Milesi, A., Zabbini, S & Stahlberg, D. (1995). The linguistiv intergroup bias: Differential expectancies or ingroup protection. *Journal of Personality an Social Psychology*, 68,116-126.

Maass, A. & Arcuri, L. (1996). Language and stereotyping. In N. Macrae, M. Hewstonde & C. Stangor (Eds.), *The foundations of stereotypes and stereotyping* (pp. 193-226). New York: Guilford Press.

Maass, A., Ceccarelli, R. & Rudin, S. (1996). The linguistic intergroup bias: Evidenve of Ingroup-protective motivation. *Journal of Personality and Social Psychology*, 71, 512-526.

Maaz, K. & Nagy, G. (2009). Der Übergang von der Grundschule in die weiterführenden Schulen des Sekundarschulsystems: Definition, Spezifikation und Quantifizierung primärer und sekundärer Herkunftseffekte. *Zeitschrift für Erziehungswissenschaften,* Sonderheft 12,153-182.

Maaz, K., Baumert, J., Gresch, C. & McElvany, N. (Hrsg.). (2010). Der Übergang von der Grundschule in die weiterführende Schule: Leistungsgerechtigkeit und regionale, soziale und ethisch-kulturelle Disparitäten. Bonn: BMBF, Referat Bildungsforschung.

Marx, D. M., Stapel, D. A. & Muller, D. (2005). We can do it: The interplay of Construal orientation and social comparison under threat. *Journal of Personality and Social Psychology*, 80, 432-446.

Marx, D. M. & Stapel, D. A. (2006). Stereotype threat and arousal: Effects on women's math performance. *Personality and Social Psychology Bulletin*, 29, 782-789.

McArthur, L. A. (1972). The how and why: Some determinants and consequences of causal attributions. *Journal of Personality and Social Psychology*, 22, 171-193.

McClelland, D. C., Atkinson, J. W., Clark, R. W., & Lowell, E. L. (1953). The achievement motive. New York: Appleton-Century-Crofts

McClelland, D. C. (1958). Methods of measuring human motivation. In J. W. Atkinson (Ed.), *Motives in fantasy, action, and society*. Princeton, NJ: Van Nostrand.

McClelland, D. C. (1980). Motive edispositions: The merits of operant and respondent measures. In L. Wheeler (Ed.), *Review of personality and social psychology* (Edition 1, pp. 10-41). Beverly Hills, CA: Sage.

McClelland, D. C. & Boyatzis, R. E. (1982). The leadership motive pattern and long term success in management. *Journal of Applied Psychology*, 67, 737-743.

McClelland, D. C. (1985). Human motivation. Glenview, ILL.: Scott, Foresman.

McClelland, D. C., Koestner, R. & Weinberger, J. (1989). How do self-attributed and implicit motives differ? *Psychological Review*, 96, 690-702.

McDougal, W. (1923). Outline of psychology. New York: Scribner.

McNamara, T. P. & Holbrook, J. B. (2003). Semantic memory and priming. In R. W. Proctor & A. F. Healy (Eds.), *Handbook of psychology: Experimental psychology* (Volume 4, pp. 447-474). New York: Wiley.

Meece, J. L., Blumenfeld, P. C. & Hoyle, H. R. (1988). Students´ goal orientations and cognitive engagement in classroom activities. *Journal of Educational Psychology*, 80, 514-523.

Meiser, T. (2008). Illusorische Korrelation. In L. E. Petersen & B. Six (Hrsg.), *Stereotype, Vorurteile und soziale Diskriminierung. Theorien, Befunde und Interventionen* (S. 53-61). Weinheim, Basel: Beltz Verlag.

Meyer A. S., Roelofs A. & Levelt W. J. M. (2003). Word length effects in object naming: The role of a response criterion. *Journal of Memory and Language*, 48, 131-147.

Meyer D. E. & Schvaneveldt R. W. (1971). Facilitation in recognizing pairs of words: Evidence of a dependence between retrieval operations. *Journal of Experimental Psychology*, 90, 227-234.

Meyer, J. P., Stanley, D. J., Herscovitch, L. & Topolnytsky, L. (2002). Affective, continuance, and normative commitment to the organization: A meta analysis of antecedents, correlates and consequences. *Journal of Vocational Behavior*, 61, 20-52.

Meyer, W.-U. (1984). Das Konzept von der eigenen Begabung. Bern: Hans Huber.

Meyer, W.-U. (2000). Gelernte Hilflosigkeit. Grundlagen und Anwendungen in Schule und Unterricht. Bern: Huber.

Meyer, A. S., Roelofs, A., & Levelt, W. J. M. (2003). Word length effects in object naming: The role of a response criterion. *Journal of Memory and Language*, 48, 1, 131-147

Miller, R. B., Behrens, J. T.,Greene, B. A. & Newman, D. (1993). Goals and perceived ability: Impact on student valuing, self-regulation, and persistence. *Contemporary Educational Psychology*, 18, 2-14.

Mollenhauer, K. & Uhlendorff, U. (1992). Sozialpädagogische Diagnosen I. Über Jugendliche in schwierigen Lebenslagen. München, Weinheim: Juventa Verlag.

Morgan, C. D. & Murray, H. A. (1935). A method of investigating fantasies: Thematic Apperception Test. *Archives of Neurology and Psychiatry,* 34, 289-306.

Müller, W. (1983). Die Förderung der Berufsreife und der Berufswahlreife. Heidelberg: Esprint-Verlag.

Müller, C., Schulz, F. & Thien, U. (Hrsg.). (2010). Auf dem Weg zum Jugendintegrationskonzept. Grundlagen und Herausforderungen angesichts veränderter Lebenslagen junger Menschen. Berlin: Lit Verlag.

Murray, H. A. (1938). Explorations in persoality. New York: Oxford University Press.

Musch, J. & Klauer, K. C. (1997). Der Anteilseffekt beim affektiven Priming: Replikation und Bewertung einer theoretischen Erklärung. *Zeitschrift für Experimentelle Psychologie*, 44, 2, 266-292.

Nauck, B., Diefenbach, H. & Petri, C. (1998). Intergenerationale Transmission von kulturellem Kapital unter Migrationsbedingungen. Zum Bildungserfolg von Kindern und Jugendlichen aus Migrantenfamilien in Deutschland. *Zeitschrift für Pädagogik*, 44, 710-722.

Neely, J. H. (1976). Semantic priming and retrieval from lexical memory: Evidence for facilitatory and inhibitory processes. *Memory and Cognition*, 4, 648-654.

Neely, J. H. (1977). Semantic priming and retrieval from lexical memory: Role of inhibitionless spreading activation and limited-capacity attention. *Journal of Experimental Psychology*, 106, 226-254.

Neely, J. H. (1991). Semantic priming effects in visual word recognition: A selective review of current findings and theories. In D. Besner & G. W. Humphreys (Eds.), *Basic Processes in Reading* (pp. 264-336). Hillsdale: Erlbaum.

Nicholls, J. G., Patashnick, M. & Nolen, S. B. (1985). Adolescents´ theories of education. *Journal of Educational Psychology*, 77, 683-692.

Niemeyer, B. (2003). Benachteiligtenförderung – Innovationsmotor oder Sparpotenzial Regionaler Berufsbildungszentren? *Zeitschrift für Berufs- und Wirtschaftspädagogik,* 5. Zugriff am 26.09.2011 von http://www.bwpat.de/ ausgabe5/ niemeyer_bwpat5.pdf

Niitamo, P. (1999). "Surface" and "depth" in human personality: Relations between explicit and implicit motives. Helsinki: Finish Institute of Occupational Health.

Nolte, H. (1973). Lösungen der Jungarbeiterfrage oder Kompensation berufsschulischer Schwierigkeiten. Die deutsche Berufs- und Fachschule, 69,178-192.

OECD Organisation for Economic Co-operation an Development (2006). Where immigrant students succeed - A comparative review of performance and engagement in PISA 2003. Paris.

Orvis, B. R., Cunningham, J. D., & Kelley, H. H. (1975). A closer examination of causal inference: The role of consensus, distinctiveness, and consistency information. *Journal of Personality and Social Psychology*, 32, 605-616.

Oswald, H. & Krappmann, L. (2004). Soziale Ungleichheit in der Schulklasse und Schulerfolg. Eine Untersuchung in dritten und fünften Klassen Berliner Grundschulen. *Zeitschrift für Erziehungswissenschaften*, 4, 479-496.

Otten, S. & Wentura, D. (1999). About the impact of automaticity in the Minimal Group Paradigm: Evidence from affective priming tasks. *European Journal of Social Psychology*, 29, 1049-1071.

Otten, S. (2006). Vorurteil. In H.-W. Bierhoff & D. Frey (Hrsg.), *Handbuch der Sozialpsychologie und Kommunikationspsychologie .Handbuch der Psychologie* (Band 3, S. 437-443). Göttingen: Hogrefe.

Pahlawan, N. (2006). Leistungsmotivation bei Iranern und Iranerinnen im Iran und in Deutschland – eine kulturvergleichende Studie. Unveröffentlichte Diplomarbeit. Universität Regensburg.

Perea M., Rosa E. & Gomez C. (2002). Influence of neighborhood size and exposure duration on visual-word recognition: Evidence with the yes/no and the go/nogo lexical decision tasks. *Perception and Psychophysics, 65,* 273-286.

Peters, K.-E. (2001). Erfolgsfurcht bei Frauen. Unveröffentlichte Diplomarbeit. Universität Regensburg.

Petersen, L. E. & Six, B. (Hrsg.). (2008). Stereotype, Vorurteile und soziale Diskriminierung. Theorien, Befunde und Interventionen. Weinheim, Basel: Beltz Verlag.

Popp, J. (1993). Materialien zur Ausbildung benachteiligter Jugendlicher. Literatur, Handreichungen, Modellversuche, Adressen. Berlin.

Prenzel, M., Artelt, C., Baumert, J., Blum, W., Hammann, M., Klieme, E. & Pekrun, R. (Hrsg.). (2008). PISA 2006 in Deutschland: Die Kompetenzen der Jugendlichen im dritten Ländervergleich. Münster: Waxmann.

Prüß, F., Binder, H. & Helbig., E. (2004). Forschungsbericht: Wissenschaftliche Begleitung der Schulsozialarbeit an Beruflichen Schulen des Landes Mecklenburg-Vorpommern unter besonderer Berücksichtigung des Modellprojektes Schulsozialarbeit an Beruflichen Schulen mit sonderpädagogischer Aufgabenstellung. Greifswald: Ernst-Moritz-Arndt-Universität.

Pütz, H. (1993). Integration der Schwachen – Stärke des Dualen Systems. Förderung der Berufsausbildung von benachteiligten Jugendlichen – Neue Strukturen und Konzeptionen. Bundesinstitut für Berufsbildung (Heft 162). Berlin/ Bonn: BIBB.

Raaijmakers, J. G. W. (2003). Spacing and repetition effects in human memory: Application of the SAMmodel. *Cognitive Science*, 27, 431-452.

Rahhal, T. A., Hasher, L. & Colombe, S. J. (2001). Instructional implications and age differences in memory: Now you see them, now you don't. *Psychology and Aging*, 16, 697-706.

Ratcliff, R. & McKoon, G. (1988). A retrieval theory of priming in memory. *Psychological Review*, 95, 385-408.

Revers, W. J. (1979). Der thematische Apperzeptionstest (TAT). Handbuch zur Verwendung des TAT in der psychologischen Persönlichkeitsdiagnostik. Stuttgart: Huber Verlag.

Rheinberg, F. (1980). Leistungsbewertung und Lernmotivation. Göttingen: Hogrefe.

Rheinberg, F. (2004). Motivation (5. Auflage). Stuttgart: Kohlhammer.

Rheinberg, F. (2004a). Motivationsdiagnostik. Göttingen: Hogrefe.

Rheinberg, F. (2006). Motivation (7. Auflage). Stuttgart: Kohlhammer.

Rickheit G., Sichelschmidt L. & Strohner H. (2002). Psycholinguistik. Tübingen: Stauffenburg.

Riess, B. (1997). Die Jugendlichen, die der Markt benachteiligt. In den vergangenen Jahren fielen hunderttausend Jugendliche durch alle Netze. Frankfurter Rundschau, 25. September 1997, Nr. 223, 6.

Rollett, B. (1970). Der Anstrengungsvermeidungstest. Rodenkirchen: Ritter

Rosenthal, R. & Jacobson, L. (1971). Pygmalion im Unterricht. Weinheim: Beltz Verlag

Rosenthal, R. & Rosnow, R. L. (1975). The Volunteer Subject. New York: Wiley

Ross, L. (1977). The intuitive psychologist and his shortcomings: Distortions in the attribution process. In L. Berkowitz (Ed.), *Advances in experimental social psychology* (Volume 10). New York: Academic Press

Rösner, E. (2007). Hauptschule am Ende: Ein Nachruf. Münster: Waxmann Verlag.

Rotter, J. B. (1966). Generalized expectancies for internal versus external control of reinforcement. *Psychological Monographs* (No. 609), 1, 80.

Rudolph, U. (2009). Motivationspsychologie kompakt (2. Auflage). Weinheim, Basel: Beltz Verlag.

Rützel, J. (1995). Randgruppen in der beruflichen Bildung. In R. Arnold & A. Lipsmeier (Hrsg.), *Handbuch der Berufsbildung* (S. 109-120). Wiesbaden: VS Verlag für Sozialwissenschaften.

Sader, M. & Specht, H. (1967). Leistung, Motivation und Leistungsmotivation: Korrelations-statistische Untersuchungen zur Leistungsmotivmessung nach Heckhausen. Archiv für die gesamte Psychologie, 119, 90-130.

Saussure, F. de (1916 u. 1931 dt.). Grundfragen der allgemeinen Sprachwissenschaft (S. 76–82, 93–97, 147–152). Berlin: de Gruyter. Original: Cours de linguistique general.

Schiller N. O. (2004). The onset effect in word naming. *Journal of Memory and Language*, 50, 477-490.

Schierholz, H. (2001). Strategien gegen Jugendarbeitslosigkeit: Zur Ausbildungs- und Berufsintegration von Jugendlichen mit schlechteren Startchancen. Hannover: edition.jab.

Schmalt, H.-D. (1976). Die Messung des Leistungsmotivs. Göttingen: Hogrefe.

Schmalt, H.-D. (1979). Machtmotivation. *Psychologische Rundschau*, 30, 269-285.

Schmalt, H.-D., Sokolowski, K. & Langens, T. (1994). Die Entwicklung eines Verfahrens zur Messung der Motive Leistung, Macht und Anschluß: Das Multi-Motiv-Gitter. Wuppertal: Psychologische Berichte, 5, 1.

Schmalt, H.-D. & Sokolowski, K. (2000). Zum gegenwärtigen Stand der Motivdiagnostik. *Diagnostica*, 46, 115-123.

Schmalt, H.-D., Sokolowski, K. & Langens, T. A. (2000). Das Multi-Motiv-Gitter für Anschluß, Leistung und Macht (MMG). Manual. Frankfurt/M: Swets.

Schmalt, H.-D. & Sokolowski, K. (2006). Motivation. In H. Spada (Hrsg.), *Allgemeine Psychologie* (3.Auflage, S. 501-552). Bern: Huber.

Schmalt, H.-D. & Langens, T. A. (2009). Motivation (4. Auflage). Stuttgart: Kohlhammer.

Schmidt, C. (2011). Verstärkte Integrationschancen für Jugendliche mit Migrationshintergrund aufgrund des demografischen Wandels? *Zeitschrift für Berufs- und Wirtschaftspädagogik*, 5, Hochschultage Berufliche Bildung 2011, Ziel- und Risikogruppen im Übergangssystem (Workshop 15).

Schmid Mast, M. & Krings, F. (2008). Stereotype und Informationsverarbeitung. In L. E. Petersen & B. Six (Hrsg.), *Stereotype, Vorurteile und soziale Diskriminierung. Theorien, Befunde und Interventionen* (S. 33-44). Weinheim, Basel: Beltz Verlag.

Schneider, T. (2011). Die Bedeutung der sozialen Herkunft und des Migrationshintergrundes für Lehrerurteile am Beispiel der Grundschulempfehlung. *Zeitschrift für Erziehungswissenschaften*, 14, 3, 371-396.

Schöl, C.; Stahlberg, D. & Maass, A. (2008) Sprachverzerrungen im Intergruppenkontext. In L. E. Petersen & B. Six (Hrsg.), *Stereotype, Vorurteile und soziale Diskriminierung. Theorien, Befunde und Interventionen* (S. 62-70). Weinheim, Basel: Beltz Verlag.

Schöne, C., Dickhäuser, O., Spinath, B. & Stiensmeier-Pelster, J. (2003). Das Fähigkeitsselbstkonzept und seine Erfassung. In J. Stiensmeier-Pelster & F. Rheinberg (Hrsg.), *Diagnostik von Motivation und Selbstkonzept. Tests und Trends* (Band 2). Göttingen: Hogrefe.

Schroeder, J. (2006). Jugendschulen. Konzeptionelle Ansätze für die pädagogische Arbeit mit markt-, sozial- und rechtsbenachteiligten jungen Menschen. In S. Spies & D. Tredop (Hrsg.), *Risikobiografien'. Benachteiligte Jugendliche zwischen Ausgrenzung und Förderprojekten* (S. 207-221). Wiesbaden: VS Verlag für Sozialwissenschaften

Schultheiss, O. C., Campbell, K. L. & McClelland, D. C. (1999). Implicit power motivation moderates men´s testosterone responses to imagined and real dominance success. *Hormones and Behavior*, 36, 234-241.

Schultheiss, O. C. & Brunstein, J. C. (2001). Assessing implicit motives with a research version oft he tat: Picture profiles, gender differences, and relations to other personality measures. *Journal of Personality Assessment*, 77, 71-86.

Schultheiss, O. C. & Brunstein, J. C. (2005). An implicit motive perspective on competence motivation. In A. J. Elliot & C. S. Dweck (Eds.), *Handbook of competence and motivation* (pp. 31-51). New York: Guilford Press.

Schultheiss, O. C. & Brunstein, J. C. (Eds.). (2010). Implicit motives. New York: Oxford University Press.

Schweikert, K. (1974). Zur Bildungssituation der jugendlichen ohne Ausbildungsver-Trag. Ergebnisse einer Vorstudie des BBF Berlin. *Gewerkschaftliche Bildungspolitik*, 3, 52-54

Searle, J. R. (1971 u.1974 dt.). Was ist ein Sprechakt? (S. 84-102). In S. J. Schmidt (Hrsg.), Pragmatik, München: Fink. Original: What is a Speech act? In J. R. Searle (Ed.), *The Philosophy of Language*, Oxford: University Press.

Seibt, B. & Förster, J. (2004). Stereotype threat an performance: How self-stereotypes influence processing by inducing regulatory foci. *Journal of Personality an Social Psychology*, 87, 38-56.

Semi, G. R. & Fiedler, K. (1991). The linguistic category model, its bases, applications and range. In W. Stroebe & M. Hewstone (Eds.), *European review of social psychology* (Volume 2, pp. 1-50). Chichester: John Wiley.

Seubert, R. (1984). Jugendliche außerhalb der Lehre – Zur Genese des Jungarbeiterproblems. In A. Kell (Hrsg.), *Jugendliche ohne Hauptschulabschluss in der Berufsgrundbildung. Der Modellversuch zur Verbindung des Berufsvorbereitungsjahres mit dem Berufsgrundschuljahr in Nordrhein-Westfalen* (Band 1, S. 193-221). Soest.

Shavelson, R. J., Hubner, J. J. & Stanton, G. C. (1976). Self-concept: validationof construct interpretations. *Review of Education Research*, 46, 407-441.

Sherman, J. W., Macrae, C. N. & Bodenhausen, G. V. (2000). Attention and stereotyping: Cognitiv constraints on the construction of meaningful social impressions. *European Review of Social Psychology*, 11, 145-175.

Six, B. & Wolfradt, U. (2004). Implizite ("Naïve") Persönlichkeitstheorien. In K. Pawlik (Hrsg.), *Theorien und Anwendungsfelder der Differentiellen Psychologie* (Band 5, S. 3-58). Göttingen: Hogrefe.

Smith, C. P. (Ed.). (1992). Motivation and personality: Handbook of thematic content analysis. Cambridge: University Press.

Snyder, C. R., Sympson, S. C., Ybasco, F. C., Borders, T. F., Bayak, M. A. & Higgins, R. L. (1996). Development and validation of the state hope scale. *Journal of Personality and Social Psychology*, 70, 321-335.

Sokolowski, K. (1992). Entwicklung eines Verfahrens zur Messung des Anschlußmotivs. *Diagnostica*, 38, 1-17.

Sokolowski, K., Schmalt, H.-D., Langens, T. & Puca, R. M. (2000). Assessing achievement, affiliation, and power motives all at once - the Multi-Motive-Grid (MMG). *Journal of Personality Assessment*. 74, 126-145.

Sokolowski, K. (2002). Emotion. In J. Müsseler & W. Prinz. (Hrsg.), *Lehrbuch Allgemeine Psychologie* (S. 337-384). Heidelberg: Spektrum Akademischer Verlag.

Spangler, W. D. (1992). Validity of questionaire and TAT measures of need for achievement: Two meta-analyses. *Psychological Bulletin*, 112, 140-154.

Spencer, S. J., Steele, C. M. & Quinn, D. M. (1999). Stereotype threat and women's math performance. *Journal of Experimental Social Psychology*, 35, 4-28.

Spinath, B. & Stiensmeier-Pelster, J. (2000). Zielorientierung und Leistung: Die Rolle des Selbstkonzepts eigener Fähigkeiten. In H. Metz-Göckel, B. Hannover & S. Leffelsend (Hrsg.), *Selbst, Motivation und Emotion. Dokumentation des 4. Dortmunder Symposiums für Pädagogische Psychologie* (S.44-55). Berlin: Logos.

Spinath, B. (2002). Entwicklung motivationaler Kompetenzen von Schülerinnen und Schülern als gemeinsame Aufgabe von Schule und Universität. In B. Spinath & E. Heise (Hrsg.), *Pädagogische Psychologie unter gewandelten gesellschaftlichen Bedingungen. Dokumentation des 5. Dortmunder Symposions für Pädagogische Psychologie* (S. 69-83). Hamburg: Dr. Kovac Verlag.

Spinath, B., Stiensmeier-Pelster, J., Schöne, C. & Dickhäuser, O. (2002). Die Skalen zur Erfassung von Lern- und Leistungsmotivation (SELLMO). Göttingen: Hogrefe.

Stanat, P. & Christensen, G. S. (2006). Where immigrant students succeed: A comparative review of performances and engagement in PISA 2003. Paris: OECD.

Stanat, P., Segeritz, M. & Christensen, G. (2010). Schulbezogene Motivation und Aspiration von Schülerinnen und Schülern mit Migrationshintergrund. In W. Bos, E. Klime & O. Köller (Hrsg.), *Schulische Lerngelegenheiten und Kompetenz-entwicklung* (S. 31-58). Münster: Waxmann.

Steele, C. M. & Aronson, J. (1995). Stereotype threat and the intellectual test performance of African Americans. *Journal of Personality and Social Psychology*, 69, 797-811.

Steele, C. M., Spencer, S. J. & Aronson, J. (2002). Contending with group image: The psychology of stereotype and social identity threat. In M. P. Zanna (Ed.), *Advances in experimental social psychology* (Volume 34, pp. 379-440). San Diego, CA: Academic Press.

Stiensmeier-Pelster, J., Schürmann, M., Eckert, C. & Pelster, A. (1994). Attributionsstilfragebogen für Kinder und Jugendliche (ASF-KJ). Göttingen: Hogrefe.

Stomprowski, S. (2004). Die misslungene berufliche Integration Jugendlicher mit Migrationshintergrund. *Zeitschrift für Berufs- und Wirtschaftspädagogik*, 6.

Storbeck, J. & Robinson, M. D. (2004). Preferences and inferences in encoding visual objects: A systematic comparison of semantic and affective priming. *Personality and Social Psychology Bulletin*, 30, 81-93.

Swim, J. K. & Stangor, C. (Hrsg.). (1998). Prejudice: The target's perspective. San Diego: Academic Press.

Tannenbaum, F. (1938). Crime and the Community. Boston: Ginn.

Tauer, J. M. & Harackiewicz, J. M. (1999). Winning isn´t everything: Competition, achievement orientation, intrinsic motivation. *Journal of Experimental Social Psychology*, 35, 209-238.

Terkessidis, M. (1998). Psychologie des Rassismus. Wiesbaden: Westedeutscher Verlag.

Thielen, M. (2011). Kurzfristige (Re-)Integration – Nachhaltige Wirkung? Eine Verbleibsuntersuchung zum „Gestreckten Berufsvorbereitungsjahr“ in Sachsen. *Zeitschrift für Berufs- und Wirtschaftspädagogik, 5.* Zugriff am 04.01.2012 von http://www.bwpat.de/ht2011/ws01/thielen_ws01-ht2011.pdf

Tillmann, K. J. & Meier, U. (2001). Schule, Familie und Freunde – Erfahrungen von Schülerinnen und Schülern in Deutschland. In Deutsches PISA-Konsortium (Hrsg.), *PISA 2000 – Basiskompetenzen von Schülerinnen und Schülern im internationalen Vergleich* (S. 468-509). Opladen: Leske & Budrich.

Tulving, E. & Schacter D. L. (1990). Priming and human memory systems. *Science,* 247, 301-306.

Ulrich, J. G. (2003). Benachteiligung – was ist das? Theoretische Überlegungen zu Stigmatisierung, Marginalisierung und Selektion. In L. Lappe (Hrsg.), *Fehlstart in den Beruf? Jugendliche mit Schwierigkeiten beim Einstieg ins Arbeitsleben* (S. 21-35). Opladen: Leske & Budrich.

Ulrich, J. G. (2008). Jugendliche im Übergangssystem – eine Bestandsaufnahme. *Zeitschrift für Berufs- und Wirtschaftspädagogik*, 4, Zugriff am 27.09.2010 von http://www.bwpat.de/ht2008/ws12/ulrich_ws12-ht2008_spezial4.pdf

Utman, C. H. (1997). Performance effects of motivational state: A meta-analysis. *Personality and Social Psychology Review*, 1, 170-182.

Veroff, J. (1969). Social comparison and the development of achievement motivation. In C. P. Smith (Ed.), *Achievement-related motives in children* (pp. 46-101). New York: Sage. In L. E. Petersen & B. Six (Hrsg.), *Stereotype, Vorurteile und soziale Diskriminierung. Theorien, Befunde und Interventionen* (S. 273-291). Weinheim, Basel: Beltz Verlag.

Walter, O. (2008). Herkunftsassoziierte Disparitäten im Lesen, der Mathematik und den Naturwissenschaften: ein Vergleich zwischen PISA 2000, PISA 2003 und PISA 2006. *Zeitschrift für Erziehungswissenschaften*, Sonderheft 10, 149-169.

Walter, O. & Taskinen, P. (2008). Naturwissenschaftsbezogene Motivationen und Kompetenzen von Schülerinnen und Schülern mit Migrationshintergrund in Deutschland: der Einfluss der Generation, der Herkunft und des Elternhauses. *Zeitschrift für Erziehungswissenschaften*, Sonderheft 10, 185-204.

Walter, O. & Taskinen, P. (2008). Der Bildungserfolg von Jugendlichen mit Migrationshintergrund in den deutschen Ländern. In M. Prenzel, C. Artelt, J. Baumert, W. Blum, M. Hammann, E. Klieme, R. Pekrun (Hrsg.), *PISA 2006 in Deutschland: Die Kompetenzen der Jugendlichen im dritten Ländervergleich* (S. 343-374). Münster: Waxmann.

Weinberger, J. & McClelland, D. C. (1990). Cognitive versus traditional motivational models: Irreconcilable or complementary? In E.T. Higgins & R. M. Sorrentino (Eds.), *Handbook of motivation and cognition: Foundations of social behavior* (Edition 2, pp. 562-597). New York: Guilford.

Weiner, B. (Ed.). (1974). Achievement motivation and attribution theory. Morristown, NJ: General Learning Press.

Weiner, B., Russell, D., & Lerman, D. (1978). Affective consquences of causal-ascriptions. In J. H. Harvey, W. J. Ickes, & R. F. Kidd (Eds.), *New directions in attribution research* (Volume 2). Hillsdale, NJ: Erlbaum Press.

Weiner, B. (1994). Motivationspsychologie (3. Auflage). Weinheim: Beltz Verlag.

Wentura, D., Kulfanek, M. & Greve, W. (2005). Masked affective priming by name letters: Evidence for a correspondence of explicit and implicit self-esteem. *Journal of Experimental Social Psychology*, 41, 654-663.

Westphal, M. (2008). Bildungserfolg von Migrantinnen in Deutschland. *Zeitschrift für Berufs- und Wirtschaftspädagogok*, 5. Zugriff am 18.08.2010 von http://www.bwpat.de/content/ht2011/ws19/westphal/

Wild, E.; Hofer, M. & Pekrun, R. (2001). Psychologie des Lernens. In A. Krapp & B. Weidenmann (Hrsg.), *Pädagogische Psychologie. Ein Lehrbuch* (S. 207-270). Weinheim: Beltz Verlag.

Wildenauer, R. (2006). Leistungmotivation und Arbeitszufriedenheit – eine Validierungsstudie zum RLMI. Unveröffentlichte Diplomarbeit. Universität Regensburg.

Wilson, T. D. & Linville, P. W. (1982). Improving the academic performance of college freshmen: Attribution therapy revisited. *Journal of Personality and Social Psychology*, 42, 367-376.

Winkel, R. (1991). Problemverschiebung statt Problemlösung: Keine Erwartungen an der zweiten Schwelle. In G. Westhoff & A. Bolder (Hrsg.), *Entwarnung an der zweiten Schwelle? Übergänge von der Berufsausbildung ins Erwerbsleben, BIBB, Tagung und Expertengespräche zur beruflichen Bildung* (S. 77-80). Berlin/Bonn.

Winter, D. G. & Stewart, A. J. (1978). Power motivation. In H. London & J. Exner (Eds.), *Dimensions of personality* (pp. 391-447). New York: Wiley.

Wirth, K. (2011). Durchlässigkeit des Bildungssystems durch Dreifachqualifizierung – Chancen für marktbenachteiligte Jugendliche? *Zeitschrift für Berufs- und Wirtschaftspädagogik*, 5 – Hochschultage Berufliche Bildung 2011, Workshop 02. Zugriff am 04.01.2012 von http://www.bwpat.de/ht2011/ws02/wirth_ws02-ht2011.pdf (26-09-2011).

Wolf, E. (2009). Persönlichkeitsförderung benachteiligter Jugendlicher im Berufsvorbereitungsjahr. Wiesbaden: VS Verlag für Sozialwissenschaften.

Wong, P. T. P. & Weiner, B. (1981). When people ask "why" questions, and the heuristics of attributional search. *Journal of Personality and Social Psychology*, 40, 650-663.

Ullman, J. B. (2001). Structural equation modeling. In B. G. Tabachnick & L. S. Fidell (Eds.), *Using Multivariate Statistics*, (Band 4, pp. 653- 771). Needham Heights, MA: Allyn & Bacon.

Zick, A. (1997). Vorurteile und Rassismus. Münster: Waxmann

Zick, A. & Küpper, B. (2007). Vorurteile und Rechtspopulismus. In M. Gollwitzer (Hrsg.), *Gewaltprävention bei Kindern und Jugendlichen* (S. 89-103). Göttingen: Hogrefe.

Zick, A. & Küpper, B. (2008). Rassismus. In L. E. Petersen & B. Six (Hrsg.), *Stereotype, Vorurteile und soziale Diskriminierung. Theorien, Befunde und Interventionen* (S. 111-120). Weinheim, Basel: Beltz Verlag.

Anlage 1: Deckblatt zur Erfassung der Codes und sozio-demografischen Determinanten der Schülerinnen und Schüler

Verfahren

Geben Sie bitte zunächst folgenden Code an:

Erster Buchstabe des Vornamens der Mutter ____

Letzter Buchstabe des Vornamens der Mutter ____

Erster Buchstabe des Vornamens des Vaters ____

Letzter Buchstabe des Vornamens des Vaters ____

Tag (in Ziffern) Ihres eigenen Geburtsdatums ____

Sie sollten diesen Code auch in einigen Wochen wieder angeben können, er allein soll dann dazu dienen, die Angabe aus verschiedenen Erhebungen denselben Personen zuordnen zu können.

Da es vorkommt, dass der Code bei einzelnen Teilnehmern gleich ist, kann eine Zuordnung möglicherweise über das Schriftbild erfolgen. Schreiben Sie bitte noch in Ihrer normalen Schreibschrift das Wort:

„Berufskolleg" ______________________________

Derzeitige Klasse am XXXX: ________________________

Geben Sie bitte noch an, was für Sie zutrifft:

Ihr Alter:	( ) Jahre	
Ihr Geschlecht:	( ) weiblich	( ) männlich
Letzte Schule:	( ) Sonderschule	( ) Gesamtschule
	( ) Hauptschule	( ) Gymnasium
	( ) Realschule	( ) Berufskolleg
Abschluss:	( ) ja	( ) nein
Migrations-Hintergrund:	( ) ja	( ) nein

Ausbildung und aktuelle Tätigkeit der Eltern:

Mutter (Ausbildung): ____________________ (Tätigkeit): ______________________

Vater (Ausbildung): ____________________..(Tätigkeit): ______________________

Anmerkung: Verfahren = Angabe der Testabkürzung des folgenden Verfahrens

Anlage 2: Kurzfragebogen zur Einschätzung der erfolgs- und misserfolgsmotivierenden Personenwirkung (KEEMP)

Die Person auf Foto Nr. ____ wirkt auf mich…	stimmt genau	stimmt eher	stimmt eher nicht	stimmt gar nicht	weder noch
sympathisch	□	□	□	□	□
als wolle sie Kontrolle über andere haben	□	□	□	□	□
als ob sie Erfolg hat bzw. erfolgreich ist	□	□	□	□	□
als ob ihr Anschluss an andere wichtig ist	□	□	□	□	□
freundlich und herzlich	□	□	□	□	□
als ob sie andere unterstützen will	□	□	□	□	□
unsympathisch	□	□	□	□	□
als ob sie andere zu etwas motivieren will	□	□	□	□	□
faul und arbeits-/leistungsunmotiviert	□	□	□	□	□
als wolle sie Macht haben und ausüben	□	□	□	□	□
dumm und faul	□	□	□	□	□
als wenn sie oft Misserfolg hat	□	□	□	□	□
unfreundlich und eher beängstigend	□	□	□	□	□
als könne sie andere zu etwas motivieren	□	□	□	□	□
klug und intelligent	□	□	□	□	□
als könne sie andere nicht motivieren	□	□	□	□	□
fleißig und arbeits-/leistungsmotiviert	□	□	□	□	□
als ob ihr der Erfolg anderer unwichtig ist	□	□	□	□	□

Anlage 3: Beispiel der Ablaufplanung und Instruktionen für folgende Bedingungen: Experimentalgruppe, die mit der Bearbeitung des TAT begonnen hatte

Experimentalpsychologische Untersuchung
(EX/TAT: Raum XXX)

Ablaufplanung und Instruktionen:

Einlass in den Untersuchungsraum mit der Bitte Platz zu nehmen.

Begrüßung der Anwesenden und kurze Skizzierung des Ablaufs:

Ich begrüße Sie zur zweiten Erhebung.
Zu Beginn möchte ich Ihnen einige allgemeine Informationen geben, bevor wir dann gemeinsam zur Bearbeitung der Verfahren kommen.

Zum einen wird es in der Untersuchung um Ihre Fantasie gehen.
In diesem Zusammenhang haben Sie Geschichten zu 6 Bildern zu verfassen.

Zum anderen sollen Sie bestimmte Alltagssituationen beurteilen,
zu denen Sie sich entscheiden müssen, inwieweit vorgegebene Aussagen durch ankreuzen mehr oder weniger auf diese Situationen zutreffen.

Beide Verfahren sind wieder anonym, weshalb wir gleich zusammen auf einem Deckblatt Ihren individuellen Code und einige allgemeine persönliche Angaben festhalten. Der Code dient lediglich dazu, dass die beiden Verfahren, die sie heute bearbeiten, einander zugeordnet werden können. Ein Rückschluss auf Ihre Person ist nicht möglich und nicht nötig.

Denken Sie daran, dass es sich hierbei nicht um einen Test handelt, es also kein Richtig oder Falsch gibt und Sie vor allem auch keine Noten erhalten.

Ebenfalls Ihre Lehrer werden nicht über Sie oder die beiden Verfahren informiert.

Ich teile Ihnen nun die beiden Verfahren aus, die Sie bitte noch vor sich liegen lassen. Wir werden mit der Bearbeitung gemeinsam beginnen.

Austeilung der beiden Verfahren (Reihenfolge: TAT und RLMI-E)

Nehmen Sie sich nun bitte Ihren Stift zur Hand und lassen Sie uns gemeinsam das Deckblatt ausfüllen.

Folie: TAT Deckblatt

Zuerst Ihr Code. Dieser…
Übertragen Sie Ihre Daten nun auf das Deckblatt des zweiten Verfahrens (RLMI-E). Dies wird erst später benötigt, weshalb Sie es anschließend bitte wieder umgedreht zur Seite legen.

Lassen Sie uns nun mit der Bearbeitung des ersten Verfahrens beginnen:

TAT: Instruktionen

Bei diesem Verfahren geht es darum, einen wichtigen Teil Ihrer Person zu erfassen, nämlich Ihre Fantasie und Ihr Vorstellungsvermögen.

Es werden Ihnen im Folgenden 6 Bilder jeweils für 20 Sekunden gezeigt. Schauen Sie sich jedes Bild genau an, weil es anschließend wieder entfernt wird.

Jedes Bild zeigt eine bestimmte Situation mit einer oder mehreren Personen. Sie haben im Anschluss an jedes gezeigte Bild 5 Minuten Zeit, um eine Geschichte zu verfassen, aus der hervorgeht:

1) was auf dem Bild geschieht,
2) was die beteiligten Personen denken, fühlen und wollen,
3) wie es zu der jetzigen Situation gekommen ist und
4) wie die Geschichte ausgehen wird.
(siehe Fragebogen)

Dieser Vorgang wird bei allen 6 Bildern wiederholt!

Leider sind Nachfragen – wenn das Bildmaterial aufliegt – nicht mehr gestattet. Ich darf keine Auskünfte zu den Personen oder der Situation geben. Die Bilder dürfen nicht noch einmal oder länger aufgelegt werden. Es geht allein um Ihre Fantasie.

Priming:

Ich möchte Ihnen bevor wir beginnen, gerne eine Geschichte erzählen.
Damit Sie sich auf diese konzentrieren können und nicht abgelenkt werden, setzten Sie sich bitte entspannt auf Ihren Stuhl, lehnen Sie sich zurück, schließen Sie die Augen und hören Sie aufmerksam zu.

(siehe Anlage)

Bearbeitung des TAT

Instruktionen und Bearbeitung des RLMI-E (laut Manual)

Verabschiedung

Aus unserem Verlagsprogramm:

Cornelia Ulrich
Paartherapie-Prozessforschung
Entwicklung und Anwendung einer innovativen Forschungsstrategie
Hamburg 2012 / 254 Seiten / ISBN 978-3-8300-6438-1

Christoph Piesbergen
Die Wirkung von standardisierter Hypnose auf den Blutdruck
Verlauf des arteriellen Blutdrucks in Hypnose
Hamburg 2012 / 130 Seiten / ISBN 978-3-8300-6378-0

Anne Wyschkon
Repräsentativität und Umfang von Normstichproben für Leistungstests
Auswirkungen auf die Diagnostik von schwachen Leistungen und Umschriebenen Entwicklungsstörungen im Grundschulalter
Hamburg 2011 / 422 Seiten / ISBN 978-3-8300-5924-0

Lutz Wartberg
Ergebnisse einer Katamnesestudie zur stationären Behandlung jugendlicher Substanzkonsumenten
Hamburg 2011 / 168 Seiten / ISBN 978-3-8300-5885-4

Matthias Böhmer
Expertise und diagnostische Urteilsbildung
Ein sozial-kognitiver Ansatz
Hamburg 2011 / 128 Seiten / ISBN 978-3-8300-5810-6

Stefanie Behne
Psychische Langzeitfolgen bei kriegstraumatisierten Bosniern in Deutschland
Inwiefern spielt Integration eine protektive Rolle bezüglich der PTBS-Symptomatik?
Hamburg 2011 / 382 Seiten / ISBN 978-3-8300-5737-6

Kristina Fuhr
Kognitive Vulnerabilität bei unipolarer und bipolarer Störung
Eine Untersuchung an remittierten Patienten und Risikopersonen
Hamburg 2011 / 220 Seiten / ISBN 978-3-8300-5661-4

Maren Formazin
Schlussfolgerndes Denken und fachspezifisches Vorwissen als Prädiktoren der Studienleistung im Fach Psychologie
Hamburg 2011 / 192 Seiten / ISBN 978-3-8300-5516-7

Florian Klapproth
Der Einfluß temporaler Erwartung auf das Erleben einer kurzen Wartesituation
Hamburg 2010 / 166 Seiten / ISBN 978-3-8300-5324-8